GESCHICHTE UND PHILOSOPHIE DES TAIJIQUAN

Dr. phil. Christian Unverzagt ist Philosoph, Kunsthistoriker, Ostasienkundler und freier Autor. Taijiquan praktiziert er seit 1987. In Taiwan wurde er durch seinen Lehrer, Meister Ke Qihua, zum Enkelschüler von Zheng Manqing, dessen Stil er im In- und Ausland unterrichtet. Bei internationalen Treffen wurde er mehrfach ausgezeichnet. Er hat zu verschiedenen Themen publiziert, darunter: *Der Wandlungsleib des Dong Yuan. Die Geschichte eines malerischen Oeuvres* (2007), *Der Kontakt* (Roman, 2008), *Die Klassischen Schriften des Taijiquan. Theorie – Praxis – Kulturgeschichte* (2019).

www.taiji-hd.de
www.christianunverzagt.de

CHRISTIAN UNVERZAGT

GESCHICHTE UND PHILOSOPHIE DES TAIJIQUAN

Bibliografische Information der Deutschen Nationalbibliothek
Die Deutsche Nationalbibliothek verzeichnet diese Publikation in der Deutschen Nationalbibliografie;
detaillierte bibliografische Daten sind im Internet über http://dnb.dnb.de abrufbar.

Umschlagentwurf, Satz und Gestaltung: Eigensatz
Verlag: BoD • Books on Demand GmbH, In de Tarpen 42, 22848 Norderstedt
Druck: Libri Plureos GmbH, Friedensallee 273, 22763 Hamburg

ISBN: 978-3-7597-8627-2

INHALTSVERZEICHNIS

Einleitung

Taijiquan ist eine Kampfkunst, die das Kämpfen ohne zu kämpfen lehrt. Sie verspricht den Übenden, unangreifbar und dadurch unbesiegbar zu werden. Dieses Versprechen gründet darin, dass Taijiquan in seinem Innersten das Geheimnis der Ruhe birgt. Wer den Schlüssel zu ihm gefunden hat, vermag es, sich mit dem Gegensatz, der gegenseitigen Ergänzung und der Einheit von Yin und Yang zu bewegen. Das Geheimnis dieser Kunst gründet in einem Prinzip, von dem man in China schon vor über zweitausend Jahren dachte, dass es am Anfang der Welt gestanden habe und immer noch und immer wieder dort stehe. Dieses Prinzip des in sich ruhenden Uranfangs bedurfte und bedarf gleichwohl der Geschichte, um auch in der Kampfkunst entdeckt zu werden.

I.

Im alten China unterschied man zwischen der Dimension des Kulturellen (*wen*) und der Dimension des Kämpferischen oder Kriegerischen (*wu*). Man dachte sie als voneinander getrennte, aber unabdingbar aufeinander bezogene Sphären. Von ihrer Balance hing das Gedeihen des Landes ab. Taijiquan beansprucht, beide Dimensionen in sich zu vereinigen; es beansprucht, Kampfkunst und *als solche* zugleich ihr Gegenteil zu sein. In jedem, der es entsprechend übt, soll sich eine Balance der beiden Dimensionen herstellen. Möglich soll dies sein, weil diese Kampfkunst dem Prinzip der Einheit in der Urpolarität von Yin und Yang folgt; der Einheit in der Urpolarität, die allen anderen Unterscheidungen vorausgeht und noch in ihnen wirkt. Wer Taijiquan verstehen will, muss das Zusammenspiel von Yin und Yang verstehen; und er muss verstehen, dass es in scheinbar belanglosen Alltagssituationen oder in einem Kampfgeschehen genauso wie im Ganzen des Kosmos wirkt.

Das kosmologische Prinzip, das dieser Kampfkunst zugrundeliegt, stellt keine Beteuerung dar, dass sich eine Seniorengymnastik, wenn sie mit Blick in die richtige Himmelsrichtung, zur richtigen Stunde und in wehenden Gewändern mit symbolträchtigen Farben ausgeführt wird, aufgrund von Analogiereihen in kosmischer Harmonie befinde. Die Umsetzung des Prinzips, nach dem Taijiquan benannt ist, soll es ermöglichen, einen Angriff ohne den Einsatz von Körperkraft zunichte zu machen. Das wird nur gelingen, wenn man etwas meistert, was jenseits des Kampfes liegt. Um diese Kunst zu lernen, bedarf es des Übens; um sie zu verstehen, bedarf es der Beschäftigung mit der Geschichte und Philosophie des Taijiquan.

In Taijiquan findet sich die Essenz der chinesischen Kultur. Doch diese kulturelle Essenz ist keine ewige Wahrheit, die es nur unbeschadet durch die Stürme der Zeit zu transportieren gegolten hätte. Auch im alten China gab es Geschichte, in deren Verlauf sich die Kultur formte und ihr Geist sich immer wieder aufs Neue aus- und umformulieren musste. Das Eindringen des Buddhismus, Invasionen kriegerischer Nomaden-völker, die Verbreitung neuer Erfindungen und Technologien oder veränderte Wirt-schaftsweisen versetzten alte Fragestellungen in jeder Epoche unter neue Vorzeichen.

Auch gab es nie nur eine Antwort, selbst wenn die Idee kaiserlicher Macht danach verlangte. Immer stritten Schulen und soziale Bewegungen um ihre Ansichten oder auch Gewissheiten. In ihrem Widerstreit blieb die Kultur lebendig. Kultur ist niemals fertig, immer bleibt sie sich aufgegeben.

Verschiedene Schulen und Ausrichtungen sowohl der Gelehrten- als auch der Volks-kultur bedeuteten nicht Beliebigkeit. Sie redeten und kämpften innerhalb eines gemein-samen Bezugsrahmens – den Ihr Widerstreit erst ausspannte. Im Hintergrund und manchmal auch thematisch liefen immer die großen Fragen mit: Wie man sich in Über-einstimmung mit dem Dao bringen könne, wie es um das Verhältnis von Sein und Nicht-sein bestellt sei und was es mit der Unsterblichkeit auf sich habe, mit Handeln und Nicht-Handeln, Bewegung und Ruhe, Kultur und Kampf, Strategie und Spontaneität; oder auch, welche Rolle beharrliches Üben und welche das Erfassen des günstigen Augenblicks hätten.

In den Künsten, in den großen Religionen und den kleinen Kulten, in meditativen oder okkulten Praktiken, im Militärwesen und in der Medizin stellten geschichtliche Er-eignisse, Einbrüche und Umwälzungen Antworten der Vergangenheit immer wieder auf den Prüfstand und führten zu Umformulierungen – auch um alte Einsichten nicht durch ihre formelhafte Erstarrung zu verlieren. Waren Antworten, in die sich Einsichten ge-kleidet hatten, unverständlich geworden oder verloren gegangen, so tauchten alte Frage-stellungen in neuen Formulierungen wieder auf.

Irgendwann – die Bestimmung des Zeitpunktes ist Thema einer der Untersuchungen in diesem Band – wurde die Entdeckung gemacht, dass Prinzipien, die in anderem Zu-sammenhang formuliert worden waren, auch in der Kampfkunst gelten. Seither war Tai-jiquan zu einem Teil dieses mächtigen Kulturstroms geworden.

In der Zeit entstanden, hat Taijiquan, auch wenn es sich auf ein vorzeitliches Prinzip beruft, sich nicht aus dem Fluss der Zeit herausgesetzt. Auch in ihm wirkt die Ge-schichte. Sie schreibt sich fort in einem sich verändernden Selbstbild, in unterschiedli-chen Selbstdarstellungen und in vom Zeitgeist beeinflussten Arten des Übens. Taijiquan findet auf der Bühne der Geschichte statt. Auf ihr schaut es sich im Spiegel der Zeit an, um darin das zu erkennen, was in Erinnerung zu behalten seine Aufgabe ist. In dieser Spannung entwickelt es sich und in ihr muss es verstanden werden; zwischen Philoso-phie, die das unveränderliche Urprinzip in ihm zu erfassen versucht, und Geschichte, die es sich im Gewand der Zeit formulieren lässt.

Unschwer lässt sich ein kulturelles Kontinuum auch über den Bruch zwischen altem und neuem China hinaus erkennen. Das Ende des Kaiserreichs (1911) hat vieles verän-dert, aber die Moderne hat das alte China nicht ausradiert. Das kulturelle Kontinuum formuliert sich, auch im Taijiquan, in den Zeichen der Zeit, weiterhin nicht als einstim-miger Chorgesang. Der Verherrlichung und Verabsolutierung von Fortschritt und Wissenschaft, in deren Sprache alles übersetzt werden könne, antworteten unweigerlich Stimmen der Besinnung. Taijiquan ist nicht zuletzt ein Faktor, der den Raum der Kultur davor bewahrt, abgeschlossen zu werden.

Doch Taijiquan ist nicht nur ein Überlebensraum für die chinesische Kultur, sondern eine sich in der globalisierten Welt ausbreitende Kampfkunst. Das bringt neue Herausforderungen mit sich. Die Kampfkunst muss durch die Skylla des Exotismus und die Charybdis des Szientismus navigieren. Sie steht vor der Aufgabe, sich in einer lebendigen Tradition zu erhalten, um nicht einem Marketing zum Opfer zu fallen, das entweder mit staunender Ehrfurcht vor dem Fremden arbeitet oder mit reduktionistischen Nützlichkeitserwägungen im Dienst der quantifizierbaren Bilanz eines Gesundheitsutilitarismus.

Die Kunst erhält sich nicht als Tiefkühlkost, sondern nur in einer Entwicklung, der es gelingt, weiterhin aus den Quellen zu schöpfen. Dazu bedarf es sowohl der direkten Überlieferung als auch des Zugangs zu den Quellen für jeden, der sie sucht. Heute begegnen sich wiederum, wie schon in der Republikzeit, Linienerzählungen der verschiedenen Stile und moderne Methoden der Geschichtsschreibung, doch nun in einer noch komplizierteren Konstellation. Wir wissen, dass die moderne Geschichtsschreibung Grenzen hat und dass selbst Fiktionen in Linienerzählungen nicht ohne Wahrheitsmomente sind. Vieles hat zusammengewirkt. Heute ist deutlicher als vor 100 Jahren, dass das Selbstbild und die Selbstdarstellung des Taijiquan sich nicht unveränderlich gleich bleiben, sondern dass der Zeitgeist durch sie weht. Auch wenn es immer um dieselben Prinzipien geht, hat er doch Einfluss auf die Übungsweise der Kampfkunst. Dem Ineinander von Selbstbild und Selbstdarstellung, Prinzipien und Übungsweise sowie Geschichte und Philosophie spürt das Ensemble dieser Untersuchungen nach.

II.

In der chinesischen Geschichtsschreibung wurden die Kampfkünste traditionell vernachlässigt. Oft genug war es die Attitüde konfuzianischer Gelehrter, auf diese Künste herabzuschauen. Aber immer wieder, vor allem nach militärischen Desastern, die auch als eine Art kulturellen Versagens empfunden wurden, kam es zur Reflexion auf das Ungleichgewicht von dem, was man der Kultur zurechnete (*wen*), und dem, das zum kriegerischen Bereich gehörte (*wu*). Dann erinnerte man sich auch daran, dass der Hochmut konfuzianischer Gelehrter gegenüber kämpferischen Tugenden nicht der Auffassung des Meisters entsprach. Zu den Sechs Künsten, die Konfuzius als unerlässlich für die Persönlichkeitsbildung erachtet hatte, gehörten auch Bogenschießen und Wagenlenken, d.h. kriegerische Künste seiner Zeit.

Die letzten Jahrzehnte des Kaiserreichs waren voller Desaster, militärisch und in Folge auch des Selbstbewusstseins. Nicht zufällig ging es im Selbstbild und in der Selbstdarstellung des Taijiquan im 20. Jahrhundert immer wieder um das Verhältnis von *wen* und *wu*. Die Kampfkunst wollte dabei ausdrücklich nicht als martialische Ergänzung zur Kultur verstanden werden. Vielmehr beanspruchte sie, *in sich*, *als* Kampfkunst, die beiden Aspekte zu vereinigen; durch eine Art des Übens, in der die Essenz der Kultur zu sich käme. Taijiquan erklärte sich zu einem Weg der Selbstkultivierung (*xiushen*). Damit stellte es sich in eine lange Traditionslinie. Schon im „Großen Lernen" (*Daxue*), einem der Vier Bücher des Konfuzianismus, heißt es: „Vom Himmelssohn bis zum gewöhnlichen Mann gilt dasselbe: Für alle ist die Selbstkultivierung [R. Wilhelm übersetzt: Bildung der Persönlichkeit] die Wurzel."

Das bedeutete zum einen, dass der Einzelne immer von sich selbst (und nicht vom großen Ganzen) ausgehen und sich „in Ordnung bringen" müsse, auch und gerade, wenn er größeren Zusammenhängen (der Familie, dem Land oder der ganzen Welt) dienen wollte. Dieser – modern gesprochen – soziale Aspekt der Selbstkultivierung sollte für die Verbreitung, die Akzeptanz und die politische Förderung des Taijiquan zu Beginn des 20. Jahrhunderts wichtig werden.

Zum anderen war die Erklärung der Kampfkunst zur Selbstkultivierung mit dem Versprechen verbunden, dass ihr Betreiben dem Einzelnen einen Platz im Ganzen der Welt, letztlich dem Kosmos, also der Ordnung der Welt, gebe. Schon der Name *Taiji*-quan, der auf das Urprinzip alles Seins und Werdens verweist, beansprucht eine kosmologische Einbettung der Kampfkunst und damit desjenigen, der sie ausübt.

Der Übende übt sein Eingebettet-sein. Im Üben muss er in sich die vertikale Achse entstehen lassen, die Himmel und Erde verbindet. Er muss über sich hinauswachsen, in gewisser Weise aus sich heraus. Dahinter steht ein Welt- und Menschenbild, das sich mit der modernen Vorstellung des Einzelnen als Individuum nicht gut beschreiben lässt.

Modern wird das Individuum als eine in sich geschlossenes Entität betrachtet, die sich mit der Welt nur wie durch das Öffnen von Fenstern verbindet. Eine naturwissenschaftliche Betrachtungsweise kann sich vielleicht darauf einlassen, mittels von Apparaturen, Messgeräten oder Laboranalysen ein modernes Äquivalent für die alte Vorstellung eines Innen und Außen verbindenden Qi aufzufinden. Aber eine substanziell ganz unbestimmte Verbindung von Himmel und Erde muss ihr suspekt bleiben. Sie wird stattdessen versuchen, innerhalb des anatomisch definierten Körpers durch die Untersuchung von Muskelgruppen, Sehnen, Faszien, Gewebeschichten und ähnlichem herauszubekommen, was beim Üben geschieht oder geschehen soll. Sie gelangt dadurch zu Ergebnissen, die für die physiologische Forschung interessant sind. Aber der durch diese Betrachtungsweise konstituierte Körper eines physiologisch isolierbaren Individuums ist nicht das, worum es beim Üben des Taijiquan geht; im Gegenteil, er ist in gewisser Hinsicht das, was überwunden werden muss.

Sein kosmologisches Eingebettet-sein üben, heißt verstehen, dass man ursprünglich mit der Welt verbunden ist; aber nicht irgendwie, sondern durch das Prinzip des Taiji, der dynamischen Einheit und des Ausgleichs von Yin und Yang. Man kann ihm entsprechen, sich ihm gemäß bewegen, ihm folgen – oder ihm entgegen handeln. Im Kampf entscheidet dies über Sieg oder Niederlage. Taijiquan lehrt den Übenden, dem Lauf der Dinge – und damit auch sich selbst – nicht im Weg zu stehen. Nur er selbst kann es: die Dinge laufen lassen oder sich im Weg stehen.

Das kosmologische Versprechen – dass der Einzelne seinen Platz im Kosmos hat und finden kann – gilt nur, sofern der Einzelne zum Übenden wird; und zwar nicht zum irgendwie, sondern zum richtig Übenden. Dem Taiji-Prinzip zu folgen, ist immer ein prekäres Unterfangen, es hängt vom Tun und Lassen ab; vom Lassen mehr als vom Tun. Deswegen ist das Üben des Taijiquan auch kein Training, bei dem es nur darauf ankäme, etwas ausreichend oft und intensiv zu machen.

Um die doppelte Funktion wahrzunehmen, eine Kampfkunst und als solche ein Weg der Selbstkultivierung zu sein, bedarf es wiederum zweier aufeinander verwiesener Methoden: Man übt Solo- und man übt Partnerformen. Die kosmologische Einbettung bedeutet, dass der Übende nicht nur in der Vertikale mit Himmel und Erde, sondern auch in der Horizontale mit Anderen verbunden ist,

Man betrachtet Taijiquan landläufig gerne als daoistische Kunst, manchmal in Parallele zum Shaolin-Kungfu, das sich im Chan-Buddhismus entwickelt hat. Daoistische Einflüsse im Taijiquan sind ganz unbestritten, sowohl hinsichtlich der Philosophie von Laozi und Zhuangzi als auch hinsichtlich der späteren inneren Alchemie. Übersehen wird zumeist, dass auch der Konfuzianismus nicht unerhebliche Spuren im Taijiquan hinterlassen hat. Sie werden vor allem in drei Punkten sinnfällig:

1. Das, was man die neokonfuzianische Mystik nennen könnte, ist allein schon im namengebenden Konzept des Taiji und dessen postuliertem Verhältnis zu Wuji präsent. Das wird in der ersten Untersuchung, „Taijiquan und Wuji", dargelegt.

2. An zentraler Stelle, die für das Verständnis gerade der kämpferischen Dimension unerlässlich ist, findet sich das Zitat eines alten Konfuzianers noch aus der Zeit der Hundert Schulen, Mengzi (ca. 370 – ca. 290 v. Chr.). Es handelt vom Verhältnis von Selbst und Anderem. (Wir werden diesem Zitat mehrfach begegnen.) Wenn man einen Schritt zurücktritt vom Bild des moralinsauren, knochentrockenen Konfuzianers, das man sich zur Zeit der ersten Aufnahme des Taijiquan im Westen machte, so ist es eigentlich nicht verwunderlich, dass der Konfuzianismus, der immer mehr am Anderen in der Welt interessiert war als der Daoismus, etwas zur Kampfkunst beizutragen hatte; geht es in ihr doch schließlich immer auch um den Anderen. Allerdings war es offenbar erst in der Ära des *Neo*-Konfuzianismus, der sich in der geistigen Herausforderung durch Buddhismus und Daoismus formierte, möglich, die Lehre des alten Meisters Mengzi so zu interpretieren, dass sie für die Kampfkunst fruchtbar wurde.

3. Mit Anderen hat auch der dritte wesentliche Beitrag des Konfuzianismus zu tun, nämlich der gemeinsame, im Gewand des jeweiligen Zeitgeistes als Pflicht verstandene Patriotismus bei einer äußeren Bedrohung des Landes. Auch diese Dimension hat immer wieder eine Rolle bei der Selbstdarstellung des Taijiquan gespielt und sie wirkt bis in seine Anpreisung als eine Art Präventivmedizin hinein.

Sich in Übereinstimmung mit dem Prinzip des Taiji zu bringen, ist, auch wenn es überall wirkt, kein Selbstläufer. Bemühen zeitigt nicht automatisch Gelingen. Dass es die Möglichkeit des Verfehlens gibt, hat damit zu tun, dass dort, wo sich die Welt der Natur und die Welt des Menschen schneiden, zwei Zeiten wirken. Die eine ist die Zeit der Wiederkehr, von Tag und Nacht, von Jahreszeiten und von allem, was damit zwischen Himmel und Erde verbunden ist. Es ist die Zeit, an der man früh den Wechsel und den Übergang von Yin und Yang abgelesen hat. Es ist die Zeit der Gesetzmäßigkeit, der Dauer im Wandel, von Ruhe und Bewegung – und dem einen im anderen.

Aber es gibt noch eine zweite Zeitebene, den günstigen Augenblick; *kairos*, wie die Griechen ihn nannten. Diesen günstigen Augenblick kann man erfassen oder auch verpassen. Die Klassischen Schriften nennen die Bedingungen, um „eine günstige Gelegenheit und eine überlegene Stellung" (*deji deshi*) zu erlangen [A12-18; vgl. auch B49-54][1]. Auch die Möglichkeit des plötzlichen Erscheinens und Verschwindens [B20] hat diese Zeitform zur Voraussetzung.

Immer gibt es die Möglichkeit von Fehlern, meist hat sie mit der Versteinerung des fließenden In-der-Welt-seins zu tun. Ihr entgeht, wer den Ruhepol in seinem Inneren findet und ihn zu bewahren vermag. Dann kann sich das Rad um seine leere Nabe drehen (vgl. *Daodejing* Kap. 11) und jeder Wendung folgen. Ob die Verschränkung der zwei Zeiten, des zyklischen Wandels von Yin und Yang und der situativen Erfassung, zum Einklang mit dem Geschehen führt oder es aus den Fugen geraten lässt, hängt davon ab, ob einer im Augenblick das Seine zu tun bzw. zu lassen vermag. Taijiquan lehrt, dass das Sein-lassen eigentlich immer die Priorität hat; und dass dasjenige, was zu tun ist, daraus dann wie von selbst folgt.

III.

Wie Natur und Kultur, wie Einzelner und Kosmos, wie Selbst und Anderer zusammenhängen – das sind große Fragen, die beim Üben des Taijiquan nicht in philosophischen Diskursen erörtert werden, sondern nach praktischen Antworten verlangen. Bleiben sie ungelöst, läuft das Üben leer. Der Kontext, in dem die hier versammelten Aufsätze und Untersuchungen entstanden sind, ist kein rein wissenschaftlicher oder philosophischer; die Zeitschriften, in denen die meisten von ihnen veröffentlicht wurden, werden überwiegend von selbst Übenden gelesen. Dass die Klärung der Grundlagen für Fragen, wie zu üben sei, relevant ist, bedeutet jedoch nicht, dass sie in einer unmittelbar praktischen Absicht geschieht; das ist vielmehr die Aufgabe von Lehr- und Übungshandbüchern. Das Anliegen dieser Texte ist es, wie mit einem Senkblei Tiefen des Taijiquan auszuloten, aus denen sich sowohl Einsichten zum praktischen Üben als auch Gedanken zum theoretischen Weiterdenken bergen lassen.

Den Auftakt der Untersuchungen bildet „Taijiquan und Wuji", ein Text, der zunächst eher der Philosophie als der Geschichte zuzuschlagen wäre. Sein Thema führt dorthin, wo das spekulative Denken die Zeit überhaupt erst beginnen lässt. Diese Rückbindung an einen Uranfang ist jedoch nicht selbst eine uralte, sondern sie entstand in einer philosophischen Debatte, die sich über Jahrhunderte erstreckte. Auch die Philosophie hat ihre

---

[1] In eckige Klammern gesetzten Stellenangaben verweisen auf die Zitierweise der Klassischen Schriften des Taijiquan nach Unverzagt 2019.

Geschichte. In der Debatte, die für das Taijiquan wichtig wurde, spiegelt sich von ferne zugleich auch das realgeschichtliche Eindringen des Buddhismus in China. Seine Geisthöhe verlangte den genuin chinesischen Denkschulen des Daoismus und Konfuzianismus neue Anstrengungen ab.

Die Kampfkunst des Taiji blendete sich gleich mit dem ersten Satz ihrer klassischen, Wang Zongyue zugeschriebenen Abhandlung sowie ihrem daraus möglicherweise abgeleiteten Namen in diese Debatte ein. Damit war postuliert, dass die Frage, wie sich die Urpolarität (Taiji) zur Nicht-Polarität (Wuji) verhält, nicht nur „draußen" im Universum, sondern auch in der Kampfkunst von Bedeutung ist; und dass ihr Verständnis eine Auswirkung auf die Übungsweise hat. Die Untersuchung zeigt, dass es im Taijiquan dazu durchaus unterschiedliche Standpunkte gibt.

Erst nach der Beschäftigung mit Ur- und Voranfang wenden wir uns der Realgeschichte zu. Bei dem Text „Taijiquan zwischen Altem und Neuem China" handelt es sich um holzschnittartige Skizzen zur Geschichte des Landes in einem weit gefassten Bezug zum Taijiquan. Sie sollen Umrisse der sozialen und politischen Umstände jener Zeit skizzieren, die wir als die formative Periode des Taijiquan betrachten. Das aus- und untergehende Kaiserreich und die bewegte Republikzeit stellen sich dabei als zusammengehörige und den Kampfkünsten doch ganz unterschiedliche Vorgaben machende Perioden dar.

China zeigt sich als ein riesiges Land mit immensen internen Spannungen, Widersprüchen und Konflikten, die zu einer bewegten Geschichte führten. Die oft kriegerischen Auseinandersetzungen mit den nomadischen Nachbarn im Norden, die mehrfach nach erfolgreichen Eroberungen selbst Dynastien in China stellten (wie auch die letzte, die mandschurische Qing-Dynastie), könnte man in gewisser Weise zu den internen Konflikten zählen.

Im 19. Jahrhundert tauchte, zunächst in Gestalt britischer Kanonenboote, ein neues Außen auf. Mit Europa hatte das Reich der Mitte auch zuvor schon Kontakt gehabt, seit dem 16. Jahrhundert waren Jesuiten sogar dauerhaft im Land gewesen. Aber damals waren Europa und China trotz ihrer unterschiedlichen Kulturen, Denkweisen, Mentalitäten, Einrichtungen und Sozialstrukturen in gewisser Weise einander noch ähnlich gewesen. Wissen wurde durch Beobachtung gewonnen, Apparate beruhten auf ausgeklügelter Denk- und Handarbeit. Das hatte sich im 19. Jahrhundert geändert, als der nun industrialisierte Westen mit gleichsam außerirdischen Waffensystemen und spukhaften Medien wie dem Telegrafen in Erscheinung trat.

Zunächst waren es nur die Waffen, vor deren Macht China die Augen nicht verschließen konnte. Aber die kriegerische Begegnung und die Schmach, die China dabei erlitt, warf letztlich die weitergehende Frage nach Tradition und Moderne auf. China musste zu einer Positionsbestimmung zwischen der alten und der neuen Zeit gelangen. Es setzte ein Ringen um das Erbe ein.

Taijiquan stand nicht abseits, sondern im Wind und im Kreuzfeuer dieser Spannungen. Allein schon ein Blick auf die relativ gut dokumentierten letzten 100 Jahre zeigt einige Wandlungen in der Selbstdarstellung des Taijiquan. Die Moderne hat nicht nur das Leben beschleunigt, sondern auch die Wechsel der politischen Vorzeichen. Das fand einen Widerhall in der Übungsweise. Immer wieder muss die Frage, was die Essenz dieser Kunst sei, neu beantwortet werden.

Der Titel der zweitlängsten Untersuchung („Ist Taijiquan eine innere Kampfkunst?") enthält die Frage, der sie nachspürt. Von den einen wird der Begriff „innere Kampfkunst" mit großer Selbstverständlichkeit gebraucht, andere halten ihn für nichtssagend oder gar irreführend. Eine inhaltliche Erörterung, was damit gemeint sei, führt schnell in eine Jahrhunderte umspannende Geschichte, in der sich die Verwendung des Begriffs nicht gleich geblieben ist. Es ist die Geschichte von Mythen, Missverständnissen und einem Übersetzungsfehler. Doch sobald man die Sache als Mystifikation oder Blendwerk abtun will, tut sich die Frage auf, ob sich da nicht etwas „wahr gelogen" hat. Ideen, Vorstellungen und Bilder können helfen, Kräfte freizusetzen oder zu entwickeln. Wenn diese dann jenseits der eigenen Einbildung von Anderen verspürt werden können, sind sie jedenfalls nicht fiktiv. Selbst wenn der Begriff der inneren Kampfkunst einst nur Schall und Rauch gewesen sein sollte, so hat er doch eine nicht unbedeutende Rolle bei der Entwicklung des Taijiquan gespielt. Am Ende der Untersuchung wird sich die Frage nach dem Inneren und Äußeren der Kampfkunst allerdings umformuliert haben; und zwar so, dass unterschiedliche Antworten auf ein unterschiedliches Verständnis von dem, was Taijiquan ist, hinweisen.

Der Artikel „Der Andere im Taijiquan" scheint auf den ersten Blick vielleicht eine Selbstverständlichkeit zum Untersuchungsgegenstand zu haben. Natürlich lernt man von und mit Anderen, nicht zuletzt, um sich gegen möglicherweise aggressive Andere zur Wehr setzen zu können. *So what?* Mit der Grundunterscheidung zwischen Freund und Feind, die sich in Lehrer, Mitschüler und Angreifer ausdifferenziert, scheint das Nötige benannt, der Rest ist Training der Techniken. Im Taijiquan verhält es sich bei genauerem Hinsehen gleichwohl etwas anders. Seine kosmologische Dimension bezieht das Verhältnis zum Anderen mit ein und führt nur durch das Verhältnis zu ihm hindurch zum Kämpfen durch Nicht-kämpfen; wenn man die Kunst meistert.

Die verschiedenen Aspekte, unter denen der Andere begegnet, haben ein gemeinsames Zentrum, um das die Erörterung kreist. Wie die Stäbe eines Fächers vom Dorn seines Kopfes zusammengehalten werden, so führt die Auffächerung der Aspekte zu dem bereits erwähnten Mengzi-Zitat in den Klassischen Schriften [B65: „Das Eigene aufgeben und dem Anderen folgen"], das auch in anderen der vorliegenden Untersuchungen eine Rolle spielt. Die Begegnung mit dem Anderen stellt die Frage nach dem Verhältnis von Selbst und Anderem. Ihr Ort ist dort, wo sich die Vertikale zwischen

Himmel und Erde mit der Horizontale von Selbst und Anderem schneidet. Dieser ontologische Kreuzpunkt wird von der Erörterung umkreist.

Die Entscheidung darüber, ob man sich gemäß oder entgegen des Taiji-Prinzips verhält, ob man sich in den Bahnen des Ausgleichs von Yin und Yang bewegt oder von ihm aus der Bahn geworfen wird, fällt beim Üben, das irgendwann, meist nach Erlernen einer Solo-Form, auch eines mit Partner werden muss. Im Üben wird das Spiel der Kraft erkundet, das Üben ist wie ein Spielen. Aber am Anfang steht der Ernstfall, die Realität, in welcher der Andere als Angreifer in unsere Welt einbricht. Das Üben des Taijiquan, all seine Routinen, werden vom Ausnahmezustand her gedacht. Der Ernstfall, in dem ein Anderer als tatsächlicher Angreifer begegnet, mag nie eintreten. Doch von ihm her konstituiert sich jede Kampfkunst, auch die des Taiji. Es ist, als hätte es in der Vergangenheit eine Urszene gegeben, die in der Zukunft in einem hypothetischen Fall wiederkehren könnte. In ihr hätte sich das Geübte zu bewähren.

Doch es geht, zumal im Taijiquan, nicht so sehr darum, für alle Fälle gewappnet zu sein; sondern darum, dass man nur durch das Durchspielen dieses wie immer sublim verborgenen Falls zum Kern des Übens gelangt. Es geht darum, die Art der Begegnung einzuüben. Es geht nicht um ein Sortiment von Techniken, sondern um die Art und Weise, wie man sich mit einem möglichen Angreifer ins Verhältnis setzen lässt. Die Art der Begegnung entscheidet zugleich über das eigene Selbstverständnis und -verhältnis. Als Weg (dao) ist Kampfkunst immer auch ein Weg der Selbstwerdung. Das Versprechen der Kampfkunst des Taiji ist, dass derjenige, der in jeder Situation seinem Prinzip zu folgen vermag, nicht wirklich angegriffen werden kann. („Die Waffe findet nichts, das ihre Schärfe aufnehmen kann." Daodejing 50) Das hat weitreichende Konsequenzen für das, was geübt wird. Entweder übt man das Neutralisieren eines Angriffs durch den Ausgleich von Yin und Yang oder man setzt auf Widerstand und Gegenangriff. Widerstand aber kann gebrochen werden, was zur Entwurzelung führt. Taijiquan lehrt in der Begegnung mit dem Anderen das Gegenteil davon: äußerste Stabilität von unten und oben äußerste Flexibilität als Voraussetzung des Neutralisierens. Das ist die Verbindung von Himmel und Erde im Verhältnis von Selbst und Anderem. Der Andere ist der Prüfstein, der Wegweiser, das Kriterium und letztlich der Helfer der Kunst. Das zu verstehen und das zu realisieren, bedarf es des Übens mit Anderen.

Wie Figuren oder Stellungen nicht nur äußerlich aufgebaut werden, sondern wie sie auch strukturell kraftvoll werden; welche Rolle Geist und Qi dabei spielen; ebenso die Auffassung von 意 yi, dessen Übersetzung sich der Spannung zwischen Idee und Intention bewusst sein muss; die Bedeutung des unwiederholbaren Augenblicks; die Frage nach der Entwicklung der Persönlichkeit auf dem Weg (dao) und dem Verhältnis unserer Endlichkeit zum Unendlichen; schließlich auch, wie dabei Alter und Krankheit zu begegnen sei – all das sind Fragen, die nicht erst in der Kampfkunst entdeckt wurden, sondern lange vor ihrer Thematisierung dort schon in den Künsten durchgespielt wurden. Die Verwandtschaft von Pinsel und Schwert (wiederum: wen und wu) wurde schon in alter Zeit konstatiert. Inwieweit sich Kunst und Kampfkunst nicht nur ähnlich oder analog mit denselben Begriffen beschreiben lassen, sondern auch in einem Verhältnis gegenseitiger Befruchtung gestanden haben, ist bisher weitgehend unerforscht. Ansätze dazu liefert die Untersuchung „Der Geist der Kunst im Taijiquan".

Die mit Abstand längste Untersuchung, „Der Ursprung des Taijiquan", kommt am Ende tatsächlich zu einer Art Antwort, aber erst nachdem die Fragestellung sich in ihrem Verlauf umformuliert hat. Die Frage nach dem Ursprung war vor rund 100 Jahren nicht zufällig dort virulent geworden, wo altes und neues China überlappten. In dieser Zeitzone, die mal als eine der Unbestimmtheit und dann wieder als eine der Überdetermination erscheinen konnte, waren Antworten aufgetaucht, die einander an entscheidenden Stellen widersprachen. Unklar war, wie die Frage zur Entscheidung gebracht werden konnte. Es gab nicht nur verschiedene Antworten, sondern auch verschiedene Frage- und Entscheidungsmuster. Den unterschiedlichen Lineage-Erzählungen trat auf einmal die moderne Geschichtsforschung mit ihrer Methode der Quellenprüfung gegenüber. Diese konnte vieles klären, den Streit aber nicht letztlich schlichten. Das hat nicht nur damit zu tun, dass die Stile sowieso bei ihren Versionen bleiben, egal was Historiker sagen; sondern auch damit, dass die historische Prüfung die Fragestellung selbst nicht wirklich hinterfragte.

Unsere Untersuchung verarbeitet die Ergebnisse historischer Forschungen und bringt an der ein oder anderen Stelle auch noch weitere historische Hinweise ein, vor allem aus dem Feld der Kunstgeschichte; aber sie gibt sich nicht der Illusion hin, eine reine Wahrheit auffinden zu können, indem sie einfach Fiktionen durch Fakten entkräften könnte. Zum einen bleibt die Faktenlage, je weiter es in der Zeit zurückgeht, dünn; zum anderen ist nicht jede Legende eine Fiktion, nur weil sie die Tatsachen nicht auf ihrer Seite hat. Legenden können Wirkkräfte entfalten, die sich mit Philosophie und Folklore verweben und in der Geschichte tätig werden. Mit Blick darauf hat diese historische Untersuchung auch einen metahistorischen Aspekt. Am Ende glaubt sie allerdings, die Debatte durch eine sehr nüchtern umformulierte Fragestellung zu einer Art Besinnung bringen zu können.

Der letzte Artikel, „Ziran – Kunst und Natürlichkeit im Taijiquan", ist durch die formalen Vorgaben des Kontexts, in dem er entstand, äußerst komprimiert. Taijiquan wird darin von einem Begriff aus beleuchtet, der häufig (und in einer Hinsicht auch durchaus zutreffend) mit „Natürlichkeit" übersetzt wird. Die Aufschlüsselung der Rolle, die er im Taijiquan spielt, bringt gleichwohl zunächst überraschende Zwischenergebnisse zutage. Zwar wird für die Bewegungen und auch den Atem im Taijiquan immer wieder Natürlichkeit gefordert; aber jeder, der Taijiquan erlernt, erfährt, dass das nicht „einfach so" geht und daher das, was gekonnt sein will, erst erlernt werden muss. Kurzum, ziran verweist zunächst auf eine Spannung zwischen Kunst und Natur.

Vage könnte man diese Spannung derjenigen zwischen Konfuzianismus und Daoismus zuordnen. Gleich zu Beginn der „Gespräche" (*Lunyu*) lobt Konfuzius das Lernen, das doch auch eine Freude sei; während im Daoismus das Handeln durch Nicht-handeln (*wuwei*) hochgehalten wird, das sich auch auf das Lernen erstreckt. Je länger man Taiji-quan lernt, desto besser versteht man, dass die Spannung zwischen Kunst und Natur keinen Widerspruch bedeutet, sondern eine Bewegung hin auf einen Konvergenzpunkt. An ihm bzw. ab ihm geschieht alles wie von selbst – womit *ziran* zu einer tieferen Verständnisebene geführt hat. Das Lernen muss zu einer Vertiefung und Verfeinerung führen, nicht zu Aufstieg oder gar Vermehrung und Akkumulation. Das Lernen gelingt, wenn es zu einer Freilegung führt; zu einer Freilegung dessen, was dann *ziran* geschehen kann. Wenn nach Jahre langem Üben noch die kleinste Bewegung in sich selbst, so wie sie ist, vollendet geschieht, dann hat sie ihren Sinn in sich selbst gefunden und muss nicht mehr als Mittel zu einem anderen Zweck dienen; dann ist die kosmische Einbettung durch Selbstkultivierung gelungen.

Wie lässt sich das lernen? Durch Üben. Das ist etwas anderes als Training. Es ist gekonntes Sein-lassen. Taijiquan ist ein Übungsweg, der dorthin führt, wo alles wie von selbst geschieht.[2]

Im Anhang finden sich Dokumente unterschiedlicher Länge und unterschiedlichen Charakters. Gemeinsam ist ihnen, dass sie nicht nur in den vorliegenden Untersuchungen, sondern auch sonst immer wieder in der Literatur zum Taijiquan genannt oder zitiert werden; dass sie bisher aber zum Teil schwer oder gar nicht in deutscher Sprache zugänglich waren. Wir haben die chinesischen Texte – allesamt bereits interpunktiert und den längsten sogar in Absätze unterteilt – mit abgedruckt, um unsere Übersetzungen gegebenenfalls überprüf- und verbesserbar zu machen. Sie in einem Anhang zu versammeln, half, die ohnehin vielen Fußnoten nicht noch weiter zu befrachten. Anhang 8 bringt mit dem einzigen grafischen Material in diesem vor allem Texten gewidmeten Band zur Anschauung, dass das heute gängige Taiji-Symbol sich aus einer anderen Darstellungsform entwickelt hat und dass selbst seine moderne Gestalt Variationen kennt. Die in Anhang 9 bis zum Ende des Kaiserreichs nach Dynastien gegliederte Zeittafel dient der Orientierung in der Geschichte.

IV.

Das vorliegende Buch ist nicht in Kapiteln aufgebaut, vielmehr handelt es sich um eine Sammlung von sieben Aufsätzen und Untersuchungen, die alle separat geschrieben wurden und für sich gelesen werden können. Gleichwohl haben sie, wie ihre obige Vorstellung deutlich machen sollte, einen inneren Zusammenhang, sowohl thematisch als auch durch die Art der Betrachtung. Diese hatte auch Einfluss auf ihre Anordnung.

---

[2] Vgl. hierzu auch Unverzagt: „Taichi. Ein Übungsweg", in: Hampe & Marchal (2021).

Unsere Betrachtungen widersprechen an einigen Stellen populären Darstellungsweisen der großen Überlieferungslinien. Sie tun es notwendigerweise schon allein deshalb, weil diese sich untereinander widersprechen. In anderen für uns wichtigen Hinsichten – z. B. bei der Interpretation der Bedeutung der Idee (*yi*) – gibt es über die Linien hinweg unterschiedliche Auffassungen verschiedener Schulen.

Die Lektüre eines Textes kann auch einen Gewinn bringen, wenn sie dem Leser Klarheit über seine Gegenposition zu ihm verschafft. Wir beanspruchen keineswegs, die Philosophie und Geschichte des Taijiquan darzustellen, wie sie an und für sich ist und nicht anders gedacht werden kann. Das soll nicht heißen, der Beliebigkeit Tür und Tor zu öffnen; im Gegenteil, dem vorzubeugen, sollen diese Untersuchungen dienen. Sie beanspruchen somit darzulegen, wie die Philosophie und Geschichte des Taijiquan *verstanden* werden *kann*. Sie stellen über alle Recherche hinaus Auslegungen dar. Sie verhalten sich somit zur Sache selbst wie Kommentare zu Klassikern. Das bedeutet, dass neue Aspekte den Auslegungsspielraum erweitern; dass dadurch Elemente in neuem Licht erscheinen und sich gegebenenfalls umbauen oder umgruppieren; in jedem Fall aber, dass der Prozess der Auslegung nicht abgeschlossen ist – solange die Kunst lebt. Oder anders: Solange der Prozess der Auslegung nicht abgeschlossen ist, lebt die Kunst.

Nach der Zusammenstellung der separat lesbaren Texte bleiben trotz mancher Kürzung einige Überschneidungen. Durch sie bleiben die einzelnen Untersuchungen in sich geschlossen. Leser in Zeitnot mögen sie verzeihen.

Chinesische Namen und Begriffe sind in Pinyin transliteriert. Wir schreiben also Beijing und haben lediglich in eingebürgerten Namen (Peking-Form, Peking-Oper) oder gegebenenfalls in Zitaten die Schreibweise Peking beibehalten.

Um Lesern, die mit chinesischen Namen nicht vertraut sind, die Wiedererkennbarkeit zu erleichtern, schreiben wir in der Regel den vollständigen Namen aus. Dabei ist der Familienname (z. B. Yang) dem individuellen Namen (z. B. Luchan) immer vorangestellt (also: Yang Luchan). Ein Personenregister soll zudem helfen, unter der Vielzahl von Namen ihre Träger zu identifizieren und sie im Text wiederzufinden.

Heidelberg, Juli 2024

Taijiquan lässt sich übersetzen als die „Kampfkunst des Allerhöchsten". Es bedeutet nicht „die allerhöchste Kampfkunst", auch wenn der anspruchsvolle Name das suggerieren mag. Was aber sagt dieser Name über den Charakter der Kampfkunst aus? Aufschluss darüber sollte die „Abhandlung des Taijiquan" (*Taijiquan lun*) geben können.[3] Sie war angeblich 1852 in einem Salzladen in der Provinz Henan aufgetaucht und wurde einem gewissen Wang Zongyue zugeschrieben, dessen Historizität allerdings umstritten ist.[4] Wir blenden im Folgenden die Forschungen zu seiner Person aus und verwenden seinen Namen als Chiffre für den Autor des Textes. Dieser Text stellt den Kern der Klassischen Schriften des Taijiquan dar, die zu Beginn der zweiten Hälfte des 19. Jahrhunderts ediert, kompiliert, redaktionell bearbeitet oder vielleicht auch erst niedergeschrieben wurden – in genau der Zeit, in welcher der Name Taijiquan in Gebrauch kam.

Der Name der Kampfkunst

Es ist bemerkenswert, dass in der „Abhandlung des Taijiquan" nur an einer einzigen Stelle die Rede von Taiji ist. Erstaunlicher noch ist der Befund, dass von Taiji-*quan* im Text überhaupt nicht gesprochen wird. Erst das Schriftzeichen 拳 *quan* (wörtlich „Faust") macht aber, wenn es angehängt wird, aus dem Taiji die Kampfkunst des Taiji.

Es ist möglich, dass der Text die Prinzipien einer bereits existierenden, bis dahin anders benannten und um ein neues Selbstverständnis bemühten Kampfkunst formulierte. Möglicherweise existierte er, vollständig oder fragmentarisch, auch bereits parallel zu der Kampfkunst, aber noch ohne Titel. Der Name der Kampfkunst könnte bei seiner redaktionellen Bearbeitung entstanden sein. Wären hingegen Text und Titel alt, wäre nicht nur der Umstand erklärungsbedürftig, dass sich der Text nicht im Besitz eines Linienhalters befand, sondern auch, dass niemand den Namen der Kampfkunst gebrauchte.[5] Was auch immer die historische Wahrheit sein mag, für das Selbstverständnis

---

[3] Der Text findet sich in zahlreichen deutsch- oder englischsprachigen Büchern zum Taijiquan mit unterschiedlichen Übersetzungen, z. T. auch unterschiedlichen Titeln. Selbst in chinesischen Veröffentlichungen variiert der Titel. Mitunter wird er als „Klassiker" (經 *jing*), meist jedoch als „Abhandlung" (論 *lun*) des Taijiquan angegeben. Zur Textbasis dieses Artikels s. Yang Chengfu (1934), S. 69f; vgl. Zheng Manqing (1946), S. 109. Deutsche Übersetzung und chinesischer Text in: Unverzagt 2019.

[4] Zur Historizität von Wang Zongyue s. u. a. Wile 1996, S. 111-114; Davis 2004, S. 18-20 sowie den Abschnitt zu ihm in „Der Ursprung des Taijiquan" in diesem Band.

[5] In der Kaiserzeit gab es strenge Tabus auf die Verwendung von Schriftzeichen, die in kaiserlichen Namen vorkamen; und tatsächlich lautete der chinesische Name des Mandschu-Herrschers Abahai (1592-1643), der die Eroberung Chinas eingeleitet hatte, Huang Taiji 皇太極. Die These vom Namenstabu gründet aber nicht in einer umfassenden Untersuchung über dessen Handhabung in der Qing-Zeit, in der Taiji zur Begrifflichkeit der nach wie vor offiziellen neokonfuzianischen Philosophie gehörte. Zudem führte die Einhaltung von Tabus normalerweise zur Verwendung von

des Taijiquan ist die Textstelle, in der Taiji genannt wird, von programmatischer Relevanz. Es ist gleich der erste Satz, der drei Begriffe (bzw. zwei Begriffe und ein Begriffspaar) in Beziehung zueinander setzt und durch die Art ihrer Beziehung bestimmt:

Taiji, aus Wuji entstehend, ist die Mutter von Yin und Yang.[6]

Taiji schreibt sich mit zwei Schriftzeichen. 太 *tai* bedeutet „höchst, sehr, allzu, äußerst". 極 *ji* war ursprünglich der „Dachfirst" und nahm später die Bedeutung von „Pol, Extrem, äußerst, höchst" an; als Verb kann es auch „erschöpfen" oder „erreichen" bedeuten. Taijiquan könnte wörtlich also auch als die „Kampfkunst der höchsten Polarität" oder als die „Kampfkunst der äußersten Extreme" wiedergegeben werden.

Das Schriftzeichen 無 *wu* stellt eine Verneinung dar. Ist *taiji* „das Allerhöchste", so wäre *wuji* (無極) entsprechend „das, was kein Höchstes hat". Denkbar ist auch „das, was keine Pole (oder keine Polarität) hat". Bei dieser Lesart wäre das Schriftzeichen 極 *ji* pluralisch gedeutet. Schließlich, sobald das verneinende *wu* für sich stehend Nichts oder Nicht-Sein bedeutet, wäre als Übersetzung auch „das Äußerste des Nichts" denkbar. Nicht nur, weil es sich eingebürgert hat, sondern auch, um den Deutungsspielraum nicht vorweg einzuengen, lassen wir Wuji, Taiji sowie Yin und Yang zumeist unübersetzt.

Was Yin und Yang im Kontext der Kampfkunst bedeuten, wird in der „Abhandlung" noch anderweitig ausgeführt. Taiji und Wuji aber werden nur an dieser einen Stelle erwähnt. Für Leser, die der offensichtlich gelehrte Autor der „Abhandlung" ansprach, standen die Begriffe gleichwohl nicht ganz unvermittelt und unerläutert da. Der Anfang der Abhandlung stellt unzweideutig eine Anspielung auf die „Erläuterung des Taiji-Diagramms" (*Taijitu shuo*) von Zhou Dunyi (1017-1073) dar. Für gebildete Leser seiner Zeit unmissverständlich, nahm Wang Zongyue eine Jahrhunderte alte philosophische Debatte auf, in der Daoisten und Konfuzianer, bereichert durch buddhistische Gedanken, kosmologische Fragen erörterten. Kosmologie war dabei nie nur die Frage nach der Entstehung und Ordnung der Welt. Immer ging es mit der Harmonie des Ganzen auch um den Einklang des Einzelnen mit der Welt und den Anderen. In diesen Horizont stellte Wang Zongyue die Kampfkunst, deren Charakter mit Anspielung auf Zhou Dunyis Text fortan Taijiquan genannt wurde.[7]

Substituten. Es wäre also eine alternative Schreibweise an die Stelle des Begriffs Taijiquan getreten. Stattdessen verwendeten die historisch unstrittig mit der Geschichte des Taijiquan verbundenen Meister Chen Changxing (1771-1853) und Yang Luchan (1799-1872) je unterschiedliche, keinerlei Hinweis auf Taijiquan tragende Namen für ihre Kampfkunst. Zumindest nach dem Ende des Kaiserreichs hätten Belege für den Gebrauch des Begriffs in engstem Kreis auftauchen müssen; und genau das ist geschehen, aber erst in der zweiten Hälfte des 19. Jahrhunderts.

6 Chinesischer Text und Auslegung s. Unverzagt 2019, S. 26, S. 59ff.

7 Bereits zuvor hatten Kampfkünste sich in ihrem Namen (z. B. Baguazhang und Xingyiquan) oder in ihrer Theorie auf Kosmologie und Philosophie bezogen. Auch der Begriff Taiji wurde zuvor schon verwendet. Bereits Wang Yuyous (1615-1684) Buch „Dreizehn Säbel Methoden" (*Shisan daofa*) enthielt ein Kapitel mit der Überschrift „Wesentliche Punkte des Taiji Säbels". Der gelehrte Boxer Chang Naizhou (1724-1783) machte in seinen Schriften zur Kampfkunst ebenfalls Gebrauch von dem Begriff. Er erklärte die fokussierte Energie, die im Kampf notwendig sei, als

Im Folgenden zeichnen wir zunächst die Begriffsgeschichte von Yin-Yang, Taiji und Wuji bis Zhou Dunyi nach. Dann geben wir dessen „Erläuterung des Taiji-Diagramms" wieder, um anschließend einen Blick auf eine folgenreiche, durch die Interpretation des Philosophen Zhu Xi ausgelöste Debatte über das Verhältnis von Taiji und Wuji zu werfen. Schließlich kehren wir zu Wang Zongyues Formulierung zurück und fragen mit Hilfe großer Meister des Taijiquan aus der ersten Hälfte des 20. Jahrhunderts, wie die Debatte im Selbstverständnis der Kampfkunst des Taiji nachklingt. Am Ende soll ein weiteres Zitat aus der „Abhandlung des Taijiquan" helfen, die in Anspielung auf Zhou Dunyi formulierte Besonderheit der Kampfkunst des Taiji zu verstehen.

Yin und Yang

Im *Shuowen jiezi*, dem ersten Zeichenlexikon Chinas (veröffentlicht 121 n. Chr.), gilt Yin als Nordseite des Berges und Südseite des Wassers, Yang entsprechend als Südseite des Berges und Nordseite des Wassers. Dem entspricht, dass im Zeichen Yin 陰 neben einem Hügel eine Wolke vorkommt, im Zeichen Yang 陽 dagegen eine Sonne. Diese Beschreibung blickte bereits auf eine lange Verwendung des Begriffspaares zurück. Auf Orakelknochen (16. bis 11. Jahrhundert v. Chr.), den ersten Schriftquellen der chinesischen Kultur, bedeuten Yin und Yang dunkel und hell, Schatten und Licht. Auch im Buch der Lieder (*Shijing*), das zwischen dem 10. und 7. Jahrhundert v. Chr. zusammengestellt wurde, steht Yin für eine kalte, trübe, wolkenverhangene Atmosphäre, Yang für die wärmende Sonne.

Von der Grundbedeutung des Lichten und des Dunklen entwickelte sich Yin und Yang zu einer Art Urbild aller Gegensatzpaare: Himmel und Erde, Tag und Nacht, männlich und weiblich, aktiv und passiv, außen und innen usw. Es konnte auf alles angewendet werden, was von Natur aus aufeinander bezogen war und ohne das andere nicht sein konnte.

Bei der Beobachtung des Laufes der Zeit enthüllte der Gegensatz eine Dynamik.[8] Dadurch, dass Yin und Yang von Lichtphänomenen abgelesen wurden, verknüpfte sich die Idee des Gegensatzes mit der des Wandels und der des Umschlags bzw. eines Umkehrpunktes. Wenn die Sonne um den Berg wandert, liegt die zuvor von ihr beschienene Seite im Schatten. Dieser Umschlag von Yang zu Yin, und umgekehrt, ließ sich bei der Sommer- und Wintersonnenwende auch für den Zyklus eines Jahres beobachten. Durch

---

Ausgeglichenheit des Taiji. Der 1784 erschienene „Faustkampklassiker. Wesentliche Punkte des Boxens" der Shaolin-Kampfkunst erklärte: „Die fünf Schritte der Pflaumenblüte sind die Bedeutung des Taiji" und „Acht Schritte bilden das Taiji". Henning weist zudem darauf hin, dass auch der Gründer des Praktischen Lernens (*shixue*) Yan Yuan (1635-1704) und sein Schüler Li Gong Kampfkünste praktizierten und sich mit der Idee des Taiji beschäftigt hatten. (Henning 2012, S. 15) Die Idee einer *Kampfkunst* des Taiji, Taijiquan, entstand allerdings in keinem der Fälle.

[8] Ames sieht in im Gegensatzpaar Yin-Yang das Erklärungsprinzip dynamisch sich verändernder Beziehungen in einer „korrelativen Kosmologie", die er vom Dualismus westlicher Metaphysik unterscheidet (2003, S. 846). Zur Dynamik von Yin und Yang s. auch Bödicker 2013, S. 16-20.

diese für die Landwirtschaft bedeutsame Beobachtung fand das Begriffspaar Eingang ins Kalenderwesen. Die Zyklik der natürlichen Lichtphänomene mit ihrem Scheitel- und Umkehrpunkt der Gegensätze im Lauf der Zeit legte wohl schon früh graphische Darstellungen in Kreisform nahe.

Als kosmologische Kräfte, konnotiert mit der Idee des harmonischen Ausgleichs, fanden Yin und Yang Eingang in die Philosophie. Mit Taiji wird das Begriffspaar in seinen frühen philosophischen Verwendungen allerdings noch nicht assoziiert.

Bei Zhuangzi wird das Verhältnis von Yin und Yang, die mit Kälte und Himmel bzw. Hitze und Erde assoziiert werden und aus denen alle Dinge entstehen, als Harmonie (*he*) bestimmt.[9] Weiter heißt es, dass sie sich durchdringen und so zum Ursprung aller Dinge werden. Ihr ausgewogenes Verhältnis sei essentiell für die Ordnung der Welt. „Wenn Yin und Yang falsch laufen, geraten Himmel und Erde in Aufruhr."[10]

Bei Laozi werden die Zeichen an einer einzigen Stelle verwendet. In der Übersetzung von Richard Wilhelm heißt es in Kapitel 42: „Alle Geschöpfe haben im Rücken das Dunkle und umfassen das Lichte, und der unendliche Lebensatem gibt ihnen Einklang."

Im Buch *Mozi* heißt es: „Alle Wesen zwischen Himmel und Erde und innerhalb der Vier Meere haben Anteil an der Natur von Himmel und Erde und der Harmonie von Yin und Yang."[11] Aus einer andere Stelle im *Mozi* geht hervor, dass Yin und Yang nicht schon immer da waren, sondern von der Wirkkraft des Himmels, der über ihnen steht, geschaffen wurden.[12]

Die wichtigste Quelle zu Yin und Yang sind die Kommentare zum *Yijing* (ca. 3. Jh. v. Chr.). An einer Stelle werden sie mit Sonne und Mond assoziiert.[13] An einer anderen heißt es: „Die Aufeinanderfolge von Yin und Yang wird der Weg genannt."[14] Vor allem aber stehen Yin und Yang für die unterbrochenen und durchgezogenen Linien des Orakelbuchs, teilweise auch für die damit verbundene Energie.[15] Folgenreich, auch für die

---

[9] *Zhuangzi* II.21 (*tian zi fang*),4. Zhuangzi („Meister Zhuang") ist der Ehrenname des Philosophen Zhuang Zhou (ca. 365-290 v. Chr.) und zugleich der Titel des ihm zugeschriebenen Buches. Auch wenn dieser nicht der Autor des ganzen Buches gewesen ist, sprechen wir von ihm gleichwohl wie von einem einzigen Autor. Ist explizit das Werk gemeint, so schreiben wir zum Zweck der Zitation *Zhuangzi* kursiv. Dasselbe gilt im Folgenden auch für Laozi, den „Alten Meister", Mengzi („Meister Meng") oder Mozi („Meister Mo"). Die römischen Ziffern des *Zhuangzi* beziehen sich auf die Inneren (I), die Äußeren (II) und die Vermischten (III) Kapitel.

[10] *Zhuangzi* III.26 (*wai wu*).1.

[11] *Mozi* I.6. Übersetzungen, sofern nicht anders vermerkt, vom Autor. Zu Mozi vgl. Graham 1993.

[12] *Mozi* VII.4.

[13] *Yijing, Xici* I. Der *Xici*-Kommentar wird auch *Dazhuan* oder „Große Abhandlung" genannt.

[14] *Yijing, Xici* I.

[15] Die Assoziation mit den Linien des *Yijing* setzte das Paar in Beziehung zu den acht Trigrammen. Diese unterlagen durch die Yin-Yang-Natur ihrer Striche dem endlosen Wandel, und so wurden sie zwangsläufig auch mit den fünf Wandlungsphasen (*wuxing*) in Zusammenhang gebracht. Das wirkte bis in die Dreizehn Stellungen des Taijiquan. Zahlen fügten sich zu neuen, bedeutsamen Zahlen zusammen. Sie gaben, wie Max Kaltenmark (1996, S. 70) angemerkt hat, im alten China nicht nur Quantitäten, sondern Qualitäten an. Aus den zwei ursprünglichen Kräften entstand durch Verdopplungen die Mannigfaltigkeit der 64 Hexagramme und schließlich die Un-

spätere Theorie des Taijiquan, ist die Platzierung von Yin und Yang in der Triade Himmel-Erde-Mensch und ihre dortige Analogisierung mit dem Gegensatz von Hartem und Weichem sowie den zentralen konfuzianischen Werten der Mitmenschlichkeit (*ren*) und Rechtschaffenheit (*yi*).

> Den Weg des Himmels errichten, das heißt Yin und Yang. Den Weg der Erde er-
> richten, das heißt das Weiche und das Harte. Den Weg des Menschen errichten,
> das heißt Mitmenschlichkeit und Rechtschaffenheit.[16]

Philosophen aller Richtungen betonten bei Yin und Yang nicht nur den Wandel, sondern auch den Ausgleich der widerstreitenden Prinzipien. Konfuzianer leiteten aus einer kosmologischen Bestimmung die ihnen wichtigen ethischen Prinzipien zwischenmenschlicher Beziehungen ab.

Bei Konfuzius selbst tauchen die Zeichen Yin und Yang allerdings noch nicht auf, ebensowenig bei Mengzi (Menzius, 370-290 v. Chr.). Xunzi (ca. 298 - ca. 220 v. Chr.) verwendet sie vereinzelt an Stellen, in denen es um den Wandel der Dinge geht. Einmal heißt es: „Wenn Himmel und Erde sich vereinigen, entstehen die zehntausend Dinge. Wenn Yin und Yang sich verbinden, beginnen Verwandlung und Wechsel."[17] Erst in der Qin- (221-206) und der frühen Han-Zeit (206 v. Chr. - 6 n. Chr.) durchdrang das Gegensatzpaar von Yin und Yang alle Philosophenschulen und damit auch den Konfuzianismus.

Eine umfassende Ausarbeitung und Applikation auf verschiedene Wissensgebiete erfuhr das Begriffspaar im Denken der Yin-Yang-Schule, als deren Begründer Zou Yan (305-240 v. Chr.) gilt. Er verknüpfte Yin und Yang mit der Lehre von den fünf Wandlungsphasen (*wuxing*) und formulierte Gesetzmäßigkeiten des Wandels für Astronomie, Astrologie, Geographie, Geschichte und Politik, womit er einen bleibenden Beitrag zur chinesischen Geistesgeschichte leistete.

Dong Zhongshu (179-104 v. Chr.), der einflussreichste Philosoph der frühen Han-Zeit, integrierte dieses analogische Denken in den Konfuzianismus und erklärte, die Welt bestehe aus zehn Elementen: Himmel, Erde, Yin, Yang, den fünf Elementen und dem Menschen. Himmel und Mensch würden von demselben Prinzip geleitet, Yin und Yang. Die Mikro-Makrokosmos-Entsprechung in seinem Denken eröffnete die Möglichkeit endloser Analogiereihen, die heute noch in der chinesischen Medizin Verwendung finden.

---

endlichkeit der zehntausend Dinge (*wanwu*). Im Rahmen numerologischer Spekulationen war in umgekehrter Denkrichtung die Rückführung der Unendlichkeit auf die Einheit der Eins eine Denknotwendigkeit. Als erster hatte sie Laozi (*Daodejing*, Kap. 42) durchgespielt. Die Konstruktion von Taiji als Einheit der Zwei (Yin und Yang) stellte den alternativen Schlussstein eines harmonisch konstruierten kosmologischen Gedankengebäudes dar. Er findet sich jedoch nicht gleichursprünglich mit Yin und Yang in den Schriftquellen.

[16] *Yijing, Shuogua.*
[17] *Xunzi* 19; vgl. auch *Xunzi* 9, 17.

Bereits der „Innere Klassiker des Gelben Kaisers" (*Huangdi neijing*) – traditionell dem legendären Urkaiser Mitte des 3. Jahrtausends v. Chr. zugeschrieben, während die sinologische Forschung seine Entstehung zwischen dem 4. und 1. Jahrhundert v. Chr. ansetzt – operiert an zahlreichen Stellen mit Yin und Yang.

Resümierend lässt sich sagen: Der Gegensatz von Yin und Yang ist uralt, seine spätere Verwendung in philosophischem Kontext war weder daoistisch noch konfuzianisch, aber auch nicht nur das Signum der Schule von Zou Yan. In der Han-Zeit durchdrang es alle Richtungen des chinesischen Denkens, um es von da an nicht mehr zu verlassen.

Taiji

Der Begriff Taiji findet sich in der Literatur erst deutlich später als Yin und Yang. Er taucht gleich mit kosmologischer Bedeutung auf, ist aber bis in die Song-Zeit (960-1279) kein Gegenstand einer schulübergreifenden Debatte.

Da viele auch der klassischen Texte nicht sicher datiert werden können, bleibt die Frage nach der ältesten Schriftquelle für den Begriff Taiji offen. Bei Zhuangzi wird Taiji im Kontext der Beschreibung des unbeschreiblichen Dao erwähnt, von dem es heißt: „Es war vor dem Taiji und ist doch nicht hoch."[18] Taiji, das als Allerhöchstes die Grenze der räumlichen Dimension angibt, wird in Richtung des Anfangs auch der zeitlichen Dimension gerückt; Dao aber soll noch früher sein. Rückblickend fällt auf, dass Taiji bei Zhuangzi keinen Bezug zu Yin und Yang oder zu Wuji hat, dafür aber zum Dao.

Bei Laozi kommt Taiji nicht vor. Die Ursprungsfrage wird im *Daodejing* mit den Begriffen des Einen und des Dao abgehandelt.[19]

Auch die konfuzianischen Texte vor der Han-Zeit kennen den Begriff nicht. Als erster Konfuzianer gebraucht ihn Dong Zhongshu in seinem Werk „Üppiger Tau der Frühlings- und Herbstannalen" (*Chunqiu fanlu*) bei der Definition der Mitte: „Die Mitte ist das Allerhöchste (*taiji*) von Himmel und Erde."[20]

Wenn auch vielleicht nicht die älteste, so doch auf jeden Fall die einflussreichste Schriftquelle für die Erwähnung des Taiji ist ein Kommentar zum *Yijing*, der wahrscheinlich aus dem 3. Jahrhundert v. Chr. stammt:

> Im Buch der Wandlungen gibt es das Allerhöchste. Dieses bringt die zwei Urformen hervor. Die zwei Urformen bringen die Vier Abbilder hervor. Diese bringen die Acht Trigramme hervor.[21]

Die zwei „Urformen" (儀 *yi*) werden in der Literatur oft mit Yin und Yang gleichgesetzt. Taiji, bei Zhuangzi ein Frühes, aber dem Dao Nachgeordnetes, wird hier zum Ersten erklärt, aus dem alles entspringt; sei es als Ursprung der Welt oder als oberstes Prinzip ihres Wandels zu verstehen. Die Textstelle sollte nicht nur in späteren Debatten eine

---

18　*Zhuangzi* I.6 (*da zong shi*).3
19　*Daodejing* 42.
20　*Chunqiu fanlu* 77.
21　*Yijing, Xici* I.

Rolle spielen, sie verwandelte in gewisser Weise auch das Buch der Wandlungen, das sie kommentierte. Von nun an hatte das alte Wahrsagebuch eine kosmologische Deutungs-ebene für die Wandlungen der Welt.[22]

Taiji blieb allerdings noch lange terminologisch unstet. Nicht nur die verschiedenen Schulen des Denkens, die den Begriff allmählich aufnahmen, sondern auch Strömungen innerhalb derselben Schule folgten unterschiedlichen Interpretationen. Das gilt auch für den nach der Han-Zeit aufkommenden religiösen Daoismus, der Taiji in seine Kosmo-logie einbaute. Es tauchte auf in der Bedeutung von ursprünglichem Chaos, als Polar-stern, als das Höchste Eine (*taiyi*), als Himmel, als Palast einer Gottheit (die einen meta-phorischen Palast im Kopf meinen konnte), als Stern des Großen Bären, als ver-göttlichtes Ursprungsprinzip, oder als ursprüngliches Qi (*yuanqi*), d.h. als Zustand, in dem Himmel und Erde noch nicht getrennt waren.[23] Der Begriff des ursprünglichen Qi, der auch bei den Taijiquan-Interpreten des 20. Jahrhunderts wiederkehrt, spielte nicht nur im Daoismus, sondern auch im konfuzianischen Denken eine Rolle.[24]

Resümierend lässt sich festhalten, dass Taiji über die Zeit und Denkrichtungen hinweg gültigen Definitionen entgleitet. Bis zu Zhou Dunyi war es kein zentraler thema-tischer Begriff der chinesischen Philosophie. Doch sein heterogener Gebrauch sammelte Bedeutungen an, die dann in die Debatte eingingen. Parallel geschah dasselbe mit Wuji.

Wuji

Weder Mozi noch das *Yijing*, Konfuzius oder Mengzi kennen den Begriff Wuji. Erst in der späteren konfuzianischen Literatur taucht er vereinzelt auf. Einen stärkeren Bezug zum Nichts oder Nichtsein (*wu*) hatte der Daoismus. Bei Laozi und Zhuangzi kommt Wuji vereinzelt vor, ohne Bezug zu Taiji. Zhuangzi nennt Wuji an vier Stellen. Es steht für „das, was kein Äußerstes oder Höchstes hat", was „unermesslich" oder „grenzenlos" ist. In einer Geschichte fragt einer von drei Freunden in die Runde:

> Wer kann sich in den Himmel aufschwingen, in den Nebeln umhertreiben, sich am Grenzenlosen (*wuji*) ergötzen, es als Leben nehmen, einander zu vergessen, und das ohne Ende?[25]

Bei Laozi gibt es unter den zahlreichen Verwendungen des Zeichens 無 *wu* nur eine ein-zige, im späteren Daoismus jedoch wichtig werdende Stelle (in Kapitel 28), die von Wuji spricht. Richard Wilhelm, vielleicht schon mit dem Wissen um die spätere Bedeu-tung im religiösen Daoismus von Wuji als Urzustand, übersetzt mit „Ungewordenem":

[22] Vgl. Leibold 2002, S. 336.
[23] Zu den verschiedenen Bedeutungen von Taiji im religiösen Daoismus s. Robinet 1990, S. 382ff.
[24] Die Vorstellung, dass es vor der Welt mit Himmel und Erde bereits ein ursprüngliches Qi gab, das sich sukzessive ausdehnte und kondensierte, durchzieht das chinesische Denken seit Zhuangzi. Ausgearbeitet hatte die Theorie vom ursprünglichen Qi im 2. Jahrhundert v. Chr. Dong Zhongshu; vgl. Davidson 1993.
[25] *Zhuangzi* I.6 (*da zong shi*).6; s. auch I.1, II.11, II.15.

Wer seine Reinheit kennt und seine Schwäche wahrt, ist Vorbild für die Welt. Ist Vorbild er der Welt, so weicht von ihm nicht das ewige Leben, und er kehrt wieder zum Ungewordenen um.

Bis zu Zhou Dunyi blieb Wuji als philosophische Kategorie eher unauffällig. Aber es gab zwei bedeutende geistige Strömungen, die seinen späteren Gebrauch im Anschluss an die frühen daoistischen Verwendungen vorbereiteten: zum einen die Lehre vom Dunklen (*xuanxue*)[26], in ihr namentlich Wang Bi, und zum anderen der Buddhismus.

Der früh verstorbene Wang Bi (226-249) verfasste Kommentare zum *Daodejing*, dem *Yijing* und dem *Lunyu*, von denen vor allem die ersteren bis auf den heutigen Tag einflussreich geblieben sind. Bei ihm findet sich die erste philosophische Brücke von Taiji zu 無 *wu*, wenn auch noch nicht zu Wuji. Seine Philosophie kreiste um das Nichts. Es hatte bereits bei Laozi eine tragende Rolle gespielt, aber Wang Bi wertete es noch weiter auf. Das Nichts trat bei ihm an die Stelle, die das Dao bei Laozi eingenommen hatte. Ihm zufolge ging alles aus dem Nichts hervor.[27] In seinem Kommentar zum *Yijing* erklärte er, dass Taiji, das dort am Anfang steht, nur als äußerste Begrifflichkeit verstanden werden könne, die gleichsam ins Reich des Nichts hineinragt, in ein Reich vor aller Begrifflichkeit.[28] Taiji war durch Wang Bi in eine bleibende Beziehung zu *wu* gesetzt.

Die Lehre vom Dunklen hatte großen Einfluss nicht nur auf die chinesischen Gelehrten des dritten und vierten Jahrhunderts, sondern auch auf die weitere Geistesgeschichte. Zunächst prägte ihr spekulativer Charakter die Rezeption des Buddhismus, der sich seit dem ersten Jahrhundert in Ausländergemeinden in China ausbreitete. Seit dem 4. Jahrhundert gewann er vor allem durch Kumārajīvas (343-413) Übersetzungstätigkeit auch in der chinesischen Bevölkerung an Einfluss.

Der Buddhismus nahm den Begriff des Taiji nicht auf, trug aber durch seine subtilen Spekulationen über Sein und Nichtsein zu dessen späterer, neokonfuzianisch geprägter Bestimmung bei. Bereits im 2. Jahrhundert n. Chr. hatte der indische Philosoph Nāgārjuna den „Mittleren Weg" (Madhyamaka) zwischen Bejahung und Verneinung begründet. Ausgangspunkt war die Lehre von der Leere der Dinge (Sanskrit: śūnyatā), wonach ihnen weder Sein noch Nichtsein zukommt. Stattdessen werden sie als sub-

---

[26] Die Lehre vom Dunklen wird häufig als Neo-Daoismus bezeichnet. Zürcher weist darauf hin, dass sie von Beamten und nicht von daoistischen Meistern oder Einsiedlern vertreten wurde und dass namhafte Daoisten jener Zeit wie Ge Hong (ca. 250-330) nichts von dieser Richtung hielten. Zürcher nennt die Lehre vom Dunklen eine „konfuzianische Umgestaltung der frühen daoistischen Philosophie" (Zürcher 1959, S. 4, vgl. S. 87, S. 289).

[27] An dieser Stelle kann nicht erörtert werden, ob *wu* bei Wang Bi als genuines Nichts gedacht ist, oder ob es im Verhältnis zu *you*, dem Sein, als Nicht-Sein zu verstehen ist. Guo Xiang (gest. 312), der ebenfalls der Lehre vom Dunklen zugerechnet wird, verwarf in seinem einflussreichen *Zhuangzi*-Kommentar Wang Bis Konzeption des ursprünglichen Nichts als Quelle des Seins. Zur Interpretation von Wang Bi siehe Fung 1953, S. 179-189.

[28] *Wang Bi ji jiao shi*, ad *Xici* I, S. 535-555; vgl. Leibold 2002, S. 337.

stanzlose Phänomene verstanden, denen allein der verkennende Geist Sein oder Nicht-sein zuschreibt.

Im Buddhismus führte die Debatte um Sein und Nicht-Sein zu filigranen Verästelungen des Denkens bis hin zur scheinbaren Auslöschung seiner eigenen Grundlagen. Jizang (549-623), der als Begründer des chinesischen Madhyamaka gilt, postulierte drei Stufen der doppelten (nämlich einer weltlichen und einer absoluten) Wahrheit. Danach konnten Sein und Nicht-Sein auf einer ersten Stufe affirmiert und auf einer zweiten negiert werden, um auf einer dritten zu erkennen, dass weder das eine noch das andere der Wahrheit entsprach. Am Ende konnte selbst das Nirvana verworfen werden, sofern es als Antithese zum Leben in Samsara, dem Kreislauf oder Rad des Lebens mit seinen endlosen Wiedergeburten, gedacht war.

Im Chan-Buddhismus gab es zwei Interpretationen, was *wu* sei. Die erste besagte: das absolute Nichts, über das sich nichts aussagen ließe; die zweite identifizierte *wu* als die ursprüngliche oder auch Buddha-Natur des Menschen. Die erste Position wurde später in die Formel gegossen: „Nicht Geist und auch nicht Buddha", die zweite reformulierte *wu* als „Geist und Buddha".

Diese Debatten luden nicht nur den chinesischen Begriff *wu* mit der buddhistischen Lehre von der Leere auf, sondern sie setzten auch das Verständnis vom Sein in eine unverbrüchliche Beziehung zu ihr. Sie waren den chinesischen Gelehrten zu Beginn des 11. Jahrhunderts geläufig, als Zhou Dunyi die Stränge der Begriffsgeschichte von Taiji, Wuji und Yin-Yang zusammenführte und verknüpfte. Es war eine Zeit, in der sich Gelehrte auf die konfuzianische Tradition besannen, die Jahrhunderte lang im Schatten des Daoismus und Buddhismus gestanden hatte. Diese Geistesströmung, die man später Neokonfuzianismus nannte, wurde im 12. Jahrhundert einflussreich und sollte es bis zum Ende des Kaiserreichs im Jahr 1911 bleiben.

Das Taiji-Diagramm und seine Erläuterung von Zhou Dunyi

Zhou Dunyi (1017-1073) war ein Konfuzianer mit daoistischen Wurzeln, der auch buddhistische Einflüsse aufgenommen hatte. Zu seiner Zeit blieb er relativ unbekannt, erst der bedeutende Philosoph Zhu Xi (1130-1200) verhalf ihm und seinen zwei kleinen Schriften postum zu Ruhm. Den größten Einfluss übte das von ihm verwendete Taiji-Diagramm (*Taijitu*) mit der begleitenden „Erläuterung des Taiji-Diagramms" (*Taijitu shuo*) aus.[29] Es wurde zur Grundlage für die kosmologischen Spekulationen der Neokonfuzianer, spiegelte aber auch daoistische Auffassungen.

Das beschriftete Diagramm besteht aus fünf vertikal angeordneten Elementen. Ganz oben befindet sich ein leerer Kreis, der ohne Zweifel für Wuji steht, auch wenn er keine Beschriftung trägt. Je nach Interpretation bedeutet das zugleich auch Taiji – oder aber dieses wird erst mit der zweiten Ebene repräsentiert, dessen schwarz-weiße Halbkreise laut Beschriftung Yin und Yang, gleichgesetzt mit Ruhe und Bewegung, darstellen.[30] Die

---

29 Der vollständige Text findet sich in Anhang 2, das Diagramm in Anhang 8.
30 Liest man die schwarzen Sektionen als Yin- und die weißen als Yang-Linien, so hat man rechts

mittlere Ebene stellt die Verbindung zur Lehre der fünf Wandlungsphasen her.[31] Der Kreis auf der vierten Ebene repräsentiert die Trigramme Qian und Kun aus dem *Yijing*, d.h. Himmel und Erde bzw. das Männliche und das Weibliche. Die unterste, fünfte Ebene stellt die Entstehung der zehntausend Dinge dar. Die Leserichtung ist, wie der erläuternde Text untermauert, von oben nach unten. Aus einem Urprinzip, Wuji und Taiji, wird über Zwischenschritte die Entstehung und Ordnung der empirischen Wirklichkeit dargestellt. In der „Erläuterung des Taiji-Diagramms" von Zhou Dunyi heißt es:

> Wuji und [daher/dann/aber/doch/auch/zugleich] Taiji.[32] In Bewegung bringt Taiji Yang hervor. Am Limit der Bewegung aber ist Ruhe. In Ruhe bringt es Yin hervor. An ihrem Limit kehrt Ruhe zu Bewegung zurück. Bewegung und Ruhe, einander abwechselnd, werden sich gegenseitig zur Wurzel. Mit der Unterscheidung von Yin und Yang sind die zwei Urformen erschaffen. Yang verwandelt, Yin verbindet. [...] Yin und Yang haben ihre Einheit im Taiji. Die Wurzel von Taiji ist Wuji. [...] Diese zwei Qi korrespondieren miteinander und bringen im Wandel die zehntausend Dinge hervor. Die zehntausend Dinge bringen weiter und weiter hervor, wobei Wechsel und Wandel unerschöpflich sind.
>
> Nur der Mensch erlangt die Pracht all dessen, und so ist er am wunderbarsten. Ist seine Gestalt hervorgebracht, so entwickelt der Geist Erkenntnis. Indem die fünf Veranlagungen stimuliert werden, werden Gut und Böse unterschieden, zehntausend Angelegenheiten kommen heraus. [...] Der Weise regelt sie durch Mittig-sein, Korrektheit, Mitmenschlichkeit und Rechtschaffenheit. Indem er die Ruhe meistert, errichtet er das Höchste des Menschen. [...] Dies kultivierend, ist der Edle im Glück. Dem zuwiderhandelnd, ist der Gemeine im Unglück. Daher heißt es: „Den Weg des Himmels errichten, das heißt Yin und Yang. Den Weg der Erde errichten, das heißt das Weiche und das Harte. Den Weg des Menschen errichten, das heißt Mitmenschlichkeit und Rechtschaffenheit." Und es heißt: „Den Anfang aufspüren und zum Ende zurückkehren, darin gründet das Wissen um die Erklärung von Leben und Tod.".[33]

---

das Trigramm Kan, Wasser, und links Li, Feuer. In Zhou Dunyis begleitendem Text wird dies nicht erläutert.

[31] Diese Ebene enthält einen ominösen sechsten, leeren Kreis, der ebenfalls nicht erläutert wird. In der Lesart des religiösen Daoismus stellt er den geheimnisvollen Embryo dar, in dem das neue Selbst heranwächst; vgl. Ching 1976, S. 80f. Andere Interpretationen sehen in ihm den sich auf allen Ebenen durchhaltenden leeren Kreis der ersten Ebene, je nach Lesart nur Wuji oder aber Wuji *und* Taiji.

[32] Die unterschiedlichen Lesarten der Konjunktion 而 *er* zwischen Wuji und Taiji werden im weiteren Verlauf der Untersuchung ausgelegt. Vgl. auch Unverzagt 2019, S. 59ff; Bödicker 2015.

[33] *Zhou Lianxi ji*, S. 2. Chinesischer Text und vollständige Übersetzung in Anhang 2. Die Zitate am Ende von Zhou Dunyis Text entstammen dem *Yijing*, *Wenyan* (ad Trigramm 乾 *qian*), *Shuogua* (s. S. 5) und *Xici* I. Dass Zhou Dunyi sich zur Begründung seiner Gedanken ausschließlich auf das *Yijing* bezog, begründete nach Wing-tsit Chan (1973, S. 460) die besondere Bedeutung, die dem Buch der Wandlungen im Neokonfuzianismus beigemessen wurde.

Der Text griff uralte Themen und Begriffe des chinesischen Denkens auf und syntheti-sierte sie in neuer Weise. Sein enigmatischer, auslegungsbedürftiger und auslegungsfä-higer Stil trug dazu bei, dass er nach seiner Entdeckung durch Zhu Xi sowohl von Neo-konfuzianern als auch von Daoisten wertgeschätzt und zu einem der am häufigsten kom-mentierten Texte der Song-Zeit wurde. Seine theoretische Neuerung bestand zunächst in der Verknüpfung von Wuji und Taiji. Sie führte zu einem eigenwilligen Bild des Weisen. Der Weise war das Ideal der Konfuzianer. Auch bei Zhou Dunyi regelte er die Ange-legenheiten durch konfuzianische Tugenden; aber er schöpfte dabei aus der Ruhe, was eher einem daoistischen Ansatz entsprach. Bemerkenswert ist, dass in der Erläuterung des Taiji-Diagramms Ruhe gegenüber Bewegung zunächst ein Sekundäres zu sein scheint, das erst an deren Limit auftaucht; dass ihr aber auf dem Weg des Weisen zur Aufrechterhaltung oder Wiederherstellung jener kosmischen Harmonie, die mit dem Werden der zehntausend Dinge und der Unterscheidung von Gut und Böse in Gefahr ist, das Primat zukommt.[34]

Die Ausführungen zur Rolle des Weisen schließen an diejenigen zur Rolle des Men-schen im allgemeinen an, mit denen die zweite, inhaltlich deutlich von der ersten abge-hobene Texthälfte beginnt. Bis dorthin hatte der Text erläutert, was im Diagramm mit Hilfe seiner Beschriftung zu sehen war. Die Begriffe der zweiten Texthälfte aber finden sich in dieser Beschriftung nicht. Auf den ersten Blick kann es so scheinen, als über-schreite die Erläuterung des Diagramms das, was sich in ihm anschauen lässt. Doch Zhou Dunyi hatte dem kosmologischen Schema nicht einfach eine konfuzianische Ethik angehängt, Zhu Xi sah sie im Diagramm durchaus dargestellt. Er interpretierte in seiner „Erläuterung des Diagramms von Meister Zhou" (*Zhouzi tu jie*) die allgemeinen Bestim-mungen des Menschen und diejenigen des Weisen aus den fünf Ebenen des Dia-gramms.[35]

Der Gedanke, dass die Harmonie der Welt den Menschen einbezieht bzw. seiner be-darf, war eine geteilte Überzeugung der großen Schulen des Denkens in China. Unter-schiedlich waren die Strategien der Einordnung. Wo, plakativ verkürzt und modern ge-sprochen, die Konfuzianer eine Notwendigkeit von sozialem Handeln sahen, setzte die Philosophie des Daoismus (*daojia*) auf Handeln durch Nicht-Handeln (*wuwei*). Noch die Unsterblichkeitssuche des religiösen Daoismus (*daojiao*) stellt den Versuch dar, den menschlichen Mikrokosmos in Übereinstimmung mit dem Makrokosmos zu bringen. Indem Zhou Dunyi die Ruhe des Weisen als Dreh- und Angelpunkt der konfuzianischen Ethik postulierte, nahm er daoistische und buddhistische Motive auf.[36] Ob er deren An-

---

[34] Adler vertritt die These, dass das Verhältnis von Ruhe und Bewegung bei Zhou Dunyi das einer ontologischen Durchdringung und nicht das einer bloßen Abfolge ist; vgl. Adler 2014, S. 102-109; vgl. auch Adler 1999.

[35] Vgl. Adler 2014, S. 160-166. Zur Komplexität der Komposition des *Taijitu shuo*, auf die hier nicht eingegangen werden kann, s. Ching 1976, besonders S. 67-70.

[36] Einen buddhistischen Einfluss sieht Wolfgang Bauer (2001, S. 244ff) in der Priorität der Ruhe und in einem „Bewegungskeim", der Ruhe immer wieder in Unruhe auflöst. Der Begriff, den Bauer mit Bewegungskeim wiedergibt (幾 *ji*), findet sich nur in Zhou Dunyis anderer Schrift, dem

ziehungskraft damit zugleich neutralisierte und unterlief oder ob er sie in den Konfuzianismus einschleuste, wurde später zum Gegenstand von Kontroversen.

Das Vorweltliche oder Wuji-Diagramm

Die Nähe Zhou Dunyis zum Daoismus verbirgt sich nicht nur im Text seiner „Erläuterung". Das Diagramm selbst weist eine frappierende Ähnlichkeit mit einem Diagramm auf, das sich im Daoistischen Kanon (*Daozang*) in der Schrift eines unbekannten Verfassers findet und dort „Vorweltliches Diagramm des Allerhöchsten" (*Taiji xiantian zhi tu*) heißt.[37]

Dieses „Vorweltliche Diagramm" sollte in einer lückenlosen Überlieferungslinie bis mindestens auf Chen Tuan (ca. 906-989) zurückgehen, einen daoistischen Adepten der inneren Alchemie. Bei ihm sollte es allerdings anders beschriftet gewesen sein, den Titel *Wujitu* getragen und eine andere Leserichtung gehabt haben.[38] Demnach veranschaulichte es ursprünglich in einer aufsteigenden Linie, wie sich der Mensch aus der Welt der zehntausend Dinge über die Natur erheben könne, um zum Wuji zurückzukehren. Wuji galt in der daoistischen Kosmologie der Song-Zeit als Urzustand ursprünglicher Ungeschiedenheit. Ihn wieder zu erreichen, bedeutete in der Sicht des religiösen Daoismus nichts anderes, als Unsterblichkeit zu erlangen. Zhou Dunyi, so hieß es, habe die Leserichtung von Chen Tuans Diagramm einfach umgekehrt, um es in das konfuzianische Weltbild einzupassen.[39]

Chen Tuans Original ist nicht erhalten. Doch selbst mit einem Original hätte man nicht die ganze Überlieferung in Händen. Diagramme stellen in China eine uralte, alternative oder auch ergänzend zur Schrift verwendete Form der Speicherung und Veranschaulichung von Wissen dar.[40] Sie wurden mit Erklärungen, Auslegungen und Un-

---

Tongshu; sachlich ist er am Limit der Ruhe gleichwohl im *Taijutu shuo* präsent. Er ist allerdings nicht unbedingt buddhistisch konnotiert, in Text und Kommentar des *Yijing* (*Xici* I und II) wird er mehrfach verwendet. Wing-tsit Chan (1973, S. 462) hält den buddhistischen Einfluss auf Zhou Dunyi für vernachlässigbar.

[37] *Zhengtong daozang*, Bd. 196/197; vgl. Schipper/Verellen 2004, Bd. 3. S. 1458; s. Anhang 8. Die Abhandlung trägt den Titel „Diagramm des Wahrhaft Ersten und Geheimnisvollen Klassikers der Transzendenten Großen Höhle" (*Shangfang dadong zhenyuan miaojing tu*). Die Abhandlung ist mit einem Vorwort des Tang-Kaisers Xuanzong (712-755) versehen, was allerdings über die Authentizität der Datierung nichts Verlässliches aussagt. Der Daoistische Kanon in der heute noch zugänglichen Version wurde 1444-1445 kompiliert (Schipper/Verellen: 2004, xiiiff). Die Rekonstruktion von Textsammlungen, wie sie auch dem Daoistischen Kanon mehrfach widerfuhr, bot stets Gelegenheit, vordatierte Texte einzuschleusen.

[38] So geben es die Song-Annalen in der Biographie des Gelehrten Zhu Zhen (1072-1138) wieder; vgl. Fung 1953, S. 440; Robinet 1990, S. 374ff; Adler 2014, S. 154ff.

[39] Vgl. Ching 1976, S. 78ff; Robinet 1990, S. 401. Die gewöhnliche Richtung, so glaubten Daoisten, führe zur Geburt menschlichen Lebens, die umgekehrte Richtung aber zur Unsterblichkeit. Der Daoist Chen Zhixu (ca. 1290-1343) setzte zwei Diagramme nebeneinander. Die Richtung des einen war vorwärts und nach unten (順 *shun*), vom ursprünglichen Chaos und der Einheit zur Vielheit der Welt; die Richtung des anderen war rückwärts und aufwärts (逆 *ni*), durch Alchemie zurück zum Ursprung; vgl. Robinet 1990, S. 400; Hudson 2008. S. 335.

[40] Diagramme werden mit demselben Schriftzeichen 圖 *tu* wie z. B. Landkarten benannt. Noch

terweisungen weitergegeben; manche als Gemeingut, zumindest für jene, die Zugang zu Bibliotheken und Schriften hatten; andere blieben nur Eingeweihten einer Überlieferungslinie zugänglich. Ob das Diagramm zu Zhou Dunyis Zeit bereits in einer öffentlichen Schriftform für ihn zugänglich war, ist nicht klar. Die in den Song-Annalen aufgezeichnete Version will es, dass er das Diagramm in persönlicher Überlieferung von einem Daoisten erhielt. Dann wäre nur die „Erläuterung" sein eigenes Werk.

Es gibt jedoch auch die These von zwei Überlieferungen, die ihren Ausgang von Chen Tuan genommen haben sollen. Die eine habe zu den Neokonfuzianern geführt, die andere sei unter Daoisten geblieben.[41] Dann wäre die Ausformulierung der „Erläuterung" immer noch Zhou Dunyis Werk, nicht aber unbedingt deren Deutungsansatz.

Letztlich ist nicht einmal klar, ob Chen Tuan der Urheber des auf ihn zurückgeführten Diagramms war.[42] Doch auch wenn die Frage des Ursprungs, wie so oft bei der Erforschung von Quellen aus dem alten China, zu unüberprüfbaren Versionen führt, bleibt Zhou Dunyi der Bezugspunkt des Taiji-Diagramms und seiner Erläuterung. Mit ihm war es Gemeingut geworden und schließlich so tief im kulturellen Gedächtnis verankert, dass Wang Zongyues „Abhandlung des Taijiquan" auf den Text anspielen konnte, ohne das Diagramm abzubilden.[43]

---

bevor Kalligraphien oder Kunstwerke als sammelwürdig galten, wurden Karten in den Schatzkammern der Herrscher gesammelt oder in quasi-religiösen Gemeinschaften wie Schätze verwahrt und weitergegeben. Ihre Bedeutung war einerseits militärisch-strategisch, aber auch weit darüber hinaus essentiell für die Ordnung eines Landes. Der weise Herrscher musste die Kraftlinien des Landes kennen wie der Arzt die Meridiane des Körpers. So regulierte der Große Yu die Fluten, indem er das Wasser nicht staute, sondern fließen ließ. Dazu musste er die Energiekanäle kennen. Den eigentlichen Landkarten gingen Weltkarten mit kosmologischer Bedeutung voraus, in denen Raumsektoren zeitlich lokalisiert wurden (vgl. Robinet 1995, S. 72, S. 137). Diagramme, die in der Tradition einer Überlieferungslinie weitergegeben wurden, gab es nicht nur in eher volkstümlichen, vor allem daoistischen Gruppierungen; seit der Song-Zeit verwendeten auch Gelehrte verstärkt Diagramme, mit denen sich mehr als durch Worte ausdrücken ließ (vgl. Adler 2014, S. 151). Ob Schrift oder Diagramm, legten song-zeitliche Gelehrte Wert darauf, die Genealogie ihrer Gedanken auszuweisen. Dabei kam es auch zur Konstruktion von Überlieferungslinien, die sich nicht immer mit einem modernen Begriff historischer Tatsachen vereinbaren lassen.

[41] Robinet 1990, S. 374, Appendix S. 411.

[42] Nach einigen Quellen soll Chen Tuans Meister ein Buddhist gewesen sein. (Robinet 1990, S. 372, Fn. 2, S. 374, S. 376, Appendix S. 406). Selbst wenn es so wäre, bliebe unklar, ob der Ursprung buddhistisch war, oder ob nicht zuvor Buddhisten Anleihen bei Daoisten gemacht hätten. Schließlich gibt es die These, dass das Diagramm von Zhou Dunyi stammt und Song-zeitliche Daoisten ihm später einen daoistischen Ursprung angedichtet haben; vgl. Wang 2005, S. 311.

[43] Im Lauf der Zeit fand allerdings eine Überlagerung des Bildgedächtnisses statt. Seit der Ming-Zeit kam das heute bekannte Symbol mit den zwei Yin-Yang-Fischen in Gebrauch (vgl. Louis 2003; s. Anhang 8). Da es im Chinesischen ebenso wie das komplexe Diagramm von Zhou Dunyi *Taiji tu* genannt wird, ist bei späteren Texten, die Bezug auf das Diagramm nehmen ohne es abzubilden, nicht immer eindeutig, welche graphische Darstellung gemeint ist. In seinem „Lied vom Wesen und den Anwendungen des Taijiquan" (*Taijiquan tiyong ge*) stellt Li Yiyu, von dem wir das erste Autograph der Klassischen Schriften des Taijiquan haben, explizit den Zusammenhang von Taijiquan zu dem Diagramm her: „Wunderbar ist Taijiquan, spontan sind seine Bewegungen, ununterbrochen wie ein Jadereif, Figur für Figur das Taiji-Diagramm." (Wile 1996, S. 50, S. 130.)

Diesen Status hätte Zhou Dunyis kleine Schrift nicht erlangt, wenn sie nicht postum von einem der bedeutendsten Philosophen Chinas, Zhu Xi, zu einem zentralen Text des von ihm vertretenen Neokonfuzianismus erklärt worden wäre.

Zhu Xis Auslegung

Zhu Xi (1130-1200) baute Zhou Dunyis Idee des Taiji in sein System des Neokonfuzianismus ein, das mit zwei zentralen Begriffen operierte, Prinzip (理 *li*) und Qi 氣. Beide Begriffe spielten später auch eine Rolle in der Theorie des Taijiquan. Qi ist bei Zhu Xi die Welt des Wandels, in der Yin und Yang wirken.[44] Das Prinzip (*li*) hingegen ist unveränderlich, unberührt von Yin und Yang, und doch in jedem einzelnen Wesen und jedem einzelnen Ding. Zhu Xi erklärte, dass es kein Qi ohne Prinzip, aber auch kein Prinzip ohne Qi gebe. Das oberste Prinzip aller Wesen und Dinge, das Prinzip des Universums, das, was es in seinem Innersten zusammenhält, das, jenseits dessen schlechthin nichts mehr sein könne – das sei Taiji, das Allerhöchste. Dieses oberste Prinzip teile sich allem mit, was in der Welt des Qi ist. Es selbst aber denkt er jenseits von Bewegung und Ruhe, ungeteilt und unberührt von der Welt des Qi. Das eben habe Zhou Dunyi ausgedrückt, als er Taiji durch Wuji bestimmte, in dem keine Gegensätze, somit auch noch kein Yin und Yang, und kein Wandel sind. Wuji war in Zhu Xis Lesart eine Charakterisierung von Taiji, nicht diesem vorgelagert oder übergeordnet.

‚Wuji er taiji' bedeutet nicht, dass es außerhalb von Taiji noch ein Wuji gäbe.[45]

Zhu Xi argumentierte, dass ein ohne Wuji definiertes Taiji nur wie ein Ding unter Dingen wäre. Umgekehrt galt aber auch: Wäre da nicht diese gegenseitige Erhellung von Taiji und Wuji in der Formel *wuji er taiji*, würde Wuji „in Leere und Stille versinken", in einer von der Lebenswelt losgelösten Ebene der Transzendenz – um deren Erreichen es nach Ansicht orthodoxer Neokonfuzianer in der buddhistischen und daoistischen Weltsicht ging.

Die Bindung von Taiji an Wuji war für Zhu Xi eine Gratwanderung. Taiji, das oberste Prinzip, strukturierte in seinem Gedankengebäude nicht nur die Welt der Dinge, sondern auch den Geist, der sich ihnen erkennend zuwandte. Die Erkenntnis der Welt bedeutete immer auch ein Selbstverhältnis. Der Gedanke eines in die Selbsterkenntnis eingelassenen Wuji machte das Denken einerseits unabhängig von den Anfechtungen der Welt, andererseits ergab sich daraus eine gefährliche Nähe zu dem, was die Buddhisten lehrten. Buddhisten galt das Selbst als so leer wie jedes andere Ding in der Welt. Stieße man zur Erkenntnis der inneren Leere der Erscheinungen vor, so lehrten sie, könne man

---

Ob er sich damit auf das Diagramm von Zhou Dunyi oder auf das Symbol mit Doppelfisch bezog, ist sprachlich nicht auszumachen.

[44] Die für Zhu Xis Denken zentrale Opposition von *li* (Prinzip) und Qi ist bereits bei Zhou Dunyi in seinem zweiten wichtigen Text, dem *Tongshu*, vorgebildet.

[45] *Zhuzi yulei*, Bd. 6, S. 2367; vgl. auch Leibold 2002, S. 343f. Für Zhu Xis Kommentare zu Zhou Dunyi s. Adler 2014, S. 160-201.

von den illusorischen Anhaftungen an die Welt ablassen – was in den Augen der Konfuzianer auf einen unerwünschten Quietismus individueller Heilsuche hinauslief. In Zhu Xis System konnte dieser Weg nur als Verirrung erscheinen. Blockiert werden sollte er durch eine weitere Implikation von Taiji, das als das oberste Prinzip auch das äußerste Gute darstellte. Somit leiteten sich aus ihm die konfuzianischen Tugenden und die Verpflichtung zu einem ethischen Handeln ab.[46] Das Selbstverhältnis des erkennenden Geistes bedeutete daher in seinem Innersten zugleich ein Verhältnis zu Anderen. Diese Bindung an ein Verhältnis zu Anderen sollte sich später auch für die Formulierung der Prinzipien einer Kampfkunst des Taiji als relevant erweisen.

Zhu Xis Bestimmung des Verhältnisses von Taiji und Wuji blieb innerhalb des Neokonfuzianismus nicht unumstritten. Lu Jiuyuan (1139-1192) entfachte eine Debatte, in der er Zhu Xi vorwarf, eine Wirklichkeitsebene jenseits von Raum und Zeit konstruiert zu haben. Er wies darauf hin, dass die Textstelle im *Yijing* kein Wuji erwähnte, und dass dieses daher nicht zur Bestimmung des Taiji herangezogen werden könne.[47]

Daoismus versus Neokonfuzianismus

Ob mit Blick auf das *Yijing* legitim oder nicht, seit Zhou Dunyi war Wuji in die Bestimmung des Taiji eingedrungen. Nur aus der Verhältnisbestimmung von Taiji und Wuji, nicht aus den Schriftzeichen allein, sollte sich fortan erschließen, was mit dem einen und dem anderen gemeint war.

Die unterschiedlichen Deutungen ließen sich durch unterschiedliche Lesarten des grammatikalisch mehrdeutigen 而 *er* in der Formulierung *wuji er taiji* begründen. Wie war das Verhältnis des Allerhöchsten zu dem, was kein Höchstes hat, zu verstehen; bzw. von der Gegensatzlosigkeit zum höchsten Gegensatz; von dem ohne Polarität zur höchsten Polarität; oder von der Grenzenlosigkeit zum äußersten Extrem? Sollte es heißen „Wuji und Taiji", „Wuji, daher Taiji", „Wuji und dann Taiji", „Wuji, doch Taiji", „Wuji und zugleich Taiji", „Wuji und auch Taiji" oder „Wuji, aber auch Taiji"? Die Mehrdeutigkeit des Schriftzeichens, zumal in einer verkürzten Satzstruktur zwischen zwei Nomen, ermöglichte es, das Verhältnis von Wuji und Taiji als das eines Neben-, Gegen-, In-, Aus- oder Nacheinander zu verstehen.

Wuji und Taiji waren sprachlich, auch wenn Zhu Xi diese Interpretation hatte ausschließen wollen, durchaus als zwei verschiedene, von einander unterscheidbare Zu-

---

[46] Hatte der *Shuogua*-Kommentar zum *Yijing* („Den Weg des Himmels errichten, das heißt Yin und Yang." s.u.) mit der Dreiheit Himmel-Erde-Mensch operiert, um durch Parallelität ihrer Ebenen die Maximen der Mitmenschlichkeit und Rechtschaffenheit zu konstruieren, so leitete Zhu Xi die konfuzianische Ethik aus der Einheit ab. Die Bestimmung des obersten Prinzips als das äußerste Gute ließ Fung Yu-lan (1953, S. 537) einen Vergleich zu Platons Ideenlehre und Aristoteles' Gottesbegriff ziehen.

[47] Im *Yijing* (*Xici* I) heißt es, wie oben zitiert, lediglich: „Im Buch der Wandlungen gibt es das Allerhöchste." Zur Auseinandersetzung zwischen Zhu Xi und Lu Jiuyuan vgl. u.a. Fung 1953, S. 589f; Chang 1957, S.146-152, , S. 285-307; Jing 1976, S. 74ff; Leibold 2002, S. 341; Adler 2014, S. 67f.

stände interpretierbar. War Wuji am Anfang, dann gab es ein Nacheinander, in dem Taiji das Spätere war. Nur wenn sie unterschieden waren und es ein Nacheinander gab, konnte Wuji auch wieder am Ende stehen, so wie es der daoistischen Überlieferung zufolge Chen Tuans *Wujitu* gewollt hatte. Diese Überlieferung, die den Urzustand als Wuji identifiziert, ist allerdings erst seit der späteren Song-Zeit greifbar, d.h. erst in der Auseinandersetzung um Zhou Dunyis Taiji-Diagramm.[48]

Doch wenn es ein Nacheinander der Zustände war, stellte sich die Frage der Entstehung von Taiji aus Wuji. Wie konnte das eine aus dem anderen hervorgehen, wenn es nicht schon irgendwie in ihm war? Wird Wuji konsequent gedacht als das, was keine Gegensätze und daher keine Entwicklung kennt, kann es auch nichts anderes in sich tragen. Dann musste die Begriffsunterscheidung in einer tiefer liegenden Identität gründen.

Isabelle Robinet hat die These formuliert, Konfuzianer sähen das Verhältnis als eines der Identität, Daoisten hingegen als ein Nacheinander. Daoisten betrachteten Taiji demnach als Ursprung, als Anfang der Welt, Wuji aber als das unnennbare Dao, das unfassbar Vorgängige. Bei den Neokonfuzianern hingegen entspräche Taiji dem Dao, weshalb kein vorgängiges Wuji gedacht werden müsse.[49]

Gab es ein Nacheinander von Wuji und Taiji, dann war dieses wie ein Tor, das sich von Wuji zur Welt der zehntausend Dinge öffnete.[50] Wenn es ein Tor war, konnte es nach Ansicht der Daoisten aber auch in einem Umkehrprozess in die andere Richtung durchschritten werden, ins Wuji. Neokonfuzianisch bedurfte es keiner Umkehr, sondern einer Besinnung auf das Prinzip, das in allem wirkte. Wollte man dessen Erkenntnis als Tor sehen, so käme man bei seinem Durchschreiten wieder in dieser Welt an, allerdings in einem – bei Zhou Dunyi durch die Ruhe des Weisen – harmonisierten Zustand.

Taiji und Wuji in der Kampfkunst des Taiji

Was interessierte Wang Zongyue, den Autor einer Schrift über Kampfkunst, an diesen philosophischen Spekulationen über Wuji und Taiji? Warum setzte er eine Anspielung auf Zhou Dunyis „Erläuterung des Taiji-Diagramms" an den Anfang seiner „Abhandlung des Taijiquan"? Wir betrachten noch einmal dessen Formulierung, nun auf dem Hintergrund der daoistisch-neokonfuzianischen Auseinandersetzung, um dann nach dessen Relevanz für die Praxis des Taijiquan zu fragen.

> Taiji, aus Wuji entstehend, ist die Mutter von Yin und Yang.

Bei Wang Zongyues Formulierung handelt es sich um kein wörtliches Zitat. Taiji steht im Unterschied zu Zhou Dunyis Text an erster Stelle, ist Wuji aber logisch bzw. genealogisch nachgeordnet und im Verhältnis zu ihm ein Sekundäres. Yin und Yang, die polaren Gegensätze, die in allem Existierenden sind, gehören scheinbar bereits der dritten

---

[48] Vgl. Robinet 1990, S. 389ff.
[49] Vgl. Robinet 1990, S. 390.
[50] Zur Idee des Tores vgl. Silberstorff 2010 und 2014.

Generation an. Wuji, Taiji und Yin-Yang erscheinen in dieser Formulierung wie Phasen eines kosmologischen Entstehungsprozesses, somit als Nacheinander. Folgte man Robinets These, handelte es sich bei Wang Zongyues Formulierung um eine daoistische Auslegung von Zhou Dunyis Text, die am Ende Zhu Xis neokonfuzianischen Einfluss zurückgedrängt hätte. Das entspräche dem daoistischen Image des Taijiquan.[51]

Auffallend ist jedoch, dass die „Abhandlung des Taijiquan" in ihrem weiteren Verlauf kaum daoistisch besetzte Begriffe oder Metaphern verwendet, sondern konfuzianische Autoren zitiert. Tatsächlich lässt sich bereits der einleitende, programmatische Satz so verstehen, dass sich die Ansichten die Waage halten; sei es, dass sie sich damit inhaltlich ausgleichen, oder sei es, dass sie in ihrer Unterschiedlichkeit gleiches Gewicht beanspruchen können.

Das Schriftzeichen 而 *er* bleibt auch in Wang Zongyues Formulierung mehrdeutig. Dass ihr zufolge Taiji aus Wuji entsteht, ist unzweideutig. Daran änderte sich auch nichts, wenn 生 *sheng* als „hervorbringen" oder „gebären" übersetzt würde.[52] Aber es scheint nicht entstanden, sondern entstehend zu sein. Zeit setzt überhaupt erst mit Taiji ein – ohne Wuji in die Vergangenheit zu versetzen. 而 *er*, durch den Entstehungszusammenhang mit temporaler Bedeutung versehen, indiziert im gegebenen Kontext ein präsentisches Geschehen. Taiji wäre Wuji logisch und genealogisch, nicht aber zeitlich nachgeordnet. Entsprechend handelte es sich um keine zeitlich voneinander abgrenzbaren Zustände, sondern um ein permanentes Geschehen. Taiji ließe die Welt in jedem Augenblick aus einem bestimmungslosen Urgrund hervortreten, ohne diesen jemals zu verlassen. Man könnte sich die in Zhou Dunyis Taiji-Diagramm separat gezeichneten Sphären als konzentrische Kreise vorstellen, die sich unablässig von einem Mittelpunkt ausbreiten. Trotz der Rede von einer Entstehung ähnelte die Konstruktion derjenigen bei Zhu Xi, bei dem Taiji alle Erscheinungsformen von Qi als der Welt des Entstehens und Vergehens durchwirkte, ohne dass Wuji, selbst jenseits von Yin und Yang, dadurch aufgehört hätte, es zu bestimmen. Doch was ist daran für die Kampfkunst des Taiji von Bedeutung?

---

[51] Zhu Xis Neokonfuzianismus war bis zum Ende des Kaiserreichs die als orthodox anerkannte Philosophie. Nach 1911 sank sein Prestige entsprechend dramatisch, während der Daoismus sich politischer Förderung erfreute. Eine kritische Auseinandersetzung mit der Imagebildung des Taijiquan als daoistische Kunst findet sich in Wile 2007. Vor dem Hintergrund der These von einem *Wujitu*, dessen Leserichtung Zhou Dunyi umgekehrt habe, müsste es in einer daoistischen Auslegung beim Taijiquan eigentlich um die Rückkehr zur ursprünglichen, unterschiedslosen Einheit des Wuji gehen; womit *Wujiquan* der passendere Name für diese Kampfkunst gewesen wäre.

[52] Das Schriftzeichen 生 *sheng* – ursprünglich „wachsen", dann „gebären" und „(Menschen)-Leben" – hat im Lauf der Zeit eine Bedeutungsöffnung erfahren. In der „Großen Abhandlung" zum *Yijing* kann es bereits mit „hervorbringen" übersetzt werden. Zhou Dunyi verwendet den Begriff ebenfalls, allerdings eben nicht für das Verhältnis von Wuji und Taiji, sondern nur für das Taiji, das in Bewegung Yang und in Ruhe Yin hervorbringt. Sprachlich eindeutig ist das Mutterbild bei Wang Zongyue („... ist die Mutter von Yin und Yang"). Die berühmteste Vorläuferstelle dürfte das erste Kapitel des *Daodejing* sein, in dem es heißt: „Nichtsein nenne ich den Anfang von Himmel und Erde. Sein nenne ich die Mutter der Einzelwesen." (Übersetzung R. Wilhelm)

Die Auslegung der Meister

Der Deutungsspielraum in Wang Zongyues Theorie des Taijiquan spiegelt sich in Erklärungen von Meistern, die dem Verhältnis von Wuji und Taiji entscheidende Relevanz für die Kampfkunst beimessen. Als Taijiquan in der ersten Hälfte des 20. Jahrhunderts öffentlich unterrichtet wurde, erschienen Bücher namhafter Meister, die das Image der Kampfkunst bis heute nachhaltig prägen. In den meisten dieser Bücher ist Wang Zongyues „Abhandlung des Taijiquan" abgedruckt. Darüber hinaus finden sich sowohl in theoretischen Erläuterungen als auch in Figuren der Formen Spuren jener Debatte um Taiji und Wuji, die Zhou Dunyis Text einst ausgelöst hatte. Auch wenn nicht direkt auf sie Bezug genommen wurde, stoßen die verschiedenen Deutungsansätze wie untergründige tektonische Schichten aneinander.

Sun Lutang, der wesentlich dazu beigetragen hat, den Begriff der „inneren Kampfkünste" im 20. Jahrhundert zu etablieren, war unter den Meistern des frühen 20. Jahrhunderts vielleicht am deutlichsten der daoistischen inneren Alchemie verpflichtet. Er ließ sein Buch *Taijiquan xue* („Die Lehre des Taijiquan", 1921, Vorwort von 1919) – wie bereits seine Bücher *Xingyiquan xue* (1915) und *Baguaquan xue* (1917) – mit Kapiteln zu Wuji und Taiji beginnen. Seine Taijiquan-Form hebt mit einer Wuji-Stellung an, der eine Taiji-Stellung folgt; und sie endet auch wieder in einer Wuji-Stellung. Das scheint einer daoistischen Lesart des Nacheinander zu entsprechen. Die Wuji-Stellung charakterisiert er dadurch, dass es in ihr keine Gedanken und Ideen, keine Form und Gestalt, kein Ich und keinen Anderen gebe, keine Gegensätze und keine Unterscheidungen. Wuji ist für ihn der Zustand, aus dem die Eine Energie des Taiji gewonnen wird.

> Im Wuji hat man noch nicht mit dem Üben der Form begonnen, das Herz trägt keinerlei Gedanken in sich, es regen sich keine Ideen, der Blick schaut nichts, Hände und Füße tanzen nicht, der Körper bewegt sich nicht, Yin und Yang sind noch nicht geschieden, das Klare und das Trübe sind noch nicht getrennt, alles ist durchmischt und vage, ganz und gar Ein Qi.[53]

Die Wuji-Stellung bedeutet für Sun Lutang eine Rückkehr zur ursprünglichen Energie; zu jener Energie, die schon am Anfang der Welt und des Lebens stand, und in die sich beim Üben der Kampfkunst in einer mikrokosmischen Entsprechung wieder eintauchen lässt. In seinem Bagua-Buch (1917) hatte er den inneren Kampfkünsten attestiert, sie wiesen den Weg des Weisen: den der Rückkehr zum Ursprung. Die in ihnen gelehrte Verfeinerung der Energie bedeute die Kunst der Umkehrung jenes Weges, der nach daoistischer Auffassung durch den Eintritt ins Sein des Lebens von der Leere über den Geist zu Qi und von dort zur Essenz führt. Der Weg der inneren Kampfkunst führe umgekehrt wieder vom Sein zum Nicht-sein (*wu*).[54]

---

[53] Sun Lutang 1921, Kap. 1 *Wuji xue*; auch online mit Faksimile bei Brennan 2015.
[54] Sun Lutang 1917, Kap. 6, *Wuji xue*.

In den anderen Stilen beginnen die Formen nicht mit einer Wuji- oder auch Taiji-Stellung, sondern mit der „Vorbereitung", dem „Anfang", der „Vorbereitung des Anfangs" oder direkt mit „Den Vogel beim Schwanz fassen". Die jeweiligen Erläuterungen zur Form betonen gleichwohl, dass die Vorbereitung der Einkehr von Ruhe vor dem Einsetzen des Taiji mit seiner Unterscheidung von Yin und Yang dient. Teilweise wird diese Ruhe mit Wuji gleichgesetzt.

In Yang Chengfus Buch von 1931 *Taijiquan shiyongfa* („Methoden der Anwendung des Taijiquan") heißt es, Bewegung lasse Taiji entstehen, mit dem Yin und Yang in die Welt kommen. In Ruhe kehre man zum Wuji zurück, in dem sich Herz und Geist vereinen und der Körper leer und sensitiv für die leichteste Berührung wird.

> Wo keine Bewegung ist, ist Wuji. Sobald es Bewegung gibt, gibt es Taiji.[55]

Der Theoretiker des Chen-Stils Chen Xin erläuterte (1919?, publiziert 1933), wenn auch nicht speziell zur Form:

> Der Übergang von äußerer Stille zur Bereitschaft für eine Bewegung ist bekannt als Übergang vom Wuji zum Taiji.[56]

So weit scheinen sich die Erklärungen und ihre Terminologie in Deckung bringen zu lassen. Doch in Yang Chengfus *Taijiquan tiyong quanshu* („Vollständiges Buch der Form und Anwendungen des Taijiquan") von 1934 wird die körperliche und geistige Vorbereitung in der „Anfangsstellung", mit der die Form dort beginnt, ohne Erwähnung von Wuji oder Taiji beschrieben. Gilt für Yang Chengfus Buch von 1931 dessen Schüler Dong Yingjie (1898-1961) als Ghostwriter, so Zheng Manqing (1900-1975) für das von 1934. In Zheng Manqings eigenem Buch von 1946, *Zhengzi taijiquan shisan pian* („Meister Zhengs Dreizehn Kapitel zu Taijiquan") beginnt die Form mit der „Vorbereitungsstellung". Auch hier ist nicht von Wuji die Rede; stattdessen von Taiji, bevor es Yin und Yang getrennt hätte. In diesem Taiji sei der Ursprung noch ungeschieden. Erst mit der folgenden Figur, der „Anfangsstellung", bei der die Arme gehoben werden, würden die zwei Urformen Yin und Yang unterschieden. Ruhe, bei Yang Chengfu (1931) noch wie ein Synonym für Wuji, schien nun ein ursprüngliches Taiji zu charakterisieren.[57]

---

[55] Yang Chengfu 1931, S. 108.

[56] Chen Xin, *Chenshi taijiquan tushuo* („Bebilderte Erklärungen des Taijiquan der Chen-Familie"), Übersetzung und zitiert nach Ranné 2011, S. 195.

[57] Zhou Dunyis Text hatte in einer mysteriösen Wendung zum Vor-Bild des Weisen geführt, der aus der Ruhe schöpfte. Diese Ruhe, so ließ sich interpretieren, ergab sich aus der Anwesenheit von Wuji in Taiji bei der Rückwendung des erkennenden Geistes auf sich selbst. Mit der Ruhe des Weisen schien tatsächlich ein Weg der Kampfkunst beschreibbar. Huang Zongxi (1610-1695) erklärte im 17. Jahrhundert in seiner Theorie der Inneren Schule der Kampfkunst, dass in ihr, anders als in der Äußeren Schule der Shaolin-Mönche, Ruhe über Bewegung siege. An diese Theorie knüpften Taijiquan-Meister des frühen 20. Jahrhunderts mit Berufung auf eine Linie, die über Wang Zongyue zu Zhang Sanfeng führen sollte, an. Bei Wang Zongyue jedoch geschieht dies nicht explizit, der Ruhe wird keine Priorität gegenüber der Bewegung zugesprochen. Im zweiten Satz

Am Ende der Yangstil-Formen taucht Taiji noch einmal auf. Bei Yang Chengfu (1934) und Zheng Manqing (1946) heißt es in den Erläuterungen zur letzten Figur der Form nahezu identisch:

> Das „Taiji schließen" bedeutet, die zwei Urformen, die vier Symbole, die acht Trigramme und die 64 Hexagramme zu vereinigen und zum Taiji zurückzukehren. Herz, Idee, Qi und Atem sammeln sich und kehren zum Dantian zurück. Der Geist wird fest und die Sorgen ruhen.[58]

Die Erklärung verweist auf die bereits von Zhou Dunyi zitierte Stelle aus dem *Yijing*, in der Taiji noch ohne Wuji bestimmt wird.[59] Sollte damit eine ohne Bezug zu Wuji auskommende Gegenposition zu der daoistischen Auslegung formuliert sein? Ging es um mehr als Worte? War sachlich nicht dasselbe ausgedrückt, auch wenn sich die Meister einer unterschiedlichen Terminologie bedienten?[60]

Vor dem Hintergrund der skizzierten daoistisch-neokonfuzianischen Debatte war die Frage nach der Begrifflichkeit für den Ausgangs- und Endpunkt der Form mit einer weiteren Frage verknüpft: ob die von Sun Lutang bis Zheng Manqing als Wuji oder Taiji beschriebene Ruhe und Gegensatzlosigkeit (in Übereinstimmung mit einem daoistischen Phasenmodell) nur vor dem eigentlichen Anfang und vielleicht wieder am Ende der Form zu finden ist, oder ob sie (in Übereinstimmung mit Zhu Xis Postulat der Anwesenheit des obersten Prinzips Taiji in allen Qi-Phänomenen) in der Form selbst präsent sein muss, als Ruhe in der Bewegung.

Xu Yusheng (1879-1945) legte in seinem Buch von 1921 *Taijiquan shi tujie* („Bebilderte Erklärungen der Taijiquan Stellungen") das Üben des Taijquan mit Hilfe des *Taijitu shuo* von Zhou Dunyi aus. Zum ersten Kreis des Taiji-Diagramms mit der begleitenden Formulierung *wuji er taiji* schrieb er:

---

der „Abhandlung" heißt es, dass Taiji in Bewegung trennt, und in Ruhe vereinigt. Der Wechsel von beidem, oder auch ihr Ineinander, gehört zum Taiji des Taijiquan. Allerdings hatte auch bei Zhou Dunyi die Ruhe nicht in ihrem genealogischen Verhältnis zu Bewegung, sondern erst durch die Rolle des Weisen ihre herausragende Bedeutung bekommen.

[58] Yang Chengfu 1934, S. 60; Zheng Manqing 1946, S. 88.

[59] „Im Buch der Wandlungen gibt es das Allerhöchste. Dieses bringt die zwei Urformen hervor." *Xici* I (s. o.).

[60] Zheng Manqing (1946, S. 59) vermeidet den Begriff Wuji, vergleicht die Vorbereitungsstellung aber mit der Stehübung der „undifferenzierten Einheit" (渾元 hunyuan), die auch mit „ursprünglichem Chaos" übersetzt werden kann. Der Begriff *hunyuan*, der übrigens auch von einer Xingyiquan-Richtung benutzt wird, blickt im religiösen Daoismus auf eine lange Geschichte zurück. Der Tang-zeitliche Daoist Sima Chengzhen (647-735) gebrauchte den Ausdruck gleichbedeutend mit Taiji oder Taiyi; Chen Jingyuan, ein Enkelschüler von Chen Tuan, dem das *Wujitu* zugeschrieben wurde, siedelte *hunyuan* in einer Schrift von 1072 vor Taiji an; in einer anderen, wahrscheinlich Song-zeitlichen Schrift wird *hunlun* mit dem Nichts (*wu*) und Taiji mit dem Sein (*you*) identifiziert (vgl. Robinet 1990, S. 384, 387, 391). Der Daoistische Kanon (*Daozang*) enthält zudem ein neunbändiges Werk über Biographien von Unsterblichen mit dem Titel *Hunyuan shengji* („Heilige Aufzeichnungen vom Ursprünglichen Chaos").

Beim Üben gilt: Das Innere ist voller Frieden, der Ursprung erfasst und das Eine bewahrt, ohne Pläne im Herzen, ohne Vorzeichen, das Äußere entleert. Das kann Wuji genannt werden. Bewegung und Ruhe, Yin und Yang, hart und weich, Vordringen und Zurückweichen, das alles ist darin, es ist wahrlich die Mutter von Allem. Wie könnte es nicht Taiji sein?[61]

Die Bedeutung seiner Auslegung liegt weniger in den Formulierungen, mit denen er Wuji umschreibt, als vielmehr in ihrem Geltungsbereich. Wuji steht Xu Yusheng zufolge nicht am Anfang und vielleicht wieder am Ende der Form, sondern es erstreckt sich auf alles Üben. Es ist im Taiji, somit auch in der ganzen Form, anwesend; so, als würde sich deren Anfang beständig wiederholen. Dafür gab es eine theoretische Begründung:

Das Nichts der Leere ist die Wurzel. Sie umfasst alle Erscheinungen. Daher nennt man sie „das, was keine Grenzen hat" (wuji).[62]

Demnach wären Wuji- und Taiji-Stellungen am Anfang und am Ende der Form nur als Versinnbildlichung, Memento, Einstimmung oder Besinnung auf das zu verstehen, was während aller Bewegungen zu geschehen hat, und Wuji läge jeder Stellung und jeder Bewegung in der Form zugrunde. Wuji wäre als sein Ur-Grund im Taiji. Die „Vorbereitung" müsste an jeder Stelle präsent sein. Tatsächlich nannte Zheng Manqing die „Vorbereitung" die Grundlage bzw. Wurzel aller Übungs- und Anwendungsmethoden.[63] Taiji wird gemäß dieser Auslegung nicht nur ein einziges Mal am Anfang oder auch wieder am Ende der Form geboren, sondern in jedem Moment. Permanent und immer wieder wird es dem Wuji abgewonnen, in jedem Augenblick beginnt alles bei Null.

Betonte die eine Auslegung, dass es in der Praxis des Taijiquan eine mikrokosmische Entstehung von Taiji aus Wuji gebe, so betonte die andere Auslegung, dass es sich um ein stets sich wiederholendes Geschehen handelte, das keine vergehenden, zur Vergangenheit werdenden Phasen zurücklässt.

Ein Mengzi-Zitat als Schlüssel

Die daoistisch-neokonfuzianische Kontroverse um das Verhältnis von Wuji und Taiji hatte in den Erläuterungen der Meister des Taijiquan einen Nachhall gefunden. Aber waren das mehr als bloße Interpretationen eines davon relativ unabhängigen Übungs-

---

61 Xu Yusheng 1921, Kap. 4. Text auch online bei Brennan 2012b.
62 Xu Yusheng 1921, Kap. 6. Im Unterschied zur vorherrschenden Meinung seiner Zeit nannte Xu Yusheng (ebd., Kap. 1) Taiji ein „konfuzianisches Prinzip" (s. Anhang 7), das der selbst konfuzianische (sic!) Gelehrte Zhang Sanfeng bei der Erschaffung der Inneren Schule der Kampfkunst angewandt habe. Die Anhänger der Inneren Schule, so betont er eigentlich, seien von konfuzianischer Geistesart (*rujia zhi yi*). Die Gegenübersetzung der Interpretationen und ihre Assoziation mit daoistischen oder neokonfuzianischen Positionen lässt sich durch diverse Äußerungen der Meister stützen. Dennoch trägt sie idealtypische Züge. Auch Sun Lutangs Position ließe sich so lesen, dass er Wuji nicht als diskreten Zustand versteht. So schreibt er (1921, Kap. 2): „Taiji ist inmitten von Wuji."
63 Zheng Manqing 1946, S. 59.

systems? Kann die Beruhigung von Körper und Geist in einer Wuji- oder Vorbereitungsstellung tatsächlich als Eintritt in ein von Daoisten als Urzustand aufgefasstes
Reich der Ungeschiedenheit verstanden werden; zudem innerhalb einiger Sekunden
oder bestenfalls weniger Minuten des stillen Verweilens vor Beginn der Form? Wenn
das mit Ruhe assoziierte Wuji aber im Taijiquan sein soll, bleibt zu erklären, wie es bei
der Form oder bei Anwendungen in Bewegung erhalten bleibt. Wäre es nur in einem beruhigten Geist, so stünde dieser in einem Gegensatz zum bewegten Körper – und somit
im Widerspruch zum gegensatzlosen Wuji.

Obwohl Wang Zongyues „Abhandlung des Taijiquan" Taiji und Wuji nur an einer
einzigen Stelle erwähnt, lässt sich aus ihr doch eine Idee von deren Verhältnis heraus-
lesen, bei dem eine Nicht-Polarität Geist und Körper umfasst und sich auch im Gegensatz von Bewegung und Ruhe durchhält. Es erschließt sich über das für die Kampfkunst
konstitutive Verhältnis von Selbst und Anderem.

Taijiquan besteht nicht nur aus der Form, als Kampfkunst umfasst es auch Anwendungen. In einer Hinsicht gleichen die Anwendungen der Form, deren Figuren als idea-
lisierte Erinnerungsbilder an kämpferische Auseinandersetzungen verstanden werden
können: Sowohl in den Bewegungen der Form als auch in den Anwendungen findet ein
Zusammenspiel von Yin und Yang statt. In einer anderen Hinsicht aber gibt es einen Unterschied: Das Üben der Form setzt den Übenden in ein Verhältnis zu sich selbst, Anwendungen setzen ihn darüber hinaus in ein direktes Verhältnis zu einem Anderen, ob
als Gegner im Kampf oder als Partner bei Übungen.

In der „Abhandlung" heißt es: „Wenn der Andere hart ist, bin ich weich." [B7] Der
bereits im *Yijing* (als Weg der Erde) genannte Gegensatz von weich und hart, der dem
(im *Yijing* als Weg des Himmels bestimmten) Gegensatz von Yin und Yang entspricht,
wird auf das Verhältnis von Selbst und Anderem (analog dem Weg des Menschen aus
dem *Yijing*) abgebildet. Diese und andere Stellen erklären, wie im Taijiquan „Yin und
Yang sich gegenseitig unterstützen" [B59]. Zhou Dunyi hatte erläutert: „Yin und Yang
haben ihre Einheit im Taiji. Die Wurzel von Taiji ist Wuji." Das Namen gebende Taiji
lässt sich als die Einheit des Zusammenspiels von Yin und Yang im Tuishou oder auch
in den Anwendungen der Kampfkunst verstehen. Doch was ist deren Wurzel, der Wuji-
Aspekt der Grenzenlosigkeit oder Nicht-Polarität, in dieser Einheit von Yin und Yang?
Und wie lässt er sich im Verhältnis von Selbst und Anderem verstehen?

Liest man Anfang und Ende der „Abhandlung des Taijiquan" zusammen, legt sich
folgende Interpretation nahe: Während Taiji in den Anwendungen der Kampfkunst die
Einheit der Gegensätze von Yin und Yang bedeutet, liegt seine Wurzel, sein Wuji, in der
ursprünglichen Nicht-Polarität von Selbst und Anderem. Am Ende des Textes heißt es:

Zu Grunde liegt: Das Eigene aufgeben und dem Anderen folgen. [B65]

Übersetzen ließe sich auch: „Das Selbst opfern und dem Anderen folgen." Es handelt sich um ein Zitat von Mengzi,[64] womit sich ein Kreis schließt. Zhu Xi hatte seine Wertschätzung für Zhou Dunyi durch die These zum Ausdruck gebracht, dass nach über tausendjährigem Darniederliegen der konfuzianischen Lehre erst dieser wieder an Mengzis Geisthöhe habe anknüpfen können. Wang Zongyue nun, der mit einer Anspielung auf Zhou Dunyi begonnen hatte, beschließt seinen eigenen, im Bereich der Kampfkunst formulierten Beitrag zur Debatte um die Auslegung des Verhältnisses von Wuji und Taiji, indem er Mengzi zitiert; und zwar mit einer Maxime, die sich auf das für Konfuzianer, aber auch für jede Kampfkunst essentielle Verhältnis von Selbst und Anderem bezieht. Erst diese Stelle reichert den ersten Satz der Abhandlung so an, dass aus ihm das spezifische Charakteristikum der Kampfkunst des Allerhöchsten verständlich wird; das, was sie zu Recht Taiji im Namen führen lässt.

Im Taijiquan, so unterstreicht das Zitat, gilt es, dem Anderen zu folgen. Das aber soll nicht äußerlich geschehen, sondern so, dass man sein Eigenes, d.h. den Selbst-Pol und mit ihm die Polarität, aufgibt. Warum? Nur wenn sich der Gegensatz von Selbst und Anderem im Moment eines Angriffs aufhebt, kommt es zur spezifischen Kraftentwicklung des Taijiquan. Die Kraft, die es zu meistern gilt, ist Eine. Sie gründet darin, dass im Moment eines Angriffs die Pole Selbst und Anderer sich in einer Nicht-Polarität auflösen, durch welche die Angriffsenergie des Anderen in der Einen Kraft aufgeht. Nur wer es vermag, das Eigene aufzugeben und dem Anderen zu folgen, kann die harte Kraft eines Angriffs ins Leere laufen lassen, neutralisieren (chinesisch 化 *hua*, wörtlich: schmelzen, umwandeln) und transformieren. Durch das Aufgeben des Eigenen schmilzt nicht nur die Kraft des Angriffs, man selbst verschmilzt mit ihr. Zwei sich gegenüberstehende Personen, eben noch als Selbst und Anderer in zwei getrennten Körpern, werden zu Einer Gestalt – bis zur (metaphorisch gesprochen) Wiedergeburt von Selbst und Anderem nach dem Zunichtewerden des Angriffs.

Ohne Aufgabe des Eigenen gibt es keine Leere des Geistes. Nur wenn der Geist leer ist, ist es auch der Berührungspunkt beim körperlichen Kontakt. Nur durch die intentionslose Leere wird man durchlässig, kann die Kraft des Anderen aufnehmen und sich mit ihr verbinden. Nur wenn die Polarität von Selbst und Anderem schmilzt, kann der Körper so in Bewegung gesetzt werden, dass Yin und Yang einander entsprechen und ihre Einheit im Taiji haben. Nur wenn Körper und Geist im Moment des Angriffs leer sind, tritt kein eigener Impuls hinzu, durch den sich das Selbst dem Anderen entgegenstellt. Jede Eigen-Bewegung aber führt weg vom Taijiquan, hin zu Widerstand oder Flucht. Im Moment, da man angegriffen wird, gilt es daher, so leer zu sein wie am Umkehrpunkt beim Tuishou. So wird der Moment des Angriffs zur paradoxen Nicht-Dauer des Kampfes.

Weil der Moment des Kontakts darüber entscheidet, ob man sich in die Bewegung des Anderen einblenden kann, gilt es, vorbereitet zu sein. Deswegen haben die Meister

---

[64] *Mengzi* III.8.

des Taijiquan so großen Wert auf die Vorbereitung in selbst-loser Ruhe gelegt. Damit die Leere *in* jeder Bewegung ist, muss sie *vor* jeder Bewegung sein. Aber wenn sie nicht in jeder Bewegung erhalten bleibt, hat sie nicht zu Taijiquan geführt. Die Kampfkunst des Allerhöchsten verlangt von einem selbst: sein Verhältnis zu Anderen „aus Wuji entstehend" zu realisieren, aus der Aufgabe des Eigenen.

TAIJIQUAN ZWISCHEN ALTEM UND NEUEM CHINA

C hina hat eine alte, bewundernswerte Kultur, die seit frühester Zeit zu erstaunlichen technischen und geistigen Errungenschaften geführt hat. Aber es war, wie alle sogenannten Hochkulturen, auch schon immer ein an gewalttätigen Auseinandersetzungen und Grausamkeiten reiches Land. Könnte man diese in einem Oszillogramm darstellen, so ragten im 19. Jahrhundert aus der langen Geschichte der Katastrophen noch einmal einige mit gewaltigen Spitzen heraus.

Die lange, noch von selbstbewusster Machtausübung geprägte Ära Qianlong (1735-1796) hatte mit ihrer hemmungslosen Prachtentfaltung die gesellschaftlichen Ressourcen unter einer noch prosperierenden Oberfläche auszuhöhlen begonnen. Die Staatsausgaben waren in astronomische Bereiche gestiegen, entsprechend wucherte die notorische Korruption am Hof und in der Beamtenschicht. In der Folge verschärften sich die Probleme und sozialen Widersprüche im Reich. Sie wurden verstärkt durch ein demographisches Wachstum, mit dem die Entwicklung der Wirtschaft nicht mithalten konnte. Innerhalb von 100 Jahren verdoppelte sich die Bevölkerung, 1834 zählte man 400 Millionen Menschen.[65] Während die einen verelendeten, profitierten andere von deren Abstieg. Die Grundstückspreise zogen an, Kleinbauern und Landarbeiter verarmten. Immer weniger und immer reichere Großgrundbesitzer rissen das Land an sich. Während es an Anbauflächen mangelte, wurden Steuern erhöht. Die Folge waren gesellschaftliche Verwerfungen.

Soziale Bewegungen antworteten in immer neuen Wellen auf die Missstände. Bereits 1795 hatte es erste Bauernaufstände unter dem Einfluss der Weißen-Lotus-Sekte (*bailianjiao*) gegeben, die schon bei den Revolten in der Yuan-Dynastie (1271-1368) eine Rolle gespielt hatte. Seit 1811 trat einer ihrer Ableger, die Sekte der Himmlischen Ordnung (*Tianlijiao*), bei Aufständen in Erscheinung. Immer mehr religiös gefärbte Geheimgesellschaften, deren Mitglieder sich durch einen Treueschwur zusammenschweißten, siedelten sich am Boden der Gesellschaft an, um sie nach eigenen Regeln zu reorganisieren.[66] Von oben betrachtet wirkten diese Desintegrationstendenzen nicht wie Symptome eines Missstands, sondern wie dieser selbst. In den Augen der Zentralregierung waren Formen der Selbstorganisation kaum von Banditentum zu unterscheiden. Ob Räuber oder Rebellen, in beiden Fällen übte die Zentralregierung nur noch nominell die Macht aus. In unwegsamen Gegenden setzten sich Banden fest. Die Küsten der Provinzen Guangdong, Fujian und Zhejiang hatten wieder unter Piratenüberfällen zu leiden,

---

[65] Gernet 1988, S. 448.
[66] Wolfgang Bauer (1989, S. 185f) spricht von einem untergründigen Kontinuum der Sekten und Geheimgesellschaften, das die chinesische Geschichte durchzieht. Die Anfänge der Weißen-Lotus-Sekte lassen sich nach Zürcher (1959, S. 219) bis ins Jahr 402 zurückverfolgen. Vgl. Unverzagt 2019, S. 208-211; Wile 1996, S. 5ff zu rebellischen Geheimgesellschaften im Umfeld von Yongnian.

die bereits in der Ming-Zeit (1368-1644) ein anhaltendes Problem gewesen waren. Die gewaltige Ausdehnung des Reiches unter Kaiser Qianlong, vor allem an der Nordwestgrenze, hatte zudem zu ethnischen und religiösen Spannungen unter den unterworfenen Völkern geführt. 1807 erhoben sich Tibeter, in den 1820er Jahren erklärten sich Muslime in Xinjiang für unabhängig und eroberten die Oasen Kaschgar und Yarkant. Indigene Völker der südlichen Provinzen rebellierten.

Zu den Problemen, die das Kaiserreich der chinesischen Gesellschaft von innen geschaffen hatte, kam eine neue Bedrohung von außen. Die Westmächte traten in die Geschichte Chinas ein. Mit Opiumschmuggel läuteten die Briten, vertreten durch die East India Company, die Zeit des globalen Freihandels ein. Die Auswirkungen waren verheerend. Weite Teile der Bevölkerung unterlagen einem gesundheitlichen und moralischen Verfall. Seit den 1820er Jahren wuchs das chinesische Handelsdefizit und führte zu einem dramatischen Abfluss der Silberreserven. Die Kosten der darauf folgenden Steuererhöhungen und wirtschaftlichen Verschiebungen hatten vor allem die einfachen Leute zu tragen. Filz und Korruption in der unteren und mittleren Beamtenschicht, die selbst zu den Abnehmern der Droge gehörte und in ihren Handel verstrickt war, führten zur Ineffizienz der Verwaltung. Der negativen Handelsbilanz der 1820er Jahre folgte eine wirtschaftliche Rezession. Die hilflosen Versuche der Regierung, dem Desaster ein Ende zu bereiten, endeten in militärischen Auseinandersetzungen, bei denen die einst so mächtigen Bannertruppen der Mandschu den modernen Waffen des Westens letztlich nicht viel entgegenzusetzen hatten. Die nach der Niederlage von 1842 erzwungenen Verträge kränkten das im Kontakt mit den Fremden sich regende Nationalgefühl nachhaltig.

Immer häufiger und heftiger entluden sich die sozialen Spannungen. Von 1851 bis 1864 erschütterte der Taiping-Aufstand das Land. Unter dem Einfluss der durch westliche Missionare importierten Offenbarungsreligion schuf ein von seiner messianischen Mission überzeugter Erleuchteter, Hong Xiuquan (1813-1864), eine synkretistische Bewegung. Sie mobilisierte Mandschu-feindliche Ressentiments und verband chinesische Traditionen, die bis auf die Gelben Turbane in der späten Han-Zeit zurückgingen, mit christlichem Wahrheitspathos. Ausgehend von den Südprovinzen, entrissen die Taiping-Rebellen immer mehr Städte und Landstriche der Macht des Kaiserreichs. Sie verteilten das Land neu, verboten das Glücksspiel, Luxus, Drogen und das Füßeeinbinden bei Mädchen. Sie stellten Frauen und Männer bei der Arbeit, im Kampf und beim obligatorischen Gottesdienst gleich, sie schafften den Privatbesitz ab und sie gliederten alle in ein gestaffeltes Gemeinschaftssystem ein, das ökonomische, militärische, religiöse und administrative Funktionen erfüllte. Es war, wenn man so will, eine egalitäre, revolutionäre, fundamentalistische und *avant la lettre* feministische Bewegung, die sich aufmachte, das „Himmlische Reich des Großen Friedens" (Taiping) zu schaffen. Doch dieser Große Frieden verkehrte sich bald schon in die Hölle auf Erden. Im Inneren des Reichs führte die Verführung seiner Führer durch die Macht zu zweierlei Maß und einem Hohn auf die hehren Ideale. Nach außen folgte aus der Logik der geoffenbarten

Wahrheitsunmittelbarkeit und der Kompromisslosigkeit der Kontrahenten der blutigste Bürgerkrieg nicht nur der chinesischen, sondern der Weltgeschichte. Wer sich den Taiping-Rebellen nicht anschloss, wurde enthauptet. Die kaiserlichen Truppen hielten es dort, wo sie erfolgreich waren, nicht weniger grausam.

Fast zeitgleich schlugen in den nördlichen Provinzen auch die Nian-Rebellen los. Der Name verwies auf die eher informelle Verbindung der aufständischen Gruppen. Sie rekrutierten sich aus verarmten Bauern, Schmugglern, Deserteuren oder auch Gelehrten ohne Amt, kurzum Marginalisierten und Stigmatisierten jedweder Art, die sich sowohl gegen die Mandschu-Herrschaft als auch die reiche Oberschicht verschworen. Sie waren im Volk verwurzelt, in dem sie immer wieder untertauchen konnten. Teilweise bildeten sie befestigte Dörfer, von denen aus sie kleine Kavallerieeinheiten zu Plünderungen und Umverteilungen aussandten. Im Verlauf ihrer Revolte schlossen sie Bündnisse mit den Taiping-Rebellen und ebenfalls aufständischen Moslems in den Westprovinzen, wo die kaiserlichen Truppen bei der Unterdrückung der Aufstände Massaker mit Millionen von Toten veranstalteten. Diese Abermillionen von Toten kommen zu den 20- 30 Millionen Toten (manche Schätzungen belaufen sich gar auf 50 Millionen) hinzu, die allein die Taiping-Revolte forderte.[67]

Die ohnehin schon unvorstellbaren Zahlen werden noch schauriger, wenn man bedenkt, dass den Konfliktparteien bei ihrem Kampf für Frieden, Freiheit und Gottes Gerechtigkeit oder wahlweise für Tradition und Ordnung keine modernen Massenvernichtungswaffen zur Verfügung standen. Es gab keinen Luftkrieg und keine chemischen oder atomaren Waffen, alles wurde am Boden mit Hand- und einfachen Feuerwaffen ausgefochten. Im Gefolge der Waffengänge kam es zu Seuchen und Hungersnöten, die zu der ungeheuren Todesrate beitrugen. Es gab, nicht nur vereinzelt, Kannibalismus und einen schauerlichen Sittenverfall. Am Ende blieben verwüstete und entvölkerte Landstriche zurück.

Fast unbegreiflich wirkt das Überleben der mandschurischen Qing-Dynastie (1644-1911), die nur noch an einem seidenen Faden hing. Als die scheinbar unaufhaltsamen Taiping-Truppen 1853 auf Beijing vorrückten, waren der Kaiser und sein Hof bereits geflohen. Da gelang es dem mongolischen General Senggerinchin mit nur 4500 Reitern, die Aufständischen zu stoppen. Es war noch lange nicht das Ende der Taiping, doch ein entscheidender Umschlagpunkt.

Angesichts der Überforderung von Zentralregierung und Banner-Armeen stellten reiche Kaufleute Söldner-Armeen zusammen, die bald Seite an Seite mit den westlichen Kolonialmächten England und Frankreich in die Kämpfe eingriffen. Hatte der Westen anfänglich mit den christlich angehauchten Taiping-Rebellen sympathisiert, so sah er in dem Opiumverbot im „Himmlischen Reich des Großen Friedens" seine Freihandelsrechte auf nicht hinnehmbare Weise mit Füßen getreten. Vor allem aber ging ein Ruck durch weite Teile der chinesischen Beamtenschicht, die die Verteidigung von Stadt

---

[67] Gernet (1988, S. 469) spricht von mehreren Millionen Toten in den Provinzen Shenxi (Shaanxi) und Gansu, fünf Millionen in in Guizhou und gar der Hälfte der Bevölkerung von Yunnan,.

und Land auf Provinzebene zu organisieren begann. Gelehrte griffen auf vielerorts verschüttete, teilweise aber sorgsam gepflegte kämpferische Tugenden zurück und bildeten von der Zentralregierung und ihren Bannertruppen unabhängige Milizen.[68]

Wieder einmal war die Frage nach dem Verhältnis von 文 *wen* und 武 *wu* aufgetaucht, der kulturellen und der kämpferischen Dimension, sowohl in der Gesellschaft als auch im Einzelnen. Nach einer alten chinesischen Einsicht muss beides in Harmonie miteinander sein; und nur wenn es im Einzelnen in einem ausgewogenen Verhältnis ist, kann es dies auch im ganzen Reich der Mitte sein. Das war in der Geschichte nur selten der Fall gewesen. Allzu oft hatten die Beamten aus der Höhe ihrer Gelehrsamkeit verächtlich auf den militärischen Bereich herabgeschaut – und sich bzw. die ihrer Verwaltung anvertrauten Gebiete in bewaffneten Konflikten selbst geschwächt.[69]

Die Geschichte Chinas könnte unter dem Gesichtspunkt von Balance und Störungen im Verhältnis der Polarität von *wen* und *wu* rekonstruiert werden. Was vielen als Symbol des Landes schlechthin gilt, die Große Mauer, ist Zeugnis eines uralten Konflikts der sesshaften, Ackerbau treibenden chinesischen Kultur mit den kriegerischen Reiternomaden des Nordens. In unzähligen Raub- und Rachefeldzügen, Plünderungen und Strafexpeditionen, Schlachten, Kriegen und Eroberungen haben China und die Fremden sich im Bereich des Kämpferischen (*wu*) aneinander gerieben. Das Kriegsglück wechselte. Doch immer, wenn es rauen Nomadenkriegern des Nordens – namentlich den Khitan, Dschurdschen, Mongolen oder Mandschu – gelungen war, die Macht in China an sich zu reißen, setzte ein Prozess ihrer Sinisierung ein. Ihre Führer sattelten ab, bestiegen den Thron und wurden Kaiser. Auch wenn sie für ihr Volk Sonderrechte und -pflichten sicherten, sahen sie sich gezwungen, das chinesische Verwaltungswesen zu übernehmen. Sie erlernten die chinesische Schrift, lasen die klassischen Schriften Chinas und pflegten Bücher- und Bildersammlungen, ohne die sie nicht behaupten konnten, legitime Herren des Landes zu sein. Im Bereich des Kulturellen (*wen*) zeigte sich die Stärke und zugleich die Schwäche der Sieger darin, dass sie sich den Unterlegenen anglichen.

So stärkten in China, das sich sprachlich und durch eine Jahrtausende alte Gewohnheit als Reich der Mitte fühlte, selbst Zeiten, in denen es sich militärisch nicht erfolgreich verteidigen konnte, das Selbstbewusstsein, eine überlegene Kultur zu haben. Vielleicht war größer als die Gefahr, die von den Stämmen des Nordens drohte, die des kulturellen Hochmuts und eines umso tieferen Falls für die siegreich Unterlegenen bei der Begegnung mit einer dadurch nicht erfassbaren Realität.

---

[68] Neben der Reorganisation der Gesellschaft auf lokaler und regionaler Ebene gab es einen Schulterschluss zwischen der Herrscherschicht der Mandschu und der chinesischen Oberschicht, der zu „einer gemeinsamen Politik der Mandschu und Chinesen in Peking" führte. Ziel war es, die Eindringlinge, namentlich Briten und Franzosen, zu beschwichtigen; nach dem Sprichwort „Sei friedlich und freundlich, wenn du das zeitweise sein musst, aber deine wirkliche Politik sei Krieg und Abwehr." (Fairbank 1989, S. 114f).

[69] Vgl. Ma Mingda 2009.

Es waren nicht nur Krieg, Grausamkeit und soziale Unruhen, die China im 19. Jahrhundert erschütterten. All das hatte es in seiner langen Geschichte in gewissem Maß und Übermaß immer wieder erlebt und überlebt. Es war eine neue Zeit, die mit dem Auftauchen der westlichen Barbaren die Grenzen des Landes und seiner Kultur unsicher machte. Nicht das penetrante Sendungsbewusstsein, der Händlergeist und auch nicht nur die überlegene Waffengewalt des Westen waren das eigentliche Problem, sondern die aus ihm in das Land eindringenden Ideen und Technologien, die Eisenbahn, der Telegraf und die Zeitungen...

In Folge der Niederlagen in den Opium-Kriegen hatte sich um die Mitte des 19. Jahrhunderts unter konfuzianischen Beamten, unterstützt von einem kaiserlichen Prinzen, die sogenannte Selbststärkungsbewegung (*ziqiang yundong*) oder auch Verwestlichungsbewegung (*yangwu yundong*) formiert, deren Idee es war, sich der überlegenen westlichen Technologie, vor allem im militärischen Bereich, zu bedienen, dabei aber die weiterhin als überlegen betrachtete chinesische Kultur beizubehalten. Doch trotz der Anschaffung moderner Waffen und der Aufstellung von Armeeeinheiten nach westlichem Vorbild gelang es nicht, die militärische Schwäche Chinas in Konfrontation mit dem Ausland zu überwinden.

Die Überlegenheit des Westens manifestierte sich paradoxer Weise nicht zuletzt im Osten. Dort war Japan erstarkt, das sich innerhalb kurzer Zeit nach der erzwungenen Öffnung durch US-amerikanische Kanonenboote nicht nur westliche Technologie, sondern auch westliche Bildungs-, Verwaltungs- und Machtstrukturen zu eigen und zunutze gemacht hatte. 1894/95 bekam China im Ersten Chinesisch-Japanischen Krieg mit einer vernichtenden Niederlage seinen weiteren Lernbedarf empfindlich zu spüren.

China war vor die Aufgabe gestellt, sich in ein Verhältnis zu dieser neuen Zeit zu setzen, das selbst nicht nach alten Mustern gestaltet werden konnte. Das warf auch die Frage auf, wie es sich zu seiner Vergangenheit stellen wollte und konnte. Seit Konfuzius gehörte die Bewahrung des Alten zum erklärten Selbstverständnis der chinesischen Kultur. Inwieweit konnte sie Fortschritt und Erneuerung, die von außen an sie herangetragen wurden, in sich einlassen, ohne doch die eigene Tradition aufzugeben? Das Ringen zwischen Altem und Neuem versetzte China in ein Spannungsfeld, in dem es zwischen der Beschwörung archaischer Kräfte zur Abwehr des Neuen und der Forderung nach einer kulturellen Kapitulation unter Aufgabe alles Alten mühsam nach einem zeitgemäßen Weg der Mitte suchte.

Nicht jeder Bergnebel war in den letzten Jahrzehnten des Kaiserreichs Pulverdampf, nicht jeder Bergbach rot vom Blut der Erschlagenen. Dennoch war es keine friedliche Parkatmosphäre, kein meditatives Ambiente im Schatten hoher Bäume, keine chinesische Hängerolle, aus der Taijiquan heraus in die Welt der Geschichte trat, um seinen Weg aus dörflicher Abgeschiedenheit im chinesischen Hinterland in die kaiserliche Metropole Beijing anzutreten.

Taijiquan ist nicht nur der Spiegel einer fernen, um es herum untergegangen Zeit, sondern in seinem sich wandelnden Selbstverständnis immer auch der Versuch, Antworten auf die aufgeworfenen Fragen der Zeit zu geben. Taijiquan lässt sich weder als Verleugnung des alten noch des neuen China verstehen. In ihm spielt sich das Ringen um eine Art der Vermittlung zwischen Altem und Neuem ab, bei der die lange verlorene Balance zwischen der kulturellen und der kämpferischen Dimension wiederhergestellt werden soll; im Übenden, aber auch in gesellschaftlicher oder nationaler Dimension.

Noch heute verwendet man in Taiwan den Kalender der Republik China, der mit dem 1. Januar 1912 als Stunde Null beginnt. Im Oktober 1911 hatte im Süden Chinas eine Reihe von lokalen Rebellionen begonnen, die in einer nationalen Erhebung, der Xinhai-Revolution[70], gipfelten und zum Ende des mehr als zweitausendjährigen Kaiserreichs führten. China wurde Republik, was immer das heißen mochte. Auch wenn der Kalender umgestellt war, ließ sich politisch, sozial und kulturell eine Stunde Null nicht per Edikt bewirken. Mit dem Ende des Kaiserreichs waren mehr Fragen aufgeworfen, als die ersten Antworten vermuten ließen. Die Frage der kulturellen Selbstreflexion und -verortung blieb überkreuzt von einem erbitterten Ringen um die Macht.

Die Regierungspolitik der Republik (1912-1949) erreichte längst nicht alle Teile des Landes. Nach dem Zusammenbruch des Kaiserreichs war ein Vakuum entstanden, in das eine Überfülle konkurrierender Ansprüche eindrangen. Nach einem kurzen Versuch des zunächst starken Mannes, Yuan Shikai (1859-1916), eine neue Dynastie zu begründen, hielten im Norden des Landes Kriegsherren (Warlords) mit ihren Armeen die Macht in Händen. Nur im Süden verfügte die Partei der Nationalen Revolution von Sun Yat-sen (Guomindang, bekannter in der Schreibweise Kuomintang, abgekürzt als KMT) über eine effektive Regierungsgewalt.

Nach anfänglicher Euphorie breitete sich Enttäuschung über die Republik aus. Zu einer Unzufriedenheit mit dem politischen System trat eine fundamentalere Kulturkritik. Immer mehr Intellektuelle glaubten, man müsse sich des Hemmschuhs der eigenen kulturellen Tradition entledigen und sich vom Bildungswesen über die politischen Strukturen bis zur Technologie dem Westen angleichen. Ihr Sammelbecken wurde die Bewegung für eine Neue Kultur (*xinwenhua yundong*), die im Konfuzianismus das Haupthindernis für eine Modernisierung Chinas sah. Von der Schrift bis zum Verhältnis der Geschlechter sollte die Kultur umgewälzt werden, aber nicht durch Politik, sondern durch Bildung und Erziehung. Während die Bewegung für eine Neue Kultur in den großen Städten und Bildungseinrichtungen Zulauf bekam, blieb das politische China davon zunächst jedoch unberührt.

Auf der Bühne der Weltpolitik erschien China nicht als strahlendes Reich der Mitte, sondern als der „kranke Mann Asiens". Als China 1917 auf Seiten der Alliierten in den

---

[70] Xinhai ist der Name des Jahres vom 30. 1. 1911 bis zum 17. 2. 1912. nach dem alten chinesischen Lunisolarkalender.

Ersten Weltkrieg eintrat, erhoffte man sich in der Bevölkerung davon nach Kriegsende die Aufhebung der Ungleichen Verträge und der Einundzwanzig Forderungen, mit denen sich Japan 1915 ein großes Stück von dem chinesischen Kuchen abgeschnitten hatte. Aber die Hoffnung wurde enttäuscht. Die Friedensverhandlungen von Versailles enthüllten geheime Absprachen der westlichen Demokratien, vor allem Frankreichs und Großbritanniens, aber auch der chinesischen Regierung selbst, mit Japan. Am 4. Mai 1919 kam es zu energischen Studentenprotesten, die schließlich in die erste moderne Massenbewegung in China, die Bewegung des Vierten Mai (*wusi yundong*), mündeten. Schnell setzte eine Dynamik ein, in der sich andere soziale Schichten solidarisierten. Inhaftierte Demonstranten wurden auf den Druck der Straße hin aus den Gefängnissen befreit, schließlich musste der Außenminister entlassen werden und die chinesischen Abgesandten verweigerten die Unterschrift unter den Versailler Vertrag.

Gravierender als der unmittelbare Erfolg der Protestbewegung war die langfristige Folge einer dauerhaften Distanz Chinas zu den westlichen Demokratien. Die Selbstverortung Chinas in der Moderne verschränkte sich mit einem durch gedemütigten Stolz angestachelten Nationalismus. Hatte die studentisch initiierte Bewegung des Vierten Mai noch im Fahrwasser der zunächst pro-westlich orientierten Bewegung für eine Neue Kultur begonnen, so gewannen nach den Ereignissen des Vierten Mai die Ideen des seit der Oktoberrevolution in Russland (1917) mächtiger werdenden Marxismus-Leninismus als Perspektive für China an Boden. Auch diese Strömung der Geschichte huldigte dem Fortschritt, war egalitär und wertete die Rolle der Frau auf. Mit ihrer Betonung des Kollektiven war sie dem in seiner überwältigenden Mehrheit noch bäuerlich geprägten Leben in China wohl auch adäquater als der westliche Liberalismus. In der marxistischen Lehre sollte zwar eigentlich das urbane Proletariats die entscheidende Rolle in der Geschichte spielen, aber das war auch im ebenfalls wenig industrialisierten Russland kein Hinderungsgrund für ihren, wenn auch nicht friedlichen, Siegeszug gewesen.

Gegenspieler dieser Strömung war die nationalkonservative Kraft der Kuomintang von Sun Yat-sen, die zwar immer wieder Unterstützung bei den Mächten des Westens suchte, sich aber bald ebenfalls zu einer Einheitspartei nach leninistischem Muster formte. Nominell stellte sie seit 1912 die nationale Regierung, de facto musste sie ihre Macht zunächst in einem zähen Ringen gegen die zahlreichen Kriegsherren, vor allem im Norden des Landes, durchsetzen, bevor sie in zwei weitere militärische Auseinandersetzungen geriet. Als der letzte der Kriegsherren 1928 durch die von Sun Yat-sens Nachfolger Chiang Kai-shek geführten Truppen der Nationalregierung besiegt und das Land endlich formell geeint war, hatte bereits der Bürgerkrieg (1927-1949) begonnen, in dem sich Kommunisten (KP) und Nationalisten (KMT) gegenüberstanden. Mit seinem Ende endete auch die Republik auf dem Festland.

1931 waren japanische Truppen in der Mandschurei einmarschiert, was zum Zweiten Chinesisch-Japanischen Krieg (1937-1945) führte und letztlich Chinas Beteiligung am Zweiten Weltkrieg. Die Kriegshandlungen lösten riesige innerchinesische Migrationsbewegungen aus, forderten Millionen von Toten und führten zu massiven Zerstörungen in Städten und auch auf dem Land.

Der Bürgerkrieg zwischen Kommunisten und Nationalisten war mit der Kapitulation Japans am Ende des Weltkriegs noch nicht entschieden. In einer bitteren Ironie der Geschichte verhalf Chiang Kai-shek seinem Widersacher Mao Zedong unfreiwillig zur Macht. Durch ein Bündnis mit den Gangstern der Grünen Bande hatte er 1927 in Shanghai für die Zerschlagung der kommunistischen Machtbasis in der einzigen chinesischen Stadt mit einem entstehenden Proletariat gesorgt. Das hatte die junge Bewegung nicht restlos vernichtet, wohl aber innerparteilich ihrem bäuerlich orientierten Flügel unter Mao Zedong zur Macht verholfen. Mao entschied sich als Überlebensstrategie für den Langen Marsch durch das agrarische Hinterland. Dort waren seine schlecht ausgerüsteten, aber opferbereiten und leiderprobten Getreuen für den Militärapparat der KMT ebenso schwierig zu bekämpfen wie mehr als hundert Jahre zuvor die unterlegene russische Armee in der Weite des Landes für die Feldherrenkünste Napoleons. Das ländliche China wurde für die Kommunisten trotz und wegen aller Entbehrungen und Verluste während des Langen Marsches zu einer unerschöpflichen Quelle, aus der sie rekrutieren konnten und im Lauf der Jahre mit dem Nimbus der Unbesiegbarkeit zur letztlich siegreichen Volksbefreiungsarmee anwuchsen. Chiang Kai-shek konzentrierte sich in einem zweiten strategischen Fehler auf die Städte als Einkommensquelle und Machtbasis. Schließlich verschanzten sich die KMT-Truppen in den großen Städten, boten dadurch Angriffsflächen und wurden eingeschnürt. Am Ende wurde die KMT aus Beijing mit Panzern vertrieben, die sie selbst zuvor von den Amerikanern geliefert bekommen hatte, die dann aber der Volksbefreiungsarmee in die Hände gefallen waren.

Im Bürgerkrieg manifestierten sich unterschiedliche Auffassungen vom Verhältnis von *wen* (Kultur) und *wu* (Kriegskunst). Wo schlug das Herz der chinesischen Kultur? Was war die ihm adäquate Art zu kämpfen und sich zu behaupten? Die KMT hatte Korruption und Machtmissbrauch als eine Art Erbsünde aus der Zeit des Kaiserreichs übernommen. Als die Kommunistische Partei die Macht errungen hatte, sollte sich zeigen, dass auch sie mit diesem Übel infiziert war. Korruption und Machtmissbrauch können als sicheres Indiz dafür gelesen werden, dass *wen* und *wu* nicht im richtigen Verhältnis zueinander stehen. Wie viel Mut und Tatkraft und wie viel Geschehen-lassen-können braucht ein Land und wie sehr müssen diese Haltungen bei jedem Einzelnen in seinem Volk entwickelt sein?

Nach 1949 gab es auf dem Festland, wo die Volksrepublik gegründet wurde, und auf Taiwan, wo die KMT beanspruchte, die Republik fortzuführen, unterschiedliche Antworten auf diese Frage, mit denen immer auch darüber entschieden wurde, wie sich das Land in der neuen Zeit positionierte. Bei aller Gegensätzlichkeit und Feindschaft, die Beijing und Taibei pflegten, schimmerte immer auch die gemeinsame Herkunft durch. Doch es setzten ebenso auf beiden Seiten Reflexionsprozesse auf die Phase der Neuorientierung Chinas ein, die nun selbst schon Geschichte geworden war; Prozesse, die sich weder in Taiwan noch auf dem Festland, anders als immer noch oft im Selbstverständnis und der Fremdwahrnehmung, auf einen Nenner bringen lassen.

Das Verhältnis zwischen Beijing und Taibei ist komplex, nicht zuletzt auch dadurch, dass auf Taiwan immer weniger Menschen sich als Bewohner einer Republik *China* verstehen wollten und wollen. Über der Zuspitzung der Frage nach der Legitimität der politischen Gebilde und ihrer Ansprüche, die von Beijing und Taibei aus regiert werden, geht meist der Blick auf sowohl das noch Kleinere als auch das noch Größere verloren. Beides aber, das Kleinere und das Größere, hat für das wirkliche China, die Kultur und sein Selbstverständnis, eigentlich eine größere Bedeutung als die in der Geschichte auftauchenden und wieder vergehenden Regierungsformen: zum einen die regionalen Eigenheiten und kulturellen Besonderheiten unterhalb der politischen Ebene; und zum anderen der Zusammenhang des „Größeren Chinas", das sich auf auslandschinesische Gemeinden in der ganzen Welt erstreckt. Sowohl die unterschiedliche Politik auf dem Festland und auf Taiwan als auch regional und weltweit sich entwickelnde Traditionen haben sich auf das Taijiquan ausgewirkt.

Der 1911 einsetzende Aufbruch ins neue China erfasste auch die Kampfkünste. In dem langen Strukturwandel mussten sie sich immer wieder neu finden, vielleicht auch *erfinden*, um weiter zu bestehen. Die politischen Umwälzungen und kulturellen Erschütterungen ließen insbesondere das Taijiquan nicht unberührt. Es wurde nicht einfach öffentlich, was zuvor hinter verschlossenen Türen trainiert worden war. Mit der Entstehung neuer Strukturen von Öffentlichkeit wandelten sich sein Image, seine Formen und auch sein Selbstverständnis. Die Kunst des Wandels hat sich nie nur mit den Fähigkeiten großer Meister, sondern immer auch mit den Umständen der Zeit entwickelt.

In Zeiten des Umbruchs wird nicht nur vieles anders, die Zeit selbst scheint sich zu beschleunigen. Taijiquan war gleichsam im Auge des Sturms und bewegte sich mit ihm durch die sich überstürzenden Ereignisse. Seine Anpassungs- und Wandlungsfähigkeit stellte es gleich zu Beginn der Umbruchperiode unter Beweis, als wollte es den Satz „Der andere bewegt sich nur ein klein wenig – ich bewege mich zuerst" [C50f] zum Motto seiner eigenen Geschichte machen. Bereits 1911 wurde in Beijing die Forschungsgesellschaft für Leibeserziehung (*jingshi tiyu yanjiushe*) gegründet, die maßgeblich für das weitere öffentliche Erscheinen des Taijiquan werden sollte. Ihr Leiter Xu Yusheng war ein Gelehrter, der selbst seit früher Jugend Kampfkünste praktizierte und sich bald auch publizistisch hervortun sollte. Er machte Kampfkünste zum Unterrichtsfach am Institut, und es gelang ihm, berühmte Taijiquan-Meister wie Yang Chengfu und dessen Bruder Yang Shaohou sowie Wu Jianquan (1870-1942) als Lehrer zu berufen. Bereits 1912 wurde an diesem Institut auch die erste Ausgabe der Klassischen Schriften des Taijiquan veröffentlicht. Hatten sich dem Taijiquan mit Yang Luchan gegen Ende der Qing-Dynastie die Tore des Kaiserlichen Palastes geöffnet, so trat es gleich in den ersten Monaten der Republik an die Öffentlichkeit.

Von nun an wurde es auch außerhalb von Familienstrukturen in privaten und öffentlichen Schulen unterrichtet. Neben Meistern, die von ihren Schülern den traditionellen Kotau zum Zeichen der gegenseitigen Loyalität verlangten, gab es professionelle Kampfkunstlehrer mit öffentlich zugänglichen Schulen. Zu den Schulen kamen als Unterrichtsorte öffentliche Plätze hinzu, vor den Mauern einer Stadt, in ihrem Zentrum oder in ihren verstreuten Parks. Die Grenzen zwischen den verschiedenen Lehrer-Schüler-Verhältnissen blieben fließend. Bis heute gibt es Lehrer, die sowohl hinter verschlossenen Türen als auch öffentlich unterrichten. Taijiquan war prinzipiell jedem zugänglich geworden, der Interesse hatte.

Die Republik ließ keinen Zweifel daran, dass China, der kranke Mann Ostasiens, gewillt war, sich zu kurieren. „Das Land stärken" oder auch „Das Land retten und das Volk stärken" wurde zum Programm. Das bedeutete nicht nur die Modernisierung von Gesellschaft und Armee, sondern im gut altchinesischen Sinne auch den Ausgang vom Einzelnen. Wirkmächtige Einrichtungen innerhalb der neuen Struktur von Öffentlichkeit wie Zeitungen und Institute erklärten Körperertüchtigung zur nationalen Aufgabe und zur Voraussetzung für die nationale Erneuerung.

Ein Jahr nach der militärisch erzwungenen Einheit des Landes (1928) erließ Chiang Kai-Shek ein Gesetz, das alle jungen Männer und Frauen der Republik China zur Körperertüchtigung verpflichtete. 1936 wurde der Passus um alte Menschen erweitert. Zu dem Slogan „Das Land durch Bildung retten" (*jiaoyu jiuguo*) trat in den 1930ern die Devise „Das Land durch Sport retten" (*tiyu jiuguo*). General He Yingqin verlangte 1932 Sport und einen militärischen Geist. Man war überzeugt, Sport verhelfe den Chinesen zu Mut und Entschlossenheit.[71]

Doch was war überhaupt mit Sport gemeint? Einerseits gab es Befürworter von im Westen entstandenen Sportarten, die durch die Olympischen Spiele weltweit Beachtung fanden. Das Beispiel Japans, das mit disziplinierten und gut trainierten Truppen in der Mandschurei einmarschiert war, zeigte, dass ein asiatisches Land sowohl westliche Sportarten erfolgreich betreiben als auch effizient auf eigene Traditionen zurückgreifen konnte. Auch in China kam es zu einem Nebeneinander von Fraktionen, von denen die eine westlichen Sport, die andere traditionelle Bewegungssysteme propagierte. Taijiquan hatte sich sehr schnell instinktsicher in die Bewegung zur Stärkung von Land und Volk eingeschrieben und sich dabei als ein traditionelles, aber mit den Anforderungen des modernen Lebens kompatibles Übungssystem präsentiert. Das betonten bereits die Vorworte zu den frühen Büchern von Sun Lutang (1921), Xu Yusheng (1921) und Chen Weiming (1925).

Die Präsentation von Taijiquan unter den Vorgaben der Zeit ging einher mit einer Rückwirkung auf seine Übungsweise. Dass die Kampfkunst des Allerhöchsten eine für potentiell alle sein sollte, führte allmählich zu einer Veränderung seiner Ausführung. Es

---

[71] Xu Guoqi 2008, S. 61ff.

entstanden die durchweg langsamen, fließenden Formen, die auch von älteren und schwächeren Menschen erlernbar waren. Das ließ sich keineswegs nur als zu entrichtender Preis für die Verbreitung, als Minderung oder Verwässerung, verstehen. Die spezifische Art von Kraft, um die es im Taijiquan im Unterschied zu anderen Kampfkünsten geht, hatte immer schon einer Entspannung bedurft, die beim Erlernen mit schnellen Aktionen kaum möglich war. Die durchgängige Verlangsamung glich das Erscheinungsbild der Kampfkunst Übungen an, die der althergebrachten Lebenspflege (*yangsheng*) galten und mit denen sie immer schon ein Verwandtschaftsverhältnis hatte. In diesen alten Praktiken war es nie nur um das gegangen, was das 20. Jahrhundert unter Gesundheit verstand, sondern immer auch zugleich um eine damit verknüpfte kosmologische Dimension. Taijiquan erschien als bruchlose Verbindung mit diesen Praktiken und zugleich kompatibel mit der modernen, aus dem Westen kommende Idee der individuellen, gesundheitsfördernden Körperertüchtigung.[72]

Taijiquan buhlte nicht um Anerkennung, sondern es bot sich an. Tatsächlich erfuhr es bald schon prominente Förderung. Zum Zeichen seiner Wertschätzung schrieb der einflussreiche Gelehrte, Kulturkritiker, Ethnologe, Mentor der Bewegung des Vierten Mai, kurzzeitig Erziehungsminister und schließlich Rektor der Beijing Universität Cai Yuanpei (1868-1949) eine Kalligraphie für das Buch von Xu Yusheng (1921). Das war ein Votum aus dem kulturellen Bereich (*wen*), dem eine Anerkennung im militärischen Bereich (*wu*) korrespondierte. An der 1924 mit sowjetischer Unterstützung gegründeten Militärakademie (Whampoa) – deren Leiter Chiang Kai-shek und deren Vorsitzender des politischen Ausschusses Zhou Enlai (1898-1976) war – wurde den dort auszubildenden Offizieren Taijiquan unterrichtet. Wenig später sollten sie sich als Befehlshaber der KMT- oder der KP-Truppen im Bürgerkrieg gegenüberstehen und erbittert bekämpfen.

Als der Präsident und Oberbefehlshaber der Republik Chiang Kai-shek eine Kalligraphie zu dem Buch von Yang Chengfu (1934) schrieb, konnte das wie eine politische Stellungnahme gelesen werden, die dem Taijiquan das Siegel der offiziellen Kulturpolitik verpasste. Das war eine zweischneidige Angelegenheit. „Offiziell" hieß damals schon: Teil einer Konfliktpartei. Einfach lagen die Dinge nie im innerchinesischen Konflikt.

Vielleicht war damals das Verständnis der Prinzipien des Taijiquan auf der anderen Seite in gewisser Hinsicht sogar größer. Im Bürgerkrieg verfolgten die schlecht ausgerüsteten Kommunisten eine Guerilla-Taktik, die als Aneignung strategischer Prinzipien verstanden werden konnte, wie sie in den Klassischen Schriften des Taijiquan formuliert waren. Wenn der Feind angriff, zogen sie sich zurück; wenn er sich zurückzog, folgten

---

[72] Bei Yang Chengfu (1931, S. 144) wird das Üben traditioneller Kampfkünste in den Rahmen einer aktuellen Politik gestellt: „Heutzutage fördert das Land Kampfkünste und jeder betreibt Körperertüchtigung."

sie ihm mit Gegenoffensiven. Das entsprach dem, was die „Abhandlung des Taijiquan"
so formuliert:

> Wenn der Andere hart ist, bin ich weich. Das nennt man mitgehen. Ich folge der
> Richtung, wenn der Andere sich abwendet. Das nennt man anhaften. Ist die Be-
> wegung schnell, so ist auch die Entgegnung schnell. Ist die Bewegung langsam,
> so folgt man langsam. Auch wenn es unzählige Wandlungen gibt, bleibt ihr
> Prinzip doch Eines. [B7-12].

Dort, wo die KMT-Truppen den Feind schlagen wollten, gelang es den Kommunisten
auf dem Langen Marsch immer wieder, sie ins Leere laufen zu lassen.

Taijiquan schöpft unverkennbar aus alten daoistischen Quellen. Diese hatten schon
vor zweieinhalbtausend Jahren die alten Militärstrategen Chinas inspiriert. Der Wert
dieser Ideen aber war einem modernen Militärapparat, wie er der KMT zur Verfügung
stand, nicht mehr ohne Weiteres zugänglich. Daoismus wurde in der nationalen Selbst-
besinnung während der Republikzeit zwar anders als der vom Kaiserhaus funktio-
nalisierte Neo-Konfuzianismus (und der ohnehin „ausländische" Buddhismus) vor allem
als etwas Urchinesisches und daher für die nationale Selbsterneuerung Wertvolles angesehen.[73] In seinen Geist einzudringen und ihn für die Ausbalancierung des Verhältnisses
von *wen* und *wu* fruchtbar zu machen, verlangte aber andere Anstrengungen als das Pro-
klamieren von Wertschätzungen.

Nach 1949 erwartete Taijiquan auf dem Festland und auf Taiwan, wohin sich die KMT-
Regierung mit ihren Truppen zurückgezogen hatte, ein unterschiedliches Schicksal. In
der Volksrepublik wurde es unter staatliche Aufsicht gestellt.[74] Das eigentlich Bedroh-
liche für die Machthaber waren sicher weniger die Kampfkunstfähigkeiten Einzelner als
mehr das mit den Kampfkünsten traditionell verbundene Loyalitätsverhältnis zwischen
Meister und Schüler, das staatliche Strukturen unterlief. So wurde eine Zange angesetzt,
deren eine Backe das Verbot der traditionellen Überlieferung war, und deren andere das
Gebot einer öffentlichen Einheitsform. Die wenig martialische Erscheinungsform der
langsamen, fließenden Bewegungen des Taijiquan boten wenig Angriffsfläche und
ließen sich den neuen Zwecksetzungen anpassen.[75] Den Volksmassen wurde zur Körper-

---

[73] Vgl. Wile 2007. Zürcher (1959, S. 289ff) weist darauf hin, dass bereits im frühen vierten Jahrhundert fremdenfeindliche, nationalistische Stimmungen gegen den Buddhismus mobilisiert
wurden, die auch von Konfuzianern vorgetragen wurden, aber eher in daoistischen Kreisen entstanden waren. Robinet (1995, S. 261) macht für die Tang-Dynastie, deren Herrscherhaus sich mit
Laozi verwandt glaubte, darauf aufmerksam, dass Kaiser den Daoismus unterstützten, weil sie in
ihm einen wertvoller Verwahrer der chinesischen Kultur sahen.

[74] Von 1928 an hatte in der Republik ein Zentrales Kampfkunstinstitut bestanden, das aber 1948
nach Streitigkeiten zwischen seinen zwei Abteilungen – Wudang und Shaolin – aufgelöst wurde
(Kang Gewu 1995, S. 93). 1958 wurde in der Volksrepublik ein neuer Dachverband der Kampfkünste gegründet.

[75] Anders erging es dem Rivalen in der Kampfkunst, dem Shaolin-Gongfu, noch während der Republikzeit. 1928 wurde der Shaolintempel durch KMT-Truppen zerstört und in Brand gesetzt. 1966

ertüchtigung die eigens entworfene Peking-Form verordnet, mit der das republikanische Gesundheitsimage unter streng utilitaristischen Vorzeichen beerbt wurde. Das verordnete Taijiquan verlor Tiefe und Feinheit – die gleichwohl unter dem öffentlichen Schutzschild in Person der im Land gebliebenen Meister insgeheim, aber nur im kleinen Kreis, überlebten.

Nach Maos Tod und dem Ende der Kulturrevolution (1966-1976) wandelte sich das Bild und Selbstbild des Taijiquan erneut. Alte Meister trauten sich nach und nach wieder mit ihren Familienüberlieferungen an die Öffentlichkeit. Der Staat zog sich aus verordneter Gesundheitsfürsorge zurück, hielt durch Sportverbände die Zügel für vor allem die Jüngeren aber weiter in der Hand. Synkretistische Wettkampfformen, in denen eine ästhetisch-akrobatische Oberfläche wichtiger als die Entwicklung innerer Kraft ist, lenken den Kampfgeist vor ein Publikum mit Jury. In gewisser Weise knüpft diese Zügelung der Kampfkünste an historische Vorläufer an. Zur Zeit der Mongolenherrschaft (1271-1368) war Chinesen das Ausüben von Kampfkünsten nur als theatralische Kunst erlaubt. Damals blühten mit der Peking-Oper die Wushu-Elemente darin auf. Schließlich erfasste die allgegenwärtige Vermarktung von Traditionen auch Taijiquan und ließ neo-religiöse, touristisch handelbare Spielformen entstehen.

Das Ende des Bürgerkrieges (1949) hatte wie eine Wasserscheide für die Kampfkünste gewirkt. Viele Meister hatten das Land in weiser Voraussicht verlassen. In Taiwan hatten die mit der KMT eingewanderten Kampfkünste, unter ihnen vor allem das Taijiquan, Gelegenheit, relativ ungehindert zu gedeihen. Die bereits einheimischen Traditionen wurden anfangs jedoch von der KMT-Regierung blutig unterdrückt; ganz ähnlich wie auf dem Festland unter kommunistischer Knute.

Neben Taiwan und Hongkong waren es auslandschinesische Gemeinden in Südostasien, aber zunehmend auch in der westlichen Welt, zunächst vor allem in den USA, in denen die Kampfkünste ein neues Rückzugsgebiet fanden. Diese weltweit verstreuten Enklaven des „Größeren China" wurden nicht zuletzt durch die Anziehungskraft des Taijiquan in eine Dynamik gezogen, in der Ausbreitungskräfte gegen solche der Abschottung zu wirken begannen. Auslandschinesen wirkten wie Brückenköpfe, über welche die chinesische Kultur weltweit zu diffundieren begann.

Das führte innerhalb weniger Jahrzehnte zu einem weiteren gravierenden Wandel in der Überlieferung des Taijiquan, die man seine weltbürgerliche Öffnung nennen könnte. Mit ihr verbunden ist vor allem der Name von Zheng Manqing (1900-1975), der noch im Kaiserreich geboren war und zeitlebens der klassischen chinesischen Bildung verpflichtet blieb, sich aber auch der neuen Zeit und ihren Wissenschaften öffnete. Er hatte

---

legten die Roten Garden im Rahmen der Kulturrevolution noch einmal Hand an. In den 1970er Jahren erlangte es durch die amerikanische TV-Serie *Kungfu Fighting* mit David Carradine internationale Bekanntheit. Daraufhin folgten 1982 ein Film mit Jet Li, der durch die chinesische Regierung veranlasste Wiederaufbau des Tempels und seine touristische Erschließung. Heute steht er auf der offiziellen Liste der Denkmäler der Volksrepublik China.

in der Republik bei Yang Chengfu, einem der größten Meister des 20. Jahrhunderts, Tai-jiquan gelernt. Nach dem Bürgerkrieg war er mit der Kuomintang nach Taiwan überge-setzt und hatte dort gelehrt, war dann aber, schon über 60-jährig (ohne Englischkennt-nisse) in die USA gegangen. Dort fiel sein Taijiquan vor allem in der damaligen Sub-kultur auf fruchtbaren Boden. Ihm folgten andere Lehrer. Seither ist die Entwicklung des Taijiquan nicht mehr ganz unabhängig von der westlichen Welt zu denken, wo es sich auch außerhalb auslandschinesischer Enklaven ausbreitet und entwickelt.

Taijiquan hat seine Reise nach Westen und von dort um die ganze Welt angetreten. Unaufhörlich zieht es weiter, während es sich zugleich hier und dort niederlässt. Manchmal beansprucht es, an einem Ort die wahre Überlieferung zu wahren. So wan-delt es und so wandelt es sich weiter, manchmal bis zur Unkenntlichkeit; auch in seinem Heimatland. Wann und wo auch immer, stehen die Übenden des Taijiquan vor der Auf-gabe, seine Quellen nicht versiegen zu lassen, damit sein Geist sich nicht verflüchtigt.

Ist Taijiquan eine innere Kampfkunst?

Wer sich mit Kampfkünsten beschäftigt, stößt irgendwann auf den Begriff der inneren Kampfkünste. Was damit gemeint ist und welche Kampfkünste darunter fallen, ist oft nicht ganz klar; mitunter selbst denen nicht, die beanspruchen, eine solche zu praktizieren.

Am häufigsten wird Taijiquan als innere Kampfkunst bezeichnet. Dazu kommen die verwandten Systeme Xingyiquan („Kampfkunst der Form und der Idee") und Baguazhang („Kampfkunst der Acht Trigramme"). Doch was ist mit Liuhebafa (dem „Wasserboxen", wörtlich: „Sechs Harmonien und Acht Methoden") oder dem Yiquan („Kampfkunst der Idee")? Darüber hinaus gibt es eine Fülle weniger bekannter Kampfkünste, die den Anspruch erheben, innere zu sein: Neben Xingyiquan gibt es ein Xinyi Liuhequan („Kampfkunst der sechs Verbindungen von Herz und Idee"), außer Taijiquan ein Wujiquan („Kampfkunst der Nicht-Polarität") oder Ziranmen („Schule der Spontaneität"). Und was ist mit Wing Chun, dem japanischen Aikido oder Judo, dem „sanften Weg"? Die Aufzählung ließe sich fortsetzen.[76] Ähneln sich diese Kampfkünste in ihrer Übungsmethode, in ihrer Strategie, in ihrer Kraftentwicklung und deren Anwendung? Haben sie überhaupt einen gemeinsamen Nenner, der sie von „äußeren Kampfkünsten" abgrenzt? Es heißt:

- innere Kampfkünste seien weich, äußere Kampfkünste hart;
- innere Kampfkünste arbeiteten mit der Intention (*yi*), äußere nur mit dem Körper;
- innere Kampfkünstler betrieben *neigong*, d.h. sie arbeiteten an und mit ihrem Qi, während äußere nur Techniken erlernten;
- innere Kampfkünste wirkten auf die Organe und dienten der Gesundheit, während die äußeren nur die Muskeln trainierten;
- innere Kampfkünste seien meditativ und beruhigten Geist (*shen*) und Herz (*xin*), während äußere nur Bewegungsabläufe trainierten.;
- innere Kampfkünstler entwickelten eine spezifische Kraft (*jin*), die von den Sehnen komme, während äußere Kampfkünstler rohe Kraft (*li*) anwendeten, die von den Muskeln komme.

Doch lassen sich durch diese Kriterien tatsächlich zwei über alle Stilunterschiede hinweg verschiedene *Arten* von Kampfkunst klassifizieren? Selbst innerhalb des Taijiquan gibt es Stimmen, die eine Gegenübersetzung von inneren und äußeren Kampfkünsten nicht für sinnvoll halten. Der Chenstil-Meister Chen Fake (1887-1957) wollte nichts von Taijiquan als einer inneren Kampfkunst wissen. Alle Stile hätten innere und äußere Anteile. In ihnen allen gehe es darum, von der äußeren Form zum inneren Wesen

---

[76] Das Sonderheft des *Taijiquan & Qigong Journals* von 2005 behandelt unter dem Titel „Innere Kampfkünste" ohne Anspruch auf Vollständigkeit zwölf damit in Zusammenhang gebrachte Systeme.

der Sache vorzudringen.[77] Skeptisch äußerte sich auch Wang Xiangzhai (1885-1963), der Begründer des Yiquan („Geist-Boxen").[78] Der amerikanische Kampfkunstexperte Stanley E. Henning erklärte in einem 1997 erschienenen Aufsatz („Chinese Boxing. The Internal versus External Schools in the Light of History & Theory") die These von zwei verschiedenen, sich fundamental entgegengesetzten Schulen der chinesischen Kampfkünste zu einem unhaltbaren Konstrukt. In Wirklichkeit bezögen sie sich alle auf die gleichen Prinzipien.

Selbstverständlich hat jede Kampfkunst innere und äußere Aspekte. Was man von außen sieht, ist von dem zu unterscheiden, was innen geschieht, sowohl physisch als auch mental; aber nie gibt es das eine ohne das andere. Richtig ist auch, dass chinesische Kampfkünste sich weitgehend derselben Beschreibungssprache bedienen. Und sie beschreiben damit eine Praxis, die – wie immer akzentuiert – sich auch auf jene Bereiche erstreckt, die vielleicht vorschnell als Domäne der inneren Kampfkünste erklärt werden. Denn richtig ist auch, dass zwar nicht alle chinesischen Kampfkünstler, wohl aber Kampfkünstler aller Stile zu allen Zeiten *neigong* betrieben, Geist und Herz durch Meditation beruhigt, ihre Aufmerksamkeit, Intention oder Idee (*yi*) zu fokussieren gelernt und sowohl weiche als auch harte Anteile ihrer Kunst trainiert haben. Darin kann der Unterschied nicht liegen. Im übrigen heißt es auch im Taijiquan: „äußerst weich und sanft, dann äußerst hart und fest" oder „außen Watte, innen Stahl". Was also soll *innere* Kampfkunst bedeuten?

Tatsächlich ist „innere Kampfkunst" (englisch *internal martial art*) eine freie Übersetzung des chinesischen Begriffs *neijia quanfa*, der eigentlich „Kampfkunst der Inneren Schule" oder „Innere Schule der Kampfkunst" bedeutet. Diese Formulierung kann im Wesentlichen drei Bedeutungen haben:

1. Innere Schule bedeutet zunächst, dass nicht öffentlich, sondern hinter verschlossenen Türen unterrichtet wird, *neijia*, im Inneren des Hauses. Das für „Schule" verwendete Zeichen (家 *jia*) meint wörtlich Familie, Haushalt oder Haus; 內 *nei* bedeutet „innen". Innere Schule heißt demnach, dass man Teil der Familie im eigentlichen oder durch Initiation übertragenen Sinn sein muss, um unterwiesen zu werden.[79] Dann hat

---

[77] Chen Fake soll gesagt haben: „Alle Dinge haben ein Innen und ein Außen. Wahre Gelehrsamkeit muss in der äußeren Figur beginnen, viele Jahre daran arbeiten und dann werden die Fähigkeiten schrittweise tiefer. Das Innere dann zu erreichen, das ist das Wichtigste. Taijiquan zu lernen ist so, andere Kampfkünste zu lernen ist auch so, alles hat ein Innen und ein Außen. Alles folgt der äußeren Fertigkeit und betritt das Innere dadurch." (In: Hong Junsheng, „Chen Style Taijiquan Practical Method", S. 142; zitiert nach Ranné 2004, S. 220. Die Position, dass es in den Kampfkünsten kein Innen ohne ein Außen gibt, findet sich ausgeführt auch in: Silberstorff 2005.

[78] Wang Xiangzhai hatte aus dem Xingyiquan („Form-Geist-Boxen") eine neue Kampfkunst geschaffen, in deren Titel er die „Form" entfernte, um sich mit dem Yiquan („Geist-Boxen") auf den Geist bzw. die Koordination der Formen mit dem Geist zu fokussieren. Das könnte einem Augenmerk auf den inneren Aspekt der Kampfkunst gleichkommen, sollte man meinen. Stattdessen formulierte er: „Es kommt nicht darauf an, ob eine Methode innerlich oder äußerlich ist, sondern nur darauf, dass sie richtig ist." (Zitiert nach Kalisz 2005, S. 64)

[79] Vercammen (1989, S. 18) führt ebenfalls drei Bedeutungsebenen von Neijia und Waijia, Innerer

man Zugang zu dem Haus, dessen Innenhof durch ein Tor von der Außenwelt getrennt ist. Diese Art der Unterweisung unter Ausschluss der Öffentlichkeit war in jeder Familienüberlieferung und in jeder Linie, in der Wissen von einem Meister an Schüler weitergegeben wurde, eine Selbstverständlichkeit. Sie sagt nichts über den Stil aus, der unterrichtet wird.[80]

Die verschlossene Tür verspricht demjenigen, der eintreten möchte, ein Geheimnis, das traditionell in allen Kampfkünsten gehütet wurde. Sie stellt daher zugleich auch ein eigenes Loyalitätsverhältnis her, das vom konfuzianischen Kanon der fünf Beziehungen (Vater- Sohn, Herrscher-Untertan, Ehemann-Ehefrau, älterer Bruder - jüngerer Bruder, Freund-Freund) nicht abgedeckt ist. Die Exklusivität eines Inneren hat immer wieder den Verfolgungseifer der Obrigkeit auf den Plan gerufen – und wurde in der Geschichte auch tatsächlich immer wieder zu konspirativen Zwecken genutzt.

Dasselbe Muster der Innen-außen-Unterscheidung gilt auch dort, wo die Welt der Familie verlassen wurde, nämlich im Kloster. Mönche hatten im Unterschied zu den Laien „das Tor durchschritten" (*rumen*) und waren Teil einer Gemeinschaft geworden, die ein außen nicht zugängliches Wissen hütete.

Diese Bedeutung des Inneren hatte immer auch die Bedeutung des Eigentlichen, Ursprungsnahen. Im Buch *Zhuangzi* unterscheidet man sieben „innere", dem Philosophen Zhuang Zhou (ca. 369 – ca. 286 v. Chr.) selbst zugeschriebene Kapitel, von 15 „äußeren" und elf weiteren „verstreuten", die nur noch beanspruchen dürfen, in seinem Geist geschrieben worden zu sein. Das Innere ist das Authentische, durch ein Original Verbürgte; das Äußere kann noch der Schule zugerechnet werden, ist aber nur noch im Umfeld entstanden. Wenn „im Haus" etwas vor den Augen und Ohren anderer geheim gehalten wird, so ist es das Eigentümliche eines Stils, dem Anspruch nach vielleicht sogar das Eigentliche der Kunst schlechthin.

2. Das Haus bzw. die Familie kann in übertragenem Sinn auch das Land bedeuten. Dann stehen Innere und Äußere Schule für in- und ausländisch. Zhang Sanfeng, der in den Wudangbergen inmitten daoistischer Klöster und Einsiedeleien lebte, verkörperte

---

und Äußerer Schule, an. In einer Begriffsverwendung bedeute Innere Schule Entwicklung „des Inneren" (z. B. Organe) und der Gesundheit, während die Äußere Schule äußere Körperteile (z. B. Muskeln) entwickele. In einer zweiten Bedeutung meine Innere Schule eine esoterische Praxis, in der Techniken in geheimer Überlieferung an ausgewählte Schüler weitergegeben werden; während in der Äußeren, exoterischen Schule jeder Interessierte, Lernfähige oder Zahlungswillige unterwiesen werde. Als dritte Bedeutungsebene führt er die Familie an, innerhalb der nur Familienmitglieder unterrichtet werden, während außerhalb der Familie an öffentlichen Plätzen oder in religiösen Einrichtungen wie z. B. Tempeln unterrichtet werde. Vercammens zweite und dritte Bedeutung scheinen strukturell dasselbe zu meinen, nämlich die Zugangsbeschränkung zu einer exklusiven Überlieferung.

[80] Dem Wu-Stil-Meister Ma Yueliang (1901-1998) zufolge nannte man im kaiserlichen China Kampfkunst der Äußeren Schule diejenige des Begleitschutzes von Warentransporten und zur Sicherung von Haus und Hof. Sie sei von fahrenden Kampfkünstlern für Geld öffentlich zur Schau gestellt worden. (Ma Yueliang 2005, S. 4f) Die Aussage steht allerdings etwas quer zur Tatsache, dass Kampfkünstler der Chen-Familie als Transportbegleiter tätig waren, sie ihre Kampfkunst aber in ihrem Dorf hinter verschlossenen Türen erlernt hatten und hüteten.

dann den autochthon chinesischen Ursprung des Taijiquan; Bodhidharma die ausländischen (indischen) Wurzeln der Shaolin-Kampfkunst.

Der Buddhismus, der seit der Zeitenwende in China belegt ist und sich in mehreren Wellen ausgebreitet hat, war zum einen auf fruchtbaren Boden getroffen, aus dem zahlreiche, ihn immer stärker sinisierende Schulen hervorgingen. Zum anderen aber wurde ihm immer wieder auch mit Misstrauen begegnet, da er die traditionellen Familienbindungen auflöste und seine Klöster sich der kaiserlichen Steuerhoheit entzogen. Hinzu kam, dass periodisch Eroberer den Buddhismus mit seiner universellen Lehre zu nutzen versuchten, um chinesische Ressentiments abzubauen und ihre Herrschaft zu legitimieren. In der Ming-Zeit hatten sich zwar Mönche aus dem Shaolin-Kloster Ruhm im Rahmen der militärischen Kampagnen gegen japanische Piraten erworben, was dem Kloster auch durch Förderung vergolten wurde; dennoch wurde es nicht nachhaltig zur Projektionsfläche für vaterländische Ambitionen.

3. Die heute verbreitete Annahme aber, dass sich *neijia* als „innere Kampfkunst" auf ein Geschehen im Inneren des Kampfkünstlers bezieht, während in „äußeren Kampfkünsten" dort nichts stattfindet, beruht auf einer stillschweigenden Umdeutung des Begriffs. Wie kam es zu ihr? Was liegt ihr sachlich zugrunde?

Die vorliegende Untersuchung stellt bei der Umkreisung dieser Fragen Material, Überlegungen und eigene Schlussfolgerungen zusammen, dem Leser dann aber die Antworten anheim.

Die Innere Schule im 17. Jahrhundert

Die älteste überlieferte historische Quelle zur Kampfkunst der Inneren Schule ist die 1669 von dem Gelehrten Huang Zongxi (1610-1695) verfasste Gedenkschrift für den Kampfkünstler und Meister dieser Schule Wang Zhengnan (*Wang Zhengnan muzhiming*).[81] In ihr heißt es, diese Schule sei einer Äußeren Schule, vornehmlich dem Shaolin-Boxen, entgegengesetzt. Während die Methode der Äußeren Schule offensiv sei, wodurch sich ihre Exponenten immer wieder Blößen gäben, besiegten die Vertreter der Inneren Schule Bewegung durch Ruhe; und zwar mühelos.

Der Begründer dieser Schule sei der daoistische Alchemist aus den Wudangbergen Zhang Sanfeng gewesen. Einst habe der Song-Kaiser Huizong (reg. 1101-26) den berühmten daoistischen Unsterblichkeitssucher zu einer Audienz an den Hof gebeten. Um dorthin zu gelangen, habe dieser aber eine von Räubern belagerte Gegend passieren müssen. Da sei ihm im Traum der in den Wudangbergen von daoistischen Einsiedlern und Mönchen verehrte Kriegsgott Xuanwu („Dunkler Krieger")[82] erschienen und habe ihm die Kampfkunst offenbart. Am nächsten Tag soll er sich dann seinen Weg gebahnt und eigenhändig mehr als hundert Räuber umgebracht haben.

---

81 Deutsche Übersetzung und chinesischer Text im Anhang 3. Eine englische Übersetzung findet sich in: Wile 1999, S. 53-57. Der chinesische Text mit englischer Übersetzung auch online verfügbar bei Brennan 2014.

82 Zu Xuanwu s. Fn. 195.

Zum Zeitpunkt der Abfassung des Epitaphs wäre die Innere Schule demnach schon rund 550 Jahre alt gewesen. Die Angabe einer Genealogie mit namentlich genannten Meistern, welche die Kunst über die Jahrhunderte weitergegeben haben sollten, verlieh der These von der Inneren Schule scheinbar historische Substanz. Dass sich nur die allerwenigsten der Namen historisch verifizieren lassen, mag nach all den Jahrhunderten und speziell bei der geringen Aufmerksamkeit, die Chronisten im alten China den Kampfkünsten schenkten, nicht übermäßig verwundern. Interessant ist, dass die erwähnten Linienhalter unterschiedliche Familiennamen tragen, woraus hervorgeht, dass es sich von Beginn an nicht um eine Familienlinie gehandelt haben kann; dass es Generationensprünge gibt, die nicht unbedingt eine lückenlose Überlieferung suggerieren; und dass die Innere Schule nicht nur an einem Ort, sondern in verschiedenen Provinzen kultiviert wurde.

Merkwürdig ist allerdings, dass ausgerechnet der Gelehrte und auch als Historiker bekannte Huang Zongxi den Namen Zhang Sanfeng mit einem anderen, homophonen Zeichen (峯 *feng* statt 丰 *feng*) schrieb und dass er ihn in eine andere Zeit als den historisch halbwegs verbürgten Zhang Sanfeng versetzte. Wahrscheinlich folgte er damit den Informationen, die der Auftraggeber der Gedenkschrift, Gao Zhensi, ihm zur Verfügung gestellt hatte; warum, muss zunächst offen bleiben; später wird sich eine Spekulation aufdrängen.[83]

Sieben Jahre später, 1676, schrieb Huang Zongxis Sohn Huang Baijia „Die Kampfkunst der Inneren Schule" (*Neijia quanfa*), in der er, selbst ehemaliger Schüler von Meister Wang Zhengnan, deren Systematik und Übungsmethoden beschrieb.[84] Es gab demnach zwei verschiedene Arten von Übungsroutinen: die „Sechs Pfade", mit denen Kraft und Härte trainiert wurden; und die „Zehn Sektionen", die dem Erlangen von Weichheit dienten. Unterrichtet wurden auch Schmerz-, Schwindel- und Todespunkte. Es gab einen Kodex des richtigen Verhaltens, ein Kampfkunstethos; und es gab Regeln für das Vermeiden schlechter Angewohnheiten. Das Wichtigste beim Erlernen der Kunst sei Übung, dann könne man irgendwann spontan reagieren. Als Begründer der Kunst nennt auch er Zhang Sanfeng, aber ohne die Geschichte von der Offenbarung im Traum zu erwähnen. Ihm zufolge war Zhang Sanfeng bereits ein Meister des Shaolin-Kungfu, bevor er dessen Prinzip „umgekehrt" und so die Innere Schule begründet habe.

Ein drittes Zeugnis für die Innere Schule ist die „Biographie von Zhang Songxi", die im Jahr 1735 im Präfekturanzeiger von Ningbo (Provinz Zhejiang) abgedruckt wurde.[85] Der seinerzeit berühmte Kampfkünstler Zhang Songxi hatte in der Jingjia-Zeit (1522-1566), also rund 200 Jahre vor Erstellung seiner Biographie, in Ningbo gelebt und war einer der wenigen historisch verbürgten Namen aus dem Epitaph für Wang Zhengnan.

---

[83] Zur Fehldatierung Zhang Sanfengs, einem möglichen Missverständnis durch homophone Zeichen und einem möglichen Motiv s. u., Fn. 90.

[84] Chinesischer Text und englische Übersetzung online verfügbar bei Brennan 2014; englische Übersetzung auch in: Wile 1999, S. 58-67.

[85] Wile 1999, S. 68f.

Die Namen, die der Text als Überlieferungslinie von Zhang Songxi bis zu Wang Zheng-nan auflistet, sind dieselben wie bei Huang Zongxi. Er wiederholt auch die Gründungs-geschichte von der Offenbarung Zhang Sanfengs im Traum, betont den defensiven Cha-rakter der Inneren Schule und den untadeligen Charakter ihres Protagonisten, hier Zhang Songxi. Hinzu kommen der Bericht von einem Duell, das dieser gegen einen Shaolin-Mönch mit einer kleinen Körper- und Armbewegung spielend gewinnt, und die Ge-schichte von Steinen, die er als Siebzigjähriger mühelos zertrümmert.

Neu ist die Angabe des Namens seines Lehrers (Sun Shisan), der sich, wenn man die Schriftzeichen des Namens wörtlich nimmt, auch als Anspielung auf den berühmtesten Militärstrategen Chinas, Sunzi (ca. 544 – ca. 496 v. Chr.), lesen ließe. Dessen Schrift „Kunst des Krieges" (Bingfa) wurde auch „Dreizehn (shisan) Kapitel" genannt. Am Ende des Textes gibt es einen noch deutlicheren Hinweis auf Sunzi. Dort heißt es, dass die Prinzipien der Kraftentwicklung in der Inneren Schule, die Huang Baijia in fünf Be-griffen zusammengefasst hatte (respektvoll, hart, direkt, kräftig und präzise), den fünf Tugenden des Militärführers entsprächen, die Sunzi in seinem ersten Kapitel genannt hatte: Weisheit, Aufrichtigkeit, Wohlwollen, Mut und Strenge.[86]

Außer den Zhang Songxi betreffenden Anekdoten und den Anspielungen auf Sunzi scheinen die Informationen, die sich auf die Innere Schule beziehen, wesentlich Huang Zongxis Gedenkschrift von 1669 und Huang Baijias Schrift von 1676 entnommen. Wenn das zutrifft, könnten diese drei Quellen als mehr oder weniger eine einzige be-trachtet werden.

Kritik an der These von der Inneren Schule

Behandelt man die drei Quellen tatsächlich wie eine einzige, dann bedeutet das zu-gleich, dass das Schweigen sämtlicher anderer Kampfkunstschriften von dieser Inneren Schule wie ein erdrückender Gegenbeweis hinsichtlich ihrer Existenz wirkt. Weder in älteren noch in Ming-zeitlichen Schriften zur Kampfkunst wie Yu Dayous „Klassiker des Schwerts" (Jianjing) oder Qi Jiguangs „Klassiker des Faustkampfs" (Quanjing), der die effizientesten Stile der damaligen Zeit besprach, ist von einer Inneren Schule die Rede. Das ist umso bemerkenswerter, als da sich nach Henning aus diesen Schriften die Einsicht in die Überlegenheit von Ruhe über Bewegung entnehmen lässt – aber eben nicht als Charakteristikum einer bestimmten Schule.[87]

Und so ergänzt Henning den Hinweis auf die fehlende historische Evidenz um ein prinzipielles Argument: Ihm zufolge gab es seit der Han-zeitlichen Schrift „Frühling und Herbst von Wu und Yue" (Wu yue chunqiu) mit seinem Kapitel über die berühmte Schwertkämpferin Maid von Yue (aus dem 5. Jahrhundert v. Chr.) einen für alle chine-sischen Kampfkünste verbindlichen Kanon, der das Verständnis des Zusammenspiels

---

[86] Die chinesischen Zeichen bei Huang Baijia: 敬 jìng, 緊 jǐn, 徑 jìng, 勁 jìn, 切 qiē. Die Begriffe bei Sunzi: 智 zhì, 信 xìn, 仁 rén, 勇 yǒng, 嚴 yán. Zu Sunzi, Bingfa, s. Gawlikowski & Loewe 1993.

[87] Henning 1997, S. 14.

von Yin und Yang zur Voraussetzung hatte und der keine fundamentale Opposition verschiedener Arten der Kampfkunst zuließ. Das Harte und das Weiche – und so auch das Innere und das Äußere – könnten sich demnach nicht als Prinzipien verschiedener Schulen gegenüberstehen. Sie hätten sich immer ergänzt. Für alle galt, was die Maid von Yue formuliert haben sollte und was Henning so paraphrasiert: „Das Wesen der Faustkunst ist es, den Geist im Inneren zu konzentrieren und nach außen ruhig zu wirken; sieh aus wie eine feine Dame, aber kämpfe wie ein wütender Tiger; sei körperlich und geistig bereit; bewege dich mit dem Geist; atme mit der Bewegung."[88] Alle chinesischen Kampfkünste und ihre Theoretiker hätten sich auf diese Prinzipien bezogen, die keinen Raum für die Abspaltung einer inneren von einer äußeren Kampfkunst böten. Bewegung durch Ruhe zu besiegen, sei nicht das Signum einer Inneren Schule, die einer Äußeren fundamental entgegengesetzt sei, sondern schlicht ein von allen geteiltes strategisches Prinzip. Huang Zongxi habe sich daher nicht auf eine reale Innere Schule bezogen, sondern diese sei ein Konstrukt gewesen – das in der Folge für bare Münze genommen und weitergetragen worden sei, ohne dadurch seinen fiktionalen Charakter zu verlieren. Das Konstrukt hätte zweierlei Zwecke verfolgt: zum einen den Verstorbenen zu ehren, indem seine Kunst als derjenigen des berühmten Shaolin-Boxens überlegen dargestellt wurde. Zum anderen habe sich dahinter eine politisch Motivation verborgen. (Diesen Punkt hat Douglas Wile 1996 und 1999 sehr nachdrücklich ausgeführt.) Um diese mögliche politische Motivation für die Konstruktion einer Inneren Schule zu entschlüsseln, bedarf es eines Blicks in die Geschichte.

Exkurs: Der Kampf der Ming-Loyalisten

Gegen Mitte des 17. Jahrhunderts vollzogen sich in China dramatische Umwälzungen. 1644 bat der von Rebellen bedrängte Kaiserhof die kriegerischen Mandschu um Unterstützung. Diese kamen, sahen und siegten; blieben und bestiegen selbst den Thron. Huang Zongxi und sein Sohn Huang Baijia gehörten zu jenen Ming-Loyalisten, die sich nicht nur weigerten, den neuen Herren zu dienen; sondern sie beteiligten sich auch aktiv an den im Süden des Landes bis 1683 dauernden Widerstandskämpfen.

Persönlich hatte Huang Zongxi wenig Grund, den Ming-Kaisern nachzutrauern. Bereits unter ihnen war er ein dem Hof unbequemer neokonfuzianischer Intellektueller, der Theorien gegen den Zentralismus und für eine Machtbeschränkung des Kaisers entwickelte. Als sein Vater Machtintrigen am Hof zum Opfer fiel und umgebracht wurde, rächte er ihn blutig, wurde eingekerkert und zum Tode verurteilt. In den Wirren der Aufstände und der Invasion gegen Ende der Dynastie gelang es ihm zu fliehen. Als dann aber die Mandschu den Thron usurpierten, schloss er sich als charakterfester Konfuzianer ohne Zögern dem patriotischen Widerstand an.[89]

---

[88] Henning 1997, S. 14 (Übersetzung C.U.). Chinesischer Text und Übersetzung von „Frühling und Herbst von Wu und Yue" in Anhang 1.
[89] Zu Huang Zongxis Biographie und seiner historischen Bedeutung s. Gernet 1988, S. 420f, 424; vgl. Wile 1999, S. 37-43.

Ebenfalls dem patriotischen Widerstand gehörte der Kampfkunstmeister Wang Zhengnan an. In dem Epitaph für ihn wird er als untadeliger Kampfkünstler beschrieben, der zwar keine höhere Bildung, aber jene Charakterstärke besessen habe, die man von konfuzianischen Beamten erwarten durfte – die vielen von ihnen in den Augen der Huangs aber fehlte. Er wird als einer vom Schlag der umherziehenden Krieger geschildert, die schon Sima Qian (ca. 145 – ca. 90 v. Chr.), Chinas erster Historiker, beschrieben hatte; jener freien und niemals käuflichen Kämpfer, die nach einem untadeligen Ethos lebten und allein dem Ruf der Gerechtigkeit folgten. Nach der militärischen Niederlage der Ming gab Wang Zhengnan sein kleines Amt ab und leistete einen Schwur, kein Fleisch mehr zu essen, so lange das Land von den Fremden regiert werde. Er zog sich in seinen Heimatort zurück, wo er mühsam das Land bestellte, und lehnte trotz Armut alle Angebote auf einen Posten ab.

Die Gedenkschrift für ihn ließ sich mit entsprechender Einstellung wohl tatsächlich als politisch-patriotischer Aufruf zum Schulterschluss der Unbeugsamen verstehen. Der Gelehrte und der einfache Mann aus dem Volk, die Kultur und das Kämpferische (*wen* und *wu)*, hatten sich zum Kampf gegen die fremden Invasoren zusammengeschlossen. Von diesem Geist, so suggerierte das Epitaph, waren die Aufrechten unter den Gelehrten und die wahren Helden der Kampfkunst beseelt.

Huang Zongxi selbst war Konfuzianer und fühlte sich nicht zur daoistischen Alchemie hingezogen, wusste aber wohl, dass sie in den volkstümlichen Praktiken der Lebenspflege verankert war. Dass der Begründer der Inneren Schule ein Daoist gewesen sein sollte, zudem mit unmittelbarer Beziehung zum Kriegsgott, spielte vielleicht auch darauf an, dass die Philosophie des Daoismus seit alters Einfluss auf die chinesischen Militärstrategen gehabt hatte. Aus deren Lehre ließ sich die Hoffnung beziehen, dass das, was schwach schien, vielleicht doch noch nicht endgültig besiegt war. „Innen" konnte demnach für inländischen Ursprung und zugleich für die Hoffnung des patriotischen Geistes stehen. Der Buddhismus hingegen war nicht nur ursprünglich von außen gekommen, sondern er wurde auch von den Mandschu, wie zuvor schon von den Mongolen und anderen Eroberern, die von außen ins Land eingedrungen waren, wegen seines Universalismus gefördert. In einer symbolischen Lesart des Epitaphs stand Zhang Sanfeng mit seiner Inneren Schule für den patriotischen Geist Chinas, die Äußere Schule aus dem buddhistischen Shaolin-Kloster für die fremden Usurpatoren. Machte man diese Zuordnungen mit, ergaben sich auf dieser Folie noch weitere Assoziationen.

Tatsächlich schien sich damals, in der Mitte des 17. Jahrhunderts, etwas in der Geschichte zu wiederholen, was die Überblendung von Deutungsmustern nahelegen konnte. 500 Jahre vor Huang Zongxi – in der Zeit nämlich, in welche die Gedenkschrift Zhang Sanfeng versetzt hatte – war der Norden Chinas schon einmal von Nomadenkriegern, den Dschurdschen, besetzt worden. Sie hatten Nordchina erobert und dort die Jin-Dynastie, die „Goldene" (金), gegründet, die von 1115-1234 währte. Lange nach deren Untergang war es dem Stammesführer Nurhaci im Jahr 1616 erneut gelungen, die Macht der Dschurdschen zu bündeln und die Stämme zu vereinigen. Er gründete eine Dynastie, die er die „Späte Jin" nannte. 1635, neun Jahre nach seinem Tod, verbot sein Sohn den Gebrauch des Wortes Dschurdschen. Sie nannten sich fortan – Mandschu. Keine zehn Jahre darauf hatte sie den Drachenthron in Beijing erobert, den sie bis zum Untergang des Kaiserreichs besetzt halten sollten.

Es waren also, wenn man es so verstehen wollte, dieselben Invasoren, die Zhang Sanfeng in der metaphorischen Gestalt von Wegelagerern niedergerungen hatte und gegen die Huang Zongxi im Gedenken an Wang Zhengnan zum Kampf aufrief. Nimmt man die Schriftzeichen von dessen Namen in ihrer wörtlichen Bedeutung, so heißen sie übrigens „Der König führt einen Feldzug im Süden". Auch der Name seines Lehrers Dan Sinan ließe sich wörtlich übersetzen und hieße dann: „Denke nur an den Süden". Die Innere Schule wäre nach dieser Lesart ein Name für jene Kampfkünstler, die das Kämpferische (*wu*) durch das Ethos der Patrioten mit der Kultur (*wen*) verbanden; nicht aber ein Name für eine spezifische Art der Kampfkunst.

Vielleicht ließe sich so auch verstehen, warum die Gedenkschrift Zhang Sanfeng, der historisch erst später bezeugt ist, in die Zeit Kaiser Huizongs und damit den Untergang der Nördlichen Song-Dynastie versetzt hatte.[90] Für eine solche Interpretation des Epitaphs spräche auch, dass Huang Zongxi die Geburts- und Sterbedaten Wang Zhengnans nach dem volkstümlichen Mondkalender angab und nicht nach den in der konfuzianischen Geschichtsschreibung eigentlich vorgeschriebenen Regierungsdevisen des Kaiserhauses – was bei den Sterbedaten geradezu einer Anerkennung der in Huang Zongxis Augen immer noch illegitimen Qing-Dynastie der Mandschu gleichgekommen wäre.[91]

Zwischenfazit

Treten wir einen Schritt aus der Historie zurück, um in einem Zwischenfazit die Plausibilität der Einwände gegen die These von der Inneren Schule zu prüfen:

---

[90] Eine zeitliche Versetzung von Zhang Sanfeng aus der späten Yuan- in die späte Nördliche Song-Zeit ließ sich vielleicht auch über den Namen der jeweiligen Kaiser konstruieren. Der letzte Kaiser der Yuan-Dynastie hieß mit seinem mongolischen Namen Toghan Timur. Er regierte von 1333-1368 mit insgesamt drei Regierungsdevisen, die in der chinesischen Geschichtsschreibung auch als Kaisernamen verwendet werden: Yuantong (1333-1334), Zhiyuan (1335-1340) und Zhizheng (1341-1368/1370). In Geschichtswerken wird er gewöhnlich unter dem postumen Tempelnamen Yuan Shundi geführt. Ein zweiter Tempelname ist jedoch Huizong 惠宗. Dieser zweite Tempelname wird anders geschrieben, aber genauso ausgesprochen wie der Name des letzten Kaisers der Nördlichen Song-Dynastie Huizong 徽宗. Es ist möglich, dass die Homophonie zu einer Verwechslung und Versetzung von Zhang Sanfeng in die Zeit des letzten Song-Kaisers geführt oder sie begünstigt hat. Vielleicht war eine Verwechslung nicht ganz unerwünscht, da man den Begründer der Inneren Schule der Kampfkunst eher nicht von einem mongolischen Kaiser zur Audienz gebeten wissen wollte. Die Mongolen hatten China ebenso wie die Dschurdschen von der Steppe des Nordens aus erobert. Einer patriotischen Geschichtsschreibung wäre es nicht in den Sinn gekommen, dem letzten Mongolenkaiser nachträgliche Hilfestellung durch den Rat eines unsterblichen Daoisten leisten zu wollen – anders als dem autochthon chinesischen letzten Herrscher der Nördlichen Song, der zudem ein Daoist war.
[91] Zum Komplex des patriotischen Widerstands der Ming-Loyalisten und einer politischen Auslegung von Huang Zongxis Gedenkschrift für Wang Zhengnan s. Wile 1999, S. 37-52.

Das Schweigen anderer Quellen ist ein äußerst starkes Argument, zumal da die Innere Schule an verschiedenen Orten und über eine lange Zeit geblüht haben sollte. Wenn der berühmte General und Kampfkunstautor Qi Jiguang (1528-1588), der beanspruchte, die besten alten und neuen Kampfkunststile geprüft zu haben, keine Innere Schule erwähnt, ist ihre Existenz über damals bereits schon ca. 400 Jahrhunderte hinweg mehr als unwahrscheinlich.

Dass es in den chinesischen Kampfkünsten ganz prinzipiell keinen Platz für eine Unterscheidung einer Inneren und einer Äußeren Schule gebe, müsste eingehender geprüft werden. Im konkreten Fall zumindest zeigt die Beschreibung von Wang Zhengnans Kampfkunst durch Vater und Sohn Huang ein System von Übungsroutinen und Techniken, das Hennings Einwand nicht ganz unplausibel erscheinen lässt. Betont wird der defensive Charakter der Kampfkunst, die Überlegenheit von Ruhe über Bewegung und die darin gründende Mühelosigkeit. Das zeugt von strategischer Klugheit. Dass ein Siebzigjähriger Steine zertrümmern kann, klingt beeindruckend. Doch es hätten sich wohl tatsächlich viele Kampfkunststile einer „Äußeren Schule" ähnlich beschreiben lassen.

Dass man ein ideelles Konstrukt schafft, um die Lebensleistung eines Verstorbenen zu würdigen, mag selbst unserer Zeit aus einer fernen Erinnerung an ein einst auch hier gepflegtes Heldengedenken einleuchten. Dass man jedoch zur Aufnahme eines Verstorbenen in eine Ruhmeshalle ein historisches Konstrukt schafft, das einen Zeitraum von über 500 Jahren umspannt, klingt zunächst sehr unwahrscheinlich. Es könnte allerdings eine gewisse Plausibilität durch das politische Motiv erhalten: dass nämlich ein Appell an eine patriotische Sammelbewegung erging, der auf die Parallele der Invasion der Dschurdschen im 12. und der Mandschu um 17. Jahrhundert anspielte.

Wenn also vieles dafür spricht, Hennings Einwänden gegen die faktische Existenz einer Inneren Schule so weit recht zu geben, so werden sie doch durch einen zweiter Exkurs, nun in die Kunstgeschichte, wieder stark relativiert.

Exkurs: Die Nord- und die Süd-Schule der Malerei

Wirft man einen Blick in das Geistesleben der Epoche, der Huang Zongxi entstammte, verliert die These einer Inneren Schule, die es gar nicht gegeben haben mag, sowohl an Ungeheuerlichkeit als auch an Unwahrscheinlichkeit. Die späte Ming-Zeit war eine Epoche großer Geschichtsentwürfe. Das galt für alle Bereiche der Kultur. In Kreisen der Gelehrten, die selbst malten und kalligraphierten, konstruierte man für die Kunstgeschichte eine Epochen übergreifende Opposition zweier Schulen, denen die Maler zugeordnet werden konnten: die Nord- und die Südschule. Das konnte zunächst seltsam anmuten, gab es doch zu jeder Zeit, über die Jahrhunderte hinweg allemal, mehr als zwei Linien, die von bedeutenden Meistern ausgingen. Aber es gab historische Bezugspunkte.

Die Theorie lehnte sich ausdrücklich an die Geschichte von der Spaltung des Chan-Buddhismus in eine nördliche und eine südliche Schule an, die sich in der Tang-Zeit mit Huineng (638-713) vollzogen haben sollte. Angeblich hatte sich damals ein ungebildeter

Küchenjunge als Meister der spontanen Erleuchtung gezeigt und war schließlich zum sechsten Patriarchen der Sekte aufgestiegen. Er hatte die geduldige und gewissenhafte Meditationspraxis der Mönche, die durch das Studium der Sutren ergänzt wurde, verworfen und erklärt, dass nur eine schlagartige Eingebung zur Erleuchtung führen könne. Erleuchtung gebe es nur ganz oder gar nicht. So spaltete sich die Chan-Sekte in eine Schule, die weiterhin gewissenhaft heilige Texte las und meditierte, während die andere auf plötzliche Erleuchtung setzte. Da Huineng nach Süden ging und dort Anhänger um sich scharte, wurde sein Weg die Südschule genannt.[92] Gemeint war mit Nord- und Süd-Schule fürderhin aber keine geographische Verortung, sondern ein Methodenunterschied beim Streben nach Erleuchtung.

Spätestens seit den 1610 publizierten „Erklärungen zur Malerei" (*Huashuo*) sprach man auch in der Malerei von einer Nord- und einer Südschule.[93] Sie sollten sich ebenfalls in der Tang-Zeit getrennt haben. Nord und Süd meinten auch hier keine Himmelsrichtungen oder Regionen, sondern unterschiedliche Persönlichkeiten mit einem unterschiedlichen Verhältnis zur Malerei. Maler der Nordschule malten mit scharfrandigen Konturlinien, hieß es, Maler der Südschule bedienten sich eines wässrigen Tuschelavis.[94]

Was zunächst lediglich wie eine Zuordnung zu unterschiedlichen Stiltraditionen wirkt, sollte zugleich dazu dienen, einen unterschiedlichen Geist der Maler zu charakterisieren. Der Geist wiederum ließ sich sozialen Gruppen zuordnen. Der Südschule an-

---

[92] Neuere Forschungen haben das Narrativ des schriftunkundigen Küchenjungen Huineng (638-713), der zum sechsten Patriarchen des Chan-Buddhismus und Begründer seiner Südschule aufstieg, ins Reich der Fiktion verbannt. Die Charakteristika des Chan-Buddhismus entwickelten sich demnach erst in der Song-Zeit und wurden mit Hilfe der farbenfrohen Huineng-Geschichte in die Tang-Zeit zurückprojiziert. Vgl. Jorgensen 2005; Adler 2014, S. 20.

[93] Die „Erklärungen zur Malerei" (*Huashuo*) wurden 1610 in dem von Chen Jiru (1559-1639) herausgegebenen „Geheimen Buch der Schatz- und Prestigehalle" (*Baoyantang miji*) abgedruckt. Dort wurden sie Mo Shilong (ca. 1539-1587) zugeschrieben. In einer kunsthistorischen Kontroverse gibt es gleichwohl Stimmen, die Dong Qichang (1555-1636) als ihren Autor ansehen. Zu dieser Debatte s. Unverzagt 2007, S. 102, Fn. 334.

[94] Die Terminologie in den Bereichen Religion, Kunst und Kampfkunst war unterschiedlich, die konzeptuelle Symmetrie aber unübersehbar. Im Chan-Buddhismus verwendete man für die unterschiedenen Schulen das Zeichen 派 *pai*, die „Erklärungen zur Malerei" sprachen von 宗 *zong*, Huang Zongxi von 家 *jia*. In den chinesischen Kampfkünsten unterscheidet man bis heute zwischen nördlichen und südlichen Stilen. Unterschiede in Klima, Landschaft, Körpergröße und Temperament werden bisweilen als Erklärungen für unterschiedliche Stile im Süden und Norden des Landes herangezogen – die aber doch von allen erlernt werden können. Der mit Nord und Süd bezeichnete Unterschied zwischen Stilen und Schulen verwies auch in der Kunstgeschichte auf eine Differenz, die sich zumindest mit zunehmender Entfernung von ihrem (eventuell nur postulierten) Ursprung den Charakter einer regionenunabhängigen Qualität annahm. Der einflussreiche Maler, Kalligraph und Gelehrte Mi Fu (1051-1107) entwickelte die Theorie einer spezifischen Jiangnan-Malerei, d.h. eines Malstils, der südlich des Großen Flusses beheimatet war – der aber gleichwohl auch von Malern aus dem Norden praktiziert werden konnte. Der Dichter Yuan Haowen (1190-1257) sprach in der (nördlichen) Jin-Dynastie (1115-1234) von einer Nordschule der Kalligraphie (Ho Wai-kam 1976, S. 115), die ebenfalls in Süden betrieben werden konnte.

gehörig waren Gelehrte, die mit ihrer Malerei nur ihre Persönlichkeit zum Ausdruck bringen wollten, während der Nordschule die Berufsmaler angehörten, die für Geld arbeiteten. So zumindest stellte es die in Gelehrtenkreisen konstruierte Theorie dar.

Eigentlich ließ sich nach Meinung der Gelehrten nur bei ihnen selbst von Geist sprechen, während die Berufsmaler rein technisch handwerkelten. Die Gelehrten, die sich der Südschule zurechneten, wollten mittels von Bildern ein „Zusammentreffen des Geistes" (*shenhui*) mit ihren ästhetischen Vorfahren stattfinden lassen. Bilder gewöhnlicher Leute hielten sie dagegen für geistlos, über sie ließ sich nicht kommunizieren. Für den einflussreichen und mächtigen Beamten Dong Qichang (1555-1636) bedeutete das, dass nur jene Maler, in deren Linie er sich selbst sah, eine korrekte Überlieferung (*zhengchuan*) erhalten hatten. (Wir hatten bereits gesehen, dass dieser Begriff auch in den Überlieferungslinien der Kampfkünste eine zentrale Rolle spielt).

Beide Schulen begannen der Theorie nach mit Gründerahnen, die Nordschule mit Li Sixun (651-716), die Südschule mit Wang Wei (ca. 699 – ca. 759). Beiden Schulen wurden Namen in einer vagen Genealogie zugeordnet. Ob die stilkritischen und auch die sozialen Zuordnungen historisch immer zutreffend oder sinnvoll waren, mag hier dahingestellt bleiben. Von vielen der Maler waren bereits in der späten Ming-Zeit keine Originale mehr erhalten. Manche Maler sollen zudem sowohl mit Konturlinien als auch mit Lavierungen gemalt haben. Jedenfalls aber war weder den jeweiligen Gründerahnen noch den späteren Linienhaltern bewusst, einer Nord- oder einer Südschule anzugehören. Diese Schulen waren ein retrospektives Konstrukt.

Maler, die nachträglich der sogenannten Südschule zugerechnet wurden, hätten sich vielleicht nicht schlecht darüber gewundert, in Gegensatz zu welchen Kollegen ihre eigene Malerei stehen sollte. Auf das Selbstbewusstsein und den Stil der Zeitgenossen und der Nachfolgenden konnte die Theorie aber Einfluss nehmen. Dadurch dass innerhalb der Südschule eine Kommunikation des Geistes proklamiert wurde, blieben große Freiheiten bei der Anknüpfung an vorbildhafte Meister der Vergangenheit. Die Opposition zwischen wässrigem Lavis und scharfrandigen Konturlinien mag mitunter selbst als erste Orientierung zu grob geblieben sein. Aber auch wenn die Sache nicht auf Fakten fußte, gab es eine Bewegung unter den Gelehrtenmalern, die sich an der Südschule orientierte – und dabei in einer stilistischen Bandbreite malte, die man ihr zuordnen konnte. Während der Begriff der Nordschule wohl nie zur Selbstcharakterisierung verwendet wurde, schrieben sich Gelehrte, seit es die Theorie gab, ihrerseits in die konstruierte Tradition der Südschule ein. Die Theorie „log sich wahr".

Eine neue Sichtweise der Dinge hatte einen anderen Blick auf die Malereigeschichte nach sich gezogen – und dieser Blick hatte deren weiteren Verlauf nicht unwesentlich geprägt. Eigentlich ist diese Art der Theoriebildung und der Einflussnahme auf die Geschichte dem Westen alles andere als fremd. In dessen Geistesgeschichte wurden Denker immer wieder retrospektiv in Lager oder Schulen eingeteilt, zwischen denen – einer späteren Epoche zufolge – jeweils die Scheidelinie des Geistes verlief. Philosophen, die diese Begrifflichkeiten noch gar nicht kannten, wurden nachträglich als Idealisten oder als Materialisten klassifiziert, als Nominalisten oder als Realisten, als Skeptiker oder als Dogmatiker. Noch deutlicher wird die Ähnlichkeit des Denkens in der europäischen Kunstgeschichte des 19. Jahrhunderts. Damals hatte Heinrich Wölfflin die Unterscheidung eines linearen und eines malerischen Malstils eingeführt, die sich auf alle Epochen anwenden ließ. Das entsprach in etwa dem im frühen 17. Jahrhundert in China postulierten Stilunterschied zwischen einer konturierenden Nord- und einer lavierenden Südschule.

Huang Zongxi, der mit der Nord-Süd-Schultheorie in der Malerei selbstverständlich vertraut war, hatte in der Kampfkunst eine analoge Dichotomie der Schulen ausfindig gemacht bzw. postuliert. (Welche Rolle bei dieser Theoriebildung eventuell andere Gelehrte vor ihm oder nicht erhaltene Überlieferungen in der Kampfkunst selbst spielten, lässt sich für uns nicht mehr rekonstruieren. Historisch steht Huang Zongxi für diese These ein.) Vielleicht waren ruhmreiche Kampfkünstler aus verschiedenen Regionen und Zeiten von Huang Zongxi (oder seinen Informanten) retrospektiv der Inneren Schule zugeordnet worden, ganz so wie es mit der Nord- und Südschule in der Malerei geschehen war?

Nach dem Zeugnis des Epitaphs für Wang Zhengnan verlief durch die Welt der Kampfkunst jedenfalls eine ähnliche Scheidelinie wie durch den Chan-Buddhismus und die Kunst. Was die Zuordnung der Schulen zu sozialen Schichten anging, gab es jedoch einen grundlegenden Unterschied. Während in der Malerei vor allem die sich der Südschule zurechnenden Gelehrten ein exklusives Selbstbewusstsein und den Zusammenhalt ihrer als Elite verstandenen Schicht über die Zeit der Geschichte hinweg stärkten, schien die Kampfkunst der Inneren Schule in einer Zeit der nationalen Bedrohung ein Lager der Aufrechten zu formieren, in dem der einfache Mann aus dem Volk und der konfuzianische Intellektuelle sich aufgrund ihres Ethos als Gleiche erkennen konnten.

Selbst wenn Hennings Einwand zuträfe, dass die Existenz einer Inneren und einer Äußeren Schule der Kampfkunst im 17. Jahrhundert kein historisches Faktum, sondern ein rhetorisches Gebilde war, bleibt also zu prüfen, ob das Narrativ nicht doch zu einem Mythos wurde, der in der Lage war, historische Fakten zu schaffen.

Nachhall eines Mythos?

Zumindest unmittelbar scheint es zu keinem Aufblühen der Inneren Schule der Kampfkunst gekommen zu sein. Die Ming-Loyalisten gaben nach Jahrzehnten des Kampfes den Widerstand auf und die Mandschu konnten ihre Herrschaft festigen. Huang Baijia hatte als letzter Schüler von Wang Zhengnan das Ende der Überlieferung bereits in einem melancholisch anmutenden Ausblick prognostiziert.

Die Erinnerung an die Innere Schule bzw. ihre Theorie erlosch gleichwohl nie gänzlich. Obwohl Huang Zongxis Schriften wegen der politischen Missliebigkeit ihres Autors in der Qianlong-Zeit (1735-1796) auf dem Index standen, erschienen hier und dort, versteckt in Anthologien, Zitate seiner Gedenkschrift. Zeichen einer lebendigen Überlie-

ferung der Inneren Schule der Kampfkunst gab es allerdings keine. Der Kampfkunsthistoriker Tang Hao (1887-1959) ging davon aus, dass sie zumindest im späten Kaiserreich
nicht mehr existierte.[95]

1894 jedoch gründeten Taijiquan-, Xingyiquan- und Baguazhang-Meister unter Führung von Cheng Tinghua (1848-1900) eine Organisation zur Zusammenarbeit und
fassten ihre verschiedenen Stile unter dem Oberbegriff „Innere Schule der Kampfkunst"
zusammen.[96] War die Innere Schule aus der Verborgenheit aufgetaucht? War sie wieder-
erstanden, erneuert oder neu? Hatte der Mythos sich „wahr gelogen"? Jedenfalls meinte
Innere Schule jetzt einen Oberbegriff für verschiedene Stile, die eine je eigene Überlieferungslinie hatten. In der Folge beanspruchten diese Stile tatsächlich, fundamental anders als andere Kampfkünste zu sein; und zwar durch eine energetische Arbeit im Inneren des Kampfkünstlers, die es ihm ermögliche, sich anders als in anderen Kampfkünsten auf das Äußere beziehen zu können.

Die neue Innere Schule

Das Bild dieser nun sichtbaren, wiederbelebten oder wiedergeborenen, vielleicht auch
neuen Inneren Schule der Kampfkunst wurde zunächst vor allem durch einen Schüler
von Cheng Tinghua geprägt: Sun Lutang (1860-1933), der selbst ein Meister des Xingyiquan, des Baguazhang und des Taijiquan wurde und zu allen drei Künsten Bücher verfasste (1915, 1917, 1921).

Sun Lutang

Zur Geschichte der Inneren Schule erklärte Sun Lutang (1921), dass Zhang Sanfeng
gegen Ende der mongolischen Yuan-Dynastie (d.h. mehr als 200 Jahre später als im Narrativ des Epitaphs für Wang Zhengnan) das Taijiquan entwickelt habe. Denn er hätte be-
merkt, dass Kampfkunst praktizierende daoistische Adepten zu viel Muskelkraft verwendeten und somit ihrem ursprünglichen Qi schadeten. In der von Sun Lutang verwendeten Terminologie war das „nachgeburtlich" (*houtian*) erworbene Kraft. Zhang Sanfeng wollte den Adepten den Weg weisen, stattdessen nur ursprüngliche oder „vorweltliche" (*xiantian*) Kraft zu verwenden. Das verband Taijiquan eng mit dem Anliegen der
daoistischen inneren Alchemie, den vorgeburtlichen Zustand des Körpers freizulegen.

Doch dies, so die überraschende These Sun Lutangs, sei nicht der Ursprung der Inneren Schule gewesen, dieser sei noch früher anzusetzen. Ausgehend von einer These
seines Lehrers erklärte er (1915), dass die Prinzipien des Xingyiquan eigentlich schon in
den zwei Klassikern Bodhidharmas (ca. 440 - ca. 528)[97] erläutert und dann in der Song-

---

[95] Tang Hao 1971, S. 3-5; s. Vercammen 1989, S. 18. Bei Yang Chengfu (1931) wird später die
These aufgestellt, es habe in Henan ein Zweig der Inneren Schule überlebt, so dass Yang Luchan in
direkter Überlieferung, die auf Zhang Sanfeng zurückgehe, gestanden habe.
[96] Henning 1997, S. 17. Cheng Tinghua war ein Meister des Baguazhang, der bei dem mutmaßlichen Begründer dieser Kampfkunst, Dong Haiquan (1797-1882), gelernt hatte. Er kam bei den
Kämpfen während des Boxeraufstands ums Leben.
[97] Die zwei Bodhidharma zugeschriebenen Schriften sind der „Klassiker des Wechsels der

Zeit von dem General und Volksheld Yue Fei (1103-41) entwickelt worden seien; womit er auch die Prinzipien des Baguazhang erfasst hätte. Dies sei der Ursprung der Inneren Schule. Dieser These zufolge war sie älter als Taijiquan und Zhang Sanfeng, entstammte aber derselben Zeit und historischen Konstellation, in der sie auch bei Huang Zongxi erschienen war.

Exkurs: Yue Fei

Mit der Rückführung auf Yue Fei war eine patriotisch-politische Konnotation der Inneren Schule sogar noch deutlicher als bei Huang Zongxi. Yue Fei war jener tragische Held, der in der Realgeschichte das vollbracht hatte, zumindest beinahe, was der im Epitaph für Wang Zhengnan von Kaiser Huizong herbeigerufene Zhang Sanfeng nach der Offenbarung durch den Kriegsgott mit den Wegelagerern veranstaltet hatte.

Im Jahr 1127 hatte eine Kette von Niederlagen der ineffektiven Song-Armeen gegen die zahlenmäßig weit unterlegenen Nomadenkrieger der Dschurdschen zum Fall der Hauptstadt Kaifeng und der Gefangennahme des Kaisers Huizong geführt. Nordchina musste aufgegeben werden. Im Süden wurde mit Hauptstadt in Hangzhou unter einem neuen Kaiser, Gaozong (1107-1187, reg. 1127-1162), die Südliche Song-Dynastie ausgerufen. Yue Fei aber, ein aus ärmlichen Verhältnissen stammender, von unbeugsamer Willenskraft beseelter charismatischer Mann mit kriegerischem Instinkt und militärischem Talent, stellte eine schlagkräftige Bauernarmee zusammen. Mit ihr fügte er den Soldaten des mittlerweile im Norden eingesetzten Marionettenregimes und selbst den Heeren der Dschurdschenkrieger Niederlage um Niederlage zu. Kurz vor der Wiedereroberung der gefallenen Hauptstadt Kaifeng wurde er jedoch vom Hof der Südlichen Song, der kein großes Interesse an der Befreiung des abgesetzten Kaisers Huizong zeigte, zurückbeordert. Yue Fei, ohne Sinn für die Intrigen der Machtpolitik, weigerte sich zunächst, kämpfte und siegte weiter – und leistete erst dem zwölften Rückzugsbefehl Gehorsam. Seine Truppenführer wurden ihres Befehls enthoben, er selbst ins Gefängnis geworfen und schließlich dort ermordet. Im kollektiven Gedächtnis einer gedemütigten Nation aber wurde er unsterblich.

Die Welt der Kampfkunst ehrte ihn postum, indem sie ihm die Erfindung des Xingyiquan zuschrieb. Eine Version, in der Legende und historische Tatsachen miteinander verwoben sind, lautet, dass Yue Feis Überlieferung in der Yuan- und der Ming-Zeit fast gänzlich verloren ging, bis dem jungen Ji Jike (1588-1662) gegen Ende der Ming-Dy-

---

Sehnen" (*Yijinjing*) und der „Klassiker der Waschung des Knochenmarks" (*Xisuijing*). Sun Lutang zufolge hatte sie auch Zhang Sanfeng neben alten Schriften und Diagrammen wie dem „Plan vom Fluss He" (*Hetu*), dem „Luoshu-Quadrat" (*Luoshu*), dem „Buch der Wandlungen" (*Yijing*) und Zhou Dunyis „Erklärung des Taiji-Symbols" (*Taiji tu*) benutzt. Der wahrscheinlich aus dem 17. Jahrhundert stammende „Klassiker des Wechsels der Sehnen", der in Kampfkunstkreisen eine wichtige Rolle spielte und auch von Chang Naizhou Ende des 18. Jahrhunderts zitiert wurde, enthält buddhistische, konfuzianische und vor allem daoistische Elemente, wurde vordatiert und dem Chan-Patriarchen Bodhidharma zugeschrieben. Vgl. Wells 2005, S. 18; Shahar 2008, S. 160ff; Ranné 2011, S. 151f.

nastie in einer Höhle ein Buch übergeben wurde, das Yue Feis Aufzeichnungen zum Xingyiquan enthielt. Aus dieser Schrift habe er die Kampfkunst gelernt, die er allerdings noch Xin-[心] statt Xing-[形] yiquan („Kampfkunst von Herz [statt Form] und Idee") nannte. Erst sein später Nachfolger Li Luoneng (auch: Li Nengran oder Li Feiyu, 1807-1888) gab dieser Kampfkunst ihren heutigen Namen.[98]

Seitdem Xingyiquan zusammen mit Baguazhang und Taijiquan zur Inneren Schule gehörte, hatte sich die Frage nach ihrem Gründer neu gestellt. Aber ob Zhang Sanfeng, Yue Fei oder gar schon Bodhidharma (den man Ende des 19. Jahrhunderts als Begründer *aller* chinesischen Kampfkünste betrachtete)[99] – Sun Lutang veranschlagte eine lange historische Kontinuität der Inneren Schule, auch wenn es in ihr Brüche und Rekonstruktionen gegeben hatte.

Kosmologie und Selbstkultivierung

Die postulierte Kontinuität der Inneren Schule wurde jedenfalls kontrastiert durch ihre inhaltliche Charakterisierung durch Sun Lutang, die sich kaum mit derjenigen aus dem 17. Jahrhundert in Deckung bringen ließ. Er erklärte ihre Eigenart letztlich mit der kosmologischen bzw. metaphysischen Einbindung der drei unter ihr zusammengefassten Kampfkünste. Nicht zufällig bezogen diese sich je auf einen der drei großen kosmologischen Entwürfe des chinesischen Denkens: die Lehre von den Acht Trigrammen (Bagua), von den Fünf Wandlungsphasen (im Xingyiquan) und vom Taiji.

---

[98] Gegen Ende des 19. Jahrhunderts, als die mandschurische Qing-Dynastie längst ihre Blütezeit überschritten hatte und das Land von Wirtschaftskrisen, Aufständen, Opiumhandel und der aggressiven Politik westlicher Mächte geplagt wurde, erhielt die bereits zu Beginn der Mandschu-Herrschaft politisch aufgeladene Innen-Außen-Dichotomie erneut Brisanz. Die untergründige, stets aktualisierbare Opposition war durch die Legende von Yue Fei, dem Dschurdschen-Bezwinger, in eine ferne Vergangenheit transponiert, aber das anti-mandschurische Ressentiment war unüberhörbar.

[99] Dass Sun Lutang die inneren Kampfkünste indirekt auf Bodhidharma, den Patriarchen des im Shaolin-Kloster angesiedelten Chan-Buddhismus, zurückführte, erscheint heute merkwürdig. Huang Zongxi (den Sun Lutang nicht erwähnt) hatte das Verhältnis der aus den Wudangbergen stammenden Inneren Schule zu der aus dem Shaolin-Kloster stammenden Äußeren Schule als das einer strikten Opposition beschrieben. Sein Sohn Huang Baijia hatte allerdings behauptet, dass Zhang Sanfeng zunächst Meister der Shaolin-Kampfkunst gewesen war, bevor er dessen Prinzipien „umgekehrt" habe und zum Begründer der Inneren Schule geworden sei. Was sich aus Huang Baijias Behauptung (1676) vielleicht schon als Andeutung heraushören ließ, wurde über 100 Jahre später zu einer weit verbreiteten These: dass überhaupt alle chinesischen Kampfkünste ihren Ursprung im Shaolin-Kloster gehabt hätten. Henning (1994) zufolge geht diese These auf Zhang Kongzhaos „Klassiker des Faustkampfs" von 1784 zurück. Die These von Bodhidharma als Begründer speziell der Shaolin-Kampfkunst wurde durch den von 1904 bis 1907 erschienenen Fortsetzungsroman „Die Reisen des Lao Can" von Liu E (*Liu Tieyun*) populär. 1910 erschien in einer Shanghaier Zeitung, ebenfalls in Fortsetzung, eine Schrift zur Kampfkunstmethode der Shaolin, das sich ebenfalls auf Bodhidharma berief. Das Buch „unbekannten Ursprungs, aber im Ton einer anti-mandschurischen Geheimgesellschaft geschrieben" (vgl. Henning 1994) wurde 1915 als *Guben shaolin zongfa tushuo* („Bebilderte Erklärungen zum Alten Buch der Shaolin-Kampfkunst") neu ediert und in zahlreichen Auflagen verkauft. Vgl. Spiessbach 1992; Shahar 2001, Shahar 2008, S. 160ff; Ranné 2011, S. 151f, S. 204, Fn. 373.

Die Kampfkünste der Inneren Schule verwenden nach Sun Lutang zwar nachweltliche (*houtian*) Formen, wenden dabei aber, wie Zhang Sanfeng es den daoistischen Adepten beigebracht haben sollte, nur vorweltliche (*xiantian*) Kraft an. Die Begriffe, derer er sich bediente, spielten seit vielen Jahrhunderten eine Rolle in der Auslegung des *Yijing* und in der daoistischen inneren Alchemie. „Nachweltlich" ist, was im Leben erworben wird. Mit „vorweltlich" ist der Zustand vor dem Eintritt in die Welt der „zehntausend Dinge" gemeint, d.h. vor dem Eintritt in das Reich von Geburt und Tod. Es ist die Große Leere (*taixu*) oder das Wuji, das vor aller Polarität, vor allem Werden und Vergehen, liegt; was dieser Welt des Werdens und Vergehens aber auch weiterhin zugrunde liegt und sich im Menschen als Angeborenes, nicht Erworbenes, findet. Das Vor- und Nachweltliche wird dem Inneren und Äußeren zugeordnet. „Das Innere ist vorweltlich, das Äußere ist nachweltlich."[100]

Um nur vorweltliche Kraft anzuwenden – die vollständig natürlich ist und ohne Verausgabung von Muskelkraft auskommt – muss der Kampfkünstler der Inneren Schule Sun Lutang zufolge in die Große Leere (*taixu*) oder das Wuji eintauchen. Die Kampfkünste der Inneren Schule sind demnach ein Weg der Umkehr bzw. der Rückkehr zur Großen Leere; von der Leere zur Leere. In ihnen gilt es, das ursprüngliche Qi wiederzugewinnen. Das kreatürliche (nachweltliche) Qi soll hingegen durch Üben in Geist transformiert werden.[101]

Die Kampfkünste der Inneren Schule leisten Sun Lutang zufolge, was alle Arten der Selbstkultivierung (*xiushen*) in Übereinstimmung mit den Drei Lehren (Daoismus, Konfuzianismus, Buddhismus) anstreben. Sie realisieren die ursprüngliche Einheit. Als Umkehr und Rückkehr zum Ursprung entspricht ihr Weg aber vor allem der Vorstellung der Daoisten.

Was über zweitausend Jahre lang in den Daoyin-Übungen, in der Medizin, in den Künsten und der Alchemie angestrebt worden war – das Sich-in-Einklang-bringen mit dem Lauf des Dao oder dem Allerhöchsten (*taiji*) –, hatte nun auch Einzug in die Kampfkunst gefunden. Kampfkunst als Selbstkultivierung ist möglich, weil in der Inneren Schule beides demselben Prinzip folgt. Das Prinzip der Einheit der polaren Gegensätze ist universell und lässt sich somit auch in der Kampfkunst finden. Die Kampfkünste der Inneren Schule, die das Eine Qi wirken lassen, heben die Innen-außen-Differenz auf. „Innen und außen gibt es nur Ein Qi." Innere Kampfkünste sind ein Tor zur Einheit mit allem. „Taiji ist das Eine Qi." Oder auch: „Innen und außen ist Ein Qi". So

---

[100] Zu den Zitaten von Sun Lutang, auch im Folgenden, s. Anhang 7. Statt „vorweltlich" oder „vorgeburtlich" gibt es auch die Übersetzung „früherer Himmel" oder „angeboren". „Nachweltlich" kann auch als „nachgeburtlich", „späterer Himmel" oder „erworben" übersetzt werden (eigentlich auch als „innerweltlich", was aber im Kontext mit der Zuordnung zum Äußeren Verwirrung stiften würde). Robinet (1995, S. 350ff) parallelisiert bei ihren Ausführungen im Kontext der daoistischen inneren Alchemie das Vorweltliche mit dem Noumenalen im Unterschied zum Nachweltlichen als dem Phänomenalen.

[101] Sun Lutang (1924, Vorwort) spricht wörtlich von einem „Weg der Rückkehr zur Leere" (*huan xu zhi dao*).

führt ihr Praktizieren nach Sun Lutang zu langem Leben und darüber hinaus zu einer Art Erleuchtung in der großen Leere.

Kampfkunst als Mystik? Zumindest klingen Sun Lutangs Erläuterungen für moderne Ohren eher metaphysisch als martialisch. Man muss sich vor Augen halten, dass Sun Lutang nicht von Haus aus Gelehrter und sein Interesse an kosmologischen Erklärungen kein theoretisches war. Er war in erster Linie Kampfkünstler. Alle Theorie hatte sich in der Praxis zu beweisen. Ihm und seinen Mitstreitern war aber Gewissheit, dass die Effizienz einer Kampfkunst nur in ihrer Übereinstimmung mit dem alles durchdringenden kosmischen Prinzip gründen konnte. Das lag dem Üben aller Formen, die er äußerst detailliert beschrieb, zugrunde.

Was das *Innere* dieser Schule angeht, so war mit ihm der vorweltliche Zustand des Wuji gemeint – und damit hatte es zugleich auch die Bedeutung des *Eigentlichen*. Sun Lutang glaubte an eine lange historische Überlieferung unter dem Namen Innere Schule. In dieser Tradition war das Geheimnis der Kampfkünste gehütet worden, ihr Eigentliches, das die meisten Stile vergessen hatten. War die Kampfkunst in Einklang mit dem Ursprung, so ließ sich aus dem vorgeburtlichen Ruhezustand eine Art der Kraft entwickeln, mit der sich im Kampf mühelos siegen ließ und die zugleich das ursprüngliche Qi pflegte. Die Innere Schule der Kampfkunst war diejenige, die dieses Geheimnisses eingedenk war. Es bestand in einem Ursprungswissen; im Wissen um den Ursprung; im Wissen darum, wie die Vielheit aus der Einheit hervorgegangen und wie sie wieder in diese Einheit überführbar war. Wie sollte derjenige, der sich in Einklang mit den kosmologischen Gegebenheiten natürlich (*ziran*) zu bewegen verstand, allein von Menschenhand zu überwinden sein?! Jeder Angriff konnte zunichte gemacht werden, wenn man ihm mit der vorweltlichen Kraft des Ursprungs begegnete.

Die „40 Kapitel" der Yang-Familie (Taiji fa shuo)

In der Folge prägten vor allem Meister des Yang-Stils mit ihren Publikationen zum Taijiquan das Bild der Inneren Schule. Die Yang-Stil-Autoren griffen neben der mündlichen Überlieferung hauptsächlich auf zwei Schriftenkonvolute zurück: die 1912 erstmals veröffentlichten Klassischen Schriften des Taijiquan und ein Schriftenkorpus mit dem informellen Titel „40 Kapitel der Yang-Familie", das lange Zeit nur als Manuskript überliefert wurde. Tatsächlich existierte es in zwei Abschriften, von denen eine unter dem Titel „Erläuterungen zu den Methoden des Taiji" (*Taiji fa shuo*) im Besitz der befreundeten Wu 吳-Familie war. Die Texte wurden wahrscheinlich in der zweiten Hälfte des 19. Jahrhunderts, eventuell um 1875, geschrieben. Ihr Verfasser ist unbekannt, auch wenn eine Zuschreibung an Yang Banhou existiert.[102] Obwohl in ihnen von einer In-

---

[102] Zur Editionsgeschichte und Bedeutung des *Taiji fa shuo* s. Wile 1996, S. 57-65; dort auch der chinesische Text (S. 135-153) und eine englische Übersetzung (S. 65-89). Vgl. Brennan 2013b, der die zwei existierenden Kopien im Faksimile, in Abschrift und in englischer Übersetzung wiedergibt und darüber hinaus editionsgeschichtliche Informationen gibt. Vgl. auch die deutsche Übersetzung einiger Texte bei Bödicker 2013, S. 71-109.

neren Schule der Kampfkunst ebenso wenig die Rede ist wie in den Klassischen Schriften, finden sich in ihnen bereits die von Sun Lutang der Inneren Schule zugeschriebenen Bestimmungen zu einer Kampfkunst mit kosmologischer Dimension, die als Selbstkultivierung betrieben wird. Fünfzehn der 40 Texte wurden 1931 von Yang Chengfu publiziert, das vollständige Konvolut aus dem Besitz der Wu-Familie 1985, das der Yang-Familie 1993.

Die „40 Kapitel" bearbeiten ein breites inhaltliches Spektrum, das von der Beschreibung von Energiezentren und Verbindungen im Körper über Übungsroutinen und der Kraftentwicklung in ihnen zu einem kosmologischen Konzept führt. Dieses sei, so heißt es, von Fuxi, dem Urahn der Menschen, über die Weisen des Altertums zu den Drei Lehren überliefert worden. In seinem Zentrum steht der Begriff Taiji. (Taiji-*quan* kommt allerdings, ebenso wie in den Texten der Klassischen Schriften, noch nicht vor.)

Die „40 Kapitel" ehren Zhang Sanfeng als denjenigen, der die Kampfkunst als Weg der Selbstkultivierung entdeckt habe. Selbstkultivierung sei die Methode der Erlangung des Dao.[103] Eigentlich sei es eine *Wieder*-Erlangung dessen, was wir einst besaßen, dann aber verloren haben.[104] Vor Zhang Sanfeng habe man Selbstkultivierung nur durch Körperkultur betrieben, er aber habe sie um den Aspekt des Kämpferischen erweitert.[105] Seither könnten in der Selbstkultivierung das Kulturelle (*wen*) und das Kämpferische (*wu*) verbunden werden.[106]

---

[103] *Taiji fa shuo* Nr. 19, s. Anhang 6, wo sich ausgewählte Textstellen aus den „40 Kapiteln" finden. Vgl. Wile, S. 75. Das große chinesische Wörterbuch *Ciyuan* definiert Selbstkultivierung (*xiushen*) als „Kultivieren und Nähren von Körper und Geist" (*xiuyang shenxin*). Die Idee der Selbstkultivierung findet sich an zahlreichen Stellen schon bei Zhuangzi. Sie stellt einen Konvergenzpunkt von Daoismus und Konfuzianismus dar. In Letzterem ist sie vor allem in den zwei kanonischen Büchern „Großes Lernen" (*Daxue*), sowie „Mitte und Maß" (*Zhongyong*) präsent. (Texte chinesisch und deutsch in der Übersetzung von Richard Wilhelm bei van Ess 2008, S. 585-661.) Selbstkultivierung bedeutet die vervollkommnende Bildung von Körper und Geist, was, vereinfacht ausgedrückt, konfuzianisch als Entwicklung von Mitmenschlichkeit und Rechtschaffenheit oder daoistisch als Rückkehr zur Einheit des Dao verstanden werden kann. Die „40 Kapitel" betonen darüber hinaus die Kompatibilität mit den Drei Lehren (Daoismus, Konfuzianismus, Buddhismus).

[104] Vgl. *Taiji fa shuo* Nr. 3.

[105] Vgl. *Taiji fa shuo* Nr. 39.

[106] Das Begriffspaar des Kulturellen (*wen*) und des Kämpferischen (*wu*) hat in der chinesischen Geistesgeschichte eine lange, unter verschiedenen Vorzeichen immer wieder aktualisierte Geschichte. Huang Zongxi hatte nur vom Kämpferischen gesprochen, obwohl gerade seine Betonung des Zusammengehens von Kampfkunstmeister aus dem Volk und Gelehrtem im antimandschurischen Widerstand eine Anwendungsmöglichkeit für das Begriffspaar geboten hätte. In den „40 Kapiteln" gibt es eine Zuordnung von Körperkultur zum Kulturellen. Die Zeichen 體育 *tiyu* für „Körperkultur" bedeuten heutzutage meist „Sport". Vor 50 oder 100 Jahren hätte man von der Wortbedeutung her zutreffender mit „Leibeserziehung" übersetzt. Die Zeichen können aber auch die „Bildung des Wesens" oder das „Nähren der Substanz" meinen. Tatsächlich heißt es in den „40 Kapiteln": „Das Kulturelle ist das Wesen, das Kämpferische ist die Anwendung." (*Taiji fa shuo* Nr. 14, s. Anhang 6). Hier wird *ti* (in der Schreibweise 體) in dem auf Wang Bi zurückgehenden Begriffspaar *tiyong* als Wesen (vs. Anwendung) oder Substanz (vs. Funktion) verwendet.

In Übereinstimmung mit einer uralten Traditionslinie entwickelt die Körperkultur zufolge der „40 Kapitel" die Essenz (*jing*), das Qi und den Geist (*shen*).[107] „Die Medizin des langen Lebens liegt in uns, wenn wir der Vervollkommnung des Ursprungs folgen und zum Anfang zurückkehren."[108] Das geschieht im Inneren des Übenden. Folgerichtig werden *wen* und *wu* mit einem weiteren Begriffspaar überkreuzt, dem von innen und außen. „Das Kulturelle wird im Inneren gepflegt, das Kämpferische im Äußeren."[109] Zur Meisterung der Kunst dürfe es jedoch keine Trennung oder Unterbrechung zwischen innen und außen geben. Nur dann könne man sich auch in Auseinandersetzung mit einem Anderen ganz natürlich (*ziran*) bewegen.[110]

Neben dem Kulturellen und dem Kämpferischen sowie dem Innen und dem Außen spielt noch ein drittes Begriffspaar eine Rolle. Die Verbindung von innen und außen hängt den „40 Kapiteln" zufolge an dem Verhältnis von Weichem und Hartem. Dabei gilt es nicht, dieses auszumerzen, um jenes zu erlangen, sondern um die richtige Methode, mit der Polarität umzugehen. Wenn sich in der Kampfkunst das Kulturelle mit dem Kämpferischen verbindet, wird das Äußere weich und das Innere hart. „Der kämpferische Aspekt des Taiji besteht darin, außen weich und, nach Weichheit strebend, innen hart zu sein. Ist man außen weich, so erlangt man im Lauf der Zeit von selbst eine innere Härte; doch nur, wenn das Herz nicht nach Härte trachtet, sondern wirklich auf Weichheit sinnt. Die Schwierigkeit besteht darin, das Harte im Inneren zu bewahren und es nicht zum Vorschein kommen zu lassen und damit das Weiche zu beenden; sondern einem Angreifer so zu begegnen, dass man der Härte mit Weichheit entspricht, damit das Harte sich erschöpft und in Nichts auflöst."[111]

Die Kampfkunst, die Selbstkultivierung betreibt, ist in der Lage, das Harte und das Weiche in ein Verhältnis zu setzen, aus dem eine spezifische Kraft (*jin*) hervorgeht. Diese unterscheidet sich von gewöhnlicher Körperkraft (*li*). „Kraft kommt von den Sehnen, Körperkraft kommt von den Knochen."[112] Die im Inneren entwickelte Kraft muss sich mit dem Äußeren des kämpferischen Aspekts verbinden. „Deshalb heißt es: Die Kultivierung des kämpferischen Aspekts bedeutet ein sanftes und weiches Üben und eine sehnige Kraft durch Essenz, Qi und Geist. Kommt im kämpferischen Bereich hingegen nur Kämpferisches zur Anwendung, führt das zu Härte und Steifheit im Kämpferischen und zu knöcherner Kraft von Körper und Geist. Das Kulturelle ohne Vorbereitung auf das Kämpferische ist Wesen ohne Anwendung. Das Kämpferische ohne Begleitung des Kulturellen ist Anwendung ohne Wesen … Das Kulturelle ist das innere Prinzip, das Kämpferische ist das äußere Können."[113]

---

107 *Taiji fa shuo* Nr. 14, s. Anhang 6.
108 *Taiji fa shuo* Nr. 38, s. Anhang 6.
109 *Taiji fa shuo* Nr. 19, s. Anhang 6; vgl. Nr. 14.
110 *Taiji fa shuo* Nr. 12. Dort wird auch, wie bereits in den Klassischen Schriften formuliert [B65], als Voraussetzung genannt, das Eigene aufzugeben.
111 *Taiji fa shuo* Nr. 20, s. Anhang 6.
112 *Taiji fa shuo* Nr. 13, s. Anhang 6.
113 *Taiji fa shuo* Nr. 14, s. Anhang 6.

Festhalten lässt sich, dass im Inneren des Kampfkünstlers eine Art alchimistische Transformation stattfindet; dass immer in Begriffspaaren gedacht wird und es kein Nur-Weiches oder Nur-Inneres gibt; dass dem Inneren des Kampfkünstlers ein Äußeres sowohl an ihm selbst als auch in Gestalt eines Angreifers bzw. dessen Angriff entspricht; und dass das Verhältnis von innen und außen sowie von weich und hart einer kosmologischen Polarität Rechnung trägt.

Der Denkraum und die geistige Atmosphäre der „40 Kapitel" sind dieselbe wie in Sun Lutangs späteren Ausführungen zur Inneren Schule der Kampfkunst. Anknüpfungspunkte an Huang Zongxis „Gedenkschrift für Wang Zhengnan" aus dem 17. Jahrhundert hingegen gibt es – mit Ausnahme des etwas überraschenden Auftauchens von Zhang Sanfeng als Autor am Ende der „40 Kapitel" – kaum, weder terminologisch noch thematisch. Doch auch wenn drei der Texte Zhang Sanfeng, teilweise gar als Autor in Ich-Form, auftreten lassen, ist von einer Inneren Schule der Kampfkunst nicht die Rede. Die Texte belegen, dass das, was diese Innere Schule später charakterisieren sollte, bereits zuvor als Gedankengut existierte und formuliert war.

Die Innere Schule in der Republikzeit

Die neuen Formen der Öffentlichkeit, die in der Republikzeit entstanden, beeinflussten auch die Entwicklung der Kampfkünste und ihre Darstellung. Es wurden Schulen gegründet und der Unterricht öffentlich beworben. Publikationen dienten der Selbstdarstellung und der Imagebildung auch vor dem Hintergrund von Konkurrenz. Zudem gab es gesellschaftliche Belange und Trends, denen Tribut gezollt wurde. So wurde gerade von den Yang-Stil-Autoren der gesundheitsfördernde Aspekt der Selbstkultivierung betont, die als Beitrag zur Stärkung der Gesellschaft bzw. der Nation dargestellt wurde – ohne die kosmologische Einbettung aufzugeben.

Xu Yusheng (1879-1945), der seit seiner frühen Jugend Kampfkünste betrieben und später Taijiquan bei Yang Shaohou (1862-1930) gelernt hatte, machte sich in der jungen Republik als Funktionär und Organisator um die Verbreitung des Taijiquan verdient. Als Leiter der Forschungsgesellschaft für Leibeserziehung in Beijing, konnte er neben Yang Shaohou auch dessen Bruder Yang Chengfu, Sun Lutang und den Wu-Stil-Begründer Wu Jianquan als Lehrer für sein Institut gewinnen.

Neben der Praxis war ihm am Verständnis der Kampfkunst und dessen Verbreitung gelegen. 1912 veranlasste er den Gelehrten Guan Baiyi, die Klassischen Schriften des Taijiquan zu publizieren. 1921, im selben Jahr, in dem auch Sun Lutangs „Lehre des Taijiquan" erschien, trat er selbst mit einem wegweisenden Buch an die Öffentlichkeit. In „Bebilderte Erklärungen der Stellungen des Taijiquan" (*Taijiquan shi tujie*) verwendet er eine etwas andere Terminologie als die „40 Kapitel" (von denen wir nicht wissen, ob er sie als Meisterschüler der Yang-Familie zu Gesicht bekommen hatte), knüpft inhaltlich aber an die darin verhandelten Themen sowie an Sun Lutangs Gedanken an. Taijiquan, dessen Name sich längst eingebürgert hatte, wird auch von ihm der Inneren Schule zugerechnet, die nun auch synonym als Wudang-Linie bezeichnet wird.

Historisch stammen Xu Yusheng zufolge alle Kampfkünste von den Daoyin-Übungen ab, mit denen man in alter Zeit Krankheiten ferngehalten oder geheilt habe.[114] Das sei auch der Ursprung des Shaolin-Gongfu, der aber mittlerweile vergessen sei. Die Kampfkünste der Inneren Schule hätten diese Bestimmung gleichsam wiederentdeckt. Das unterscheide sie von den Kampfkünsten der Äußeren Schule, die sich nur an technischen Fertigkeiten orientierten. Würden sich alle Kampfkünste auf ihre eigentlichen Prinzipien besinnen, so würden sie miteinander verschmelzen. Xu Yusheng hatte damit die These von dem gemeinsamen Ursprung aller Kampfkünste implizit aufgenommen, diesen aber in ein China noch vor der Zeit des Buddhismus verlegt.

Dem historischen Verlauf entspricht ein biographischer. Er selbst, schreibt Xu Yusheng, sei in seiner Kindheit schwach und kränklich gewesen. Durch das Üben äußerer Kampfkünste habe er sich nur verausgabt, durch das Üben von Taijiquan sei er dann aber gesundet.[115] Es handelt sich um ein Narrativ, das auch bei anderen Autoren der Republikzeit wiederkehrt. China, das damals als der „kranke Mann Asiens" galt, wollte sich stärken, diesem Ziel sollten die Kampfkünste der Inneren Schule dienen. Die Gesundung der Einzelnen war Vorbild und zugleich Teil der Gesundung der Nation.

Taijiquan dient der Gesundheit, ist aber eine Kampfkunst, erklärte Xu Yusheng. Beides sei in seiner kosmologischen Dimension begründet. „Taijiquan ist eine metaphysische Lehre."[116] Zhang Sanfeng habe das Prinzip des Taiji in die Kampfkünste eingeführt. Hauptsächlich bedeute das die Anwendung der Polarität von Yin und Yang, von hart und weich sowie von Ruhe und Bewegung.[117] Dadurch seien alle Bewegungen natürlich (ziran). Durch den kontinuierlichen Fluss der Bewegungen werde das Qi aktiviert. Die Idee (yi) lenke das Qi und so seien die Bewegungen weich und verausgabten nicht zu viel Körperkraft. Inneres und Äußeres seien harmonisch verbunden. Die Konzentration auf den Lebensgeist sei das höchste Ziel der Kultivierung, ergänzt um Entschlossenheit und Weisheit. Das unterscheide Taijiquan von Kampfkünsten der Äußeren Schule, die sich auf körperliche Übungen beschränkten.

Xu Yusheng zitiert Laozi und Zhuangzi an zahlreichen Stellen, aber er spricht von einem „konfuzianischen Prinzip des Taiji". Dahinter verbirgt sich die Auffassung, dass erst der Neo-Konfuzianer Zhou Dunyi (1017-1073) das Buch der Wandlungen (Yijing) unmissverständlich interpretiert habe, mit dem Taijiquan in Einklang sei. Zhou Dunyi hatte Taiji, die Urpolarität, mit Wuji, der Nicht-Polarität, verbunden. Xu Yusheng formulierte dazu: „Das Nichts der Leere ist die Wurzel. Sie umfasst alle Erscheinungen. Daher

---

114 Xu Yusheng 1921, S. 36ff; vgl. Bödicker 2016, S. 12ff. Sun Lutang (1921, Vorwort) veranschlagt als Grund für die Entstehung von Kampfkünsten ebenso das Fernhalten von Krankheiten und Heilung, nennt aber nicht Daoyin.

115 Xu Yusheng 1921, S. 23; vgl. Bödicker 2016, S. 9.

116 Xu Yusheng 1921, S. 39; vgl. Bödicker 2016, S. 18; s. auch Anhang 7, wo sich ausgewählte Zitate von Meistern des 20. Jahrhunderts finden.

117 Xu Yusheng 1921, S. 38; vgl. Bödicker 2016, S. 14.

nennt man sie 'das, was keine Grenzen hat' (*wuji*).“[118] Man muss in die ursprüngliche Leere eintauchen können, um sich mit dem Einen Dao zu verbinden. Dann kann man auch einen Gegner ins Leere fallen lassen und sich mit ihm verbinden. „Taijiquan gründet in Leere und Lebendigkeit.“[119]

Mit einem weiteren neokonfuzianisch konnotierten Begriff, dem obersten „Prinzip“ (*li*), das von dem Philosophen Zhu Xi (1130-1200) als Synonym für Taiji verwendet worden war, erläuterte Xu Yusheng die Wirkweise von Taijiquan als Kampfkunst. Wer das Prinzip verstanden habe, könne den Ansatzpunkt der Bewegung des Anderen kontrollieren, d.h. den minimalen Zeitraum „zwischen Nicht-Sein und Sein“. Sei man dazu in der Lage, könne man jeder beliebigen Geschwindigkeit folgen und jeden Angriff neutralisieren.[120] Die Verbindung von Taiji und Wuji, von Sein und Nicht-Sein, erlaube es, den Angriff eines Anderen durch Leere und Ruhe zu überwinden.

In seinem Kommentar zu der Wang Zongyue zugeschriebenen „Abhandlung des Taijiquan“ (ad B13-16: „Nachdem man mit den Bewegungen der Figuren vertraut ist, wird man allmählich dessen gewahr, was Verstehen der Kraft ist...“) kommt Xu Yusheng auf die schon in den „40 Kapiteln“ ausgeführte Theorie von den zwei unterschiedlichen Kräften zu sprechen. Nach einer langen Zeit des intensiven Übens entstehe eine Kraft (*jin*), die mit geistiger Klarheit und Lebendigkeit zu tun habe. Sie sei nicht mit Körperkraft (*liliang*) zu erklären, auf welche die in dem Klassiker genannten „anderen Schulen“ sich verließen.[121]

Über seine gesundheitsfördernde Wirkung hinaus unterscheidet sich Taijiquan Xu Yusheng zufolge von den Kampfkünsten der Äußeren Schule durch seine geistige Dimension, die weichen Bewegungen und das Eintauchen in die große Leere des Wuji. Seine These, wonach alle Kampfkünste bei Besinnung auf ihren Ursprung miteinander verschmelzen würden, drängt die Schlussfolgerung auf, das es sich bei der Entgegensetzung zweier Schulen nicht wirklich um unvereinbare Prinzipien der Kraftentwicklung handeln kann, sondern um das Verhältnis von einem eher oberflächlichen („äußeren“) Verständnis zu einem tieferen („inneren“), das zugleich das Eigentliche der anderen Schule darstellt.

Chen Weiming (1881-1958) war ein Gelehrter, der zu diversen Themen schrieb, vor allem aber auch in der Welt der Kampfkunst durch mehrere eigene Publikationen und Vorworte zu Büchern anderer Autoren das Bild des Taijiquan und der Inneren Schule prägte. Er hatte bereits Xingyiquan und Baguazhang von Sun Lutang gelernt, bevor er Schüler von Yang Chengfu wurde. 1925 zog er nach Shanghai, wo er durch die Eröff-

---

[118] Xu Yusheng 1921, S. 50f; s. Anhang 7; vgl. Bödicker 2016, S. 32.
[119] Xu Yusheng 1921, S. 66 (Kommentar zu B48); s. Anhang 7; vgl. Bödicker 2016, S. 51.
[120] Xu Yusheng 1921, S. 56; s. Anhang 7; vgl. Bödicker 2016, S. 39. Der neokonfuzianische Philosoph Zhu Xi, der die Bedeutung von Zhou Dunyis Schriften der Nachwelt erst erschlossen hatte, formulierte eine Theorie über die Differenz bzw. das Intervall zwischen dem noch nicht und dem bereits sich äußernden Herzen (*weifa – yifa*); vgl. Unverzagt 2019, S. 81, 137, 230f.
[121] Xu Yusheng 1921, S. 57f ; s. Anhang 7; vgl. Bödicker 2016, S. 40.

nung einer Schule einen wichtigen Beitrag zur Verbreitung des Taijiquan über Beijing hinaus leistete.

In seinem Vorwort zu Sun Lutangs „Wahrhaftigen Aufzeichnungen von Ideen zur Kampfkunst" (*Quanyi shu zhen*) von 1924 erklärte auch er, dass die Innere Schule der Kampfkunst aus den drei Systemen Xingyi, Bagua und Taiji bestehe, die allesamt derselben Idee folgten. Andere strebten danach, Gegner durch den Einsatz von Qi und Körperkraft zu besiegen, und korrumpierten so ihren eigenen Ursprung. Die Kampf-künste der Inneren Schule aber strebten nicht danach, Gegner zu besiegen und blieben so in Übereinstimmung mit dem Dao.[122]

Im Vorwort seines Buchs „Die Kunst des Taijiquan" (*Taijiquan shu*) von 1925 fasst er die in seinen Augen wesentlichen Charakteristika des Taijiquan zusammen: Ruhe in der Bewegung, Geist statt Körperkraft, Sinken des Qi mit dem Atem zum Dantian, kreisför-mige und kontinuierliche Bewegungen, Verbunden-sein mit dem Anderen und Anpas-sung an die Situation, Weichheit und Subtilität. Taijiquan strebe natürliche, mühelose Bewegungen an, mit denen nichts erzwungen werden solle.[123] Es gehe darum, ganz ent-spannt (*song*) zu sein. Um das zu erreichen, dürfe man, wie er mit Berufung auf seinen Lehrer Yang Chengfu und die Klassischen Schriften formuliert, keine Körperkraft ge-brauchen, sondern die Idee (*yong yi, bu yong li*).[124] Die innere Kraft (*neijin*), die man durch Taijiquan erlange, verbinde gleichwohl Weichheit und Härte. Die Arme des Kampfkünstlers seien wie in Watte gewickeltes Eisen.[125]

Im Vorwort versichert auch Chen Weiming, lange kränklich gewesen, durch die Un-terweisungen von Sun Lutang und Yang Chengfu aber geheilt worden zu sein. Den klas-sischen Texten, die er 1925 in „Die Kunst des Taijiquan" abdruckte und kommentierte, fügte er einen sich auf Zhang Sanfeng beziehenden Zusatz an: „Er wollte, dass die Helden dieser Welt ihre Jahre vermehren, das Leben verlängern und sich nicht nur mit dem Unwesentlichen von technischen Fertigkeiten beschäftigen." [A45-48] Er erklärte, dass Taijiquan über seinen Wert zur Selbstverteidigung hinaus vor allem eine Methode der Lebenspflege und der Abwehr von Krankheiten sei.[126]

Ohne dass es im Vergleich mit den früheren Publikationen einen Bruch oder eine Ab-kehr von Motiven gegeben hätte, setzte er einige Akzente etwas anders: Statt ausführli-cher Darstellungen kosmologischer Zusammenhänge in Übereinstimmung mit dem *Yi-jing* bildet die aphoristische Weisheit des Laozi den Hintergrund des Verständnisses. In der „Kunst des Taijiquan" führt er zu zahlreichen Passagen aus dem *Daodejing* Parallel-stellen aus den Klassischen Schriften des Taijiquan sowie eigene Erläuterungen an. Auch das Motiv der Lebenspflege, das in der Sprache der über zweitausendjährigen Tra-

---

122 Chen Weiming, Vorwort zu Sun Lutang 1924; s. Anhang 7.
123 Chen Weiming 1925, Vorwort; s. Anhang 7. Text auch online bei Brennan 2012a.
124 Chen Weiming 1925, S. 6; s. Anhang 7. Es handelt sich um den sechsten der zehn von Yang Chengfu genannten Punkte, auf die beim Taijiquan wesentlich zu achten sei; vgl. Lo et al. 1979, S. 87; Wile 1983, S. 12.
125 Ebd. Yang Luchangs Kampfkunst wurde zunächst auch „Watteboxen" genannt.
126 Chen Weiming 1925, Vorwort; s. Anhang 7.

dition der Selbstkultivierung formuliert worden war, klingt bei ihm etwas nüchterner und mit moderner Gesundheitspolitik kompatibel – die aber genauso wie bei Xu Yusheng von den patriotischen Tönen der Volksgesundungsbewegung grundiert ist. Für die Kampfkunst gilt weiterhin das Zusammenspiel von Weichem und Hartem, aber Chen Weiming betont als Ziel, was er zum Namen seiner Schule in Shanghai erkoren hatte: „Sanftheit erlangen" (*zhi ruo*). Taijiquan zeichnet sich in seiner Darstellung vielleicht noch mehr als bei den anderen Autoren durch Ruhe, Vergeistigung und Entspannung aus.

Sun Lutangs Sinneswandel

Die Unterscheidung in eine Innere und eine Äußere Schule der Kampfkunst wurde während der Republikzeit in weiten Kreisen zum Gemeinplatz, auch wenn die Zuordnung zu ihnen vielleicht nicht immer klar war.[127] Seit den 1920er Jahren wurde Wudang zum Synonym für die Innere Schule, und Shaolin für die Äußere. Die Gleichsetzung der Inneren Schule mit Wudang verwies auf Zhang Sanfeng, die These von Yue Fei als ihrem Begründer hatte sich nicht durchsetzen können. 1928 wurde in Nanjing, der Hauptstadt der nationalchinesischen Regierung, die Zentrale Kampfkunstakademie gegründet. In ihr wurden die verschiedenen Stile zwei Sektionen zugeordnet: Wudang oder Shaolin. Innere und Äußere Schule, Wudang und Shaolin, waren zu einer verbreiteten, fast selbstverständlichen Klassifizierung chinesischer Kampfkünste geworden.[128]

Doch die Begriffe blieben nie unumstritten, immer wieder wurden sie in Kampfkunstkreisen in Frage gestellt. Bereits 1929 äußerte ausgerechnet Sun Lutang nach einem Gedankenaustausch mit dem von ihm hochgeschätzten, damals wohl schon hochbetagten und bald darauf verstorbenen Xingyiquan-Meister Song Shirong (1848-1927) Zweifel am Sinn der Gleichsetzung von Wudang mit Innerer und Shaolin mit Äußerer Schule der Kampfkunst. Mehr noch, selbst die Unterscheidung einer Inneren von einer Äußeren Schule sei problematisch; vor allem könne sie nicht dazu dienen, weiche von harten Stilen zu unterscheiden, da nur der Übungsweg unterschiedlich, das Ziel aber dasselbe sei.[129] Nach Song Shirong gebe es in der Kampfkunst überhaupt keine Unterscheidung einer Inneren von einer Äußeren Schule. So etwas gebe es einzig und allein beim Atmen. Innere Schule bedeute nichts anderes als Qi-Pflege (*yangqi*).

---

[127] In einer 1917 publizierten Schrift („Auszüge aus Qing-zeitlichen Erzählungen") wurden die ca. zwei Dutzend erwähnten Kampfkunststile nicht einer der zwei Kategorien zugeordnet, auch wenn es hieß: „In der Kampfkunst unterscheidet man zwei Schulen, eine innere und eine äußere." Taijiquan, Xingyiquan und Baguazhang fanden gar keine Erwähnung. Vgl. Henning 1997, S. 16f.
[128] Die Gegenübersetzung von Wudang und Shaolin mit ihrer Zuordnung zur Inneren und Äußeren Schule mochte in der Tat auf den ersten Blick derjenigen von Huang Zongxi (1669) entsprechen. (Was allerdings eine Veränderung im jüngeren Sprachgebrauch voraussetzte, bei dem Innere Schule vor allem den Unterricht hinter verschlossenen Türen gemeint hatte.) Gravierende Unterschiede wurden erst bei genauerer Betrachtung sichtbar; dazu mehr im Folgenden.
[129] Sun Lutang 1929; s. Anhang 7.

In einem Aufsatz von 1932 mit dem Titel „Detaillierte Abhandlung über die Prinzipien von Xingyi, Bagua und Taiji" (*Xianglun xingyi bagua taiji zhe yuanli*) unterschied Sun Lutang konsequenterweise nicht mehr zwischen einer Inneren und einer Äußeren Schule der Kampfkunst. Stattdessen sprach er von drei großen Stilrichtungen: Shaolin, Wudang und Emei. Diese Richtungen umfassten ihm zufolge aber insgesamt nur ca. 50 % aller Schulen. Die Kampfkünste hatten in dieser neuen (oder wiederhergestellten alten) Sicht wieder ihre Vielzahl, Namen waren wieder zu Namen geworden und dienten nicht mehr als Kategorien einer Fundamentalopposition.

Sun Lutangs Wende blieb im Yang-Stil, der weiterhin gebildete und versiert schreibende Autoren hervorbrachte, unbeachtet. Aus ihren Darstellungen blendeten sie Xingyiquan und Baguazhang aus. Innere Schule und Wudang schienen bald synonym mit Taijiquan zu sein.

Der Yang-Stil als Erbe der Inneren Schule

Yang Chengfu (1883-1936), der Lehrer von Chen Weiming, war ein Enkel des Yang-Stil-Gründers Yang Luchan und die vielleicht wichtigste Figur bei der Verbreitung von Taijiquan in der Republikzeit. Unter seinem Namen wurden zwei Bücher veröffentlicht, die aber wohl beide nicht von seiner Hand stammen, sondern langjährige Schüler als Ghostwriter haben. Er war im Besitz der „40 Kapitel", von denen 15 in „Methoden und Anwendung des Taijiquan" (*Taijiquan shiyongfa*) von 1931 abgedruckt wurden. Das Buch knüpfte damit einerseits an die alten Manuskripte an, wollte den Aspekt der Körperkultur aber, wie die anderen Bücher der Republikzeit auch, explizit in den Dienst der Erstarkungsbewegung der Nation gestellt wissen, wie am Schluss noch einmal betont wird: „Ich halte es nun für wichtig, der Stärkung unseres Landes zu dienen."[130]

Das Taijiquan des Yang-Stils wird bei Yang Chengfu als Erbe der Wudang-Linie dargestellt. Die auf Zhang Sanfeng zurückgehende Innere Schule sei gar nicht vollständig ausgestorben, sondern habe in Henan überlebt und sei über Chen Changxing auf Yang Luchan gekommen. Damit beanspruchte der Yang-Stil zugleich in einem gekonnten Paradox seine Unabhängigkeit vom Familienstil aus Chenjiagou. Denn Chen Changxing (aus Chenjiagou) war zwar der Lehrer von Yang Luchan gewesen, aber er hatte nach Ansicht der Yang-Stil-Autoren selbst in einer Linie gestanden, die von außen in den Chen-Klan gekommen war. Es versteht sich, dass man dieses Narrativ im Chen-Stil kritisch sah, wo man die These vom hauseigenen Ursprung des Taijiquan vertrat. Der Yang-Stil aber schrieb Taijiquan in das alte Modell der Inneren Schule von Huang Zongxi ein und behauptete, diese Schule durch seine eigene Existenz fortzuführen. Inhaltlich hatte die Innere Schule dabei allerdings stillschweigend ein anderes Profil bekommen als in den Quellen des 17. Jahrhunderts. (Das wird weiter unten, nach Ende der Bestandsaufnahme, in einem resümierenden Vergleich dargelegt.)

---

[130]   Yang Chengfu 1931, S. 148; s. Anhang 7.

Auch das Verhältnis zu den „Schwesterkampfkünsten" hatte sich verändert, obgleich nur unmerklich. Die acht Trigramme und die fünf Wandlungsphasen werden zwar an zahlreichen Stellen genannt, aber nur um die daraus abgeleiteten Dreizehn Stellungen im Taijiquan zu erläutern; nicht aber, um die mit ihnen assoziierten Kampfkünste Baguazhang und Xingyiquan zu erläutern, diese bleiben vielmehr unerwähnt. Die Innere Schule, synonym mit Wudang, bezog sich explizit nur noch auf Taijiquan.[131]

Wenn die Geschichte in gewisser Weise auf Yang-Stil-Taijiquan hinauslief, so sollte dies doch nicht als offener Affront gegenüber anderen Stilen verstanden werden. Die Kampfkünste der Inneren Schule seien zwar die gewaltigsten, heißt es; allerdings seien alle Kampfkünste, die von alten, weisen Meistern überliefert werden, gut, egal ob sie innere oder äußere Übungen betreiben. In diesem Zusammenhang ist auch zum ersten Mal in den besprochenen Texten von innerer Übung (*neigong*) die Rede. Diese sei ein weiches Üben (*rougong*). Taijiquan dürfe eigentlich nur so genannt werden, wenn die Haltungen korrekt seien, darüber hinaus aber auch das innere Prinzip (*neili*) begriffen sei; andernfalls gebe es keinen Unterschied zur Äußeren Schule.

Das innere Prinzip der Kampfkunst ist Taiji, das Allerhöchste. Ist die Welt ein großes Taiji, so der Mensch ein kleines. Also müsse sich auch die Kampfkunst nach dessen Prinzipien richten. Das sind im Wesentlichen Yin und Yang, hart und weich, Veränderung und Wandel. So bleibe die Kampfkunst in Übereinstimmung mit dem Dao.

Das ließ sich mit dem Taiji-Diagramm darstellen. Während Xu Yusheng zehn Jahre zuvor das einst von Zhou Dunyi (1017-1073) veröffentlichte Diagramm mit fünf beschrifteten Ebenen abgebildet hatte, verwendete Yang Chengfu nur das seit der Ming-Zeit geläufige Symbol mit den zwei „Fischen", wenn auch in einer eigenwilligen Darstellung. Die „Köpfe" der Fische sind als Kreise vom Schwanz unterschieden und stehen wie eine 8 übereinander in der Vertikale des Kreises. An ihrer Vorderseite befindet sich an Stelle des Mauls je ein Halbkreis.[132]

An einer Stelle heißt es, dass es darum gehe, das Qi zu nähren statt es zu bewegen. Das stärke die Organe, der mit Qi gefüllte Körper kenne keine Krankheiten. Um das zu erreichen, dürfe nichts erzwungen werden. Es ist das Herz (der Sitz des Geistes), welches das Qi in Bewegung setzen soll.

Das Geheimnis des Taijiquan bestehe im Sinken, und zwar im Sinken des Qi, was nur gelingen könne, wenn der Geist zur Ruhe kommt. Wenn das Qi sinkt, kann es sich sammeln und in die Knochen dringen. „Kann man nicht sinken, dann sammelt sich das Qi nicht und dringt nicht in die Knochen. Dann gibt es nur äußere Kraft. Beim Üben des Taijiquan kann es sich aber sammeln und in die Knochen dringen. Das erst ist die wahre Taiji-Kraft."[133]

---

[131] Es bleibt offen, ob Xingyiquan und Baguazhang noch mit im selben Boot sind. Noch wenige Jahre zuvor hatte Chen Weiming attestiert, dass das, was Taijiquan ausmacht, gleichermaßen auch für Baguazhang und Xingyiquan gelte.

[132] Siehe Anhang 8.

[133] Yang Chengfu 1931, S. 78; s. Anhang 7.

An anderer Stelle ist von innerer Kraft (*neijin*) die Rede. In ihr ist das Harte im Weichen verborgen. Dafür steht das Bild vom Eisen in Watte, das Yang Chengfu in seinem Unterricht oft herangezogen haben muss; aber auch der „hundertfach gehärtete Stahl" aus den Klassischen Schriften [C19], ein mit Luft gefüllter Lederball oder ein Pfeil im gespannten Bogen [C25].

Die „40 Kapitel" zitierend, heißt es, die Selbstkultivierung durch Taijiquan enthalte beides, das Kulturelle (*wen*), das der Gesundheit diene; und das Kämpferische (*wu*), das dem Kampf diene. Jenes sei das Innere, dieses das Äußere. Sanftheit sei die Methode von beiden Aspekten. Mit Sanftheit als Methode führe Taijiquan zu Härte im Inneren und Weichheit im Äußeren. Dadurch stärke es die Gesundheit, verlängere das Leben und führe zu gewaltigen Kampfkunstfähigkeiten.

Zheng Manqing, wahrscheinlich Ghostwriter des zweiten unter Yang Chengfus Namen veröffentlichten Buches von 1934 („Vollständiges Buch vom Wesen und den Anwendungen des Taijiquan" *Taijiquan tiyong quanshu*), schrieb 1946 unter eigenem Namen seine einflussreichen „Dreizehn Kapitel zu Taijiquan" (*Zhengzi taijiquan shisan pian*).[134] Bereits Xu Yusheng hatte die Hoffnung geäußert, dass einst die moderne Wissenschaft erklären könne, was bisher noch mit Hilfe des *Yijing* dargestellt werde. Zheng Manqing wagte sich an den Spagat, traditionelles Wissen mit um moderne Rationalität bemühten Erklärungen zu verbinden.

Die Existenz einer Inneren und einer Äußeren Schule der Kampfkunst, sprachlich weiterhin gleichbedeutend mit Wudang und Shaolin, wird auch von ihm vorausgesetzt. In der Inneren Schule gehe es um die Qi-Entwicklung, während die Äußere Schule „einer Redewendung zufolge" Wirkungen auf „Sehnen, Knochen und Haut" zeitige.[135]

Dass er diese „Redewendung" zitiert, ist insofern merkwürdig, als da er in Anlehnung an die „40 Kapitel" zwischen Kraft (*jin*) und Körperkraft (*li*) unterscheidet, wobei sich Taijiquan durch die Anwendung von Kraft, nicht Körperkraft, auszeichne; diese Kraft aber aus den Sehnen kommen soll, Körperkraft hingegen von den Knochen. Kraft sei weich, lebendig und elastisch, schreibt er, Körperkraft hingegen hart, tot und nicht elastisch.[136] *Jin* kann abgegeben werden (*fajin*), *li* nicht.[137] *Jin* entsteht dadurch, dass Qi durch geschmeidige Sehnen flexibel wird.[138] Diese Flexibilität ermöglicht es, am Qi des Anderen anzuhaften, sich mit ihm zu verbinden und ihm zu folgen.[139]

Die Entwicklung von Kraft (*jin*) hängt demnach von einer bestimmten Entwicklung des Qi ab. Tatsächlich sieht Zheng Manqing im Pflegen des Qi das eigentliche Ziel des

---

[134] Das Vorwort ist auf 1946 datiert, publiziert wurden die „Dreizehn Kapitel", wahrscheinlich durch die Umstände des Bürgerkriegs, erst 1950.

[135] Zheng Manqing 1946, Kap. 9, S. 28; deutsch: ders. 1986, S. 69.

[136] Zheng Manqing 1946, Kap. 13 (Nr. 9), S. 48f; deutsch: ders. 1986, S. 104f. Die Zeichen, die er verwendet sind 柔 *rou* (weich), 活 *huo* (lebendig), 有彈性 *you tanxing* (elastisch), 剛 *gang* (hart), 死 *si* (tot) und 無彈性 *wu tanxing* (nicht elastisch).

[137] Zheng Manqing 1946, S. 48; deutsch: ders. 1986, S. 104.

[138] Zheng Manqing 1946, S. 39f; deutsch: ders. 1986, S. 88f.

[139] Zheng Manqing 1946, Kap. 11, S. 40; vgl. deutsch: ders. 1986, S. 89; s. Anhang 7.

Taijiquan. Es ist der Schlüssel für die Selbstkultivierung. Nicht nur die Entwicklung von Kraft, sondern auch Gesundheit und Wohlbefinden hängen an der Pflege des Qi. Voraussetzung sei, dass der Geist bzw. das Herz (*xin*) ganz ruhig werde.[140]

Taijiquan bewirkt durch Entspannung, wie Zheng Manqing ausführt, ein Sinken des Qi zum Dantian. Das Sammeln des Qi im Dantian lässt wiederum den Körper sich in Bewegung setzen. Durch die mit dem Atem verbundenen Drehbewegungen und Schritte bei entspanntem Oberkörper und angehobenen Armen käme es zu einer wohltuenden Wirkung auf die inneren Organe.[141]

Die Stimulierung des im Dantian gesammelten Qi hat Zheng Manqing zufolge noch eine besondere Wirkung: Qi dringt in die Knochen bzw. ins Knochenmark ein und härtet es. Seine Erläuterungen legen nahe, dass sich Taijiquan als Prozess der inneren Alchemie verstehen lässt, bei dem das Üben zu einer inneren Transformation führt.[142] Dies könnte zugleich als eine weitere Lesart des Bildes vom „Eisen in Watte" verstanden werden.

Bereits die „40 Kapitel" hatten davon gesprochen, dass der Weg der Weichheit zu Härte im Inneren führe; aber nur dann, wenn man diese Härte nicht im Sinn habe. So gibt es auch bei Zheng Manqing ohne jeden Zweifel einen Vorrang des Sanften. Sanftheit erlaubt es, sich mit dem Anderen zu verbinden; und Sanftheit erlaubt dem Qi, seine wohltuende Wirkung im Körper zu entfalten. Der Vorrang des Sanften dient dem Einzelnen und damit auch der Stärkung der Nation, wie bereits die anderen Yang-Stil-Autoren betont hatten.

Die Themen hatten sich durchgehalten und waren in leicht variierter Sprache vorgetragen worden. Doch seit der ersten Publikation war ein Vierteljahrhundert verstrichen. Zheng Manqing schöpfte nicht mehr nur aus dem Denken des alten China, sondern rief auch die moderne Wissenschaft in den Zeugenstand. Und noch etwas hatte sich verän-

---

140 Zheng Manqing 1946, Anfang Kap. 3 und Ende Kap. 8; S. 6ff, S. 26f; deutsch: ders. 1986, S. 31ff, 65ff.

141 Vercammen (1989, S. 18) hatte wohl diese Stelle verkürzend zusammengefasst, als er schrieb, dass die Innere Schule der Gesundheit diene, indem sie auf das Innere (z. B. die Organe) wirke, während die Äußere Schule nur die äußeren Körperteile (z. B. Muskeln) entwickle.

142 Zheng Manqing 1946 (Kap. 2) 1946, S. 3ff; deutsch: ders. 1986, S. 25, 27; vgl. S. 104; deutsch: ders. 1986, S. 71; vgl. Zheng Manqing 1946, S. 8; deutsch: 1986, S. 35; vgl. Anhang 7. Zheng Manqing schreibt im Nachwort zu „Neue Methode des Selbststudiums" (*Zhengzi taijiquan zixiu xinfa*) dem Taijiquan die Kraft zu, „Knochen in goldenes Elixir umzuwandeln" (*huan gu jindan*), was einer Vorstellung der daoistischen Alchemie mit dem Ziel der Unsterblichkeit entspricht. (Zheng Manqing 1977, S. 116; deutsch: 1988, S. 87f). An anderer Stelle präzisiert er, dass zum Dantian gelangtes Qi dort zu ursprünglichem Qi umgewandelt werden und als solches Membranen durch- und in Knochen eindringen könne; Zheng Manqing 1977, S. 25f; deutsch: 1988, S. 39ff. Zheng Manqing erklärt, dass bei beharrlicher Pflege des Qi im Dantian durch Umwandlung der Essenz bzw. des Samens (*jing*) ursprüngliches Qi (*yuanqi*) entsteht, das Membranen durchdringen und in die Knochen gelangen kann. Während das gewöhnliche Schriftzeichen 氣 *qi* Dampf über Reis zeigt, wird hauptsächlich in Texten des religiösen Daoismus die von ihm an dieser Stelle gebrauchte Variante verwendet (炁 *qi*), die sich auf den Atem bezieht und unten Feuer zeigt; Zheng Manqing 1977, S. 26; deutsch: ders., 1988, S. 41.

dert. Das Land befand sich in einem blutigen und erbittert geführten Bürgerkrieg, in dem beide Seiten Unterstützung aus dem Ausland erhielten. Dort hatte jahrelang der Weltkrieg getobt. Vielleicht ist in dem Zusammenhang zu verstehen, dass Zheng Manqing der Kampfkunst der Inneren Schule nicht nur zuschrieb, dem Einzelnen und damit auch der Stärkung der Nation zu dienen; sondern dass er sein Wissen „mit den Übenden der ganzen Welt" (*yu shi zhi xuezhe*) teilen wolle, damit der Schatz des Taijiquan der ganzen Menschheit (*renlei*) zugänglich werde.[143] Nicht zufällig war er es, der nach seiner Zeit in Taiwan (1949-1964) in die USA ging und sich dort (ohne Englischkenntnisse!) um die letztlich weltweite Verbreitung des Taijiquan verdient machte.[144] In den Publikationen, die sich als die wirkmächtigsten erweisen sollten, erschien die Innere Schule zusammengeschrumpft auf ein durch Zhang Sanfeng begründetes Yang-Stil-Taijiquan, das ihr zugleich das Tor nach Westen aufstieß, um sich in der ganzen Welt zu verbreiten.

Zusammenfassend lassen sich die Kriterien der Inneren Schule in der ersten Hälfte des 20. Jahrhunderts so formulieren:

- In ihr wird Kampfkunst als ein Weg der Selbstkultivierung betrieben.
- Die Kampfkunst hat eine kosmologische Einbettung und folgt einem universellen Prinzip, dem aus Wuji geborenen Taiji (bzw. den acht Trigrammen und/oder den fünf Wandlungsphasen).
- Ihre Bewegungen entstammen der Ruhe. Herz und Geist tauchen in die Leere des Wuji ein und können durch die Idee (*yi*) das Taiji-Prinzip der Ergänzung von Yin und Yang mühelos im Kampf wirken lassen.
- Die Kampfkünste der Inneren Schule begehen den Weg der Sanftheit, bei ihrer Pflege des Qi wird nichts erzwungen. Das dient der Gesundheit, aber auch im Kampf, wo die dadurch erlangte Weichheit es erlaubt, sich mit dem Anderen zu verbinden. Die Kampfkunst ist gleichwohl nicht nur sanft, sondern außen weich und innen hart; was wiederum sowohl für die Qi-Entwicklung im Körper gilt als auch für den Kampf.
- Kampfkünste der Inneren Schule entwickeln eine besondere Art von Kraft, *jin,* die nicht auf der Verausgabung von Muskelkraft beruht.
- Ein markanter Unterschied zu den „40 Kapiteln", in denen sich die genannten Kriterien bereits finden, ist die Bekundung einer patriotischen Gesinnung, die sich in der

---

[143] Zheng Manqing 1946, S. 8; dt. 1986, S. 15f.

[144] Zheng Manqing hatte die Wirkung des Taijiquan als einen Transformationsprozess im Sinn der inneren Alchemie des Daoismus beschrieben und damit die Innere Schule als eine Rückbesinnung aufs Eigentliche dargestellt. Dieses war in seinen Augen das Anliegen der chinesischen Kultur. Dass er deren Essenz schließlich der ganzen Menschheit zugute kommen lassen wollte, änderte für ihn an deren Ursprung nichts. In seinen späten Jahren erklärte er sogar explizit den Begriff Innere Schule mit dem inländischen Ursprung bei Zhang Sanfeng, im Gegensatz zu dem ausländischen der Äußeren Schule bei Bodhidharma (1977, S. 23f). Douglas Wile vermutet, dass die Kulturrevolution, die seit 1966 auf dem Festland tobte und alle Tradition vernichten wollte, ihn zur Betonung dieser patriotischen Definition veranlasst haben könnte; Wile 2007, S. 14.

Beteuerung ausdrückt, mit dem Betreiben der Kampfkunst der Stärkung der Nation zu dienen.

Während in den „40 Kapiteln", die mit einiger Wahrscheinlichkeit noch im späten Kaiserreich entstanden sind, Geschichte nur als Überlieferungsgeschichte der kosmologischen Einsicht auftaucht, ist in den 1920er und -30er Jahren, also in der Republikzeit, die Nation in ihrer geschichtlichen Situiertheit ein Bezugspunkt – deren Horizont 1946 gleichwohl auf die ganze Menschheit überschritten wird.

Vergleich der Inneren Schule im 17. und im 20. Jahrhundert

Vergleicht man die Darstellung der Inneren Schule der Kampfkunst in der ersten Hälfte des 20. Jahrhunderts mit derjenigen im 17. Jahrhundert, so scheint sie in der patriotischen Gesinnung eine gemeinsame Schnittmenge zu haben. Es dürfte unterschiedlichen Zeitumständen zuzuschreiben sein, dass sie im einen Fall die Stärkung der Nation durch Gesundung des Volks verlangt, im anderen Fall den bewaffneten Kampf gegen ausländische Invasoren. Das Ethos, das die einen zum Kampf und die anderen zur Pflege ihres Qi veranlasst, ist allerdings dasjenige, das schon immer und in allen chinesischen Kampfkünsten galt, auch wenn es nicht immer befolgt wurde. Eine vollständige Unterweisung durfte es nur an Würdige mit einer loyalen, aufrichtigen, gerechtigkeitsliebenden und opferbereiten Gesinnung geben. Diese Gemeinsamkeit, die die Innere Schule des 17. mit der des 20. Jahrhunderts verbindet, unterscheidet sie also nicht von äußeren Kampfkünsten.[145]

Eine weitere Gemeinsamkeit besteht in der Veranschlagung von Zhang Sanfeng als Gründerahn. Doch Gründerahn welcher Überlieferung? Bei genauerer Betrachtung ist die Rolle, die er jeweils spielt, eine andere. Bei Huang Zongxi gelangt er durch Offenbarung im Traum, nicht durch Übung, zur Kampfkunst. Es ist der Kriegsgott, der sie ihm kundtut. Ihre erste Anwendung besteht in der eigenhändigen Tötung einer Unzahl von Wegelagerern – um einen Termin beim Kaiser wahrzunehmen. Im 20. Jahrhundert hingegen dient die Kampfkunst der Selbstkultivierung, die zu Sanftheit und langem Leben führt. Sie kann dies, weil sie einem kosmischen Prinzip folgt. Sollte dem Universalgelehrten Huang Zongxi, der mit Kosmologie und Metaphysik bestens vertraut war, entgangen sein, dass diese in der Inneren Schule, die er beschrieb, eine Rolle spielten?

Auch bei der Ruhe als zentralem Punkt, der die Innere von der Äußeren Schule unterscheiden soll, zeigt sich hinter der Gemeinsamkeit eine ganz unterschiedliche Bestimmung. Im 20. Jahrhundert sollen das Herz und der Geist beruhigt werden, um in die Ruhe des Wuji einzutauchen. Davon ist bei Vater und Sohn Huang, die diese Begriffe im

---

[145] Das Ethos galt als Einlasskriterium für jede Schule. Die Beschreibung dieses Ethos in den Quellen zur Inneren Schule von 1669 und 1676 betonen auch nicht eigens das patriotische Element, sondern ganz allgemein die Charakterfestigkeit. Heimtückische und streitsüchtige Charaktere, Trunkenbolde, Schwätzer und Schwächlinge nahm Meister Wang Zhengnan nach Huang Baijias Zeugnis nicht an.

philosophischen Kontext selbstverständlich kannten, keine Rede; ebenso wenig von der später so wichtigen Idee (*yi*). Bei ihnen erscheint Ruhe eher wie eine Strategie des Abwartens, nicht als Verschmelzen des Kampfkünstlers mit der kosmischen Ruhe in seinem Inneren, die ihn in Einklang mit dem Äußeren bringt.

Wie steht es mit der Mühelosigkeit? Unterscheidet das nicht sowohl im 17. als auch im 20. Jahrhundert die Innere von der Äußeren Schule? Die Antwort ist Nein. Mühelosigkeit unterscheidet gute von schlechter Kampfkunst. Selbst wenn die einen sich im Training verausgaben, während die anderen beim Ruhepuls bleiben, gilt im Kampf immer das Ideal des mühelosen Siegs. Niemand verausgabt sich mehr als nötig. Mühelosigkeit ist eine Chiffre für Überlegenheit, ihr Telos ist die Unbesiegbarkeit. Sie ist die Verheißung, die hinter dem Geheimnis einer jeden Kampfkunst steckt und nicht das Privileg einer Inneren Schule.

Wenn das Versprechen des mühelosen Siegs zwar keine Innere von einer Äußeren Schule unterscheidet, so divergieren doch die Bestimmungen der Inneren Schule im 17. und im 20. Jahrhundert, die zu seiner Einlösung angegeben werden. Auf eine vereinfachende Formel gebracht, sind es bei Vater und Sohn Huang trainierte Techniken, die im Verbund mit dem strategischen Prinzip der Ruhe zur Überlegenheit und damit Mühelosigkeit führen. Seit Sun Lutang (vor seiner Kehrtwende) aber gilt die Innere Schule als überlegen, weil sie sich auf den gemeinsamen, aber von den anderen vergessenen Ursprung aller Schulen besonnen hat: dass es um den kosmologischen Einklang geht.

Aus diesem Einklang entsteht bei der Selbstkultivierung durch die Kampfkunst jene andere Kraft, die das eigentliche Unterscheidungskriterium zu Kampfkünsten der Äußeren Schule sein soll. Von einer solchen spezifischen Kraft war in den frühen Quellen zur Inneren Schule aber nicht die Rede. Das Zertrümmern von Steinen, das Zhang Songxi beherrschte, ist gewiss kein Beleg für eine Kraft, die derjenigen einer Äußeren Schule entgegengesetzt wäre.

Eine letzte Gewissheit über Kontinuität oder Diskontinuität lässt sich weder aus mündlichen Beteuerungen noch aus schriftlichen Quellen gewinnen. Quellen geben nie eins zu eins wieder, was und wie es war. Eine unterschiedliche Beschreibung könnte dem Ziel geschuldet sein, ein Geheimnis zu wahren. Zudem hat jede Epoche ihre eigene Betrachtungsweise und Sprache. Doch es lassen sich Fragen mit unterschiedlicher Plausibilität nach der Historizität der Inneren Schule stellen:

*   Gab es die Innere Schule der Kampfkunst zu Huang Zongxis Zeit tatsächlich, und das seit damals schon über 500 Jahren?
*   Gab es sie damals wie heute; und zwar, wie Yang-Stil-Autoren behaupten, in einer ungebrochenen Kontinuität?
*   Gab es sie damals, dann aber nicht mehr, um gegen Ende des 19. Jahrhunderts unter anderen Vorzeichen neu begründet zu werden?
*   Gab es sie damals nicht, aber aus ihrem Mythos wurde sie gegen Ende des 19. Jahrhunderts geboren?
*   Oder war sie damals wie heute eine reine Fiktion?

Am plausibelsten erscheint uns, dass sich der Mythos von der Inneren Schule „wahr gelogen" hat – aber anders als gedacht.

Das Fortleben der Inneren Schule

Die Idee einer Inneren Schule lebt in der Welt der Kampfkunst weiter, auch wenn sie nicht von allen geteilt wird. Im Westen firmiert sie meist als „innere Kampfkunst". Dieser Begriff suggeriert, dass etwas im Inneren des Kampfkünstlers geschieht. Zugleich verbindet man mit ihm eine weiche oder sanfte Kampfkunst. Das entspricht nicht der ursprünglichen Wortbedeutung von Innerer Schule der Kampfkunst, die lediglich das *Eigentliche* meint; etwas, das in der Äußeren Schule nicht zugänglich ist. Allerdings hatte sich dieser Bedeutungswandel nicht erst beim Transfer in den Westen, sondern bereits im China der Republikzeit vollzogen (wo man gleichwohl weiterhin von *neijia,* Innerer Schule, sprach). Andernfalls hätte Sun Lutang 1929 nicht erklären müssen, dass er es *nicht* mehr für sinnvoll hielt, die Innere Schule mit weichen Stilen und die Äußere mit harten zu assoziieren.

Das heutige Verständnis von innerer Kampfkunst, wie wir es eingangs aufgelistet hatten (Gesundheitsförderung, Ruhe des Geistes und des Herzens, Betonung von *yi,* Bedeutung von Qi, *neigong,* Sanftheit), entstammt ohne jede Frage dem Selbstverständnis der Inneren Schule, das in der ersten Hälfte des 20. Jahrhunderts formuliert wurde. Allerdings zerfällt heute oft die Einheit der Bestimmungen in einerseits ein Interesse an Selbstkultivierung und Kosmologie, das sich nicht so sehr um die Entwicklung der Kraft kümmert; und andererseits ein Interesse an der Kraft, das die Selbstkultivierung und Kosmologie für einen vernachlässigbaren theoretischen Überbau hält. Es war aber die Einheit von *wen* und *wu* als Charakteristikum der Inneren Schule veranschlagt worden; d.h. die Einheit der Selbstkultivierung, die man selbst spüren muss, und der Generierung einer anderen Art von Kraft, die der Andere spüren können muss.

Zwei Fragen

Zwei Fragen sollen die Ergebnisse unserer Untersuchung bündeln, ohne dass sie unbedingt zu einem Ja oder Nein auf unsere Titelfrage („Ist Taijiquan eine innere Kampfkunst?") führen:

• 1. Wird in den Stilen, die sich der Inneren Schule zurechnen, tatsächlich eine andere Kraft als in anderen Stilen entwickelt?

• 2. Ist die Übersetzung von „Innerer Schule" in „innere Kampfkunst", mit der zugleich andere Kampfkünste zu „äußeren" erklärt werden, sachlich gerechtfertigt und sinnvoll?

Die andere Kraft

Die Frage nach der anderen Kraft in der Inneren Schule provoziert zunächst eine Gegenfrage: Entwickelt nicht jede Kampfkunst eine ihr spezifische Kraft? Ringen fühlt sich anders an als Boxen, Karate anders als Aikido... Gemeint ist jedoch eine fundamental andere Kraft; eine Kraft, die auf einem ganz anderen Prinzip beruht. Durch die Begegnung mit großen Meistern des Taijiquan kann zweifelsohne die Erfahrung einer unwiderstehlichen elastischen Kraft gemacht werden. Aber ist diese elastische Kraft tatsächlich fundamental und kategorial ganz anders als die in anderen Kampfkünsten entwickelte Kraft?

Tatsächlich beanspruchen bereits die Klassischen Schriften des Taijiquan (die den Sprachgebrauch Innere und Äußere Schule ebenso wenig wie die „40 Kapitel" kennen), dass dieses sich grundsätzlich von allen anderen Kampfkünsten unterscheidet. Diese, so heißt es vielleicht etwas verkürzend, bauten nur auf Schnelligkeit und Muskelkraft.

> Hinsichtlich ihrer Techniken gibt es etliche Schulen. Aber auch wenn ihre Stellungen unterschiedlich sind, geht es bei ihnen doch ausnahmslos um nichts anderes, als dass der Starke den Schwachen bedrängt und der Langsame dem Schnellen weicht. [B33-36]

Die so genannten „etlichen Schulen" können als Stile der Äußeren Schule im späteren Sprachgebrauch gedeutet werden. Sie setzen der zitierten „Abhandlung des Taijiquan" zufolge bei der Entwicklung ihrer Kraft auf Körperkraft und Schnelligkeit. Im Taijiquan hingegen kommt es weder auf das eine noch das andere an, sondern auf das Verständnis davon, wie sich Yin und Yang gegenseitig unterstützen.

> Yin verlässt nicht Yang, Yang verlässt nicht Yin. Yin und Yang unterstützen sich gegenseitig. Erst das bedeutet Verstehen der Kraft (*dongjin*). [B57-60]

Das klingt noch kompatibel mit dem, was bereits die Maid von Yue erklärt hatte. Doch eine weitere Formulierung weist darauf hin, dass dies anders als in den „etlichen Schulen" zu verstehen ist.

> Anhaften, verbinden, kleben und folgen. [E6]

Die vier Verben beschreiben eine Übungsmethode, die aber auch im Kampf bei der Entfaltung der Kraft gilt. Ich bin mit dem Anderen (dem Angreifer) so verbunden, dass es an keiner Stelle zur doppelten Schwere (*shuangzhong*) kommt (vgl. B52). Doppelte Schwere bedeutet, dass Yang auf Yang trifft. Damit ist das Wesen von *Konfrontation* beschrieben, zwei einander äußerliche Gegner prallen aufeinander. Im Taijiquan hingegen, so der Anspruch, wird aus dem Gegner durch das Zusammenspiel von Yin und Yang das ergänzende Gegenüber *innerhalb der Einheit* ihrer Polarität.

Dieses Verstehen der Kraft gründet, wie die „40 Kapitel" ausführen, in einer kosmologischen Einsicht: Yin und Yang wechseln sich nicht nur ab, wie das auch für andere Kampfkünste beim Wechsel von Verteidigung und Angriff, Rückzug und Vormarsch, gesagt werden kann; sondern sie ergänzen und unterstützen sich immer innerhalb der sie zusammenschließenden Einheit – dem Taiji. Daher der Name Taijiquan, Kampfkunst des Taiji. Im Taijiquan gibt es – der Idee nach und tatsächlich für einige wenige große Meister – nicht das Hin und Her von Angriff und Verteidigung. Yin und Yang beschreiben nicht Aktion und Reaktion, sondern die in der Einheit des Taiji gründende Verbindung mit dem Anderen.

Um diese Einheit herzustellen, darf man einer angreifenden Kraft nicht im Konfrontationsmodus begegnen. Man muss sich in die Angriffsbewegung einblenden und zum Yin dieses Yang werden. Es gilt, nicht in die zwei Strategien der Abwehr jener „etlichen Schulen" – Widerstand oder Flucht – zu verfallen, die einem reflexhaften Impuls entspringen. Widerstand führt zu doppelter Schwere, Flucht zum Abreißen der Verbindung. Widerstand kann gebrochen werden, in einer aufgerissenen Lücke kann ein Angreifer seine Angriffskraft entfalten. Nur wenn Yin und Yang verbunden sind, gibt es keinen Angriffspunkt. Deshalb heißt es: „Weder verlieren noch sich entgegenstemmen" [E6]. Hat sich der Kampfkünstler mit dem Angreifer verbunden, so gilt:

> Äußerst weich und sanft, dann äußerst hart und fest. [C35f]

Die Anwendung der Kampfkunst währt nur einen Augenblick: „Vereinigen und sofort ausstoßen" [E5]. Kaum begonnen, ist der Kampf zu Ende, weil der Angreifer samt seinem Angriff neutralisiert ist. Das Harte und Feste, das dem Weichen und Sanften folgt, gründet in der festen Wurzel, aus der die neutralisierte Kraft des Angreifers auf ihn zurückkommt, um ihn elastisch wegzuschleudern oder um ihn bewegungsunfähig zur Ruhe zu bringen. Das ist – neben dem durch jahrelanges Üben in die Knochen gedrungenen Qi – die zweite Bedeutung des Harten und Festen, das auf das Weiche und Sanfte folgt. Der Angreifer dringt nicht bis zum Zentrum des von ihm Angegriffenen vor, sondern fällt ins Leere, um auf einmal zurückzuprallen, wenn seine eigene Härte elastisch auf ihn zurückkommt. Der Versuch, mit Gewalt in die Sphäre des Anderen einzudringen, lässt den Angreifer übermäßig werden. Es ist dieses Übermaß, das auf ihn zurückkommt, um die Balance von Yin und Yang wieder herzustellen.

Sowenig das Übermaß die Polarität von Yin und Yang außer Kraft setzt, sowenig zerstört der Angriff mein ursprüngliches Verbunden-sein mit dem Anderen. Das Abgeben oder Ausstoßen von Kraft (*fajin*) ist der Rückstoß der neutralisierten Körperkraft des Angreifers. Dadurch, dass die harte Kraft des Angreifers aufgenommen (nicht abgewehrt) wird, ergibt sich für diesen das Paradox, dass die Außenseite des Angegriffenen ihm keinen Widerstand bietet, den er brechen könnte, und doch undurchdringlich für ihn ist, so dass er abprallt. Auch im Taijiquan hält man die Sphäre um den eigenen Körper integer; aber wie durch eine elastische Membran, die den Körper des Anderen abfängt und seine Kraft hindurchlässt, um sie nach Erschöpfung von dessen Yang elastisch transformiert auf ihn zurücklaufen zu lassen. Das ist die von Sun Lutang postulierte Aufhebung der Differenz von Innen und Außen in der Anwendung einer Kampfkunst. Darin lässt sich ein fundamentaler Unterschied zu anderen Kampfkünsten sehen.

Innen und Außen in der Kampfkunst

Doch rechtfertigt die elastische, nicht-konfrontative Kraft des Taijiquan die Übersetzung von „Innerer Schule" in „innere Kampfkunst"?

Der Kampf durch Nicht-Kampf – Aufnahme statt Abwehr – widerspricht zunächst jeder Intuition. Sein Prinzip muss durch langes Üben in Geist und Körper des Kampf-künstlers sedimentiert sein, bevor es einen Angriff zunichte werden lassen kann.[146] Das verweist auf ein Geschehen im Inneren des Kampfkünstlers. Um Verbindung an die Stelle von Verteidigungstechniken treten zu lassen, bedarf es einer inneren Transforma-tion von Körper und Geist, die außen zu Sanftheit führt. Ohne Sanftheit bleibt es am An-griffspunkt bei der Konfrontation einander äußerlicher und aufeinander Gewalt aus-übender Personen, Yang gegen Yang. Die Überwindung des Impulses zu Widerstand oder Flucht ist die Überwindung des – modern gesprochen – Ego.

> Zu Grunde liegt: Das Eigene aufgeben und dem Anderen folgen. [B65][147]

Diese Transformation ist Ergebnis einer Selbstkultivierung, wie die „40 Kapitel" und die Theoretiker der Inneren Schule der Kampfkunst es formulierten. Die Kampfkunst, die derjenigen der „etlichen Schulen" entgegengesetzt ist, ist nicht *auch als*, sondern *nur durch* Selbstkultivierung möglich.

Doch der grundlegende Unterschied zu anderen Kampfkünsten besteht nicht darin, dass es im Taijiquan ein innerliches Geschehen gibt (das gibt es in anderen Kampf-künsten auch), sondern dass ein fundamental anderes Verhältnis zum Außen in Kraft ge-setzt wird. Der Unterschied manifestiert sich in der Frage, ob 意 *yi* als Intention ver-standen wird, die im Inneren entsteht und sich außen realisiert, oder als Idee, die immer schon beim Anderen ist, um ihm zu folgen und seinen Angriff so ins Leere laufen zu lassen.

Das Ausstoßen einer Kraft (*fajin*), die im Inneren generiert und dann nach außen ge-schleudert wird, gibt es auch im Karate oder im Shaolin-Gongfu. Es gibt Meister dieser Künste, die gewaltige Wirkungen hervorbringen können. Das haben sie – bei allem Muskel- und Geschwindigkeitstraining – nicht ohne ein beharrliches inneres Üben ge-schafft. Aber diese Kraft kann, wenn sie auf einen Gegner trifft, nur im Konfrontations-modus eingesetzt werden. Sie bleibt ohne Verbindung zum Anderen. Innen und außen sind und bleiben getrennt, ihr Aufeinandertreffen führt zu konfrontativer Gewalt.

Wenn hingegen die Differenz der einander äußerlichen Gegner durch die Polarität von Yin und Yang geschluckt wird, bedeutet das: *Yi* ist nicht die eigene Intention, die eine innerlich generierte Kraft auf den Anderen loslässt, sondern die Idee, mit der die In-tention des Anderen erfasst und durch ihre Ergänzung neutralisiert wird. Taijiquan lässt

---

[146] „Aber ohne lange Zeit alle Kraft und Mühe darauf verwendet zu haben, kann einem nicht plötzlich ein Licht aufgehen." [B15f]
[147] Der Satz, den die Klassischen Schriften des Taijiquan zitieren, stammt von dem Konfuzianer Mengzi (ca. 370 – ca. 290 v. Chr.). Tatsächlich mag die Idee, dem Anderen als Yin zu seinem Yang zu folgen, ein genuin konfuzianischer Beitrag zum Verständnis von Kampfkunst sein; während dessen Voraussetzung, nämlich das Eigene aufzugeben, zugleich auch ins Herz sowohl der daoisti-schen als auch der buddhistischen Lehre führt. Daher betonen einige der Grundlagentexte der In-neren Schule des 20. Jahrhunderts die Bedeutung der Drei Lehren statt nur des Daoismus, wie es das heutige Image des Taijiquan landläufig will.

sich daher beschreiben als die Kunst des Einen, den Kreis sich auch um den Anderen schließen zu lassen. Es ist die Kunst der Umfassung. Nur so wird, was als Angriff begann, zu einem Geschehen jenseits des Konfrontationsmodus.

Wenn man dies als das in der Inneren Schule gehütete Eigentliche versteht, was die anderen Kampfkünste, die Äußere Schule, vergessen hatten, so wird es mit dem Begriff der inneren Kampfkunst eher verdunkelt als erhellt. Es muss in der Tat etwas im Inneren geschehen, aber der eigentliche Unterschied zu anderen Kampfkünsten liegt im Verhältnis zum Äußeren, das daraus hervorgeht.

Chen Fake hatte sicher recht damit, dass jede Kampfkunst innere und äußere Anteile hat. Aber diese Kritik am Konzept der Inneren Schule ist unspezifisch und sagt noch nichts darüber, wie die Anteile ins Verhältnis gesetzt werden. Henning hat ebenfalls recht, dass die Grundlagen aller chinesischen Kampfkünste schon seit der Maid von Yue fixiert sind. Die Basisbegriffe werden von jeder Epoche, selbst wenn sie sonst anders denkt und schreibt, benutzt. Doch wie in der Geschichte des Denkens, der Wissenschaft und der Künste sind es scheinbar kleine Verschiebungen oder Ergänzungen, die gewaltige Veränderungen nach sich ziehen. Viele Jahrhunderte lang hatte man das Begriffspaar Yin und Yang benutzt, ohne es aus der Einheit des Taiji als deren Polarität hervorgegangen zu denken. Das geschah erst im dritten Jahrhundert vor Christus. Wiederum viele Jahrhunderte lang hatte man Taiji zum Gegenstand philosophischer Spekulationen gemacht, ohne auf die Idee einer *Kampfkunst* des Taiji, Taijiquan, zu kommen. Als diese gedanklich kleine Ergänzung hinzutrat, zog sie in den Kampfkünsten gewaltige Veränderungen nach sich. Es war die Idee einer Art von Kraft geboren, die auf dem Prinzip der Nicht-Konfrontation basiert.

Oder vielleicht war es auch umgekehrt: Als diese Art von Kraft geboren wurde, entstand die Idee des Taijiquan.

Dass sich dieses Neue als Uraltes ausgab, eigentlich nicht nur bis in die Song-Zeit zurückreichend, sondern, wie die „40 Kapitel" versicherten, bis an den Anfang der Menschheit, eigentlich sogar der Welt, war in China, wo man sich bei kosmologischen Zusammenhängen nicht in Tagesaktualitäten verlieren wollte, eine Selbstverständlichkeit.

Das der Kampfkunst des Allerhöchsten zugrundeliegende Prinzip realisiert sich nicht automatisch durch das Üben von Taijiquan. Über Annäherungen hinaus gelingt es nur wenigen großen Meistern, das Ideal zu verwirklichen. Doch wenn das dann realisierte Prinzip das des Kosmos ist, das immer gilt, nur lange vergessen war, so stünden die wenigen, die es im Taijiquan erreichen, aller Wahrscheinlichkeit nach in einer langen Reihe mit all jenen unbekannten Meistern anderer Stile, die im Lauf der Zeit vielleicht auf einem anderen Übungsweg ebendort angekommen sein mögen (so wie Song Shirong meinte), ohne es entsprechend zu theoretisieren; vielleicht schon in der Zeit der Maid von Yue oder der von Wang Zhengnan. Jene, die ihr Eigenes aufgegeben haben, werden, von wo immer sie ihren Ausgangspunkt genommen haben mögen, dem Anderen gefolgt sein und dieses Folgen als Lehrmeister beim Verstehen der Kraft genommen haben. Die Gemeinschaft dieser Helden im Kampfkunsthimmel formte dort wohl eine Art Innere Schule. Hier, im Diesseits unserer Niederungen, bliebe sie unsichtbar, auch wenn sich immer wieder ein Meister zeigt, der ihr angehört haben wird.

Der Andere im Taijiquan

Taijiquan – was ist das eigentlich? Und warum betreibt man es? Beide Fragen werden nicht nur von jenen gestellt, die zum ersten Mal davon hören. Sie gehören, ob ausgesprochen oder nicht, zum Selbstverständigungsprozess, der die Entwicklung des Taijiquan begleitet. Offenbar entziehen sie sich einer eindeutigen und endgültigen Antwort; und doch, oder vielleicht deshalb, müssen sie immer wieder gestellt werden. Denn mit ihrer jeweiligen Beantwortung ist eine dritte, entscheidende Frage verknüpft, nämlich diejenige, wie es geübt wird.

Vom Wandel der Kunst

Zunächst scheint alles einfach: Bereits der Name sagt, dass es sich um eine Kampfkunst (*quan*) handelt, nämlich die des Taiji, zu deutsch: des „Allerhöchsten". Sollte die Motivation des Übens dann nicht sein, in einem Kampf bestehen zu können? Geschichten und Legenden von großen Meistern handeln von geradezu phantastischen Kampfkunstfähigkeiten. Auch die Klassischen Schriften des Taijiquan versprechen, dass „Helden" bei Umsetzung der in ihnen formulierten Prinzipien „unbesiegbar" (*wudi*) würden. Dies erreicht zu haben, sprach man einst Yang Luchan als Beinamen zu, „der Unbesiegbare".

Doch die Schriften warnen auch davor, dass man „durch ein Abweichen um Haaresbreite meilenweit daneben landen" [B67f] könne. Es scheint nur ein schmaler Grat, der die Ausdeutung der Prinzipien von einer Fehldeutung trennt.

In der Praxis stößt man auf sehr unterschiedliche Auffassungen und Ausführungen von Taijiquan, deren gemeinsamer Nenner nicht immer auf den ersten Blick sichtbar wird. Oft ist die Kampfkunst nicht nur aus dem Namen dessen, was geübt wird, entfallen (Taiji/Tai-Chi statt Taijiquan), sondern auch aus dessen Verständnis. An den Rändern seiner Ausbreitung ist der Ursprung und das Wesen des Taijiquan als Kampfkunst nahezu vergessen. Dafür gibt es durchaus Gründe in seiner Entwicklungsgeschichte und in seinem Charakter.

Taijiquan ist, soweit wir es historisch zurückverfolgen können, immer durch Wandlungen hindurchgegangen. Das gilt nicht erst seit seiner Ausbreitung über die Grenzen Chinas hinaus. Noch im 19. Jahrhundert begann es sich in verschiedene Familienstile auszudifferenzieren. Selbst innerhalb der jeweiligen Familienüberlieferung blieben sich die Formen und die Art ihrer Ausführung nicht gleich. Vor allem aber führte der mit dem Ende des Kaiserreichs 1911 einsetzende Übergang vom alten ins neue China zu weitreichenden Veränderungen.

Als Taijiquan in die neuen Strukturen der Öffentlichkeit (Schulen, allgemeine Zugänglichkeit für Männer und Frauen, Publikationen und Debatten) eintrat, lenkte man den Blick nicht so sehr auf seine martialische Funktion, sondern eher auf seine gesundheitsfördernde Wirkung. Sie sollte den Einzelnen sowie der sich aus der langen Agonie des späten Kaiserreichs wieder aufrichtenden Nation zugute kommen. In die Klassischen Schriften des Taijiquan wurde bald schon ein Passus aufgenommen, der Langlebigkeit zum Ziel des Übens erklärte. Das passte ins Programm der nationalen Selbsterneuerung und es betonte die Nähe zum Daoismus, dem damals, anders als dem lange Zeit einflussreichen Neokonfuzianismus, ein vom alten Regime der Mandschu nicht kompromittiertes, positiv-patriotisches Image zukam.

Indem es öffentlich gelehrt wurde, bekam auch Taijiquan ein Image, ein Gesicht in der öffentlichen Wahrnehmung. Damit begann ein Prozess, in dem nicht mehr nur interne Stilentwicklungen, sondern auch externe Faktoren die Art beeinflussten, wie Taijiquan ausgeübt und unterrichtet wurde. Zu den Unterschieden im Verständnis und der Persönlichkeit der Meister, die es überlieferten, traten Klugheits- und Nützlichkeitserwägungen bei der Selbstdarstellung. Es entstanden unterschiedlich ausgerichtete Schulen, in denen die von außen herangetragenen Erwartungshaltungen und das Auftreten nach außen zu Rückkoppelungseffekten führten. Sie hatten Einfluss auf die Art des Unterrichts und letztlich auch auf die Ausführung der Formen. Langsame, fließende Bewegungen wurden zum Signum gesundheitsfördernder Aspekte, während schnelle, explosive Bewegungen kämpferische Anwendungsmöglichkeiten symbolisieren sollten.

Einmal im Wandel, immer im Wandel. Im Lauf der Zeit wurde Taijiquan in ein Kraftfeld von gesellschaftlichen und kulturellen Trends gezogen, die es in unterschiedlichen Gewändern erscheinen ließen; zunächst in China und schließlich, seit seiner Reise nach Westen, in der ganzen Welt. Taijiquan geriet in den Fokus von politischen und wirtschaftlichen Interessen. Gesundheits- und Sportpolitik, Ethno- und Wellnesswellen, Freizeit- und Tourismusindustrie, Religionsrevival und Entspannungswissenschaften zeichneten bunte, oft phantasievolle Bilder von ihm. Es fächerte sich in vom Zeitgeist beeinflusste, schließlich parallel nebeneinander bestehende Ansätze auf.

Heute wird Taijiquan immer noch als Kampfkunst, aber auch als Wettkampf- oder als Seniorensport, als ästhetischer Wettbewerb, als Methode medizinischer Prävention und Rehabilitation mit Krankenkassenbezuschussung, als wöchentliche Wohlfühlveranstaltung, als meditative Entschleunigung des Lebens, als Möglichkeit der Persönlichkeitsentwicklung oder als Entspannungstechnik für Manager beworben. In diesem Schillern seines Images und seiner Ausrichtungen spiegelt sich die Bandbreite dessen, was Taijiquan ist – und was es nicht ist. Jede Wandlung lässt erneut nach Sinn und Substanz der Kunst fragen. Ist sie noch in Übereinstimmung mit dem namengebenden Prinzip des Taiji?

Von einer Kunst der Wandlungsfähigkeit wird man nicht erwarten, dass sie selbst unverändert in Raum und Zeit überliefert wird. Ganz offenbar lässt Taijiquan sich in verschiedene Resonanzräume übertragen, die von sehr unterschiedlichen Interessen, Motiven und Lebenswegen geprägt sind. Die Möglichkeit dazu gründet im Taijiquan selbst, das in sich verschiedene Aspekte vereinigt.

Wie ein Dreifuß stützt sich das einzigartige Konzept der Kampfkunst des Allerhöchsten auf die Aspekte des Kampfes, der Qi-Pflege und der Meditation. Hinsichtlich des Kampfes lehrt Taijiquan, wie ein Angriff ohne den Einsatz von Körperkraft – und das heißt letztlich: ohne Gewalt – zunichte gemacht werden kann. Die für die Bewegungsabläufe unerlässliche Stimulierung des Qi macht es zu einer Art Qigong mit gesundheitsfördernder Wirkung. Und weil im Taijiquan alle Bewegung in Ruhe gründet, kommt ihm eine meditative Wirkung zu. Es ist dasselbe Prinzip des Loslassens und der inneren Verbindung des ganzen Körpers durch Entspannung (*song*), das in allen Aspekten wirkt – aber nur, wenn sie sich gegenseitig nähren. Nur wenn sie vereint bleiben, so die erste These dieses Artikels, können sie ihre Wirkung entfalten.

Wird Taijiquan hingegen „nur der Gesundheit halber" (oder der Entschleunigung, eines Wettkampffiebers oder der Selbstverteidigungsmöglichkeiten wegen) betrieben, schmälert man nicht nur die Kunst, sondern auch die erhofften Effekte. Werden die Aspekte des Taijiquan aufgespalten, um es nur einem ausschnitthaften Interesse dienen zu lassen, verändert sich der Übungsweg. Auf ihm kommt es nicht zu einer Vertiefung des isolierten und ausgesonderten Aspekts, sondern zu seiner Verflachung.

Die sich gegenseitig nährenden Aspekte bleiben nur vereint, so die zweite These dieses Artikels, wenn Taijiquan als Kampfkunst betrieben wird. Das bedeutet nicht, dass die Senioren oder Rekonvaleszenten wieder nach Hause geschickt würden. Im Gegenteil. Sie sind beim Üben ein wichtiges Korrektiv für die Gesunden und Starken, um sie immer wieder daran zu erinnern, dass es bei der Kampfkunst des Taiji nicht um Körperkraft und Schnelligkeit geht, sondern um die Kunst zu kämpfen ohne zu kämpfen.[148]

Die Kampf-Kunst des Allerhöchsten lässt den Kampf als ein Spiel der Kraft verstehen. Nur wenn man sich auf dieses Spiel einlässt, kommen alle Aspekte des Taijiquan zur Geltung. Die Kampfkunst des Allerhöchsten entfaltet sich nur, so die dritte These dieses Artikels, wenn sie nicht utilitaristisch wegen eines außerhalb ihrer liegenden Ziels, sondern wie ein Spiel um ihrer selbst willen betrieben wird.[149]

In diesem Spiel der Kraft kommt dem Anderen eine entscheidende Rolle zu. Das unterscheidet Taijiquan von Qigong oder Yoga und stellt es in eine Reihe mit anderen Kampfkünsten. Doch die spezielle Art, wie das Verhältnis zum Anderen bestimmt wird, unterscheidet Taijiquan wiederum von anderen Kampfkünsten. In diesem Verhältnis zum Anderen liegt der einzigartige Charakter des Taijiquan begründet; somit auch seine Wirkung auf den Qi-Fluss, die Beruhigung des Geistes und sein Gewaltvermeidungspotential. Das Gelingen dieses Verhältnisses, so die vierte These dieses Artikels, entscheidet über die Meisterung der Kunst.

Die Begegnung mit dem Anderen

Ausgangssituation einer jeden Kampfkunst ist die Erinnerung an eine Urszene: Ein Anderer hat die Bühne betreten, mit dem es zu einer unfreundlichen Begegnung kommt. Man muss einen Angriff überstehen. Dafür steht *quan*, wörtlich: „die Faust". Auch im Taijiquan.

---

148 Vgl. hierzu Dreyer 2018.
149 Vgl. hierzu Peters 2019.

Doch wie in jeder Kampfkunst ist diese Urszene in den Hintergrund entrückt, um den Weg zum Üben freizugeben. Geübt wird mit einem Gegenüber, der Partner, nicht feindlich gesonnener Gegner, ist. Geübt wird nicht mit dem Ernstfall. Es bleibt die Idee eines Angriffs, die in ein geregeltes Spiel überführt ist. Das gilt für alle Kampfkünste, auch wenn in manchen eine grimmige Geste zum Spiel gehört. Der Unterschied zu anderen Kampfkünsten liegt in dem, was und wie geübt wird. Er liegt in einem anderen Prinzip der Kraft, durch das die Rolle des Anderen eine andere wird.

In anderen Kampfkünsten steht der Andere für einen Gegner, gegen dessen Angriff man sich verteidigt. Man wehrt ihn ab und überwältigt ihn. Im Taijiquan steht der Andere für einen Gegner, dessen Angriff man nicht abwehrt, sondern neutralisiert, indem man sich mit ihm und seiner Kraft verbindet. Im Taijiquan trifft ein Angreifer auf keinen Gegner. Damit hört er selbst auf, einer zu sein.

Taijiquan erklärt das Urprinzip des Kosmos zur Methode einer Kampfkunst. Sie geht davon aus, dass das universelle, von der Einheit des Taiji zusammengehaltene Wechselspiel von Yin und Yang auch in der Welt des Kampfes wirkt. In ihr besteht die Spielaufgabe darin, zu einem Angriff die Entsprechung zu finden, die um ihn den Kreis der Kraft schließt. Dieser Kreis der Kraft lässt sich mit dem gängigen Taiji-Symbol veranschaulichen. Das Gegeneinander einer konfrontativen Zweiheit wird durch die Ergänzung von Yin und Yang in einer (temporären) Einheit aufgelöst. Das setzt voraus, dass man sich bruchlos in die Angriffsbewegung einblenden kann. In den Klassischen Schriften des Taijiquan heißt es:

> Wenn der Andere hart ist, bin ich weich. Das nennt man mitgehen. Ich folge der Richtung, wenn der Andere sich abwendet. Das nennt man anhaften. Ist die Bewegung schnell, so ist auch die Entgegnung schnell. Ist die Bewegung langsam, so folgt man langsam. [B7-10]

Statt dass Gegner mit ihren Körpern im Kampf aufeinander prallen, ergänzen sich der Andere und ich wie Yin und Yang bzw. Yang und Yin – bis zum Abgeben der Kraft (*fajin*), bei dem die Angriffskraft elastisch transformiert zu ihrem Ursprung zurückkehrt.

Das Sich-einblenden in die Bewegung des Anderen misslingt, wenn dem Angriff mit Widerstand oder Flucht begegnet wird. Der intendierte Angriff darf mir nur zum Bewegungsanstoß werden, dem ich folge. Dazu müssen Herz und Geist ruhig und der Körper in höchstem Maße sensitiv sein. „Keine Feder könnte hinzugefügt werden, keine Fliege könnte landen." [B27f] Nur dann kann die Bewegungsrichtung und die Stärke des Angriffs ohne Blockade und ohne Lücke erfasst und durch Mitgehen neutralisiert werden.

Gemäß Art, Stärke und Bewegungsrichtung des Angriffs formt sich dabei meine Stellung um. Dazu muss der Körper nicht nur an jedem Punkt sensitiv, sondern auch durchlässig und „in all seinen Teilen miteinander verbunden" [A2] sein. Entspannung (*song*) bedeutet Durchlässigkeit und Verbindung aller Teile des Körpers miteinander, so dass dieser sich immer als ganzer bewegt. In demjenigen, der *song* ist, kann das Qi überallhin gelangen. Dann wirken das Laufen der Form und das Üben des Tuishou wie ein einzigartiges Qigong, das eine wohltuende und gesundheitsfördernde Wirkung entfaltet.

Bleiben die Bewegungen der Form hingegen nur eine äußerliche Imitation jenes Spiels der Kraft, dann ist nichts gewonnen außer einer Illusion. Wenn die Gelenke blockieren und statt der Verbundenheit des ganzen Körpers lokale Kraft angewendet wird, bleiben die Figuren der Form, gemessen an ihrem Potential, wertlose Imitate. Dann sind sie nicht bewegte Bilder, in denen die Erinnerung an das Spiel der Kraft aufbewahrt ist, sondern umständliche und relativ nutzlose Verrenkungen.

Das Üben mit dem Anderen ist der Gradmesser und der Lehrmeister auf diesem Weg – wenn es richtig angeleitet wird. Auch Tuishou lässt sich fehlerhaft üben, d.h. so, dass der Körper nicht entspannt und verbunden, nicht *song* wird, sondern lokale Kraft erzeugt. Übt man mit einem sehr weit Fortgeschrittenen, oder hat man die Gelegenheit, einen Meister zu spüren, zeigt sich der Unterschied sofort.

Immer wieder heißt es: „Loslassen" (*fang song*)! Es ist ein Weg unendlicher Verfeinerung, der nie zu Ende ist, auf dem sich gleichwohl schon sehr bald erstaunliche Erfahrungen machen lassen. Wer ihn begeht, stößt irgendwann auf die im 36. Kapitel des *Daodejing* formulierte Einsicht: „Das Weiche siegt über das Harte. Das Schwache siegt über das Starke." Im Taijiquan bedarf es der Schwäche des Weichen und Sanften, um einen Angriff aufzunehmen. Wo man auf wirklich Fortgeschrittene beim Üben trifft, scheinen sie sich in einem Wettstreit der Sanftheit zu befinden, in dem jede Form von roher Kraft ausgemerzt werden soll.

Das weckt die Skepsis der Starken, die eine harte Kampfkunst betreiben. Was sich von ihrem Standpunkt aus am Taijiquan belächeln lässt, trifft zu: Sein Übungsweg ist kein Training für den Erfolg im Kampf. Wer sich ein halbes Jahr in Hauen und Treten trainiert hat, darf sich für eine körperliche Auseinandersetzung besser gerüstet fühlen als jemand, der dieselbe Zeit mit dem Üben von Taijiquan verbracht hat. Selbst nach Jahren stellen sich nicht automatisch die wundersamen Kampfkunstfähigkeiten der großen Taijiquan-Meister ein. Sie lassen sich weder durch hartes Training noch durch geduldiges Imitieren, sondern nur durch beharrliches, immer wieder korrigiertes Üben erlangen. In ihm geht es nie nur darum, etwas zu bewirken, schon gar nicht direkt und kurzfristig, sondern immer auch darum, etwas geschehen zu lassen.

Um so schwach zu werden, dass man über das Starke siegen kann, muss man jeden Gedanken an Effizienz suspendieren. Wer aus der Kampf-*kunst* des Taiji eine *Kampf*-kunst macht, gerät auf einen anderen Weg, oder er findet sich immer wieder vor einem verschlossenen Tor. Über ihm steht nicht „zu schwach", sondern im Gegenteil, lange Zeit nur schwer entzifferbar, „nicht schwach genug".

Um die Tore auf dem Weg des Taijiquan zu öffnen, bedarf es anderer Schlüssel als in harten Kampfkünsten. Beim Hin und Her des Tuishou, bei der Ergänzung und dem Ineinander-übergehen von Yin und Yang, stehen die Übungspartner wechselweise für einen Angreifer ein, wenn auch auf sehr sublime Weise. Wo das Neutralisieren gelingt, schließt sich die Einheit des Kreise(n)s um die fließenden Rollenwechsel der Übungspartner. So helfen sich die Gegenüber bei der Entspannung, der Verfeinerung der Bewegungen und der Stimulierung ihres Qi. Beim gemeinsamen Erforschen von Möglichkeiten des Loslassens und Entspannens entfaltet sich das feinsinnige Spiel der Kraft.

Doch darunter lauert noch eine andere Konfrontation. In der freundschaftlichen Atmosphäre des Tuishou, vor allem im freien Spiel, tauchen immer wieder Momente emotionaler Nadelstiche auf. Wo man sich bedrängt fühlt, entsteht schnell ein Ringen um die Selbstbehauptung gegenüber dem Anderen. Wo eben noch gegenseitiger, spielerischer Austausch war, ist plötzlich die Konkurrenzsituation eines informellen Wettkampfs entstanden. Auf einmal haben sich Frustration und Ärger beim Gefühl einer Niederlage eingeschlichen; oder umgekehrt Stolz und ein Gefühl der Überlegenheit bei einem „Punktgewinn". Manche geben Taijiquan auf, weil ihnen Partnerübungen unangenehm sind. Andere, die große Geschicklichkeit bei dieser Art des Sich-messens erlangen, entfernen sich – ohne es zu merken – immer weiter von dem, worum es im Taijiquan geht.

Es ist die Aufgabe des Lehrers, den Rahmen des Übungsweges so abzustecken, dass er nicht zu einem Geschicklichkeitstraining unter Konkurrenzdruck wird. Dennoch kommt es immer wieder zu Situationen, die das Selbstbewusstsein ins Wanken bringen. Sie gehören zum Weg jeder Kampfkunst dazu, auch und gerade zu der des „Allerhöchsten". Sie stellen deren eigentliche Herausforderung dar. Denn sie stoßen einen, wenn man sie richtig versteht, darauf, dass der wahre Gegner, den es zu überwinden gilt, nicht der Andere ist, sondern man selbst.

Die Selbstbegegnung

Bei Partnerübungen haben wir es nie nur mit einem Anderen zu tun, sondern wir geraten durch ihn auch in ein Selbstverhältnis. Hier fällt die Entscheidung über Sieg oder Niederlage auf dem Weg der Kampfkunst. Der Andere wird zum Spiegel unseres Inneren.

Wer sich beim Tuishou darüber ärgert, dass er zum x-ten Mal auf die gleiche Weise ausgehebelt wurde, muss feststellen, dass sein angreifbarer Punkt nicht nur das immer noch blockierte Schultergelenk ist, sondern dass er sich auch innerlich angegriffen fühlt. Das eine hängt mit dem anderen zusammen.

Sein Ego ist angegriffen. Doch das Ego ist nicht angegriffen, weil der Körper blockiert, sondern der Körper blockiert, weil sich das Ego dem Angriff widersetzen oder sich der Situation entziehen will. Irgendwann lässt sich erkennen: Das Ego haust nicht körperlos in einer psychischen Instanz, sondern im ganzen Körper. Selbst ein gedehnter und beweglicher Körper blockiert, wenn das Ego den Angriffspunkt nicht freigibt für das Taiji-Prinzip und ihn nicht durchlässig werden lässt.

Partnerübungen im Taijiquan lehren, dass der Angriffspunkt nicht zum Punkt der Auseinandersetzung werden darf. Das aber geschieht, wenn das Ego mit Widerstand oder Flucht reagiert. So zeigt der Übungspartner uns im Tuishou – wenn wir es uns zeigen lassen – nicht nur die Stellen auf, an denen der Körper nicht mitspielt, sondern er verweist uns auch auf uns selbst; und das bedeutet: auf unser Verhältnis zu ihm, dem Anderen. An dem Verhältnis zu ihm müssen wir etwas ändern.

Die Klassischen Schriften erklären das Verhältnis von Selbst und Anderem zum Schlüssel für das Realisieren des Taiji-Prinzips in der Kampfkunst. So heißt es in der Wang Zongyue zugeschriebenen „Abhandlung des Taijiquan":

> Zu Grunde liegt: Das Eigene aufgeben und dem Anderen folgen. [B65]

Es handelt sich um ein Zitat des konfuzianischen Philosophen Mengzi (ca. 370-290 v. Chr.). Im Kontext der Kampfkunst des Taiji bedeutet es, dass jede Eigenbewegung vermieden werden muss; dass es nicht die geringste Lücke und nicht die geringste Blockade zwischen Yin und Yang, zwischen mir und dem Anderen, geben darf. Das Ego, das überall im ganzen Körper haust, ist das aus der Einheit des Taiji Herausgefallene, das von seinem Gegenstück in der Yin-Yang-Beziehung Abgespaltene. Es manifestiert sich in jeder Eigenbewegung; im Versuch, sich einem Angriff zu entziehen oder sich ihm zu widersetzen – statt ihm zu folgen, um sich mit dem Angreifer zu verbinden.

„Das Eigene aufgeben und dem anderen folgen" bedeutet nicht, dem anderen das Feld zu überlassen. Es bedeutet keine Auslöschung der Yin-Hälfte im Taiji-Symbol, keine Unterwerfung, eine Okkupation lässt man gerade nicht zu. Man lässt den Angriff ins Leere und sodann auf den Angreifer zurück laufen.

Dieses Ins-Leere-laufen-lassen gelingt nicht einfach so. Mit einer bloßen Einsicht, einem Beschluss oder einem Trick, den man sich zeigen lassen könnte, ist es nicht getan. Um das Ego bei einem Angriff im ganzen Körper aufgeben zu können, verlangt Taijiquan eine Transformation der Bewegungsmuster, nicht so sehr eine Akkumulation von Fähigkeiten. Es schickt seine Spieler auf einen langen und oft nicht einfachen Übungsweg, dessen Methode Zheng Manqing als „Investieren ins Verlieren" beschrieben hat. Die chinesische Wendung (*xue chikui*) bedeutet wörtlich „lernen, Verluste zu erleiden". Der Satz lässt sich auch als „Lernen durch das Erleiden von Verlusten" verstehen. Der Verlust wird zum Lehrmeister, wenn wir realisieren, dass dasjenige, was wir da nicht aufgeben wollen, der Hinderungsgrund für das Durchschreiten des Tores ist, das sich immer wieder vor uns verschließt.

Taijiquan ist ein Weg der Kampfkunst, auf dem wir mit Hilfe des Anderen lernen können, uns nicht mehr selbst im Weg zu stehen. Der Andere ist, vertreten durch den Übungspartner, immer dabei. Zunächst in der Rolle des Angreifers, dann als „Assistent" meines Qi-Flusses; und schließlich als derjenige, der mir den Spiegel meines Selbst vorhält. Er ist kein Steigbügelhalter meiner Selbstoptimierung, sondern Weggefährte bei der stillen, aber beharrlichen Selbsttranszendierung im Spiel der Kraft. Selbst in der Form, die man ohne Übungspartner läuft, ist der Andere als Auslöser der Idee, die jeder Stellung ihren Sinn gibt, präsent.

Das Nicht-Begegnen eines feindlich Gesonnenen

Nach Jahren oder Jahrzehnten des Übens mit einem Gegenüber kann der Prozess der Verfeinerung auch ohne direkten Kontakt weitergehen. Der Andere bleibt als Erinnerter dabei. Wenn die Figuren der Form sich mit Sinn gefüllt haben; wenn sie nicht mehr als

Techniken oder äußerliche Bewegungsmuster im Raum stehen, sondern in ihrer Entstehung und in jeder ihrer Phasen als Anpassung an den Wandel der Situation durch eine von außen kommende Kraft verstanden sind – dann sind sie zu idealisierten Erinnerungsbildern des Spiels der Kraft geworden. Die Figuren, die ein Meister beim Laufen der Form in die Landschaft malt, ähneln äußerlich den Figuren der Form, die man am Anfang, noch vor den ersten Partnerübungen, erlernt. Doch bei ihm kann das Qi ungehindert durch sie hindurch fließen, so dass alle Stellen des Körpers durchlässig und zugleich miteinander verbunden sind. Sein Taijiquan hat eine Ausstrahlung, die Andere anzieht.

Jene, die einen solchen Meister erleben, staunen über seine Form und seine Tuishou-Fähigkeiten. Sie sehen und spüren etwas, von dem sie noch nicht wissen können, was es wirklich ist und wie sie dorthin gelangen können. Vielleicht begeben sie sich nun als Schüler auf den Weg, den Generationen vor ihnen bereits beschritten haben, und der nun genau zu ihnen geführt hat, die ihn fortsetzen werden.

Dabei mag ihnen anfangs noch eine Frage durch den Kopf gehen: Ist der Meister tatsächlich dorthin gelangt, wo das Schwache das Starke besiegt? Ist er zum „Unbesiegbaren" geworden? In den meisten der wenigen Fälle, in denen einer zur Meisterschaft gelangt ist, werden wir es nicht erfahren; zumindest nicht in einem Ernstfall, der den Starken bewiese, was das Schwache vermag. Denn dem feindlich gesonnenen Anderen, der ihn angreifen wollte, wird der sanfte ältere Herr mit der freundlichen Ausstrahlung wahrscheinlich nicht mehr begegnen; auch und gerade, wenn manche munkeln, er sei der unerkannte Yang Luchan unserer Zeit. Auf die Frage nach der Effizienz seiner Kampfkunst antwortet er mit einem Lächeln, das so herzlich ist, dass er sogar die Stärksten für sich gewinnt. Vielleicht, weil er in sich selbst keinen Feind mehr hat. Tatsächlich ist die wörtliche Bedeutung von „unbesiegbar" (*wudi*): „keinen Feind haben".

Der Geist der Kunst im Taijiquan

Durch Taijiquan, die „Kampfkunst des Allerhöchsten", schimmern bei genauer Betrachtung verschiedene Felder der chinesischen Kultur. Wer nachforscht, stößt auf Spuren anderer Kampfkünste, die dem Taijiquan vorausgingen und ihm zeitgleich als konkurrierende Kontrastfolie seiner eigenen Methode dienten und dienen. Er stößt auf Ähnlichkeiten in Bewegungs- und Erklärungsmustern mit Praktiken der Gesundheits- und der Lebenspflege (Daoyin, Yangsheng), die seit über 2000 Jahren Körper und Geist vitalisieren sollen; auf die innere Alchemie des religiösen Daoismus, in der die beharrliche Lenkung des Qi zu einer Umwandlung des Körpers führen soll; auf den philosophischen Daoismus mit seiner Vorstellung vom Nicht-Handeln und der Überlegenheit des Weichen über das Harte; auf die alten Militärstrategen, vor allem Sunzi, mit ihrer Orientierung am Anderen und dem Diktum, dass an dessen leeren Stellen anzugreifen sei; auf die neokonfuzianische Philosophie, die mit der Verknüpfung von Taiji und Wuji sowie dem Verweis auf die Ruhe des Herzens als Quelle alles Handelns in der Welt deutliche Spuren in den Klassischen Schriften des Taijiquan hinterlassen hat. Kaum oder gar nicht im Bewusstsein derer, die sich mit Taijiquan befassen, ist hingegen dessen Bezug zur Kunst bzw. den Künsten.

Die kulturelle und die kämpferische Dimension (*wen* und *wu*)

Die stiefmütterliche Behandlung der Kunst bei der Ahnen- und, wenn man so will, „DNA"-Forschung des Taijiquan sollte eigentlich verwundern, gab es doch in den Kampfkünsten immer Meister, die zugleich virtuos den Pinsel zu führen verstanden. Das war durchaus nicht als belanglose private Spielerei zu betrachten, als „Hobby" im heutigen Sinn; sondern als Verbindung der kulturellen und der kämpferischen Dimension (*wen* und *wu*), die für die Entwicklung der Persönlichkeit wie auch für die Harmonie im Reich unter dem Himmel als unerlässlich erachtet wurde.

Diese Verbindung des Kulturellen und des Kämpferischen wurde schon in alter Zeit mit den „Sechs Künsten" gepflegt. Sie umfassten Rituale, Musik, Kalligraphie, Arithmetik, Bogenschießen und Reiten. Die Pflege dieser Künste hatte auch, anders als dessen späteres Image erwarten ließe, Konfuzius von seinen Schülern erwartet.

Die Einheit von *wen* und *wu* ließ sich zu der von Pinsel und Schwert verdichten. Das Schriftzeichen 土 *shi* bezeichnete im chinesischen Altertum einen Rang adliger Schwertträger, später Gelehrte. Schriftgelehrte wussten den Pinsel zu führen und waren in der Kalligraphie versiert. Irgendwann, zunehmend seit der Song-Zeit, verloren sie den Kontakt zum Schwert. In dem Film *Hero* von Zhang Yimou (2002) wird, wenn auch vielleicht mit einem leicht politisch-propagandistischen Unterton, an das alte Ineinander von *wen* und *wu* erinnert. Zwei unbesiegbare Schwertkämpfer sind in ihm zugleich Meister der Kalligraphie. Einem von ihnen geht beim Kalligraphieren einer der Schreibweisen des Zeichens für Schwert 劍 *jian* dessen Telos auf: das Nicht-Schwert, der Frieden im Reich unter dem Himmel.

Bis heute haben sich Meister des Taijiquan immer wieder in den Künsten hervorgetan; so auch der Meister des Chen-Stils Chen Xiaowang (geb. 1946) als Kalligraph. Vor allem stand der „Meister der fünf Vortrefflichkeiten", Zheng Manqing (1900-1975), der sich wie kein zweiter um die Verbreitung des Taijiquan im Westen verdient gemacht hat, für die Verbindung der Kampfkunst des Allerhöchsten mit der Kunst ein. Zheng war schon in jungen Jahren Professor für traditionelle chinesische Malerei, darüber hinaus Kalligraph, Dichter und Arzt für chinesische Medizin. In seinen Erläuterungen zum Taijiquan zog er bisweilen Vergleiche mit der Kalligraphie heran, die in China seit alters als die höchste aller Künste gilt.

Der Austausch der Künste

Die Künste haben sich in China in einem engen Austausch miteinander entwickelt. Dazu trug bei, dass Künstler bereits früh auf das, was sie taten, reflektierten und Theorien bildeten. Begriffe und Ideen wanderten zwischen den Künsten hin und her, prägten ihr Selbstverständnis und wirkten zurück auf die Kunst.

Sowohl die Klassischen Schriften des Taijiquan als auch einzelne Merksätze der mündlichen Überlieferung zeugen davon, dass die Kampfkunst irgendwann Teilnehmer dieses Prozesses geworden war. Es gibt nicht nur eine teilweise verblüffende Übereinstimmung im Vokabular, mit dem über Kunst und Kampfkunst gesprochen wird. Es gab und gibt auch nicht nur die Personalunion von beidem in einzelnen Meistern. Es gibt vielmehr eine auffallende Strukturanalogie in den Bestimmungen, die Kalligraphie und Malerei zur Kunst und die Bewegungsformen zur Kampfkunst erklären. Inwieweit einzelne Meister Gedankengut aus der Kunst ins Taijiquan transportiert haben mögen – wie umgekehrt auch Kampfkünste zu dem früh einsetzenden Selbstverständigungsprozess der Kunst beigetragen haben könnten –, lässt sich für uns nicht rekonstruieren. Doch es scheint ohnehin sinnvoller, Entwicklungen in der chinesischen Geistesgeschichte – zu der das Taijiquan sich als zugehörig erweist – nicht in Form linearer Einflussnahmen zu denken, sondern in Form ausstrahlender Felder, die durch Überlagerungen aufeinander wirken.

Kampfkunst lässt sich nicht auf Kampfsport oder auf ein Selbstverteidigungssystem reduzieren. Sie will Kampf-*kunst* sein, womit keine Orientierung am Schönen gemeint ist. Ästhetik kreiste im alten China nicht um den Begriff des Schönen, sondern um geistige und kosmologische Bestimmungen. Mit ihnen in Übereinstimmung zu sein, wurde nicht als schöne oder geschmackvolle Zutat zur Effizienz von Kampfkünsten betrachtet, sondern als Methode ihres Gelingens.

Vieles von dem, was hier versuchsweise erörtert wird, mag für andere Kampfkünste auch gelten. Diejenige, um die es hier geht, ist Taijiquan.

Die Kraft der Konfiguration

Zwei Charakteristika, die für Taijiquan als Kampfkunst gelten, wecken zunächst vielleicht Zweifel an einer Wesensverwandtschaft mit Kalligraphie und Malerei:

- 1. Eine Kampfkunst muss sich in der Auseinandersetzung mit einem Gegner bewähren können, während Kunstwerke ihre Bewährungsprobe vor meist friedlichen Betrachtern haben.
- 2. Kalligraphie und Malerei hinterlassen ein mit dem Pinsel erstelltes Werk, während das, was Kampfkünste einem Betrachter darbieten, flüchtige Formen sind, die eher performativen Künsten (Tanz, Theater, Oper) oder Ritualpraktiken (bei Tempel- oder Opferzeremonien) ähneln.[150]

Die Funktion einer Kampfkunst ist zunächst eine ganz andere als die von Kalligraphie oder Malerei, entsprechend spielen sie sich in unterschiedlichen Medien ab. Doch es ist dasselbe Schriftzeichen 勢 *shi*, das die Grund-Stellungen und Figuren im Taijiquan bezeichnet wie auch die figurative Konstellation einer Kalligraphie oder eines Gemäldes. Vereinfacht gesagt, benennt *shi* die Kraft oder Kräftigkeit, die eine äußere Form ausstrahlt, sowohl im Kunstwerk als auch in den bewegten Figuren des Taijiquan.

Der Begriff *shi* stammt ursprünglich aus dem Kriegswesen, wo er zunächst, in der Shang-Zeit (16. - 11. Jh. v. Chr.), eine militärische Einheit bedeutete, später, in der Zeit der Streitenden Reiche (475-221 v. Chr.), die Aufstellung der Truppen sowie auch die daraus resultierende Macht, im Idealfall die überlegene Stellung.[151]

Auch in der Kunst meint *shi* eine Formation von Strichfolgen und zugleich die darin gespeicherte Kraft. Innerhalb eines Schriftzeichens verweist ein Strich auf den nächsten, innerhalb des Textes verweist jedes Schriftzeichen auf das folgende, der ganze Text schließlich ist wie von Kraftlinien durchzogen. Genauso ist es in der Malerei, wo kein Strich und kein partikulares Gebilde für sich besteht und in sich ruht, sondern sich durch den Verweis auf andere zur Konfiguration des Bildes zusammenfügt. *Shi* bezeichnet die aus einer Bewegung entstandene, nun ruhende Gestalt, die in ihrer Ruhe zugleich schon wieder über sich hinaus ist.

Ähnlich ist es im Taijiquan, wo jede Bewegungsphase einer Figur einen Übergang in die nächste darstellt. Ist die Endstellung einer Figur erreicht, ist nur dann nicht das tote

---

[150] Chao (1948) hat auf die Rolle der Theatralik in religiösen Geheimgesellschaften hingewiesen. Holcombe (1990, 1992), der von einem „Theater of Combat" spricht, sieht in Anlehnung an Needham einen Zusammenhang von chinesischen Kampfkünsten mit daoistischen Praktiken der Qi-Kontrolle in religiösen Geheimgesellschaften. Henning (1999) betont dagegen die „real military function" der Kampfkünste zu Zeiten, in denen es noch keine Feuerwaffen gab, und wendet sich vehement gegen die „overestimation of their 'spiritual' aspects". Einen Zusammenhang zwischen Kampfkunst und Kunst zu untersuchen, bedeutet allerdings, wie sich zeigen wird, genau diese geistigen Aspekte zu untersuchen. Kunst – und das gilt auch für Kampfkunst – lebt nicht nur von der Kunst vor ihr und der Beobachtung der Natur außer ihr. In ihr Selbstverständnis und ihre Entwicklung gehen noch andere Quellen ein. In jeder Kunst überlagern sich miteinander interagierende Ausstrahlungen verschiedener Felder der Kultur.
[151] Zur Begriffsgeschichte des Zeichens 勢 *shi* vgl. Unverzagt 2019, Anhang 4, S. 190f.

Ende einer Entwicklung erreicht, wenn in ihr die für das Taijiquan spezifische Kraftkonstellation enthalten ist; d.h. wenn in ihr die Möglichkeit enthalten ist, Kraft aufzunehmen, zu neutralisieren und abzugeben. Körper und Geist müssen entspannt und wandlungsfähig sein, um sich gemäß einer Einwirkung von außen in eine andere Figur zu verändern. Beim Laufen der Form ist der Übergang choreographiert, im Kampf geschieht er spontan. In beiden Fällen muss die äußere Form von dieser inneren Kraft durchdrungen sein.

In der Pinsel- wie auch in der Kampfkunst steht die Konfiguration *shi* in Bezug zur Form (形 *xing*). *Shi* lässt sich als die in der Form gespeicherte oder sie durchdringende Kraft verstehen. Fehlt sie, dann entfaltet eine Kalligraphie, ein Bild oder eine Kampfkunstform keine Wirkung.[152] Bei Anfängern, egal in welcher der Künste, ist dies offensichtlich, wenn die Formen noch „wackeln" und nur eine schwache äußere Ähnlichkeit mit dem haben, was sie darstellen wollen. Wenn sich die Formen stabilisiert haben, ist es nicht mehr für jeden Außenstehenden, sondern nur noch für den Kenner sichtbar, ob und wie sehr sie mit Kraft durchdrungen sind oder ob es sich nur um leere Formhülsen handelt. Schließlich, auf noch höherer Stufe, gibt es, wiederum in allen der Künste, unterschiedliche Schulauffassungen darüber, was als die der Form angemessene Kraft gelten darf. Gemäß dieses Verständnisses bilden sich unterschiedliche Stile der Formgestaltung aus. In einem Stil mag als vollendet gelten, was vom Standpunkt eines anderen aus als Fehlentwicklung erscheint.

Doch wie laden sich die Formen (*xing*) mit Kraft (*shi*) auf? Sicher nicht durch das sture Wiederholen der Formen, aber auch nicht ohne beständiges Üben. Auch das haben Pinsel- und Kampfkunst gemeinsam.[153] Was muss hinzutreten?

Die Idee (*yi*)

Im Taijiquan heißt es, man solle die Idee (*yi*) statt Körperkraft gebrauchen (*yong yi bu yong li*).[154] Bei der Frage, wie eine überlegene Stellung erlangt wird, führen die Klassischen Schriften des Taijiquan aus: „Bei alldem geht es immer um die Idee, nicht um Äußerlichkeiten." [A20f]

---

[152] Der Begriff *shi* spielt im Selbstverständigungsprozess und für das Verständnis der Kalligraphie eine zentrale Rolle. Chinesischen Schriftzeichen eignet eine Art Doppelcharakter, den Billeter (1990, S. 86) als Dualität der statischen Form und der dynamischen Geste erklärt. Kao Yu-kung (1991) begreift *xing* als statische Form, *shi* als das Interaktionspotential zwischen den Formen und als die Kraft, die zur Bewegung führt. Owen (1992, S. 44) verwendet für die Dynamik, die durch die statischen Formen der Zeichen einer Kalligraphie läuft, den Begriff „lines of force". Auch Jullien (1995, S. 76) sieht in *shi* eine Kraft, die durch die Form des geschriebenen Zeichens läuft und sie ästhetisch animiert. Obert (2013, S. 533) fasst *shi* als Impuls und Gestalt, womit die fixierte und doch über die Statik der Form hinausweisende Dynamik des Zeichens gemeint ist, durch die sie ihre Ausdruckskraft gewinnen. Vgl. Shi 2017, S. 45-68.

[153] In den Klassischen Schriften des Taijiquan heißt es: „Ohne lange Zeit alle Kraft und Mühe darauf verwendet zu haben, kann einem nicht plötzlich ein Licht aufgehen." [B15f]

[154] Li Yiyu, „Lied vom Wesen und den Anwendungen des Taijiquan" (*Taijiquan tiyong ge*), in: Wile 1996, S. 130, englische Übersetzung ebd., S. 50.

Was hat es mit dieser Idee auf sich? Um den Kontext und die Entwicklungslinien des Begriffs zu verstehen, muss man einen Schritt zurücktreten und den Blick auf die Zeit der Sechs Dynastien (220 - 581) richten, die auf den Untergang der Han-Dynastie folgte. Es waren unruhige, von politischen Wirren und kriegerischen Auseinandersetzungen geprägte, aber philosophisch und künstlerisch fruchtbare Zeiten. Damals wurde die Idee zu einem der zentralen Begriffe der Kunstbetrachtung.

Der Ausgangspunkt dieser Entwicklung lag bei dem früh verstorbenen, bis heute einflussreichen Philosophen der Lehre vom Dunklen (*xuanxue*), Wang Bi (226-249). Er verwarf in seiner *Yijing*-Interpretation die astrologisch-numerologischen Auslegungen der Han-Zeit und erklärte, dass es im Buch der Wandlungen (*Yijing*) um die Erkenntnis von Ideen gehe. Diese Ideen stellten ihm zufolge die höchste Ebene eines dreigliedrigen Schemas dar, an dessen unterem Ende Worte standen und dessen mittlere Ebene Bilder darstellten (mit denen die Hexagramme des *Yijing* gemeint waren). Wort und Bild waren paradoxe Hilfsmittel zum Verständnis der Ideen. Worte konnten Bilder erklären, vollständig aber nur, wenn sie dann wieder vergessen wurden. Bilder konnten die Ideen erklären, ihrerseits aber wiederum nur vollständig, wenn sie dann ebenfalls wieder vergessen wurden. Habe man die Ideen erlangt, bedürfe es keiner Bilder und längst schon keiner Worte mehr.[155] Worte hatten zu verstummen und Bilder zu verlöschen, wenn das Höchste erreicht war. Die Ideen entsprachen Wang Bi zufolge dem übersinnlichen oder metaphysischen Prinzip (*li*) der Dinge und Angelegenheiten der Welt. Ideen wirkten wie ein Widerschein des Höchsten im Erkennenden, sie waren nichts, was er sich ausdenken oder erfinden konnte. Das allerhöchste Prinzip aber, aus dem alles Weitere entstanden war, identifizierte Wang Bi als *taiji*, das schon in einem früheren Kommentar zum *Yijing* aufgetaucht war. In seinem Denken trat es an die Stelle des bewegter gedachten *dao* („Weg"). Die Ideen waren nach Wang Bi der Zugang zum Dunklen und Geheimnisvollen der Welt, deren Sein (*you*) nach seiner Auffassung im Nichts (*wu*) gründete.

Die Ästhetisierung der Idee

In den folgenden Jahrhunderten setzte eine ästhetische Bewegung ein, die, ausgelöst durch Wang Bis Verhältnisbestimmung von Bild und Idee, geradezu als deren Umkehr beschrieben werden kann. Ihren Höhepunkt erreichte die Ästhetisierung der metaphysischen Idee mit dem bis heute berühmtesten aller Kalligraphen Chinas, Wang Xizhi (307-365).[156] Die nonverbale und anikonische Idee auf einem Schreibgrund sichtbar werden zu lassen, wurde zum Ideal der Kalligraphen. Wang Bis Differenz von Bild und meta-

---

[155] Vgl. Fung Yu-lan 1953, S. 186; Egan 2004, S. 288f; Cai 2004a, S. 5f. Dass Worte und Bilder zum Verständnis des Höchsten führen könnten, widersprach einerseits dem philosophischen Daoismus von Zhuangzi (II.13.9) und Laozi (Kap. 56), die beide gesagt hatten, dass der Wissende nicht rede und der Redende nicht wisse (*zhizhe bu yan, yanzhe bu zhi*). Durch die zwischengeschalteten Bilder und das doppelte Vergessen-müssen (von Worten und Bildern) aber konnte seine Interpretation wiederum in Einklang mit dem Daoismus von Laozi und Zhuangzi verstanden werden.

[156] Zur Bedeutung von Wang Xizhi s. Ledderose 1979, S. 13ff; Ledderose 1984, S. 247ff.

physischer Idee sollte in einer ästhetischen Verbildlichung aufgehoben werden; allerdings nicht in Dia- oder Hexagrammen, sondern in Kalligraphien. Anders als für Wang Bi hieß das, dass mit der Erfassung der Ideen deren Verbildlichung nicht überflüssig oder zu überwinden, sondern im Gegenteil erst eigentlich möglich war.[157]

Kalligraphen hatten nie nur Schriftzeichen geschrieben. Was sie zum Ausdruck bringen wollten, war nie der semantische Gehalt von Schriftzeichen oder deren perfekte Gestalt gewesen. Es ging ihnen auch nicht um einen reinen Selbstausdruck im Sinne einer Stimmungsniederschrift, sondern um die geistige Korrespondenz mit einem Unaussprechlichen hinter Form und Gehalt der Schriftzeichen, deren Ursprung nicht als menschengemacht, sondern als göttlich galt. An dieses Unaussprechliche hatten alle großen Kalligraphen in ihren Sternstunden gerührt. Das Studium großer Kalligraphien – und das hieß wesentlich auch ihr Kopieren – gehörte neben dem Schreiben-können der Schriftzeichen unabdingbar zur Bildung eines Kalligraphen dazu. Kalligraphie hieß nicht, schöne Zeichen oder Zeichen schön zu schreiben, sondern mit dem Dao zu kommunizieren – und diese Kommunikation sichtbar werden zu lassen.[158] Sichtbar wurde sie freilich nur für einen Betrachter, der sie sehen und verstehen konnte; der nicht nur den Text, sondern die Idee dahinter zu lesen verstand.

Idee und Intention

Die Idee war und blieb ein schillernder Begriff. Das Schriftzeichen 意 *yi*, das als Idee das Erfassen eines objektiven Gehalts, bei Wang Bi gar des metaphysischen Urgrunds der Dinge, meinte, ließ und lässt sich am anderen Ende seines Bedeutungsspektrums auch als Intention im Sinne einer subjektiven Absicht verstehen. In der Geschichte der Kalligraphie oszillierte die Auslegung dessen, was man seit der Song-Zeit „Niederschrift von Ideen" (*xieyi*) nannte, zwischen diesen Bedeutungspolen.

Im „Schlachtplan für den Pinsel" (*Bizhen tu*), einem Kalligraphie-theoretischen Traktat, das man traditionell der Dame Wei (Wei Furen, 272-349) zuschreibt, heißt es, dass die Idee dem Pinsel vorangehen müsse (*yi qian bi hou*); sonst hätten die Zeichen keine Kraft und seien „krank" (*bing*). Dasselbe Zeichen 病 *bing* für „krank, fehlerhaft" verwendet übrigens der bereits zitierte klassische Text des Taijiquan für den Fall, dass man keine überlegene Stellung erlangt.[159]

---

157 Egan 2004, S. 287ff.
158 Auch im Maoshan- (Shangqing-) Daoismus, der gegen Ende des 4. Jahrhunderts aufkam, sollte die himmlische Sphäre durch Kalligraphie mit der irdischen verbunden werden können. Es gab sogar die Vorstellung, dass der Himmel bzw. Überirdische selbst schrieben und sich der Hand von Yang Xi (330-386?) nur als Medium bedienten. Yang Xi hatte Kalligraphie bei Wang Xizhis Sohn Wang Xianzhi studiert und daneben die örtliche Tradition des Schreibens in Trance aufgegriffen (Ledderose 1984). Ziel der Maoshan-Daoisten war es, sich durch meditative Techniken als Mikrokosmos in Übereinstimmung mit dem Makrokosmos zu bringen und so in sich das Dao zu verwirklichen.
159 Text A16-18, in: Unverzagt 2019, S. 16; chinesischer Text ebd., S. 26.

Wang Xizhi, der ein Schüler der Dame Wei gewesen sein soll, erläuterte in dem ihm zugeschriebenen Nachwort zu dem „Schlachtplan für den Pinsel": Wer kalligraphieren wolle, müsse sich beim Reiben des Tuschsteins aufs Äußerste konzentrieren und in einen meditativen Zustand versetzen, in dem er unter anderem die Größe und die Verbindung der Zeichen schon im Geist entstehen lasse.[160]

Das ließ sich von beiden Enden des Interpretationsspektrums her verstehen. Wer wollte, konnte es im Sinne einer Absicht auslegen, die im Geist gefasst und anschließend auf dem Schreibgrund, Papier oder Seide, nur noch realisiert wurde. Es war aber auch möglich, in der Forderung nach höchster Konzentration und Meditation die Kommunikation mit dem metaphysischen Gehalt der Ideen zu sehen, die dann in der Verbildlichung oder Verschriftlichung nur noch ihren Ausdruck fand.

Dieselben Interpretationslinien finden sich noch heute im Taijiquan, wo alle Bewegung von *yi* durchdrungen sein soll. Die einen verstehen darunter das Fassen einer Absicht und das Lenken der Energie zum Punkt der Auseinandersetzung. Die anderen verstehen darunter hingegen das Erfassen der Situation eines Angriffs von jener übergeordneten Perspektive aus, die den Kreis des Taiji um beide, Angreifer und Angegriffenen, schließt, um diesen zum neutralisierenden Yin des Angreifer-Yangs werden zu lassen.

Der richtige Augenblick

Mit der Frage, ob Idee oder Intention, war letztlich auch die Frage des richtigen Augenblicks verbunden. Für die größten Kalligraphen, von Wang Xizhi bis Huaisu (737-799), war es unmöglich, ihre Meisterwerke mit gleicher Qualität zu reproduzieren.[161] Sie erwiesen sich als augenblicksabhängig. War es den Meistern nur nicht möglich, sich zweimal auf gleiche Weise zu konzentrieren und Gleiches zu imaginieren – oder musste in der vorbereitenden Meditation die Kommunikation mit einem letztlich Unverfügbaren gelingen?

Der richtige Augenblick spielte auch in der Malerei eine entscheidende Rolle. Der große Landschaftsmaler Guo Xi (1020-1090) erklärte, dass die Frage der Pinselführung in ihr dieselbe sei wie in der Kalligraphie. Man müsse erst – in oft tagelanger Vorbereitung – ganz leer werden, Himmel und Erde verbinden, den Geist des zu Malenden in sich enstehen lassen und das Werk dann, im richtigen Augenblick, ohne Ablenkung und ohne Unterbrechung vollenden.[162]

---

[160] Vgl. Shi 2017, S. 122-126.

[161] Zur Frage der Spontaneität und Nichtreproduzierbarkeit kalligraphischer Meisterwerke vgl. Ledderose 1986, S. 38f; Egan 1989; Shi 2017, S. 127ff.

[162] Guo Xis Sohn Guo Si hat die Gedanken seines Vaters in der Schrift *Linquan gaozhi ji* („Der hohe Stil der Wälder und Quellen") kompiliert. Englische Übersetzungen in Sirén 1936, S. 43-50; Lin 1967, S. 69-80. Sirén (S. 51) schreibt zusammenfassend über Guo Xis Ausführungen: „A painter must choose the right moment both from the subjective and the objective point of view and then start with utmost decision and full command of all his powers." Ähnlich äußert sich der Qing-zeitliche Maler und Kritiker Wang Yu: „One must wait until something has been grasped in the

Im Taijiquan verweist die Fragestellung des richtigen Augenblicks wiederum auf den Begriff der Stellung *shi*, deren Überlegenheit sich bei günstiger Gelegenheit und nicht nach vorgefasstem Plan zu erweisen hat. Tatsächlich heißt es in den Klassischen Schriften des Taijiquan, dass es darum gehe, eine überlegene Stellung und eine günstige Gelegenheit zu erlangen.

> Von den Füßen über die Beine zur Hüfte – immer muss es ganz und gar Ein Qi sein. Dann kann man, sei es in der Vorwärtsbewegung oder beim Zurückweichen, eine günstige Gelegenheit und eine überlegene Stellung erlangen. [A12-15]

Der Geist der Malerei

Wang Xizhis Ästhetisierung der von Wang Bi jenseits von Wort und Bild veranschlagten Idee hatte eine Parallele in anderen Künsten. Sie operierten mit anderer Begrifflichkeit, die aber nach dem selben Vorbild gedacht wurde. In der Musik sollte Harmonie (*he*) zum Kontakt mit dem metaphysischen Urgrund der Dinge führen; in der Malerei, so behaupteten Traktate von Gu Kaizhi (ca. 344-406) und Zong Bing (375-443), sollte es der Geist (*shen*) sein.[163]

Bis Gu Kaizhi galt in der Malerei, die noch vornehmlich Figurenmalerei und Porträtkunst war, formale Ähnlichkeit oder Repräsentation als Ideal; auch wenn es bereits den Begriff des Geistes (*shen*) gab, der sich auf die Vitalität der Personen bezog. Der Anspruch Gu Kaizhis war es, diesen „Geist zu übermitteln" (*chuanshen*). Die äußere Form (*xing*) – die wir oben als Korrelat der Konstellation oder Stellung (*shi*) kennengelernt haben – sollte nur dabei dienen, „den Geist niederzuschreiben" (*yixing xieshen*). Es konnte auch heißen „die Ausstrahlung niederschreiben" (*xiezhao*).[164]

Geist war und ist ein vielschichtiger Begriff.[165] Zunächst bezeichnete er gute Geister gegenüber den bösen oder gefährlichen Dämonen (*gui*). Während der zunehmenden Rationalisierung der Welterklärung in der Zhou-Zeit (11. Jh. - 256 v. Chr.) fand eine Naturalisierung des Geistes statt, der zu einer mysteriösen, der Welt inhärenten Kraft wurde. Schließlich nahm der Geist auch Sitz im Menschen, er personalisierte sich. Mit Gu Kaizhi, der ihn darzustellen beanspruchte, lässt sich – analog zu der Interpretation der Idee durch Wang Xizhi – von einer Ästhetisierung des Geistes sprechen. Tatsächlich müssen Gu Kaizhis Bilder auf eine bis dahin ungekannte Weise beseelt gewirkt haben.

Für Zong Bing (375-443) hatten nicht nur Personen, sondern auch Landschaften eine geistige Dimension. Zong Bing war ein Gelehrter, der ihm angebotene Staatsämter ab-

---

bosom and the desire for expression is overwhelming [...] Stop as soon as it is exhausted; only when it rises again, you should continue and complete the work." (Sirén 1936, S. 210)

163 Cai 2004a, S.6f, Egan 2004, S. 292.

164 Egan 2004, S. 302. Fragmente von Gu Kaizhis Schriften finden sich im fünften Buch von Zhang Yanyuans (ca. 815 – ca. 877) *Lidai minghua ji* („Geschichte berühmter Gemälde der verschiedenen Dynastien"); s. Acker 1974, S. 43-82; s. auch Siren 1936, S. 11f; Lin 1967, S. 27-30.

165 Vgl. Cai 2004b, S. 310-42; Unverzagt 2019, Anhang 3, S. 186-190.

lehnte, sich der Kalligraphie und der Kunst des Lautenspiels widmete, als Laie Schüler des buddhistischen Mönchs Huiyuan (334-416) wurde und es vor allem liebte, zu wandern und Berge zu besteigen. Er bezog eine Klause in den Bergen, wo er wie ein daoistischer Eremit lebte. Als er im Alter krank wurde und sich zu schwach zum Wandern fühlte, kehrte er an seinen Herkunftsort zurück und malte dort die Berglandschaften, in denen er gewesen war, auf seine Zimmerwände. Vielleicht handelte es sich um die ersten reinen Landschaften, die in China je gemalt wurden. Wahrscheinlich war auch das Traktat über die Landschaftsmalerei, das er verfasste („Vorwort zur Landschaftsmalerei", *Hua shanshui xu*) das erste seiner Art.[166]

Zong Bing zufolge haben Landschaften („Berge und Wasser") nicht nur eine materielle Substanz, sondern sie strahlen auch die Faszination des Numinosen (*ling*) aus. Wegen ihrer geistigen Dimension hätten sich die Weisen zu allen Zeiten in ihnen ergangen.[167] Dieses Numinose könne ein versierter Maler festhalten. Wenn der Maler die Landschaften „mit entsprechendem Auge dem Herzen (*xin*) begegnen" lasse, werde ein Geist freigesetzt, der das zugrunde liegende metaphysische Prinzip oder die tiefere Wahrheit (*li*) der Berge und Wasser erfassen lasse. Nach Zong Bing konnte ein Maler also, ähnlich dem Kalligraphen, den von Wang Bi postulierten metaphysischen Urgrund der Dinge über den Geist, der von ihnen ausging, verbildlichen. Dadurch könne schließlich auch im Betrachter eines gelungenen Bildes der Geist bewegt werden, der vermittels der Kunst diese tiefere Wahrheit der Landschaften erfasse. So wie man Wahrheiten in Büchern nach tausend Jahren verstehen könne, so auch den Geist der Berge und Wasser in Bildern.[168]

Wang Wei (415-443), ein jüngerer Zeitgenosse Zong Bings und Maler wie dieser, äußerte sich ganz ähnlich: Das Auge sehe nur Äußeres, aber das Herz (*xin*) könne das Numinose (*ling*) in den Formen freilegen. Aufgabe des Malers sei es, durch das Wechselspiel zwischen dem, was ist (*you*), und dem, was nicht ist (*wu*), die geistige Dimension der Welt auszudrücken.[169]

---

[166] Der Text ist überliefert durch Zhang Yanyuan im sechsten Buch seines *Lidai minghua ji* („Geschichte berühmter Gemälde der verschiedenen Dynastien"), s. Acker 1974, S. 115-129. Weitere Übersetzungen in Sirén 1936, S. 14-16; Lin Yutang 1967, S. 31-33; Bush/Shih 1985, S. 36-38.

[167] Zong Bing macht einen in der klassischen Literatur üblichen Unterschied zwischen den Weisen oder Heiligen (*shengren*) und den Würdigen oder Tugendhaften (*xianzhe*), der in unserem Zusammenhang unerheblich ist.

[168] Ledderose (1983) macht im Zusammenhang mit Gartenlandschaften, die seit der Zeit der Sechs Dynastien dem daoistischen Ideal der Natürlichkeit (*ziran*) folgten, auf die Durchlässigkeit und Interaktivität von Wirklichkeitsbereichen aufmerksam: „In Chinese aesthetics there is no simple border line between objects created by nature and works of art created by man: they are both considered ,natural'." (ebd., S. 178) „The birth of autonomous landscape painting [in Six Dynasties] ... was the application of established designs in a different creative medium." (ebd., S. 179)

[169] Wang Wei 王微 ist nicht zu verwechseln mit seinem (seit dem 11. Jahrhundert, als man ihn zum Gründungsvater der Südschule der Malerei stilisierte) noch berühmteren Namensvetter Wang Wei 王維 aus der Tang-Zeit, der von ca. 700 - ca. 760 lebte. Zhang Yanyuan kolportiert im *Lidai minghua ji* („Geschichte berühmter Gemälde der verschiedenen Dynastien") Textfragmente von

Zong Bings Landschaftsbilder haben sich keine 1000 Jahre erhalten. Aber er malte sie auch vor allem für sich selbst. Am Ende seines Traktats beschreibt er die Freude darüber, allein zwischen seinen bemalten Wänden den Geist noch einmal frei in den Bergen schweifen zu lassen, durch die er gewandert war – so wie vor ihm schon die großen Weisen, die daran ihre Freude hatten. Der Geist der Berge in seiner Malerei hat ihn nicht von seiner Krankheit geheilt und aus seinem Alter entlassen, aber sie hat ihm den Kummer darüber vertrieben und ihn, wie er am Ende seines Traktats bekundet, zu Glück und Zufriedenheit geführt. Dies sei für ihn das unübertrefflich Höchste.[170]

Qi-Resonanz

War *yi* (Idee, Intention) lange Zeit ein Leitbegriff im Selbstverständigungsprozess der Kalligraphie, so *shen* (Geist) in der Malerei. Mit 氣 *qi* (Atem, Pneuma, Lebensenergie), das sich in einer seiner Bedeutungsschichten durchaus auch als „Geist" übersetzen lässt, trat ein weiterer Begriff hinzu.

Um das Jahr 500 formulierte der Maler und Kunsttheoretiker Xie He (aktiv ca. 479-502) in seinem „Verzeichnis der alten Malerei" (*Guhuapin lun*) die Sechs Regeln (*liufa*), die zur einflussreichsten Theorie der chinesischen Ästhetik werden sollten.[171] Die erste dieser Regeln lautet „Qi-Resonanz und Bewegung des Lebens" (*qiyun shengdong*). Wo Gu Kaizhi und Zong Bing ein Zusammentreffen des Geistes veranschlagt hatten, sprach Xie He von Qi-Resonanz. Die Gedankenfigur war dieselbe: Was die Wirklichkeit beseelte, musste das Qi des Malers zum Mitschwingen bringen, damit er ihm im Bild Gestalt verleihen konnte.[172] War das auf dem Bild Dargestellte nicht tote, sondern belebte Form, dann konnte es auch das Qi des Betrachters in Resonanz versetzen und ihm den Gehalt der im Bild dargestellten Wirklichkeit vermitteln. Hatte Gu Kaizhi das Zu-

---

Wang Wei, s. Acker 1974, S. 129-137; s. auch Sirén 1936, S. 16-18; Bush/Shih 1985, S.38f.

[170] Der letzte Satz des Traktats lautet in der Übersetzung von Acker (1974, S. 117): „And what have I to do after all? Nothing but let my spirit joyously expand. And that into which the spirit can joyously expand, what could come before it?" Sirén (1936, S. 16): „What more should I desire? If I too can find this happiness in my soul – is it not better than everything else?" Lin (1967, S. 32): „What more do I want? I am enjoying myself and if I do that, what more can I ask?" Bush/Shi (1985, S. 38): „What then should I do? I rejoice in my spirit, and that is all. What could be placed above that which rejoices the spirit?"

[171] Der Text des *Guhuapin lun*, chinesisch und englisch, in Acker 1954, S. 1-32; englisch auch in Sirén 1936, S. 18ff; Lin 1967, S. 34-38. Zur Bedeutung der Sechs Gesetze s. Acker 1954, S. XX-XLV; außerdem Zhang Yanyuans Diskussion der Sechs Gesetze und Ackers Anmerkungen (1954) S. 148-153. Acker (1954, S. 4, Fn. 2) vermutet, dass Xie He auf eine bereits gängige Theorie rekurriert. Acker (1974, S. 126f) diskutiert ferner eine Hypothese von E. Zürcher, wonach Xie He die Idee der Sechs Gesetze von Zong Bing übernommen haben könnte, der sie seinerseits, vermittelt über seine Buddhismus-Studien, aus der indischen Lehre der „Sechs Glieder der Malerei" bezogen haben könnte. Debon weist auf Vorläufer und gleichzeitige Formulierungen in der Literaturtheorie hin und diskutiert die Frage der Lokalisierung des *qiyun* im zu Malenden, im Malenden, beim Malen, auf dem Gemalten oder bei seiner Betrachtung (Debon/Chou 1969, S. 38-46).

[172] Nach Cai (2004b, S. 330) ist *qiyun* (Qi-Resonanz) in der chinesischen Kunsttheorie mit *shenyun* (Geist-Resonanz) austauschbar. Zum Gebrauch des Begriffs *qi* in frühen Schriften der chinesischen Kunsttheorie s. auch Munakata 1974, S.20.

sammentreffen des Geistes für die Personenmalerei und Zong Bing es für die Land-schaftsmalerei gefordert, so formulierte Xie He es mit leicht veränderter Begrifflichkeit für alle Kunst.

In der mündlichen Überlieferung des Taijiquan gibt es parallel zur Anleitung, dass man die Idee (*yi*) statt Körperkraft benutzen solle, auch die Formulierung, Qi statt Kör-perkraft zu gebrauchen (*yong qi bu yong li*). In den Klassischen Schriften heißt es: „Setze den Körper mit Qi in Bewegung." [C4] „Idee und Qi sind die Herrscher, Kno-chen und Fleisch die Beamten." [D18] „Das Qi soll angeregt zirkulieren, der Geist soll sich im Innern sammeln." [A3f] Angestrebt wird ein Zustand vollständiger und unbehin-derter Durchdringung des Körpers mit Qi. („Das Qi ist überall im Körper, ohne die ge-ringste Blockade." [D4]) Dann kann er dem Qi eines Angreifers mühelos entsprechen und dieses neutralisieren.

Kunst und Kosmos

Hunderte von Kilometern in Bergen und an Flüssen gewandert zu sein, blieb über Jahr-hunderte das Ideal der chinesischen Landschaftsmaler, auch wenn nicht alle es be-folgten. Für Zong Bing aber war, dort in den Bergen gewesen und dem Faszinosum ihrer numinosen Qualität begegnet zu sein, Voraussetzung seiner gemalten Landschaften. Be-gonnen als Substitut für den zum Wandern zu Gebrechlichen, erwiesen sie sich bald als Übertragung derjenigen Essenz, die sich ihm in den Bergen offenbart hatte, an einen an-deren Ort. Es war derselbe Geist, der in den Bergen und der in der Kunst wachgerufen wurde und der das allem Zugrundeliegende erkennen ließ.

Wie es möglich sein sollte, auf wenigen Quadratzentimetern Malgrund denselben Geist zu beschwören, der einem in der Größe und Weite der Landschaften begegnete, er-klärte Zong Bing in seinem Traktat wahrnehmungstheoretisch. Auch draußen in den Bergen ließ sich alles nur durch die winzigkleinen Pupillen der Augen betrachten. Mit dieser rationalen Erklärung begründete er, dass es in der Malerei eine Entsprechung von Mikro- und Makrokosmos geben könne. „Das Große im Kleinen sehen" wurde zum Motto der Malerei.

Die Berge selbst waren gar nicht das Größte, sondern ihrerseits nur Teil des Univer-sums. Guo Xi sollte sie die „Knochen des Universums" und die Ströme dessen „Blut-adern" nennen.[173] Malen war Teil eines kosmischen Geschehens. Der als Mönch ordi-nierte Maler kaiserlicher Abstammung Shitao (1641-1707) drückte das Ineinander von Mikro- und Makrokosmos so aus: „Die Substanz von Bergen und Strömen verkörpert das innere Gesetz des Universums ... Die Berge und Flüsse haben mich ausersehen, für sie zu sprechen. Sie sind in mir und ich bin in ihnen ... Für mich sind Berge Wasser und Wasser sind Berge. Und die Wasser und die Berge wissen, dass ich es weiß."[174]

Wenn es in den Klassischen Schriften des Taijiquan heißt „In Ruhe wie ein hoher Berg, in Bewegung wie ein mächtiger Strom" [C23f], dann ist das mehr als ein poeti-

---

[173] Lin 1967, S. 78f.
[174] Übersetzung nach Lin 1967, S. 146-151.

sches Bild. Es wird mit dem Geist von Berg und Strom das ihnen zugrundeliegende Prinzip beschworen. Im Taijiquan gibt es wesentlich drei kosmologische Zuordnungen. Die Lehre von den acht Trigrammen (*bagua*), die Lehre von den fünf Wandlungsphasen (*wuxing*) und die Lehre von Yin-Yang, deren Einheit Taiji genannt wird und der Kampfkunst ihren Namen verliehen hat.[175] Dieses Taiji hatte Wang Bi als das höchste Prinzip verstanden; als das, von dem alles Seiende durchwirkt sei. So wie Kalligraphie oder Malerei nur gelingt, wenn der Geist das den Phänomenen zugrundeliegende Prinzip erfasst, so muss dies auch im Taijiquan gelingen. „Auch wenn es unzählige Wandlungen gibt, bleibt ihr Prinzip doch Eines" [B11f], heißt es in den Klassischen Schriften. In diesem Einen Prinzip liegt das Geheimnis verborgen, wie die Zwei, Yin und Yang, zusammenspielen. Weil es ein in allem Seienden wirkendes Prinzip ist, gilt es auch in der Kampfkunst. Bei seinem Erfassen handelt es sich um keine äußerliche Veredelung der Kampfkunst durch einen philosophischen Überbau, sondern um die Frage ihres Ge- oder Misslingens. Wer dieses Prinzip im Spiel der Kraft mit einem Gegenüber zu realisieren versteht, dessen Körper wird in seinen Bewegungen „leicht und lebendig" (*qingling*), wie die Klassischen Schriften fordern und versprechen [A1]. Das zweite Zeichen in dieser Formulierung ist übrigens genau jenes 靈 *ling*, mit dem Zong Bing und Wang Wei das Numinose in den Formen der Natur und der Kunst beschrieben haben.

Das Zugrundeliegende

Was immer die Begriffe waren, immer ging es darum, eine äußere Form mit innerem Leben zu füllen. Als Kunst galt nur, was über äußere Ähnlichkeit hinaus die numinose Qualität der innerlich beseelten Wirklichkeit darzustellen vermochte. Es sollte der Wirklichkeit damit kein ästhetischer Anstrich verliehen werden, sondern Kunst hatte die Aufgabe, die Wirklichkeit mit ihrer geistigen oder beseelten Tiefendimension zu erfassen und sie nicht auf die wertlose Hülle nur äußerlich identifizierbarer Formen zu reduzieren. (Schönheit wurde dabei nicht angestrebt, sondern ergab sich als eine Art Nebenwirkung der Übereinstimmung.) Wirklichkeit war keineswegs auf die Dinge der Natur beschränkt, sondern umfasste auch die Schrift, deren inhärentes Prinzip gelungene Werke freizulegen vermochten.

Auch im Taijiquan gibt es eine überlegene Stellung, die nicht bloß äußerliche Form ist, nur dann, wenn im Kontakt mit einem Anderen das zugrundeliegende Prinzip des Taiji wirkt und erfahren wird. Führen die Bewegungen nur zu äußerlichen Formen, dann gibt es keine Kampf-*kunst*, kein Neutralisieren von Yang durch Yin, dann bleiben Angreifer und Angegriffener getrennte Personen, die im Kampf gewaltsam aufeinander prallen.

---

[175] Unverzagt 2019, Anh. 8 und 9, S. 195-202.

Begabung und Üben

Doch Kunst gelingt nicht jedem, der gerne Künstler wäre. Die seit der Song-Zeit immer selbstbewusster auftretenden Gelehrten erklärten ihre angeborene hohe Persönlichkeit zum einzig möglichen Ursprung der Kunst. Das spiegelte einerseits den Dünkel einer sozialen Schicht, reflektierte andererseits auch die Frage der Begabung.

Ohne Begabung scheint keine bedeutende Kalligraphie möglich, auch wenn man noch so lange deren große Meister studiert hat. Ohne Begabung scheint auch keine bedeutende Malerei möglich, selbst wenn man noch so lange draußen in den Bergen gewesen ist oder wenn man hunderte von Landschaftsbildern betrachtet hat. Und ganz ohne Begabung wird man auch in der Kampfkunst das Prinzip von Yin und Yang vielleicht nie umsetzen können. Vielleicht ist das Fehlen von Begabung aber auch nur ihr tiefes Verschüttet-sein, so dass sie durch geduldiges Graben freigelegt werden könnte.

Zheng Manqing wertete die Begabung als die geringste und in gewisser Hinsicht – weil sie die anderen zu vernachlässigen drohte – gefährlichste der Voraussetzungen für das Erlernen des Taijiquan. Es bedurfte für ihn eines guten Lehrers und des beharrlichen Übens. So steht es auch in den Klassischen Schriften des Taijiquan: „Die Einführung in die Anfangsgründe und die Führung auf dem Weg bedürfen der mündlichen Unterweisung. Unermüdlich ist das Bemühen, Selbstkultivierung seine Methode." [D15f]

So wie der Künstler der jahrelangen Übung bedarf, um die Idee, den Geist oder das Qi auf Papier bringen zu können, so bedarf auch das Erlernen des Taijiquan der regelmäßigen Übung. Für Künstler und Kampfkünstler gilt gleichermaßen, dass sie auch und gerade, wenn sie für die Unwägbarkeiten des Augenblicks offen sein wollen, der Übung bedürfen. Regelmäßiges Üben ist die Voraussetzung für das Offen-sein gegenüber dem Unverfügbaren. Nur der Geübte kann dem Augenblick der Resonanz, wenn sich das Wesensbild der Dinge zeigt, Gestalt verleihen. Er kann geschehen lassen, wofür die Gelegenheit günstig ist. Er kann frei schreiben, malen oder kämpfen.

Üben bedeutet das beständige Wiederholen von etwas, was nie identisch wiederkehren kann. Es geschieht jahrelang unter Anleitung. Der Lehrer korrigiert Fehler und gibt Hinweise. Das beharrliche Üben und Korrigieren von Fehlern wird zur Schule der Charakterbildung. Es geschieht dabei nicht so sehr eine Akkumulation von Fertigkeiten als vielmehr ein Freilegen und Vertiefen von etwas, was bereits in einem angelegt ist; wenn auch vielleicht tief verschüttet. Das zugrundeliegende Prinzip muss „freigeschaltet" werden.

Die Gabe des Geistes

Wenn das Freilegen des Prinzips gelungen ist, dann ist das Laufen einer Taijiquan-Form mit jeder Figur zur lebendigen Erinnerung eines Kontaktes geworden, in welchem dem Angriff eines Anderen mit einer ihn neutralisierenden Figur entsprochen wurde. So wie für Zong Bing derselbe Geist in seinen gemalten Landschaften lebendig wurde wie draußen in den Bergen, so legt auch der Durchgang durch die Figuren das zugrundeliegende Prinzip des Taiji frei, das im Kampf wirkt; im Kampf ohne Kampf, wenn das Zusammenspiel von Yin und Yang realisiert wird. Dann ist man *song* geworden, entspannt, ausgeglichen und in aller Bewegung in seiner Mitte; eins mit dem metaphysischen Prinzip, das alles Sein durchwirkt.

Gelangt das zugrundeliegende Prinzip zur Wirkung, dann entfalten Kunst und Kampfkunst eine wohltuende Wirkung jenseits von Kampf und Kunst. Zong Bing erfuhr durch die geistige Dimension seiner Landschaftsmalerei trotz Krankheit und Alter Glück und Zufriedenheit.

Bei der Betrachtung des Taijiquan führt ein zunehmend medizinisch geprägtes Qi-Verständnis zu der Auffassung, dass mit ihm vornehmlich die Gesundheit gepflegt und ein langes Leben angestrebt werde. Auch das hat eine Entsprechung in der Kunsttheorie, behauptete doch der Qing-zeitliche Maler und Kritiker Wang Yu, dass Landschaftsmaler lange lebten, weil die ihre Augen nährenden Nebel Leben spendeten.[176] Doch das, was sich beim Meistern der Kunst oder Kampfkunst einstellt, ist mehr als ein Gewinn an Gesundheit und Zeit.

So wie in der frühen Selbstreflexion der Kunst wird auch im Taijiquan als Fluchtpunkt der Entwicklung eine geistig vermittelte Einsicht in das Urprinzip der Welt in Aussicht gestellt. In den Klassischen Schriften des Taijiquan heißt es: „Vom Verstehen der Kraft gelangt man stufenweise zu geistiger Klarheit (*shenming*)." [B14] Mit dieser geistigen Klarheit ist keine abstrakte, anikonisch und sinnlich nicht mehr fassbare Erkenntnis wie bei Wang Bi gemeint, sondern wie bei der von Wang Xizhi bis Zong Bing ästhetisierten Idee die erhebende Erfahrung des Zugangs zu einer Tiefendimension der Wirklichkeit, die sich als Geist äußert. Es ist kein Zugang zu einem Äußeren, sondern zu einer Teilhabe. In der Kunst vollzieht sich diese Teilhabe über ruhende Bilder, die mit Kraft aufgeladen sind und über sich hinaus weisen, in der Kampfkunst über bewegte Bilder, die in sich die Kraft der Ruhe tragen.

Am Tang-Hof soll ein Magier namens Xuan Jie die Kunst beherrscht haben, nach Belieben in Miniaturlandschaften zu verschwinden.[177] Von Wu Daozi (ca. 690-760), einem der größten Maler Chinas, gibt es eine ähnliche Anekdote. Er soll einst auf eine Palastwand eine Landschaft gemalt haben, in der er dann vor den Augen des Kaisers für immer verschwand. Vielleicht spiegelt sich in dieser Geschichte die Emanzipation der Kunst vom Auftragshandwerk, der Künstler geht im Kunstwerk auf und ist für keinen Auftraggeber mehr verfügbar. Vielleicht ist dieses Ein- und Aufgehen in die und in der Kunst auch eine Anspielung darauf, dass diese die Grenzen der Dinge überwinden und sie gleichsam in ihren Urgrund einzutauchen vermag – wohin ihr jener, der den Geist der Kunst vernimmt, folgt.

---

[176] Sirén 1936, S. 208f.
[177] Ledderose 1983, S. 175.

DER URSPRUNG DES TAIJIQUAN

Taijiquan trat erst im Lauf des 19. Jahrhunderts aus den Nebelschleiern der Geschichte heraus. Es waren keine tastenden Anfänge, sondern Gestalten vollendeter Meister, die sich zeigten. Diese allerdings glaubten, selbst nur die Erben noch größerer Meister zu sein. Was war der Ursprung ihrer Kunst?

Mit dem Aufstieg des Taijiquan in der zuvor ungekannten Öffentlichkeit der jungen Republik (ab 1912) tauchten zu der Frage nach der Herkunft Antworten im Plural auf. Manche widersprachen sich. Gab es unterschiedliche Überlieferungslinien oder nur unterschiedliche Ursprungskonstruktionen der verschiedenen Stile?

Mit den divergierenden Antworten tauchten, ganz im Geist der auf ihre Vergangenheit reflektierenden Zeit, Kampfkunsthistoriker auf, die den Fragen mit modernen, geisteswissenschaftlichen Methoden nachzugehen begannen. Ihr Pionier war Tang Hou (1887-1959), dem bald schon Xu Zhen (1898-1967) folgte. Dass sie zwei waren, ermöglichte kritische Debatten ihrer Untersuchungen, mit denen die Fakten von Fiktionen geschieden werden sollten. Sie waren selbst Kampfkünstler, also „teilnehmende Beobachter" in der Welt der Kampfkunst. Das erklärte nicht nur ihr Interesse, sondern verschaffte ihnen auch Zugang zu Material, das die Familien der Meister als Geheimnisse vor der Außenwelt hüteten. Dadurch standen sie aber auch in einer Spannung zwischen den Linieninteressen und dem Neutralitätsgebot des Historikers. Mitunter mögen sie nach der Entlarvung von Fiktionen das aufgefundene Material zu neuen Mustern eines nicht gänzlich fiktionsfreien Stoffs verwoben haben. Ihnen folgten andere, die einiges an Material, ein paar neue Behauptungen und wenig Gesichertes zu Tage brachten.

Als Taijiquan sich im Westen ausbreitete, wurden die verschiedenen Ursprungserzählungen mitgeliefert und bereitwillig, zum Teil wohl auch mit gewollter Naivität, aufgenommen. Doch in der Person von Douglas Wile tauchte ein Gelehrter auf, der in der Lage war, sich in die chinesische Debatte einzuarbeiten und sie seit den 1980er Jahren mit dem Reflexionsstand seiner Zeit methodisch zu bereichern. Ohne seine Arbeit, die ihrerseits auf den Schultern der chinesischen Pioniere und ihrer Nachfolger ruht, wäre die vorliegende Untersuchung nicht möglich gewesen. Sie möchte die Debatte um den Ursprung des Taijiquan nachzeichnen und auswerten. Dabei sammelt sie Einsichten und Erkenntnisse wie Puzzlesteine, die sie stellen- und probeweise neu zusammensetzt.

Es wird dabei keine neue, Jahrhunderte nur im Geheimen tradierte Familiensaga das Licht der Welt erblicken. Es werden auch nicht nach einer letzten gnadenlosen Dekonstruktion eventuell verbliebene Faktenreste in ein ultimatives Tatsachengebilde verwoben. (Es wäre nur ein äußerst dünnes und brüchiges Textil.) Stattdessen beziehen wir – als ginge es um Yin und Yang – eine Reflexion auf das Nicht-Dokumentierte ein, um gleichermaßen nach dem Sinn von Konjekturen und von Auslassungen zu fragen. In einer Art metahistorischer Reflexion werfen wir kulturhistorisch, philosophisch und hermeneutisch gefilterte Blicke auf das historische Material. Derart machen wir uns Reime auf Ungereimtes. Vielleicht erfahren wir so nicht nur etwas über den Sinn von offenkundigen Fiktionen für das Legitimationsinteresse einer Überlieferungslinie, sondern auch über die Idee des Taijiquan, die zu seinem Ursprung gehört. Wir werden dabei auf den Sinn der Unterscheidung stoßen, die unsere Sprache zwischen Anfang und Ursprung macht. Zum Schluss wird unsere Untersuchung die Puzzlesteine der historischen Untersuchung zu einem Bild zusammengesetzt haben, das keinem der gängigen Ursprungsnarrative (und damit auch nicht demjenigen der Linie, in welcher der Autor selbst steht) ein Wahrheitsprädikat zuspricht. Doch in ihm werden die Faktoren sichtbar, die zusammenkommen mussten, um von da an sinnvoll von Taijiquan sprechen zu können.

Yang Luchan

Wir nehmen als Ausgangspunkt unserer Untersuchung das Leben und die Legende jenes Mannes, ohne den vier der fünf traditionellen Familienstile des Taijiquan so nicht existieren würden; und der fünfte wahrscheinlich ein Schattendasein unter ganz anderem Namen fristete, wie so viele Kampfkunststile, die in China innerhalb einer Familie weitergegeben wurden und werden. Ohne ihn hätte in China oder gar außerhalb kaum jemand jemals von Taijiquan gehört.

Gemeint ist Yang Luchan (auch: Yang Fukui), dem der Beiname „der Unbesiegbare" verliehen wurde. Er ist die zentrale und zugleich wohl die schillerndste Figur in der formativen Phase des Taijiquan, in der sich dessen Geschichte innerhalb weniger Jahrzehnte aus seiner Vorzeit herausschält, ohne doch jemals deren aus Mythen und Legenden gebildeten Nebelschleier gänzlich aufzulösen.

Yang Luchans Existenz ist unzweifelhaft verbürgt, doch von Legenden umwoben, die sich dem Sagenhaften annähern. Als er 1872 verstarb, blickte er auf eine märchenhaft anmutende Karriere zurück, die ihn vom bitterarmen Leibeigenen zum Lehrer kaiserlicher Prinzen hatte aufsteigen lassen. So heißt es. Doch zu kaum einer Geschichte aus seinem Leben gibt es nicht eine davon abweichende Version. Was über ihn kolportiert wird, ist durchweg unter diesem Vorbehalt zu lesen. Die wenigen gesicherten Eckdaten geben uns gleichwohl die Gewissheit, dass die Legenden nicht ausschließlich dem Reich der Phantasie entstammen.[178]

Herkunft und Zeit in Chenjiagou

Yang Luchan wurde 1799 in einer ländlichen Gegend im Kreis Yongnian (Präfektur Guangping) im Süden der heutigen Provinz Hebei (damals Zhili) in eine Familie von

---

[178] Die allermeisten Versionen zu Yang Luchans Leben können weder auf den Zeitpunkt ihrer Entstehung noch auf ihre Richtigkeit hin überprüft werden. Als Quellen seien summarisch genannt: Wile 1983, mit Vorwort von 1993, S. i-xix, dort auch weiterführende Literatur in den Fußnoten; S. 140ff; Wile 1996, S. xvff, S. 3-38; Wile 2007; Xu Yusheng 1921, Kap. 5; Yang Chengfu 1931, S. 113f ; Xu Zhen, *Taijiquan kao xinlu;* Tang Hao, *Taijiquan yanjiu;* Zheng Manqing 1981, S. 132f; T.T Liang, 1974/1977, S. 115-128; Wu Tunan, *Taijiquan zhi yanjiu* (1984), Chen Weiming 2000, S. 73-84; Ma Yueliang 2005; Davis 2004, S. 9ff.

bäuerlichen Tagelöhnern geboren. Wahrscheinlich wurde er im Alter von neun Jahren von seiner Familie als Diener an einen wohlhabenden Mann namens Chen Dehu verdingt, der in Yongnian eine Apotheke betrieb. Unter der verarmten Landbevölkerung war es damals in China – genauso wie übrigens auch im Schwarzwald oder anderswo auf der Welt – üblich, Kinder, für welche die Familie nicht sorgen konnte, wohlhabenderen Familien anzuvertrauen, denen sie dann in einer Art von Leibeigenschaft verpflichtet waren.

Apotheker setzten im alten China mitunter Kampfkunstvorführungen zur Anpreisung ihrer Mittel ein. Ob das auch für Chen Dehu gilt, muss offen bleiben. Auf jeden Fall begann eine der größten Kampfkunstkarrieren Chinas in seiner Apotheke. In einer Version soll der Apotheker seine Söhne in Chenjiagou, der Heimat seines Klans, bei dem berühmten Meister Chen Changxing (1771-1853) in die Lehre der Kampfkunst geschickt und ihnen dazu Yang Luchan als Diener zur Verfügung gestellt haben. In einer anderen Geschichte heißt es, der junge Yang Luchan habe in der Apotheke beobachten können, wie Diebe von einem Mann mit überlegener Kampfkunst gestellt wurden; was in ihm, der bereits als Kind selbst Kampfkunst praktiziert haben soll, den Wunsch geweckt habe, diese Kunst zu erlernen. In einer Yang-Stil-Überlieferung, in der von Leibeigenschaft keine Rede ist, heißt es, er habe aus Hingabe an die Kampfkunst sein Hab und Gut verkauft – oder auch: er sei von reichen Gönnern gefördert worden –, um bei Chen Changxing lernen zu können. In einer späten, erst 1984 von dem damals (nach eigenen Angaben) fast 100-jährigen Taijiquan-Meister Wu Tunan (1884/5?-1989) verbreiteten Version soll Yang Luchan hingegen als durchaus bemittelter junger, aber kranker Mann nach Chenjiagou gegangen sein, weil er sich von Chen Changxing Heilung erhoffte.[179]

Jedenfalls führte sein Lebensweg Yang Luchan, eventuell zunächst zusammen mit einem anderen Jungen, Li Bukui, in das rund 250 km von seinem Heimatort Yongnian entfernte Dorf Chenjiagou. Dort, so sind sich fast alle Quellen einig, hat er die Kampfkunst gelernt, die ihn berühmt machen sollte.

Vielleicht hat man ihn in Chenjiagou am Training des dortigen Familienstils teilnehmen lassen, dessen Geheimnisse aber wollte man dem Familienfremden sicher nicht zeigen. Einer wahrscheinlich erfundenen Geschichte zufolge soll er sich, um diese Geheimnisse besser ausspionieren zu können, sogar als vorgeblich stummer Diener in Chenjiagou eingeschlichen haben. Ob stumm oder nicht, nachtblind kann er nicht gewesen sein. Die Legende will es, dass er nach einigen Jahren des Nachts ein Loch in der Wand des Gebäudes entdeckte, in dem Chen Changxing den fortgeschrittenen Schülern des Klans die Feinheiten des Familienstils vermittelte. Er habe dann Nacht für Nacht spioniert und das, was er beobachten konnte, heimlich für sich geübt. Als er schließlich

---

[179] Auch in einem Roman von Gong Baiyu, der 1940/47 erschien, wird Yang Luchan als kränklicher Sohn eines reichen Bauern geschildert. Er verdingt sich als Bettler bei Chen Qingping (! nicht Chen Changxing) und fegt jahrelang dessen Treppenstufen, bis dieser sich erbarmt und ihn unterrichtet. Vgl. Wile 1983, S. viiif. xix.

entdeckt wurde, sollten Chen Changxings Schüler als Lohn für seine Wissbegier Freikampf mit ihm üben, das heißt: ihn verprügeln. Dafür aber war es bereits zu spät, keiner vermochte ihn mehr zu besiegen. In einer anderen, den Schülern gegenüber milderen Version, verrät er sich, indem er Übende korrigiert und dabei zeigt, dass er um das Familiengeheimnis weiß.

Es heißt, Chen Changxing habe Yang Luchan, nachdem er ertappt worden war, mit der Aussicht auf Unterweisung in sein Zimmer bestellt. Doch als dieser der Aufforderung nachkam, schlief der Meister auf seinem Stuhl, den Kopf in einer unbequemen Haltung. Nach einer Weile entschloss sich Yang Luchan, den Kopf des Meisters zu stützen; und er ließ auch nach Stunden nicht davon ab, als seine Arme bereits schmerzten. Bei seinem Erwachen erklärte der Meister, dass er müde sei und schickte Yang Luchan mit der Aufforderung, am nächsten Tag wieder zu kommen, fort. Doch auch am nächsten Tag schlief der Meister und Yang wartete stumm auf sein Erwachen – bei dem der Meister den Jungen wiederum wegschickte. Als Yang Luchan auch am dritten Tag erschien, erklärte der von Yang Luchans Begabung, Trainingsfleiß und offensichtlich auch von seinen guten Manieren und seiner Bescheidenheit beeindruckte Chen Changxing, ihn als Schüler anzunehmen. Es war eine der folgenreichsten Entscheidungen in der Geschichte der chinesischen Kampfkünste.

Drei Jahrzehnte lang soll Yang Luchan ununterbrochen in Chenjiagou gelebt haben, nach anderen Darstellungen waren es zunächst zehn oder achtzehn Jahre, dann aber mehrere Aufenthalte – auf jeden Fall solange, bis seine Kampfkunst vollkommen war und er sich keinem Herausforderer mehr geschlagen geben musste.

In Chenjiagou ist heute in dem Haus, in dem Yang Luchan seinerzeit gelebt haben soll, eine Doppelstatue zu sehen, die zeigt, wie Chen Changxing ihm die Lehre übermittelt. Interessanterweise ist es ein Buch, das Yang Luchan mit gebotener Ehrfurcht entgegennimmt. Während Chen Changxing als gelehrt gilt und ihm Schriften aus seiner Hand zugeschrieben werden, heißt es von Yang Luchan – vielleicht auch mit den Übertreibungen, die zum Topos vom einfachen Mann aus dem Volk gehören –, dass er schriftunkundig gewesen sei. Welcher Text es auch immer sein mag, den der Auftraggeber der Statue Yang Luchan da entgegennehmen lässt, die (später so genannten) Klassischen Schriften des Taijiquan sind es nicht. Sie sollten erst Jahre später auftauchen, und das nicht in Chenjiagou. Die Familienchronik, in der von der Kampfkunst der Ahnen Chen Changxings die Rede ist, war es selbstverständlich auch nicht; die blieb in Chenjiagou und sollte noch eine Rolle bei der Erforschung der Anfänge des Taijiquan spielen. Die symbolische Bedeutung der Übergabe eines Buches als Zeichen der Linienübermittlung ist jedoch unmissverständlich, auch wenn ihr kein realgeschichtliches Ereignis zugrunde liegt.[180]

---

[180] Die Kampfkunsthistoriker Tang Hao und Xu Zhen fanden in den 1930er Jahren mit Ausnahme einer Version des „Lieds von den Schlagenden Händen" (*Dashou ge*, Text E) keine Spur der Klassischen Schriften des Taijiquan in Chenjiagou. Das hinderte jüngere Autoren in den späten 1980er und 1990er Jahren nicht an der Behauptung, Chen Changxing habe Yang Luchan bei dessen

Rückkehr nach Yongnian und Bekanntschaft mit den Wu-Brüdern

Nach dem Tod des Apothekers Chen Dehu kehrte Yang Luchan um das Jahr 1840, selbst ungefähr vierzigjährig, als freier Mann nach Yongnian zurück. Einer Version zufolge hatte Chen Changxing seinen gelehrigen Schüler für 50 Unzen freigekauft; einer anderen zufolge hinterließ der Apotheker, in dessen Haus in Chenjiagou Meister Chen Changxing unterrichtet hatte und in dem Yang Luchan untergebracht war, eine Witwe (in anderer Version: Töchter), die zu jung war(en), als dass es schicklich gewesen wäre, wenn er weiterhin dort geblieben wäre. Vielleicht stimmen beide Versionen, vielleicht keine.

Zurück in seiner Heimat Yongnian, zog er in das Haus ein, in dem Chen Dehu seine Apotheke betrieben hatte. Der Zufall oder das Schicksal wollte es, dass das Gebäude der Familie Wu gehörte. So lernte er Wu Yuxiang (1812?-1880?) sowie dessen Brüder Wu Chengqing (1800?-1884?) und Wu Ruqing (1802-1885) kennen. Wu Yuxiang wurde sein Schüler, dessen Brüder möglicherweise ebenfalls.[181] Ohne die Bekanntschaft mit diesen außergewöhnlichen Brüdern wäre die Kunst, die Yang Luchan von Chen Changxing gelernt hatte, nach einer kurzen oder längeren Blüte außerhalb von Chenjiagou vielleicht wieder verblüht und in der Leere des Vergessens gelandet, die sich hinter den Annalen der Geschichte auftut.

Die wohlhabende Gelehrtenfamilie Wu hatte möglicherweise einen eigenen Kampfkunststil, was damals in der konfuzianisch dominierten Beamtenschicht nicht selbstverständlich, allerdings auch kein Unikum war. Während sich zunächst alle drei Brüder literarischen Studien widmeten, schlugen nur die beiden älteren, Wu Chengqing und Wu Ruqing, und sie auch nur zeitweise, die für Gelehrte übliche, mit Ansehen und Einkommen verbundene Beamtenlaufbahn ein. Auch während ihrer Amtszeit dürften sie der Kampfkunst treu geblieben sein.

Die für die Geschichte des Taijiquan herausragende Figur unter ihnen aber ist der jüngste Bruder, Wu Yuxiang. Die spärlichen Quellen zu seinem Leben ergeben folgendes Bild: Er hatte sich mit den Behörden überworfen und beschlossen, ein Leben ohne Amtspflichten zu führen, hatte die Pietätspflicht seines älteren Bruders übernommen und war daheim geblieben, um für die früh verwitwete Mutter zu sorgen. Das

---

drittem Aufenthalt in Chenjiagou tatsächlich diese Schriften übergeben, was ihn letztlich erst zur Entwicklung des Taijiquan befähigt habe. Denn die Schriften hätten ihn zu einer Forschungsreise in die Wudangberge veranlasst, wo er auf daoistische Einsiedler gestoßen sei und von ihnen die innere Alchemie des Daoismus gelernt habe. Daraufhin habe er die Sprünge, harten Tritte und das Stampfen, das sich noch im Chen-Stil findet, aus seiner Form eliminiert. Vgl. Wile 2007, S. 17.

[181] Zu Informationen zu den Wu-Brüdern und insbesondere Wu Yuxiang s. Wile 1983, S. ivff; Wile 1996, S. 16ff; Davis 2004, S. 11ff; Ranné 2011, S. 179ff. Erst seit den 1990er Jahren gilt es als gesichert, dass Wu Chengqing und Wu Ruqing ebenfalls versiert in der Kampfkunst waren, die ihr Bruder Wu Yuxiang so enthusiastisch betrieb. Ebenso wie dieser schrieben sie offenbar auch kleinere Texte zum Taijiquan, deren Bedeutung seit Douglas Wiles Publikation (1996) im Westen ermessen werden kann; auch wenn es immer noch einen Vorbehalt hinsichtlich der Authentizität zu machen gilt.

gab ihm die Gelegenheit, sich seiner Passion, der Kampfkunst, zu widmen. Als mit Yang Luchan ein vollendeter Meister in seiner unmittelbaren Umgebung auftauchte, ergriff er die Gelegenheit und wurde sein Schüler. Zehn Jahre lang lernte er von ihm. Später machte er sich auch selbst nach Chenjiagou auf, blieb dann aber im Nachbardorf Zhaobao bei Meister Chen Qingping; wovon noch die Rede sein wird.

Wu Yuxiangs Bereitschaft, die großen Meister seiner Zeit um Unterweisung zu bitten, scheint durch eigene Meisterschaft belohnt worden zu sein. Der Erzählung eines Enkels zufolge demonstrierte er einmal sein Können mit einer Stockform, bei der er trocken blieb, als dazu aufgeforderte Zuschauer versuchten, ihn mit Wasser zu bespritzen.[182] Um 1853 herum begann er, seine Neffen Li Yiyu (auch: Li Jinglun, 1832-1892) und Li Qixuan (auch: Li Chenglun, 1834-1896), die aus einer verschwägerten Gelehrtenfamilie kamen, zu unterrichten. Li Yiyu spielte gemeinsam mit seinem Onkel auch bei der Kompilation der Schriften eine Rolle, die später zu Klassikern erklärt wurden. Über Li Yiyu ging die Kunst an Hao Weizhen (1842/49?-1920) über, dessen Name in den seither auch Wu-Hao genannten Stil einging. Hao Weizhen unterrichtete den bereits als Xingyiquan- und Baguazhang-Meister bekannten Sun Lutang (auch: Sun Fuquan, 1861-1932), der schließlich seinerseits einen eigenen Taijiquan-Stil gründete.

Nimmt man hinzu, dass später in Beijing der Sohn von Yang Luchans Schüler Wu Quanyou (1834-1902), Wu Jianquan (1870-1942), schließlich den (neueren) Wu-Stil (der nach dem Familiennamen 吳 im Unterschied zu dem 武 der Wu-Brüder aus Yongnian benannt ist) begründete, so lassen sich vier der fünf großen Familienstile auf Yang Luchans Wirken zurückführen. Zwei von ihnen gründen in der Bekanntschaft Yang Luchans mit Wu Yuxiang; ein dritter (der neuere Wu-Stil) durch die Vermittlerrolle bei Yang Luchans Übersiedlung nach Beijing indirekt wohl auch; und der vierte (nämlich der Yang-Stil selbst) verdankt dieser Bekanntschaft vielleicht überhaupt erst seinen Namen als Taijiquan; doch davon später mehr.

Das Verhältnis des wohlhabenden Gelehrten zu Yang Luchan, dem Mann vom unteren Ende der Gesellschaft, ist für die Geschichte des Taijiquan von größter Bedeutung, lässt sich aber nicht mehr genau bestimmen. Entstand im Lauf der Lehrer-Schüler-Beziehung eine Art Freundschaft? Oder Gönnerschaft? Oder gar eine Rivalität? Gab es irgendwann einen Bruch in dem Loyalitätsverhältnis, das zwischen Schüler und Lehrer geboten war? Oder erst unter den Nachkommen? Das generelle Schweigen der Familien voneinander, unterbrochen nur an wenigen Stellen durch eine bestenfalls lakonische

---

[182] Die Geschichte wurde von Wu Yuxiangs Enkel Wu Laixu erzählt; vl. Davis 2004, S. 13f. Es handelt sich dabei allerdings um einen Topos, d.h. um eine in verschiedenen Biographien mehr oder weniger identisch wiederkehrende Erzählfigur. Bereits im späten 5. Jahrhundert soll ein Kavallerieoffizier namens Huang Hui trocken geblieben sein, als über zehn Männer versuchten, ihn nass zu spritzen. Er soll dabei keinen Stock, sondern sein Schwert geschwungen haben; vgl. Holcombe 1990, S. 156. Wells (2005, S. 41) gibt aus der späten Ming-Zeit (1630er Jahre) dieselbe Geschichte von einem mit zwei Peitschen oder einem zweigliedrigen Dreschflegel bewaffneten Mönch wieder. Selbstverständlich kann der Topos auch als eine übliche Art der Prüfung gedeutet werden.

oder gar respektlose Notiznahme in den nachfolgenden Generationen, ist auffällig. Irgendwann scheint sich eine Rivalität entwickelt zu haben, von der nicht klar ist, ob sie bereits auf eine Ambivalenz im Verhältnis von Wu Yuxiang zu Yang Luchan zurückgeht oder erst auf das Unverständnis der Späteren für das nicht standesgemäße Lehrer-Schüler-Verhältnis der beiden Männer. Sicher haben die unterschiedlichen Familienüberlieferungen über die Entwicklung des Taijiquan, die ihrerseits noch einmal durch das anderslautende Narrativ des Chen-Klans gebrochen wurden, dazu beigetragen, die historischen Konturen an der Nahtstelle der Überlieferung zwischen Yang Luchan und Wu Yuxiang in einem Geflecht von Anekdoten und Gerüchten unscharf werden zu lassen.[183]

Wir wissen nicht, ob das schwierig gewordene Verhältnis der Familien zueinander damit zu tun hat, dass der heute berühmteste Sohn des Landkreises keinen Eintrag in der Regionalchronik von Yongnian hat. Diese Chroniken wurden von Gelehrten erstellt, die den traditionell eher im einfachen Volk verbreiteten Kampfkünsten wenig oder gar keine Beachtung schenkten. In Yongnian aber hätte dies anders sein können, da die Wu-Brüder selbst Kampfkunst betrieben und an der Redaktion der Chronik beteiligt waren. Tatsächlich war es auch anders, da ein heute ansonsten unbekannter Kampfkünstler namens Wang Fusheng einen eigenen Eintrag darin hat. Über ihn heißt es, er habe tausende von Schülern gehabt und gute Werke vollbracht.[184] Wirkte Yang Luchan während

---

[183] Die notorische Legendenbildung um Yang Luchan lässt bei seinem Verhältnis zu Wu Yuxiang kaum eine mögliche Variante zwischen Freundschaft und Herablassung, Rivalität und Geheimniskrämerei aus. Wu Tunan behauptet, Wu Yuxiang habe sich arrogant gegenüber Yang Luchan verhalten, weswegen dieser ihn nur von seinem Sohn Yang Banhou habe unterrichten lassen – was zeitlich allerdings mehr als unwahrscheinlich ist, da Yang Banhou erst 1837 geboren wurde. (Wile 1983, S. VIII) Song Futing und Song Zhijian zufolge war Yang Luchan ursprünglich ein Diener der Wu-Familie und wurde von dieser nach Chenjiagou geschickt. Bei seiner Rückkehr nach zwei Jahren habe Wu Yuxiang von seinem vormaligen Diener gelernt und sei dann aufgebrochen, um von Chen Qingping zu lernen. Der Fortschritt, den er dort gemacht habe, habe wiederum Yang Luchan eifersüchtig gemacht, so dass er sich noch einmal für weitere Unterweisungen zu Chen Changxing aufgemacht habe. Bei diesem Aufenthalt habe er dann die vollständige, auf Zhang Sanfeng zurückgehende, Überlieferung bekommen. (Wile 1983, S. VI) Während es also einerseits heißt, Yang Luchan und Wu Yuxiang hätten in der langen Lehrzeit ein freundschaftliches Verhältnis entwickelt (Davis 2004, S. 12), erstaunt, dass Yang Chengfu in der Biografie seines Großvaters (1934, S. 5-7; 2005, S. 7-10) von Wu Yuxiang, Li Yiyu oder Hao Weizhen schweigt. Auch Wu Yuxiangs Enkel Wu Laixu erwähnt in der Lebensbeschreibung seines Großvaters von 1935 Yang Luchan nur en passant, das aber in wenig respektvoller Weise. Er behauptet, sein Großvater Wu Yuxiang habe, da es für ihn selbst unbequem gewesen sei, nach Chenjiagou zu reisen, Yang Luchan dorthin „geschickt". (Davis 2004, S. 13; s. auch ebd. Fn. 22 auf S. 176) Li Yiyu schrieb ferner in seinem „Kurzen Vorwort", dass der „gewisse Yang" zurückhaltend in der Weitergabe der Lehre gewesen sei, so dass Wu Yuxiang schließlich selbst in Richtung Chenjiagou aufgebrochen sei (s. Anhang 5. Zu den einzelnen Biographien und zum Verhältnis der Familien Wu und Yang vgl. Wile 1996, S. 16-20. Dort findet sich auch der Verweis auf T. Y. Pang 1987, S. 214-218.

[184] Wile 1996, S. 16. Christensen (2016, S. 14) spricht zwar von einem Eintrag zu Yang Luchan im *Yongnian Gazetteer*, bezieht sich aber auf eine Publikation zu den frühen Jahren der Republik (*Minguo chunian yongnian xian,zhi*, s. Christensen S. 143, Fn. 9.) Zu Wang Fusheng s. Wile 1996, S. S. 20; vgl. ebd. S. 12. Wile (1996, S. 12) weist zudem darauf hin, dass in Amtschroniken an-

seiner Zeit in Yongnian doch eher noch im kleinen Kreis oder gab es andere Gründe, ihn nicht in der Chronik zu erwähnen? Allerdings ist auch Wu Yuxiang kein eigener Eintrag gewidmet. Er wird nur als Bruder der mit dem *jinshi*-Grad (der höchsten Beamtenprüfung) ausgezeichneten Chengqing und Ruqing erwähnt.

Anekdoten, Legenden und die Zeit in Beijing

Über das Wirken Yang Luchans in Yongnian ist wenig bekannt, viele der Geschichten über ihn dürften später entstanden sein. Fest steht, dass sich im Lauf der Zeit die Kunde von seiner hohen Kampfkunst verbreitete. Es heißt, er habe alle Kämpfe mühelos gewonnen; und das, ohne seine Gegner ernsthaft zu verletzen. So erwarb er sich – ob schon in Yongnian oder erst später in Beijing – den Beinamen *Wudi*, der „Unbesiegbare", einen Ehrentitel, den man schon früher den größten Kampfkünstlern ihrer Zeit verliehen hatte.[185] Anekdoten gingen bruchlos in Legenden über, manche sicher auch erst postum.

Eines Tages soll ihn ein kräftiger Shaolin-Mönch besucht haben, um seine Kampfkunst zu erproben. In einer Version der Anekdote attackierte er Yang Luchan unerwartet, wurde von ihm aber mit einer leichten Bewegung weggeschleudert. Daraufhin bedankte sich der Mönch und entschuldigte sich für sein ungehobeltes Auftreten. Anschließend ging man zum Austausch von Höflichkeiten und zur Fachsimpelei über – die in einer anderen Version ohne die plötzliche Attacke am Anfang des Duells steht. Yang Luchan demonstrierte beiläufig die Kunst, mit Vögeln zu spielen. Er fing eine Schwalbe, setzte sie auf seine rechte Handfläche und streichelte sie mit der linken. Der Vogel saß wie gefangen auf seinem Arm. Aber auch als Yang Luchan die linke Hand wegnahm, konnte der Vogel nicht wegfliegen. Es fehlte ihm an Widerstand, um sich abzustoßen. Als der Shaolin-Mönch seine Bewunderung ausdrückte, erklärte Yang Luchan: „Wer eine Weile Taijiquan praktiziert, dessen Körper wird so leicht und empfindsam, dass keine Feder auf ihn gelegt werden und keine Fliege sich niederlassen kann, ohne dass er sich in Bewegung setzte."[186] Die Metapher, die Yang Luchan damit in den Mund gelegt wird, nimmt Bezug auf eine Stelle in den Klassischen Schriften des Taijiquan („Keine Feder könnte hinzugefügt werden, keine Fliege könnte landen." [B27f]) Zugleich sagt sie etwas über den Unterschied in der Methode der Kraftentwicklung zwischen Shaolin-Kungfu und Taijiquan. Während in jenem die Körperoberfläche durch eisernes Training hart und undurchdringlich werden soll, wird sie in diesem durch das Üben in Entspannung sanft und weich, so dass ein Anderer keinen Angriffspunkt und keinen Halt findet.

---

derer Bezirke Kampfkünstler sehr wohl Einträge hatten; so in Sishui, wo der gelehrte Kampfkünstler Chang Naizhou aus dem 18. Jahrhundert beheimatet war.

[185] Die Formulierung *wudi* findet sich auch in den Klassischen Schriften des Taijiquan [B31]; vgl. Unverzagt 2019, S. 88, wo der hintergründige Sinn der Formulierung erläutert wird, die von dem konfuzianischen Philosophen Mengzi (372-289 v. Chr.) stammt und bei ihm den weisen Herrscher bezeichnet.

[186] Yang Chengfu 1931, S. 6. Die Geschichte gibt es so ähnlich auch mit Yang Jianhou; vgl. Davis 2000, S. 83.

Indem der Shaolin-Mönch Yang Luchans Überlegenheit erkannte und anerkannte, bewies er nicht zuletzt seine eigene Meisterschaft – wozu ihm Yang Luchans Methode der Duellführung die Gelegenheit gelassen hatte.

Eventuell verliefen nicht alle Duelle so friedlich wie in dieser Geschichte. Eines der vielen unüberprüfbaren Gerüchte stellt in den Raum, dass Yang Luchan eines Tages eine Herausforderung auf Leben und Tod an Stelle von Wu Yuxiang annahm, der sich, vielleicht mit Hilfe seiner einflussreichen Brüder, im Anschluss um seine Vermittlung nach Beijing gekümmert habe.[187]

Was auch immer den Anstoß gegeben haben mag, so brach Yang Luchan wahrscheinlich um das Jahr 1853 in die Hauptstadt des Reiches auf. Eine wichtige Rolle bei der Vermittlung nach Beijing spielte wahrscheinlich Wu Ruqing (1802-1885), der mittlere der drei Wu-Brüder. Er hatte 1840 die höchste Beamtenprüfung bestanden und in Folge Karriere im Justizministerium gemacht. Als hoher Beamter wäre er in der Lage gewesen, Yang Luchan an einen kaiserlichen Prinzen und einen ranghohen General zu empfehlen.[188]

Das Auftreten in einer ihm völlig fremden Umgebung voller undurchschaubarer Etikette scheint Yang Luchan, der ungebildete Mann vom Land, meisterhaft bewältigt zu haben. Man brachte ihm Anerkennung und Bewunderung entgegen. Unaufhaltsam wuchs die Zahl seiner Schüler, zu denen neben kaiserlichen Prinzen bald auch Palastwachen und Bannertruppen gehörten.[189]

Mit dem Ruhm mehrte sich die Zahl der Anekdoten und Legenden. Als er das erste Mal den Kaiserpalast betreten durfte, heißt es, wurde er von zwei Hunden angefallen, die ihm in die Beine bissen und dann mit seltsamem Gebell davon rannten. Die Dienst habenden Eunuchen, die ihn geleiteten, wunderten sich darüber, dass er dem gar keine Beachtung schenkte, sondern mit einem stillen Lächeln weiterging. Später fand man an der Stelle herausgebrochene Zähne der Hunde, die fortan keine Nahrung mehr zu sich nehmen konnten.

Yang Luchan sei von eher schmächtiger Statur gewesen, heißt es (außer bei Wu Tunan, der ihn als groß und kräftig beschreibt), soll aber bei zahlreichen Gelegenheiten starke Kampfkünstler von mächtigem Körperbau mit einer einzigen Bewegung meterweit weggeschleudert haben. Je nach Erzähltradition heißt es, dass Yang Luchan Her-

---

[187] Davis (2004, S. 175, Fn. 16) zitiert Pang, *On Tai Chi Chuan*, S. 214-218, der eine Geschichte von Wu Tunan wiedergibt.

[188] Ma Yueliang (2005, S. 1f) zufolge kam Yang Luchan während der Regierungsdevise Tongzhi (1862-1875) durch die Vermittlung von Wu Ruqing nach Beijing. Nach Wile (1996, S. 46) hatte Wu Ruqing sich allerdings bereits in den späten 1850ern von den Ämtern zurückgezogen und war nach Yongnian zurückgekehrt. Der ranghohe General, den Yang Luchan unterrichtete, war angeblich ein Nachfahre des Volkshelden Yue Fei (1103-41).

[189] Die Armee der Mandschu war ursprünglich in acht Banner unterteilt. Nach der Machtübernahme in China wurden auch Han-chinesische und mongolische Banner aufgestellt. Zudem erhielten Banner zivile Verwaltungsaufgaben. Dennoch behielt man die Rede von den Acht Bannern für das Mandschu-Militär bei.

ausforderungen anderer Kampfkünstler am Hof grundsätzlich ausweichen wollte, oder aber, dass er sie alle annahm – was beides zutreffen könnte. Auf jeden Fall konnte ihn keiner der Kriegshelden oder berühmten Kampfkünstler des Landes, die ihr Können mit seinem messen wollten, bezwingen.

Eines Tages lud ihn ein reicher Kaufmann in Beijing zum Essen ein, ließ ihm aber nur schmale Kost servieren, um ihn zu provozieren. Yang Luchan jedoch ließ sich nichts anmerken. Nach dem Essen äußerte der Gastgeber, der von Yangs eher schmächtiger Statur überrascht war, Zweifel, dass er mit seinem weichen Taijiquan in einem Kampf bestehen könne. Yang Luchan antwortete, dass er nur gegen Männer aus Bronze, Eisen oder Holz (in einer anderen Version: Stein) keine Chance habe. Daraufhin ließ der Reiche seinen stärksten Leibwächter Yang Luchan angreifen, der diesen mit einer einzigen Bewegung über den Hof schleuderte. Beeindruckt, ließ der Kaufmann ihm ein Ehrenbankett servieren.

Einmal wollte ein renommierter Meister, dass sie sich auf Stühlen gegenüber säßen und die Fäuste gegeneinander legten, um ihre Kraft zu erproben. Nach einer kurzen Weile schwitzte der andere Meister vor Anstrengung und sein Stuhl splitterte, während Yang Luchan ohne ein Zeichen von Ermüdung dasaß. Schließlich erhob er sich und kommentierte, dass die Fähigkeiten des schwitzenden Meisters in der Tat überragend seien und er lediglich auf einem schlechten Stuhl gesessen habe. Damit hatte sich Yang Luchan auch als Meister der Bescheidenheit und des diplomatischen Geschicks erwiesen.

Als ein anderer Meister, der die Technik der Druckpunkte beherrschte, Yang Luchan herausforderte, wandte dieser eine Sehnengrifftechnik an,[190] so dass der Angreifer seine Finger nicht öffnen konnte, entwurzelte ihn und ließ ihn vom Boden abheben. Daraufhin aber tröstete er ihn mit den Worten: „Schäme dich nicht deiner Fähigkeit. Wenn du nicht Jahre lang trainiert hättest, hättest du dich ernsthaft verletzt."

Eine weitere Geschichte lehrte auf noch andere Weise, dass die Kunst, die des Angriffs des Anderen bedarf, um sich verteidigen zu können, immer auch die der richtigen Dosierung und des richtigen Tons ist. Als zwei Kampfkünstler Yang Luchan an einem See angeln sahen, wollten sie, so heißt es, ihn von hinten angreifen und ins Wasser werfen, um ihn zu blamieren. Er aber erahnte oder erspürte ihren Angriff und warf sie mit einer kleinen Bewegung seines Rückens ins Wasser. Dann rief er ihnen zu, dass sie an Land nicht so glimpflich davon kämen – woraufhin sie eilig davonschwammen.

Yang Luchans Fähigkeiten bewiesen sich im Kampf oder im Wettkampf, aber auch in Situationen, die seit alters zum Repertoire daoistischer Folklore gehören. Einen Freund bat er, das Ende seines Speers festzuhalten, woraufhin er ihn auf ein Hausdach katapul-

---

[190] Die Verwendung von Druckpunkten (*dianxue* oder *dianmai*, kantonesisch: *dim mak*), die Atemnot, Schwindel, Lähmung, Ohnmacht oder den Tod bewirken können, ist aus verschiedenen chinesischen Kampfkünsten bekannt. Die von Yang Luchan präventiv dagegen eingesetzte Sehnengrifftechnik (*zhuajinfa*) wird in Nr. 28 und v. a. Nr. 29 der „40 Kapitel" der Yang-Familie beschrieben; s. Wile 1996, S. 146f, engl. S. 79f.

tierte. Auch soll er in der Lage gewesen sein, über vom Regen aufgeweichte Wege zu gehen, ohne seine Schuhe schmutzig zu machen. Die Leichtigkeit des Taijiquan ermögliche es, so die Erklärung, „im Schnee zu gehen, ohne Spuren zu hinterlassen".[191]

Die verschlüsselte Idee des Taijiquan

Diese halb bio-, halb hagiographischen Anekdoten sind sicher nicht immer wörtlich zu nehmen. Wollte man sich auf das beschränken, was als zweifelsfrei belegt und gesichert gelten kann, bliebe man wohl mit fast leeren Händen zurück. Es gibt sogar Stimmen, denen zufolge Yang Luchan niemals am Hof unterrichtet hat.

Es lässt sich auch nicht mehr genau rekonstruieren, wann all die Anekdoten aufgetaucht sind; einige sicher schon zu seinen Lebzeiten, andere danach. Doch selbst wenn sie ins Legendäre gesteigert waren und wenn in ihnen vielleicht der stets sich wandelnde Zeitgeist nachgewiesen werden könnte, so entstanden sie doch zu Zeiten, da sein Können noch nachwirkte, da seine Söhne und Enkel die Kunst auf ihre Weise weitergaben und da es noch Menschen gab, die ihn gekannt oder erlebt hatten. Es sind Geschichten, die sich an den Rändern der Geschichte um für uns nicht mehr rekonstruierbare Ereignisse ausgebildet haben. Sie stellen den nebulösen Übergang des Realen ins Legendäre dar, das einen Meister zu einem Helden verklärt und ihm in der Nachwelt und für sie eine strahlende Aureole verleiht. Und doch sind sie nicht einfach falsch oder erlogen. In ihnen wird ausgemalt, was die Adepten der Kunst für deren Spezifikum und anzustrebendes Ideal hielten und halten. Die Geschichten über Yang Luchan sind Geschichten über die Idee des Taijiquan, das er verkörperte und zu dessen Inbegriff er geworden war. Legt man die Legenden von Yang Luchans Fähigkeiten übereinander, so scheint das Selbstbild des Taijiquan hindurch, wie es sich in jener Epoche ausgebildet hat, in der man diese Geschichten fixiert hat. Daraus ergeben sich folgende Charakteristika des Taijiquan:

• Es benutzt die zu einem Angriff eingesetzte Kraft des Anderen, genauer: dessen rohe Körperkraft. Deswegen konnte Yang Luchan nicht mit Statuen kämpfen, denn diese greifen nicht an. Er konnte aber auch nicht mit kleinen Kindern kämpfen, wie es ein andermal heißt, denn auch diese setzen noch keine rohe Körperkraft ein.
• Da im Taijiquan die Kraft des Anderen benutzt wird, bedarf der Kampfkünstler, der es beherrscht, nicht selbst großer Körperkraft. Daher wird Yang Luchan als schmächtig beschrieben, ob er es nun tatsächlich war oder nicht.
• Die Anwendung des Taijiquan geschieht mühelos. Denn es sind nicht zwei gleichartige Kräfte, die miteinander ringen. Niemals wird Körperkraft mit Körperkraft begegnet. Das Yang des Angreifers wird durch Yin ergänzt und neutralisiert.

---

[191] Chen Weiming 2000, S. 79. Beim Laufen im Schnee ohne Spuren zu hinterlassen handelt es sich wiederum um einen Topos, der bereits Zhang Sanfeng zugeschrieben wurde. Vgl. Jou (1981, S. 24), der die von Wang Xiling (1674-1724) kompilierten „Gesammelten Werke von Zhang Sanfeng" konsultiert haben dürfte.

- Mühelosigkeit, die in der Ergänzung von Yin und Yang gründet, bedeutet, dass er im Kampf niemanden verletzen musste, dass seine Kampfkunst also ohne Gewalt auskam.
- Und doch lässt sich von einer Kraft reden, die angewendet wird. Aber es ist die neutralisierte und verwandelte Kraft des Anderen, die aufgenommen, gespeichert und elastisch transformiert (so dass sie den Angreifer nicht verletzt) zurückgegeben wird.

Dass sich Anekdoten über einen Kampfkunstmeister hauptsächlich auf Kampfsituationen beziehen, kann kaum verwundern. Auch technische Duelle (auf Stühlen), Kraftdemonstrationen (mit Speer) oder das spurenlose Laufen auf Schnee gehören im weiteren Sinne dazu. Von heute – das heißt dem heutigen Image des Taijiquan – aus betrachtet, fällt allerdings auf, dass von Meditation, Gesundheitspflege oder Langlebigkeit nicht die Rede ist. Aufgrund der Popularität, die Taijiquan erlangen sollte, hat es sich mehr noch als andere Kampfkünste in Rückkoppelung mit der Ausdeutung seiner Prinzipien und deren Veranschaulichung in Legenden entwickelt. Sicherlich hängen auch damit die Unschärfe der historischen und die Übergröße der legendären Person des Yang Luchan zusammen.

Die Ausbreitung des Taijiquan

Dass Yang Luchans Ruhm, der sich über die Orte seiner Unterrichtstätigkeit, Hof und Kaserne, von der Hauptstadt des Reichs aus in der ganzen Welt der Kampfkunst verbreitet hatte, heute noch nicht verblasst ist, liegt daran, dass es ihm gelang, eine Familienüberlieferung ins Leben zu rufen.[192]

Yang Luchan hatte drei Söhne. Vom ältesten ist nicht viel bekannt; es heißt, er sei früh gestorben. Die beiden anderen, Yang Banhou (1837-1892) und Yang Jianhou (1839-1917) entwickelten sich ebenfalls zu profunden Meistern des Taijiquan, um deren Können sich, wenn auch in geringerem Maße als bei ihrem Vater, Legenden ranken.[193]

---

[192] Die Kunst der Väter und Vorväter zu erlernen, war für die Familiensöhne im alten China eine ihnen durch die Sitte auferlegte Verpflichtung; vgl. Swaim (2005, S. 14, Fn. 2), der auf das Buch der Riten (*Liji*) verweist. De facto kamen sie ihr nicht immer nach. Chen Weiming (2000, S. 77) berichtet, dass einer der beiden Söhne Yang Luchans versucht habe, von zu Hause wegzulaufen, der andere gar, sich zu erhängen. Beides konnte verhindert werden und beide erlernten die hohe Kunst. Noch Enkel Yang Chengfu beschreibt im Vorwort zu seinem Buch *Taijiquan tiyong quanshu* (1934, S. 5f; 2005: S. 7f), dass er als Kind Widerstände dagegen hatte, Taijiquan zu erlernen. Während sein Vater ihn mit harschen Worten zwingen wollte, seiner Verpflichtung nachzukommen, habe sich sein Großvater, Yang Luchan, verständnisvoll seiner angenommen und ihm die Wichtigkeit des Erlernens von Taijiquan erläutert; nämlich um sich selbst und damit die Nation zu stärken. Dass die rationalisierende Belehrung ein fiktionaler Kunstgriff ist, erhellt schon aus der Tatsache, dass Yang Chengfu 1883 geboren wurde und damit seinen 1872 verstorbenen Großvater nicht mehr kennengelernt hatte. Auf jeden Fall überwand er seine inneren Widerstände und wurde nicht nur ein großer Meister, sondern gewissermaßen auch zum Nadelöhr, durch das Taijiquan schlüpfte, um weltbekannt zu werden.

[193] Eines Tages, als ein Diener den schlafenden Yang Banhou zum Abendessen wecken wollte, trat dieser, einen Angriff wähnend, den armen Bediensteten fast bis aufs Dach. (Zheng Manqing 1981, S. 132) Ein jüngerer Kampfkünstler aus dem Süden wollte des bereits gealterten Yang Ban-

Yang Banhou demonstrierte sein Können in Zweikämpfen mit Herausforderern mitunter auch vor Augen von Zuschauern. In Beijing wurde er wohl offiziell zum Lehrer jener Schüler, die sein Vater aufgrund höfischer Etikette nicht selbst neben den Sprösslingen kaiserlicher Abkunft unterrichten konnte. Darunter befanden sich auch die Mandschuren Wu Quanyou und sein Sohn Wu Jianquan, die den (neuen) Wu 吳-Stil begründeten. Yang Banhou wird ein aufbrausendes Temperament nachgesagt, weshalb er als Lehrer unbeliebt gewesen sei und nur wenige Schüler gehabt habe, die den Unterricht durchhielten. Dasselbe heißt es von Yang Jianhous Sohn Yang Shaohou (1862-1930). So wurde die Familienüberlieferung vor allem durch Yang Jianhou und dessen anderen Sohn, Yang Chengfu (1883-1936), weitergegeben; sowie durch Yang Banhous Sohn Yang Shaopeng (1875-1938).

Yang Chengfu war es, der sich hauptsächlich um die Verbreitung des Taijiquan in der Republikzeit (1912-1949) verdient machte. Dabei nahm er Veränderungen in der Übungsweise und dem Image der Kampfkunst vor, die den geänderten Rahmenbedingungen Rechnung trugen.[194]

Seit den späten 1920er Jahren breitete sich Taijiquan von Beijing über Shanghai, Nanjing und Guangzhou schließlich im ganzen Land aus. Es erfuhr dabei Förderung und Unterstützung auch aus den Reihen der Politik. In einer Zeit des gesellschaftlichen Umbruchs und einer Krise des nationalen Selbstbewusstseins schrieb es sich als urchinesischer Beitrag in die Kampagne zur Stärkung des Landes ein, mit der sich der „kranke Mann Asiens" heilen wollte. Taijiquan erschien jetzt in der uralten Tradition der Lebenspflege (*yangsheng*), mit der jeder Einzelne, der sich um seine Gesundheit kümmerte, auch einen Beitrag zur Gesundung der Nation leistete.

Dass das Üben dieser in der Legendenbildung um Yang Luchan fast übermenschlich anmutenden Kampfkunst auch der Gesundheit und einem langen Leben dienlich sei, wurde in der Republikzeit zu einem wesentlichen Imagekriterium des Taijiquan. Mehr und mehr Bücher – darunter bebilderte, die Übenden zur Gedächtnisstütze dienen konnten – erläuterten den Zusammenhang. Sie verwiesen auf eine Jahrtausende alte Tradition der Lebenspflege und Selbstkultivierung (*xiushen*). Nun hieß es auch, Taijiquan sei von dem legendären daoistischen Unsterblichen Zhang Sanfeng begründet worden. Die Ruhe, die noch jeder Bewegung zugrunde liegen sollte, schien sichtbar zu werden,

---

hous Fähigkeit, am Anderen zu kleben, testen und forderte ihn auf, ihm mit der Hand auf seinem Rücken über ausgelegte Ziegelsteine zu folgen. Als er Yang Banhou nicht abschütteln konnte, sprang er plötzlich aufs Dach, blickte um sich – und war erstaunt, dass Yang Banhou mit der für ihn unfühlbaren Hand hinter ihm stand. (Chen Weiming 2000, S. 81f) Als man Yang Jianhou eine tote Ratte zeigte, die an der Wand seines Schlafzimmers klebte, erklärte dieser: „Die muss wohl versucht haben, mir im Schlaf Erdnüsse aus der Tasche zu stehlen, so dass ich sie mit Wucht an die Wand geschleudert habe." (Zheng Manqing 1981, S. 132f) Yang Jianhou soll sich bei einem Angriff mit einem Stock von hinten blitzschnell umgedreht, den Stock gefasst und den Angreifer weit weggeschleudert haben. Außerdem habe er dieselbe Kunst wie sein Vater beherrscht, einen Vogel auf seinem Arm am Wegfliegen zu hindern. (Chen Weiming 2000, S. 82f)
[194] Vgl. Fu Zhongwen 1999, S. 4ff.

indem die Ausführung der Form langsame, fließende Bewegungen betonte, die auch heute noch das Bild des Taijiquan weitgehend prägen.

Eventuell geschah diese Akzentuierung in zwei Schüben: in einem ersten Schub bereits durch Yang Luchan bei seiner Unterrichtstätigkeit am Hof, wo den Prinzen angeblich nicht das harte Training robuster Bauern zuzumuten war; in einem zweiten durch Yang Chengfu, um beim Unterrichten für eine breite Öffentlichkeit auch Alte und Schwache miteinbeziehen zu können. Die Begründung der These vom ersten Schub hat allerdings einen deutlichen Landgeruch und unterschlägt, dass erstens es auch feinsinnige Gelehrte in Yongnian nicht an Einsatz und Mühe hatten fehlen lassen; und vielleicht auch zweitens, dass im Mandschu-Adel noch am Hof die kriegerische Tradition des alten Nomadenvolkes aufrecht erhalten wurde, die sich mit jeder Art von Rustikalität messen konnte. (Am Hof verweichlichte Prinzen, die es als Ausnahmen gegeben haben mag, waren hinwiederum vielleicht überhaupt nicht an Kampfkunst interessiert.) Die These soll wahrscheinlich suggerieren, dass bereits mit Yang Luchan eine Verwässerung dessen stattgefunden habe, was er in Chenjiagou gelernt hatte.

Dass in Rückkoppelung mit den Zeitumständen eine Verlangsamung im Taijiquan eintrat, ist hingegen belegt. Ob es sich dabei um eine Verwässerung oder eine Vertiefung handelte, steht in jeder Generation erneut zur Debatte, wobei die Rollen der Parteinahme im voraus verteilt sind. Die Behauptung, dass schnelle, zum Teil stampfende Bewegungen „kämpferischer" als langsame, fließende seien, stellt sich unter den doppelten Verdacht, sowohl die Übungsweise nicht von der Anwendung unterscheiden zu können, als auch die Anwendung des Taijiquan nach dem Muster anderer Kampfkünste misszuverstehen.

Dennoch, das, was vom Taijiquan in der neuen Zeit verlangt wurde und was es zu geben versprach, war zumindest auf den ersten Blick in der Glorie um die überlegene Kampfkunst Yang Luchans nicht unbedingt sichtbar. Die Anekdoten priesen zwar seine klarsichtige Aufmerksamkeit bei einem Angriff von hinten und sein wundersames Qi, das er an Hunden und Vögeln, mit Stühlen und Speeren und beim Laufen über Schnee demonstrierte. Dass diese wundersamen Fähigkeiten nicht nur unbesiegbar machten, sondern auch einem gesunden und langen Leben dienen sollten, wurde aber zunehmend dadurch erklärt, dass die Übungsweise dieser Kampfkunst in den uralten Kontext der Lebenspflege und der Selbstkultivierung gestellt wurde. Von Anfang an sei Taijiquan nicht nur eine andere Art des Kämpfens gewesen, sondern auch ein genuiner Beitrag zum urchinesischen, nun auch öffentlich wiederbelebten Anliegen der Lebenspflege gewesen, mit der die verlorene Balance des Kämpferischen (*wu*) und des Kulturellen (*wen*) wiederhergestellt werden könne.

Kampf um die Vergangenheit und Ursprungsfrage

Die Anpassung an die neue Zeit geschah in einem Kampf um die Vergangenheit. Er entbrannte, als die Frage nach dem Ursprung des Taijiquan auftauchte. Ende der 1920er Jahre waren Vertreter des Chen-Stils auf der Bühne erschienen und hatten den Ursprung dieser Kampfkunst – und mit ihm deren Ansehen – für sich reklamiert. Hatte Yang Luchan das, was ihn zum „Unbesiegbaren" gemacht hatte, nicht in dem Dorf Chenjiagou, dem Stammsitz des Chen-Klans, von Chen Changxing gelernt? Das war unbestritten. Doch im Umfeld der Yang-Familie behauptete man, Taijiquan sei viele Jahrhunderte zuvor von dem Daoisten Zhang Sanfeng in den Wudang-Bergen (in der Provinz Hubei) begründet worden und von einem Linienhalter an Chen Changxing übermittelt worden. Der Chen-Klan hingegen beanspruchte, seine Kampfkunst über Generationen in der Familie und ohne jeden Einfluss von außen entwickelt zu haben. Hinter dem friedlichen Nebeneinander der Kampfkünstler in der Öffentlichkeit entbrannte ein Streit um die Ursprungshoheit, der bis heute nicht wirklich beigelegt ist.

Wie konnte es überhaupt zu dieser Kontroverse kommen? Wer Taijiquan übt, steht in einer Überlieferungslinie. Verfolgt man diese Linie Generation für Generation zurück, gelangt man zum Ursprung des Taijiquan; sollte man meinen. Alle Stilunterschiede ließen sich dann durch Knotenpunkte erklären, an denen sich die Überlieferung bei ihrer Entfernung vom Ursprung verzweigt hätte. Und doch kursieren, seitdem Taijiquan ins Licht der Öffentlichkeit getreten ist, verschiedene, sich gegenseitig ausschließende Ursprungsnarrative. Vielleicht ist eine dieser Erzählungen wahr und die anderen sind falsch. Vielleicht aber kommen unterschiedliche Antworten auch durch eine scheinbar selbstverständliche, der Sache nach aber doch unangemessene Art der Fragestellung zustande. Das wird zu prüfen sein.

Wir gehen zunächst den beiden großen Narrativen der Chen- und der Yang-Familie nach, um anschließend noch einen Blick auf daraus abgeleitete Varianten zu werfen. Dabei sammeln wir Kriterien für eine Umformulierung der Frage nach dem Ursprung. Wir beginnen mit der zeitlich früher angesetzten Version, dem Narrativ von Zhang Sanfeng als Begründer des Taijiquan.

Zhang Sanfeng als Ursprungsahn

Zhang Sanfeng war ein daoistischer Unsterblichkeitssucher, der als Einsiedler in den Wudang-Bergen (im Norden der Provinz Hubei) lebte. Wann das war, wird weiter unten erörtert. Er ist eine historische Figur, deren Leben und Wirken aber in noch viel stärkerem Maße als bei Yang Luchan von Folklore umrankt ist.

Zwei Ursprungslegenden

Es gibt zwei – jeweils in verschiedenen Variationen erzählte – Geschichten darüber, wie Zhang Sanfeng zum Ursprungsahn des Taijiquan geworden sein soll. In der einen heißt es, er sei, als sein Ruhm als Eremit mit übernatürlichen Fähigkeiten sich längst über die Wudang-Berge hinaus verbreitet hatte, von dem Song-Kaiser Huizong (reg. 1101-26) zu einer Audienz an den Hof gebeten worden. Dazu habe er eine von Räubern belagerte Gegend passieren müssen. Da erschien ihm im Traum der in eben jenen Wudang-Bergen von daoistischen Einsiedlern und Mönchen verehrte Kriegsgott Xuanwu („Dunkler

Krieger"; auch „Wahrer Krieger", Zhenwu, genannt[195]) und offenbarte ihm die Kampf-kunst. Am nächsten Tag soll er sich dann seinen Weg gebahnt und eigenhändig mehr als hundert Räuber umgebracht haben. Taijiquan hätte demnach, zumindest auf der irdi-schen Seite, mit einer nächtlichen Offenbarung begonnen, und das gleich mit einer ein-drucksvollen Leistungsbilanz.

Weniger martialisch ist eine andere Geschichte, der zufolge Zhang Sanfeng durch die Beobachtung eines Kampfes zwischen einem Kranich (in einer anderen Version einer Elster) und einer Schlange auf die Idee des Taijiquan gebracht worden sein soll. Durch weiche, runde Bewegungen entzog sich die Schlange den harten Schnabelhieben des Vo-gels und rollte sich immer wieder ein. Zhang Sanfeng erkannte in der zusammenge-rollten Figur der Schlange das Taiji-Symbol, in ihren Bewegungen die Wandlungen des Taiji, und er sah, wie das Weiche das Harte überwindet. In dieser Geschichte ist es eine Naturbeobachtung, die ihn auf die Idee einer Kampfkunst des Taiji bringt.

Die Geschichte lehnt sich an die Metapher der Schlange vom Berg Chang an, die schon die alten Militärtheoretiker aus der Zeit der Streitenden Reiche (5. bis 3. Jahrhun-dert v. Chr.) und dann immer wieder Kampfkunstmeister und -theoretiker zitiert hatten. Die Schlange vom Berg Chang schlägt mit dem Kopf zu, wenn sie am Schwanz ange-griffen wird, und umgekehrt mit dem Schwanz, wenn sie am Kopf attackiert wird. Wird sie in der Mitte angegriffen, so antwortet sie mit Kopf und Schwanz.[196]

Die Geschichte von der Offenbarung im Traum ist aus dem Jahr 1669 belegt. Sie findet sich in dem Epitaph, einer Grab- oder Gedenkschrift, die der bedeutende Gelehrte Huang Zongxi (1610-1695) für den Kampfkünstler und Widerstandskämpfer gegen die mandschurische Eroberung Wang Zhengnan verfasste (*Wang Zhengnan mu zhi ming*, „Epitaph für Wang Zhengnan"). In ihr ist allerdings gar nicht von Taijiquan die Rede, sondern von einer sogenannten Inneren Schule der Kampfkunst, die einer Äußeren Schule, namentlich dem Shaolin-Boxen, entgegengesetzt wird. Später erklärte man diese Innere Schule zu einem Synonym für Taijiquan. Die Geschichte von der Beobachtung

---

195 In der Han-Zeit war Xuanwu das Emblem der sieben Sternbilder am Nördlichen Himmel. Es stand für das Element Wasser und das äußerste Yin, symbolisiert als Schildkröte und Schlange. In der Song-Zeit verwandelte sich die Darstellung zum Symbol des Kriegsgottes, der im frühen 11. Jahrhundert aufgrund eines kaiserlichen Namenstabus in Zhenwu („Wahrer Krieger") umbenannt wurde. Der Song-Kaiser Huizong, der ihm in Visionen begegnet war, stiftete einen Kult. Seither wurde er als schwarz gekleideter Krieger mit einem Fuß auf einer Schildkröte und einer Schlange dargestellt. Spätestens seit dem 13. Jahrhundert galten die Wudang-Berge als ein im Daoismus heiliges, Xuanwu gewidmetes Gebiet. (Seidel 1970, S. 493; zum Tabu vgl. auch Wells 2005, xxxi) Nach Wagner (2014, S. 60 mit Bezug auf Overmeyer 2009) ist Zhenwu eine „exorzistische Gottheit daoistischen Ursprungs". Seine häufige Darstellung mit aufgelöstem Haar barfuß auf einer Schildkröte mit Schlange verleiht ihm demnach die Charakteristika spiritueller Medien.

196 Zum Gebrauch der Metapher der Schlange vom Berg Chang von Sunzi über Qi Jiguang im 16. bis zu Chang Naizhou im 18. Jahrhundert s. Unverzagt 2019, S. 32, 172, 206, 233 (Anm. 7); vgl. auch Wells 2005, S. 115.

des Tierkampfs wird 1931 in dem unter Yang Chengfus Namen veröffentlichten Buch
Taijiquan shiyong fa („Methoden der Anwendung des Taijiquan") erzählt.[197]

Auch wenn die erste Geschichte sich nicht ganz bruchlos mit dem heutigen Image
einer sanften Kampfkunst in Deckung bringen lässt, wären sowohl der Kriegsgott als
auch der Tierkampf würdige Ursprünge des Taijiquan. Doch wie viel historische Wahrheit können diese Geschichten für sich beanspruchen? Was meint Wahrheit überhaupt
im Kontext einer Ursprungsfrage? Ein dokumentiertes Ereignis, einen wirkmächtigen
Mythos, eine luzide Metapher? Wir hoffen, uns am Ende dieser Untersuchung der
Beantwortung dieser Frage angenähert zu haben.

Leben und Nachleben von Zhang Sanfeng

Die Frage nach dem Wahrheitsgehalt der zwei Ursprungslegenden verknüpft sich mit
der Frage nach der Historizität von Zhang Sanfeng. Denn nicht einmal die Eckdaten
seines Lebens sind wirklich gesichert. Huang Zongxis zeitliche Verortung von Zhang
Sanfeng in der späten Song-Zeit lässt sich nicht belegen.[198] Die Quellen der Song-Zeit
schweigen von ihm; und dieses Schweigen muss als beredt verstanden werden, zumal da
es aus ihr andere Dokumente über den Kriegsgott Xuanwu gibt, außerdem in den Daoistischen Kanon aufgenommene Biographien von Unsterblichen, darunter auch solche aus
den Wudang-Bergen; doch von Zhang Sanfeng findet sich keine Spur. Die Lokalchroniken schweigen ebenso.

---

[197] Yang Chengfu 1931, S. 5; vgl. Davis 2004, S. 17; auch online bei Brennan 2011. Das heute ge-
bräuchliche Taiji-Symbol mit den zwei Yin-Yang-„Fischen" im Kreis, auf das in der Geschichte
von Vogel und Schlange offensichtlich angespielt wird, kam erst im 14. Jahrhundert in Gebrauch.
In der Song-Zeit war zwar ein von Zhou Dunyi veröffentlichtes Taiji-Symbol bekannt, aber es bediente sich einer Darstellung mit fünf übereinander gelagerten Kreisen (s. Anhang 8; vgl. Unverzagt 2019, S. 217f). In zahlreichen Fällen, die sich in der Natur beobachten lassen, sind Schlangen
im Zweikampf übrigens keineswegs die überlegenen Tiere. Mit ihren kreisenden Bewegungen gelingt es ihnen allzu oft weder, den blitzschnellen Schnabelhieben von Vögeln auszuweichen, noch
auch diese mit ihren Giftzähnen zu treffen. Zum Verhältnis von Innerer Schule der Kampfkunst
und Taijiquan s. „Ist Taijiquan eine innere Kampfkunst?" in diesem Band.
[198] Die Datierung Zhang Sanfengs in der Song-Zeit könnte auf eine Verwechslung zweier Kaisernamen zurückgehen; s. hierzu Fn. 90. Xu Yusheng stellt in seinem Buch von 1921 verschiedene
Versionen der Lebensdaten von Zhang Sanfeng – den er als Begründer des Taijiquan apostrophiert
– nebeneinander. Eine versetzt ihn in die Zeit Ende der Yuan-, Anfang der Ming-Dynastie. Auch in
ihr wird er von einem Kaiser an den Hof gebeten, allerdings nicht durch den Song-Kaiser Huizong,
sondern durch den Ming-Kaiser Hongwu; und auch in dieser Version empfängt Zhang Sanfeng
daraufhin die Kampfkunst im Traum durch Xuanwu. Aber merkwürdigerweise wird er nicht als
Daoist, sondern als Konfuzianer beschrieben, den nicht die Suche nach einem Elixier der Unsterblichkeit in die Wudang-Bergen getrieben habe, sondern die Schönheit eines Gemäldes, in
dem das Eremitenleben des Daoisten Ge Hong (Ge Zhichuan, ca. 283-343/363?) dargestellt war. Seltsa-
merweise spricht auch Zheng Manqing, der selbstverständlich mit der Schrift von Xu Yusheng
(1921) und Einwänden gegen die Datierung vertraut war, noch 1946 (S. 13; deutsch: S. 45) von
Zhang Sanfeng aus der Song-Zeit.

Das ändert sich in der Ming-Zeit. Tatsächlich hat Zhang Sanfeng sogar in den offizi-ellen Annalen der Ming-Dynastie einen Eintrag.[199] Schriften aus dem 16. Jahrhundert be-haupten, dass Zhang Sanfeng in der Yuan-Dynastie gelebt habe und in den ersten Jahren der Ming-Dynastie gestorben, dann aber wieder ins Leben zurückgekehrt sei. Er habe seinen Tod sogar angekündigt, ein Totenlied hinterlassen und sich begraben lassen, sei dann aber wieder aus dem Sarg gestiegen. Seither sei er an verschiedenen Orten gesehen worden und sogar einigen Adepten zu ihrer Belehrung erschienen.

Zum Zeitpunkt der Abfassung dieser Schriften galt er als vollendeter Meister der in-neren Alchemie, der durch körperliche und geistige Selbstkultivierung den „Embryo der Unsterblichkeit" in sich entwickelt hatte. Wem das gelungen war, der konnte nach der Lehre der daoistischen Alchemie seinen alten Körper bei dessen Tod verlassen und in einem neuen Körper zu neuem Leben erwachen.

Es verwundert daher nicht, dass biographische Angaben aus dieser Zeit bruchlos in solche einer Hagiographie übergehen. Zhang Sanfeng wird als großer, breitschultriger Mann beschrieben, der gerne spielte, scherzte und rastlos in einem Flickengewand durch die Wudang-Berge wanderte. Dort hatte er sich den Berichten zufolge zu Beginn der Ming-Zeit angesiedelt und einige Schüler unterrichtet. Er war gebildet, heißt es, und was er einmal gelesen hatte, vergaß er nie wieder. Auch wenn er heute als einer der Schutzheiligen der daoistischen Schule der Vollständigen Wahrheit (*quanzhen*) verehrt wird, dürfte er das Leben eines von den etablierten daoistischen Sekten unabhängigen Einsiedlers geführt haben. Gegen Regen besaß er den Quellen zufolge nur einen Stroh-umhang. Er schlief im Schnee, ohne sich zu erkälten. Er konnte 1000 Li[200] an einem Tag zurücklegen, Unmengen verspeisen, aber auch monatelang ohne Nahrung auskommen. Er verfügte über Heilkräfte und die Gabe der Divination, er konnte Tausende von Jade-blüten aus dem Nichts entstehen lassen, er kannte das Geheimnis der Levitation, konnte über Berggipfel springen, über Wasser laufen und fliegen...

Das von immer farbenprächtigeren Legenden umwobene Leben des unsterblichen Einsiedlers, der erstauntem Volk und der Erleuchtung nahen Adepten hier und dort aus seiner Bergeinsamkeit heraus erschien, wurde in Tempelinschriften, Gedichtsamm-lungen und örtlichen Chroniken gefeiert. Das fand einen Widerhall am Hof. Prinzen schrieben Gedichte, in denen sie den Unsterblichen priesen. Am Hof der Ming-Kaiser, vor allem in der Hongwu- (1368-1398) und der Yongle-Ära (1403-1424), gab es ein starkes Interesse am Daoismus und einen besonderen Bezug zu dessen Adepten in den Wudang-Bergen. So schickten die mächtigen Kaiser nach ihm, um ihn zur Audienz zu laden. Doch er entzog sich deren Gesandten – was allerdings einem Stereotyp entsprach.

---

[199] Die Annalen einer Dynastie wurden im kaiserlichen China erst von Gelehrten der nach-folgenden Dynastie ediert, aber unter Auswertung der Quellen, die in der Vorgängerdynastie ge-sammelt worden waren. Die 1739 herausgegebenen Ming-Annalen (*Mingshi*) scheinen einer frü-heren Quelle zu Zhang Sanfeng aus dem 16. Jahrhundert (*Guochao xiancheng lu*) nichts hinzuge-fügt zu haben; vgl. A. Seidel 1970, S. 485.

[200] Die Länge der Maßeinheit Li variierte historisch und regional. Durchschnittlich entspricht sie ungefähr einem halben Kilometer.

Da der Daoismus in hohem Ansehen stand, gehörte es, wie schon in alter Zeit, zum guten Ton, dass Kaiser zur Erhöhung ihres Prestiges und zum Zeichen ihrer Legitimität nicht nur militärische Berater und Gelehrte, sondern auch Astrologen, Numerologen, Magier und in Reisstroh oder Lumpen gekleidete Weise, die als Eremiten in den Bergen lebten, an den Hof riefen. Ebenso üblich war, dass unter Letzteren einige widerstrebend blieben und sich dem Gesuch des Kaisers zu entziehen versuchten.

Einen skurrilen Beleg für die Wertschätzung des Eremiten lieferte Kaiser Yongle, als er einen Emissär, Hu Yong, mit der Suche nach dem magiemächtigen Zhang Sanfeng beauftragte. Dreizehn Jahre lang soll Hu Yong, zeitweise mit einem Großaufgebot an Soldaten und parallel mit weiteren Abgesandten, das Land durchkämmt haben. Doch vergeblich. Die Biographie Hu Yongs verrät allerdings, dass hinter der großangelegten Suche wohl noch ein anderes Motiv als die Fernverehrung Zhang Sanfengs stand: der geheime Auftrag nämlich, nach dem von Yongle abgesetzten Kaiser Jianwen zu fahnden. Der Hintergrund war, dass Yongle nach vierjähriger Regierungszeit (1398-1402) seines Neffen einen Staatsstreich organisiert und sich selbst als Kaiser eingesetzt hatte. Der Coup war zwar gelungen, aber es hielten sich Gerüchte, dass der abgesetzte junge Kaiser Jianwen nicht wie geplant in den Flammen des brennenden Palasts umgekommen war, sondern durch einen Geheimgang hatte flüchten können, sich als Bettelmönch im Land verbarg und auf seine Chance zur Rache wartete.[201] Der unsterbliche Zhang Sanfeng war zum Vorwand für die Fahndung nach einem Untoten geworden, dessen Rachegeist der Kaiser befrieden wollte. Dass Jianwen tatsächlich nicht mehr aus der Verborgenheit auftauchte, mag darüber hinweggetröstet haben, dass auch Zhang Sanfeng unauffindbar blieb.

Aus der Ära Tianshun (1457-1464) gibt es dann aber wieder Zeugnisse von Zhang Sanfengs unerwartetem Auftauchen unter den Lebenden. In dem daoistischen Jintai-Tempel befindet sich eine Erinnerungsstele an ihn, die auf das Jahr 1462 datiert ist. Durch kaiserliches Edikt wurde ihm der Titel „Wahrer Mensch, der das Größte verbindet und sichtbar macht" verliehen.

Wären alle Quellen, einschließlich einer späteren, die das Jahr 1247 als das seiner Geburt angibt, glaubhaft, so wäre er mindestens 217 Jahre alt geworden. Anna Seidel vermutet, dass er zu der Zeit, da die große Suche nach ihm unter Kaiser Yongle begann, schon nicht mehr lebte. Die Annalen der Ming-Dynastie aber lassen am Ende ihres Eintrags offen, ob er überhaupt gestorben ist.

Zumindest in der Erinnerung und in dem Kult um ihn – oder genauer: in den Kulten um ihn – ist er unsterblich geworden; unsterblich und wandlungsfähig; denn die Geschichten und Legenden, die sich um ihn rankten und ranken, blieben sich nicht gleich.

---

[201] Seidel 1970, S. 492, 494, 502. Es gibt sogar die abenteuerlich anmutende These, dass die sagenhaften maritimen Expeditionen des Admirals Zheng He in Wirklichkeit der Suche nach dem legitimen Thronerben Jianwen dienten; Seidel 1970, S. 520, Fn. 32.

Die Quellen, die von ihm zeugen, reicherten sich im Lauf der Zeit mit neuem Material an und so trat er periodisch in erneuerter Gestalt und mit neuem Kult auf. Im 16. oder 17. Jahrhundert sah man in ihm einen Meister esoterischer sexueller Praktiken. Im 19. Jahrhundert versicherte dann der gelehrte Adept Li Xiyue, dass dies durch die Verwechslung von Schriftzeichen geschehen sei. Eine Schrift aus dem 13. Jahrhundert über die Selbstkultivierung hatte von der „Methode der Drei Bergspitzen und des Gelben Tals" (*Sanfeng huanggu zhi shu*) gesprochen, was sich als Verschlüsselung einer sexuellen Praktik verstehen ließ. Das Zeichen für Bergspitze 峯 *feng* (auch in der Schreibweise: 峰 *feng*) trat an die Stelle seines Namenszeichens 丰 *feng* und ließ ihn als Meister dieser Methode erscheinen. Noch heute werden beide Schriftzeichen in seinem Namen verwendet bzw. verwechselt.

Nach dem Ende der Ming-Zeit (1644) tauchte er dann als göttlich inspirierter Kampfkunstmeister und Begründer der Inneren Schule auf. Zuvor hatte es einmal geheißen, er habe reiten und Bogen schießen können, ansonsten aber hatte es keine Hinweise auf irgendeine Kampfkunst (geschweige denn Taijiquan) gegeben.[202] Ob es den Geschichtsschreibern zuvor der Rede nicht wert gewesen war? Oder ob sie nur nichts davon wussten?

Der unsterblich Gewordene wandelte sich scheinbar unbeeindruckt von seinen zwischenzeitlichen Rollen weiter. Noch im 17. Jahrhundert wurde er, dargestellt als zerlumpter Bettler, dessen alchemistische Kenntnisse sich gewinnbringend ummünzen ließen, zu einer Schutzgottheit der Reichen.

Im 18. Jahrhundert erschien er dem Adepten Wang Xiling, dem er bis dato unbekannte Details zu seinem Leben und seinem Hintergrund mitteilte. Dieser Wang Xiling schrieb nicht nur auf, was er von Zhang Sanfeng persönlich gehört hatte, sondern sammelte auch, was er an Quellen über ihn finden konnte. Dieses Material gab er in der „Sekte der Verborgenen Unsterblichen" weiter, die über Medien mit dem Geist Zhang Sanfengs verkehrte. Ihr späteres Oberhaupt, der bereits erwähnte Li Xiyue, sollte dieses Material, ergänzt um weitere Offenbarungen, im Jahr 1844 als „Gesammelte Werke von [Zhang] Sanfeng" (*Sanfeng quanji*) veröffentlichen.

Wussten Ming-zeitlichen Quellen nur davon, dass Zhang Sanfeng in jungen Jahren zusammen mit Liu Bingzhong (1216-1274), der später am Hof des Kublai Khan (reg. 1271-1294) einflussreich wurde, bei dem Chan-Meister Haiyun (1201-1256) studiert haben sollte, so hieß es nun, dass er der letzte Patriarch einer Linie Verborgener Unsterblicher war, die über den Tang-zeitlichen Daoisten Chen Tuan (871-989?) auf Laozi zurückführte.[203]

---

202 Bemerkenswerterweise reflektiert bereits Xu Yusheng (1921) darauf, dass keine alte Quelle Zhang Sanfeng in Verbindung mit Kampfkunst bringt. Dessen Aufstieg zum Urvater des Taijiquan sollte der Hinweis des einflussreichen Xu Yusheng aber nicht behindern.

203 In seinem Buch „The Dao of Taijiquan" trug Jou Tsung Hwa 1981(!) sehr detailfreudig weitere Anekdoten und Daten zu Zhang Sanfengs Lebenslauf bei (S. 20-25). So weiß Jou, dass er am 9. April 1247 um Mitternacht geboren wurde und dass er im Mondlicht Schwertformen und in dunkler Nacht Taijiquan-Formen lief. Er konnte auf Schnee laufen, ohne Spuren zu hinterlassen

Bis zur Mitte des 19. Jahrhunderts, einschließlich der Publikation seiner „Gesammelten Werke", war von Zhang Sanfeng als Begründer des Taijiquan noch nicht die Rede gewesen. Diese Rolle wurde ihm erst in der ersten Hälfte des 20. Jahrhunderts zugeschrieben. Eine einzelne Bemerkung dazu, die wie ein erratischer Block daliegt, stammt aus der zweiten Hälfte des 19. Jahrhunderts.

Die Wu-Brüder und ihr Neffe Li Yiyu

1881 schrieb Li Yiyu, der Neffe und Nachfolger von Wu Yuxiang, in seinem „Kurzen Vorwort" zum „Handbuch des Taijiquan": „Man weiß nicht, bei wem das Taijiquan seinen Anfang genommen hat."[204] Er fertigte drei Abschriften des Textkonvoluts an, die man die „Drei alten Schriften" (*lao sanben*), nannte, da es sich um die ältesten erhaltenen Schriftdokumente des Taijiquan handelt. Eine behielt er selbst, eine gab er seinem Bruder Li Qixuan (die heute als verschollen gilt) und eine dem späteren Linienhalter Hao Weizhen. Jahrzehnte später tauchte eine weitere, etwas kürzere Version des Kompendiums auf, die ehemals im Besitz von Li Yiyus Neffen Ma Tongwen gewesen sein sollte. Der Kampfkunsthistoriker Xu Zhen hat dieses Manuskript, das heute ebenfalls als verschollen gilt, noch in den 1930er Jahren gesehen. In dieser auf 1867 datierten Version des „Kurzen Vorworts" hatte Li Yiyu geschrieben: „Taijiquan begann mit Zhang Sanfeng aus der Song-Dynastie."[205] Das wäre, wenn das Dokument authentisch ist bzw. war, die früheste Quelle für die explizite Verbindung von Zhang Sanfeng mit Taijiquan. Die

---

(wir erinnern uns an diese Fähigkeit von Yang Luchan), er konnte beim Meditieren Wände vibrieren lassen und tonnenschwere Felsen schleudern. Tiger tötete er mit der Figur „Den Bogen spannen und den Tiger schießen", und Pythons mit der Figur „Weiter Blick vom Pferd". Er war gut Freund mit Affen, die ihm wilde Früchte brachten, und mit Kranichen, die Schlangen aus seinem Weg räumten. Er schlug Holz mit „Diagonal Fliegen" anstatt mit einer Axt und ließ das Feuerholz von einem gezähmten Affen, dem er Taijiquan beigebracht hatte, nach Hause tragen. Er fing Falken in der Luft und setzte sie auf seine Hände, so dass sie nicht davon fliegen konnten. (Auch hier werden wir an Yang Luchan erinnert.) Mongolische Pfeile, die auf ihn geschossen wurden, konnte er mit dem Mund auffangen und dann mit der Hand so heftig schleudern, dass sie tief in einem Baum stecken blieben. Zwar macht Jou diese Geschichten als Legenden kenntlich, den Zweifel an ihrem Wahrheitsgehalt führt er allerdings darauf zurück, dass Menschen noch nicht die erstaunlichen Ergebnisse von Taijiquan-Übenden selbst auf mittlerem Niveau kennengelernt hätten. Auch der Kompilator der „Gesammelten Werke von Zhang Sanfeng", Wang Xiling (1674-1724), hatte von Details zu berichten gewusst, die keine frühere Quelle erwähnt hatte; in seinem Fall, weil er sie bei Begegnungen mit Zhang Sanfengs Erscheinungen persönlich von ihm erfahren hatte; vgl. Seidel 1970, S. 509ff. Der Unterschied zu Jou ist, dass dieser, ein studierter Mathematiker, rund ein halbes Jahrhundert nach dem Wirken der Kampfkunsthistoriker Tang Hao und Xu Zhen und ihrem Projekt der Entmystifizierung schrieb.

[204] *Taijiquan pu, xiaoxu* („Handbuchs des Taijiquan, Kurzes Vorwort"), s. Anhang 5. Nach Erhebung der Yang-Stil-Zusammenstellung des „Handbuchs" (*pu*) in den Rang der Klassiker (*jing*) im Jahr 1912 wurde folgerichtig auch das Wu-Li-Korpus „Klassiker" genannt. Im Faksimile bei Wang 2002, S. 140-174; online verfügbar bei Brennan 2013a.

[205] *Ma Tongwen ben taijiquan pu, xiaoxu* („Kurzes Vorwort zum Ma Tongwen Manuskript des Handbuchs des Taijiquan"), s. Anhang 5. Nach Huang Zongxis Text von 1669, auf den Li Yiyu oder auch die Wu-Brüder an keiner Stelle anspielen, wäre es die zweite für einen Gelehrten äußerst merkwürdige Fehldatierung von Zhang Sanfeng in der Song-Dynastie.

Datierung des spät aufgetauchten Manuskripts auf 1867 ist allerdings insofern merkwürdig, als Ma Tongwen erst im Jahr 1866 geboren wurde.[206]

Wenn das Manuskript und seine Datierung auf 1867 authentisch ist, stellt sich die Frage nach den Gründen für den gravierenden Sinneswandel bezüglich des Ursprungs. Als Antwort kann es nur Spekulationen geben. Denkbar ist, dass Li Yiyu, der zu Lebzeiten seines Onkels und Lehrers sicherlich dessen Auskunft gefolgt war, sich nach dessen Tod (1880) eventuell nicht mehr an die Tradierung einer These gebunden fühlte, für die es keine stichhaltigen Gründe oder Belege gab. Da es bei Wu Yuxiang und seinen Brüdern aber keinerlei schriftliche Erwähnung von Zhang Sanfeng gibt, ist auch möglich, dass sie dessen Ahnenrolle vorübergehend in Erwägung gezogen, dann aber wieder verworfen hatten. *Dass* sie nach einem Ursprungsahnen für die Kampfkunst forschten, die sie umtrieb, ist nicht unwahrscheinlich.

Der älteste der Wu-Brüder, Wu Chengqing, hatte angeblich 1852 in einem Salzladen seines neuen Amtsdistrikts Wuyang (in der Provinz Henan, ca. 360 km von Yongnian entfernt) das Manuskript dessen gefunden, was die Klassischen Schriften des Taijiquan werden sollten. Als Autor war ein gewisser Wang Zongyue angegeben, der in Kampfkunstkreisen jedoch unbekannt war.[207] Bei der Redaktion der Schriften, die wahrscheinlich vor allem Wu Yuxiang vornahm, muss sich die Frage nach der Überlieferungslinie und dem Ursprung der Tradition, in der dieser Text stand, gestellt haben. Der Text beschrieb auf kongeniale Weise Prinzipien der Kampfkunst, die Yang Luchan und Wu Yuxiang in Chenjiagou repetive in Zhaobao gelernt hatten, war dort aber unbekannt. Über seinen Autorennamen schien er auf eine Überlieferung außerhalb der Heimat des Chen-Stils oder Zhaobaos zu verweisen. Wie war dieser Text in den Salzladen von Wuyang gekommen?

Die Wu-Brüder müssen mehrfach auf Hinweise gestoßen sein, die eine Verbindung der für sie neuen und faszinierenden Kampfkunst mit Zhang Sanfeng denkbar sein ließen oder sie gar suggerierten. Einen ersten, wenn auch noch unbestimmten Hinweis

---

[206] Müsste man annehmen, dass die Textsammlung schon in seinem ersten Lebensjahr für ihn bestimmt worden wäre, um sie ihm später zu übergeben, wenn er mit dem Üben des Taijiquan oder einen entsprechenden Reifegrad erlangt hätte? Ob das Ma Tongwen-Manuskript vielleicht absichtlich oder versehentlich falsch datiert war, wird sich wohl nicht mehr ganz klären lassen; vgl. Davis 2004, S. 35f, S. 182 Fn. 22-24; Wile 1996, S. 108.

[207] Die Quelle für den Salzladen-Fund – die allerdings noch nicht Wu Chengqing erwähnt, der späteren Recherchen zufolge erst 1854 dort war – ist Li Yiyus kurzes „Nachwort" zu dem *Taijiquan pu ba* („Taijiquan-Handbuch", später auch „Wu-Li-Klassiker") von 1881; s. Anhang 5. Zur Frage, wann Wu Chengqing (und evtl. auch Wu Yuxiang) tatsächlich in Wuyang war, s. Davis 2004, S. 27f, S. 179f, Fn. 2ff. Ungeklärt ist, ob das gefundene Handbuch sämtliche Texte umfasste, die später zusammengenommen zu den Klassikern wurden. Nicht für Li Yiyus Angabe bleibt uneindeutig, sondern auch die Behandlung der Texte durch ihre Kompilatoren im Wu-Hao-Stil sowie ihre Editionen im Yang-Stil. Seit ihrer Veröffentlichung (1912) wurde fast ausnahmslos nur die „Abhandlung des Taijiquan" (*Taijiquan lun*) [Text B] Wang Zongyue zugeschrieben. Nur diese wird ihm auch im „Handbuch" von Li Yiyu explizit zugerechnet, während aber zugleich „Abhandlung des Taijiquan von Wang Zongyue" (*Wang Zongyue taijiquan lun*) über dem gesamten Handbuch als Titel steht.

könnten sie der Regionalchronik von Wuyang entnommen haben, in der es hieß, dass der Unsterbliche ursprünglich von ebendort stammte.[208] Damit zeichnete sich der Amtsdistrikt des ältesten Wu-Bruders durch zwei Besonderheiten aus, die untereinander allerdings zunächst noch keine Verbindung hatten: das Manuskript und den Geburtsort des Unsterblichen.

Kurz zuvor war wahrscheinlich der zweitälteste der Wu-Brüder, Wu Ruqing, an einem anderen Ort mit Zhang Sanfeng in Berührung gekommen. 1850 hatte er in Sichuan eine Dienststelle inne, wo jene bereits erwähnte Sekte der Verborgenen Unsterblichen für sich in Anspruch nahm, mit Zhang Sanfeng in direkter Kommunikation zu stehen. Sie betrieben eine Art von Spiritismus, in dem der Unsterbliche in Gestalt eines Mediums erschien. Was er den Adepten dabei verkündete, wurde niedergeschrieben und war 1844 in die von Li Xiyue herausgegebenen „Gesammelten Werke" aufgenommen worden. Über diese Texte hinaus enthielten diese Schriften auch gesammeltes Material aus früherer Zeit, darunter die von Huang Zongxi 1669 wiedergegebene Geschichte von der Offenbarung der Kampfkunst durch den Kriegsgott in dem Epitaph für den Kampfkünstler Wang Zhengnan. Diese Schrift, die die gelehrten Wu-Brüder wahrscheinlich sowieso kannten, wurde 1849 und 1853 in weiteren Editionen veröffentlicht.

Ob mit der Inneren Schule der Kampfkunst Taijiquan gemeint sein konnte? Vielleicht verbanden die Wu-Brüder mehrere, für sich genommen vage Hinweise hypothetisch miteinander. Darauf, dass es eine mündliche Überlieferung gewesen sein könnte, die für sie auf Zhang Sanfeng verwies, gibt es keinerlei Anhaltspunkte. Wenn sie die These erwogen, so waren es Spekulationen, die im Zusammenhang mit der Edition der Klassischen Schriften des Taijiquan und der postulierten Notwendigkeit einer Tradition standen.

Was immer die Erwägungen und Motivlagen der Wu-Brüder gewesen sein mögen – spätestens seit 1881 galt der Ursprung des Taijiquan im Wu-Hao-Stil als unbekannt. Xu Zhen glaubte vor Auftauchen des Ma Tongwen-Manuskripts, dass die Verbindung von Taijiquan mit Zhang Sanfeng auf Mitglieder der Yang-Familie zurückgehe, und zwar frühestens in der Ära Guangxu (1875-1904).[209] Der Kampfkunstexperte Stanley E. Henning (1994) ist sogar überzeugt, dass die Zhang Sanfeng-These erst im 20. Jahrhundert aufkam. Darauf, dass Yang Luchan sie bereits kannte oder teilte, gibt es keinen belastbaren Hinweis.[210]

---

[208] Wile 1996, S. 110, mit Bezug auf die Landkreischronik *Wuyang xian zhi, Quan* 12.1.

[209] Xu Zhen, *Taijiquan kao*, S. 112f, 221; vgl. Wile 1996, S. 108. Tang Hao stimmte Xu Zhen zunächst zu (in: *Taijiquan yanjiu*, S. 16). Später sah er Wu Yuxiang als den Urheber der Verbindung, da das Ma Tongwen-Manuskript (1867) und die Schriften von Wu Yuxiangs Enkeln Wu Laixu (1935) und Wu Yanxu (um 1930) ebenfalls Zhang Sanfeng zum Begründer der Kunst erklärten; vgl. Wile 1983, xvi; 1996, S. 108f; vgl. S. 26. Quer dazu, in Einklang aber evtl. mit Li Yiyus „Kurzem Vorwort", steht das „Nachwort" (*ba*) von Wu Chengqing, das die Überlieferungslinie bis Wang Zongyue ausspannt, Zhang Sanfeng aber nicht erwähnt.

[210] Es gibt eine Legende, wonach Yang Luchan Jahre nach seiner Rückkehr aus Chenjiagou in die Wudangberge gepilgert sei, um sein Taijiquan zu vertiefen. (Vgl. auch Fn. 180.) Dort soll er ge-

Was auch immer zuvor Spekulationen gewesen sein mögen, in einer veröffentlichten Schrift erfolgte die ersten Verknüpfung von Zhang Sanfeng mit Taijiquan in Guan Baiyis Publikation der Klassischen Schriften des Taijiquan in der Yang-Stil-Version im Jahr 1912. Bald schon wurde sie wie eine Gewissheit gehandelt.[211] In seiner „Lehre des Taijiquan" (*Taijiquan xue,* Vorwort von 1919) erklärte Sun Lutang Zhang Sanfeng zum Begründer des Taijiquan, versetzte ihn allerdings nicht in die Song-, sondern die Yuan-Zeit und gab eine andere Genealogie als die Yang-Stil-Autoren, von denen 1921 Xu Yushengs „Bebilderte Erklärungen der Stellungen des Taijiquan" (*Taijiquan shi tujie*), 1925 Chen Weimings „Kunst des Taijiquan" (*Taijiquan shu*), 1931 Yang Chengfus „Methoden der Anwendung des Taijiquan" (*Taijiquan shiyong fa*) und 1950, mit Vorwort von 1946, Zheng Manqings „Meister Zhengs Dreizehn Kapitel zu Taijiquan" (*Zhengzi taijiquan shisan pian*) erschienen. Sie alle wiederholten die Zhang-Sanfeng-These, als könne sich diese These allein dadurch verifizieren.

Meist wurden Genealogien mitgeliefert, mit denen eine Überlieferungslinie von Zhang Sanfeng bis in die Gegenwart ausgewiesen werden sollte. Vorübergehend griff man nun, so bei Yang Chengfu (1931), auch auf Namen der von Huang Zongxi in dem Epitaph für Wang Zhengnan mitgelieferten Genealogie zurück und schrieb sich so in dessen Innere Schule ein. Anfangs präsentierte man sich noch gemeinsam mit Bagua und Xingyi zusammen als Innere Schule, doch zunehmend entstand der Eindruck, das Yang-Stil-Taijiquan beanspruche, deren alleiniger Erbe zu sein.

Das Urteil der Historiker

Einer kritischen Begutachtung durch Historiker konnte die These von Zhang Sanfeng als Ursprungsahn des Taijiquan nicht standhalten. Weder Tang Hao noch Xu Zhen konnten in den 1930er Jahren Belege für eine solche Verbindung finden. Anna Seidel kommt in ihrer umfangreichen Untersuchung über Zhang Sanfeng zu dem Schluss, dass gegen Ende der Yuan- und zu Beginn der Ming-Dynastie ein exzentrischer, d.h. keiner der offiziellen Schulen zugehöriger, daoistischer Meister lebte, über dessen wirkliches Leben so gut wie nichts bekannt ist. Im Lauf der Zeit sei er durch Legendenbildung zu einem Unsterblichen geworden. Schließlich, in einer dritten Phase, sei er zu einer populären Heiligenfigur ausgestaltet worden.

Stanley E. Henning (1994) teilt die Legendenbildung um Zhang Sanfeng ebenfalls in drei Phasen ein, die er mit Blick auf seine Kampfkunstkarriere so beschreibt: In Phase

---

heime Schriften zum Taijiquan gefunden haben. Sollte er dort von Zhang Sanfeng als dem Urahnen seiner Kampfkunst gehört haben oder hätte er schon von ihm gewusst haben müssen, um in die Wudangberge zu reisen? Da Belege für diese Legende noch geheimer als die dortigen Schriften sind, drängt sich auf, diese als das zu nehmen, wonach sie klingt: als einen nachträglichen Versuch, die Rolle seines Lehrers Chen Changxing zu schmälern und den Yang-Stil direkter an einen vorgängigen Ursprung zu rücken.

[211] 1919 wurden die 1844 von Li Xiyue edierten „Gesammelten Werke von Zhang Sanfeng" in Shanghai neu verlegt und standen somit auch den Taijiquan-Autoren der Republikzeit zur Verfügung. Inwieweit diese sie rezipierten, ist nicht bekannt.

eins, die in der Ming-Zeit einsetzte, wurde er als daoistischer Unsterblicher verehrt. In Phase zwei, ab 1669, galt er als Begründer der Inneren Schule der Kampfkunst. In Phase drei, nach Henning erst im 20. Jahrhundert, wurde er zum Begründer des Taijiquan.

Auch wenn das Schweigen einer Quelle nicht notwendig bedeutet, dass da nichts war, so lässt sich zumindest den historischen Quellen keine Gründerrolle Zhang Sanfengs für das Taijiquan entnehmen. Will man seine Rolle kritisch, vielleicht auch ironisch-kritisch, würdigen, könnte man sagen, dass der historische Zhang Sanfeng ziemlich sicher nicht der Begründer des Taijiquan war; dass man dem unsterblichen Alchemisten, der die Magie der Verwandlung beherrschte, die Fähigkeit aber nicht wird absprechen dürfen, im Lauf der Zeit zum Meister ihm zuvor unbekannter Künste geworden zu sein. Der historische Zhang Sanfeng kann den unsterblichen nicht widerlegen.

Doch was bedeutet seine Stilisierung zum Begründer des Taijiquan, was machte den Unsterblichen für diese Kampfkunst so attraktiv?

- Im alten China sollte jede Tradition auf einen ehrwürdigen Ahnherrn mit hohem Alter zurückgehen. Dieses kulturelle Muster war in der Frühphase der Republik noch äußerst wirkmächtig und ist es, wie wir sehen werden, bis heute. Das Image des Taijiquan wurde durch Zhang Sanfeng aufgewertet, um nicht zu sagen geadelt. Doch die Frage bleibt: Warum er und kein anderer?

- Zhang Sanfeng kennzeichnete Taijiquan als daoistische Kunst. Diese heute ebenso geläufige wie in ihrer Allgemeinheit unzutreffende Auffassung wies Taijiquan damit als „urchinesisch" aus. In einer Zeit der Bedrohung und Verunsicherung durch den Westen proklamierte man eine vitale und (anders als der Buddhismus) autochthone Wurzel, die zugleich nicht wie der über Jahrhunderte vom Hof geförderte Neo-Konfuzianismus durch die Verbindung mit dem Herrscherhaus der Mandschu kontaminiert war.

- Durch die Assoziation des Unsterblichkeitssuchers mit der inneren Alchemie des Daoismus, die als eine Form der Lebenspflege galt, konnte das vermeintlich Uralte zugleich in die damals aktuelle Kampagne zur Stärkung der Nation eingeschrieben werden.[212]

Zhang Sanfeng gehört zum *Image* des Taijiquan. Im gesellschaftlichen und kulturhistorischen Transitraum zwischen Opiumkriegen, Taipingrevolte, Boxeraufstand, Revolution und 4. Mai-Bewegung verbürgte der Name, dass das „ewige" China auch unter den Vorzeichen der Modernisierung und der notwendigen Verortung in einer internationalen Welt zur kulturellen Selbstvergewisserung Chinas beitragen konnte. Der Eintritt Chinas in die Moderne nach Jahrhunderten der Fremdherrschaft durch die (allerdings sinisierten) Mandschu sollte sich mit der Rückendeckung durch einen Unsterblichen als ein Zu-sich-kommen gestalten lassen.

---

[212] Zur Einschreibung von Taijiquan in eine politische Kampagne der Republikzeit s. auch „Ist Taijiquan eine Innere Kampfkunst?" in diesem Band.

Weit unterhalb jeder Metaperspektive bedeutete die Zhang-Sanfeng-These allerdings auch Öl im Feuer von Klanrivalitäten. Eine nicht aus Chenjiagou, sondern von außen zu Chen Changxing führende Überlieferungslinie drohte, dem Chen-Stil das Wasser des Ursprungs abzugraben, auf das er Anspruch erhob und noch erhebt.

Die Heimat des Chen-Stils als Ursprungsort

In Chenjiagou galt und gilt die These, dass Chen Changxings Kunst aus einer endogenen Entwicklung in der Chen-Familie stammt und dass es keinen Einfluss von außen gegeben hat. Auch hier betrachtet man Taijiquan als daoistische Kunst, aber ohne Kriegsgott und Unsterblichen an ihrem Anfang.[213]

In der Öffentlichkeit der jungen Republik trat der Chen-Stil erst relativ spät in Erscheinung. Zwar war, wie es heißt, bereits Anfang des 20. Jahrhunderts Chen Yanxi (1848-1929) als Kampfkunstlehrer für die Söhne des Generals und späteren Präsidenten der Republik Yuan Shikai angestellt worden. Aber öffentlich präsentierte sich der Chen-Stil in Beijing, wo sich die anderen Stile, allen voran derjenige der Yang-Familie, bereits etabliert und profiliert hatten, erst ab 1928. Zuerst erschien Chen Zhaopi (1893-1972) in der Kampfkunstszene. Noch im selben Jahr vermittelte er, der bald ein lukratives Angebot aus Nanjing annahm, seinen Neffen Chen Fake (1887-1957), einen Urenkel von Chen Changxing, in die Hauptstadt. Dort sollte er zeitlebens bleiben, um sich und dem Chen-Stil hohes Ansehen zu erwerben.

Von Chen Bu zu Chen Fake

Einige Jahre zuvor – es war nur nominell in ganz China die Zeit der Republik, doch Kriegsherren (Warlords) teilten das Land im Norden unter sich auf, während im Volk Geheimgesellschaften aufblühten – soll Chen Fake vor den Toren der Kreisstadt Wenxian bei Chenjiagou einen Kämpfer der Geheimgesellschaft der Roten Speere mit einem Speer getötet haben. In Beijing nahm er Herausforderungen zahlreicher Kampfkünstler an. Er soll nie verloren und, wie es bereits von Yang Luchan hieß, nie einen Gegner verletzt haben. Seine Schüler allerdings sollen wegen zu erwartender Schmerzen Angst vor Push-Hands-Runden mit ihm gehabt haben.[214] Seine Form führte er angeblich so kraftvoll aus, dass er beim Üben auf dem Boden zerbrochene Ziegelsteine hinterließ. Im üb-

---

[213] Wile (1986, S. i) spricht bzgl. der Debatte über den Ursprung von einer „mythischen" und einer „humanistischen" Version – die sich gegenseitig nicht ausschließen müssten, aber nicht verwechselt werden dürften. In der Konzeptualisierung durch die Legende sieht er eine politische Philosophie basierend auf Idealismus, Elitismus und Heldenverehrung wirken; in derjenigen durch eine säkulare Geschichte hingegen Materialismus, Egalitarismus und das Selbstvertrauen der Massen. Zur Geschichte des Chen-Stils s. Ranné 2011; Szymanski 1999b; Stubenbaum 2000; Gaffney & Sim 2002; Ranné in: Silberstorff 2004; Davis 2004, S. 8f; Tang Hao *Taijiquan yanjiu;* Xu Zhen, *Taijiquan bian wei;* Smith (1974/1990, S. 117f), Wile 1983, mit Vorwort von 1993, S. xf; Wile 1996, S. 116-118.

[214] Szymanski (1999a). Auch von Yang Banhou, Yang Shaohou und – merkwürdigerweise, da sonst für seine Sanftheit gerühmt – Yang Chengfu heißt es, dass Schüler beim Üben mit Schmerzen zu rechnen hatten.

rigen heißt es, dass sich seine Form während seiner Zeit in Beijing und im Austausch mit anderen Stilen veränderte.

Chen Fake hatte die Kampfkunst in seinem Heimatdorf Chenjiagou, einer kleinen, von bäuerlichem Leben geprägten Ortschaft unweit des Gelben Flusses in der Provinz Henan, gelernt; dort also, wo auch Yang Luchang einst von seinem Urgroßvater gelernt hatte, und wo nach Überzeugung des ansässigen Klans die Geschichte des Taijiquan ihren Lauf aufgenommen hatte und bis heute ohne fremde Einflüsse bewahrt worden sein soll. So, wie die Geschichte dort erzählt wird, erschien sie zunächst geradlinig.

Der Chen-Klan war 1372 unter Führung ihres Oberhauptes Chen Bu[215] aus der Provinz Shanxi in die Gegend umgesiedelt worden, um das Land zu rekultivieren. Der Führer der gegen die Yuan-Dynastie kämpfenden Truppen, Zhu Yuanzhang, der sich spätere als erster Kaiser der Ming-Dynastie Hongwu nannte, hatte aus Rache für die schweren und verlustreichen Kämpfe in dieser Gegend die einheimische Bevölkerung, die er der Kollaboration mit den Mongolen bezichtigte, massakrieren lassen. Die verwüsteten, mit Leichen übersäten Ländereien ließ er anschließend zwangsweise wieder besiedeln. Chen Bu habe die Leute seines Klans, die er dorthin führte, von Anfang an in Kampfkunst trainiert, hieß es. Ohne Kampf war in unsicheren Zeiten und Gegenden sicher kein Überleben denkbar. So soll er mit seinen Leuten Räuberbanden bekämpft und vernichtet haben. Aus der Kampfkunstschule, die Chen Bu eröffnet haben soll, seien im Lauf der Generationen immer wieder Familienmitglieder hervorgegangen, die die militärische Laufbahn einschlugen oder als Geleitschutz für Warentransporte arbeiteten.

Während Taijiquan sich in den jungen Jahren der Republik vor allem durch den Yang-, den Wu-Hao-, den Wu- und den Sun-Stil, umgeben von der Unsterblichkeits-Aura des vorgeblichen Gründerahns Zhang Sanfeng, einen Namen machte, hieß es bald aus Chenjiagou, der Stammvater des dortigen Klans, Chen Bu, sei sein Begründer. Urheber dieser These war ein erstaunlicher Mann aus der 16. Generation der Chen-Familie, Chen Xin (1849-1929). Er hatte in seiner Jugend den Kampfkunststil seiner Sippe gelernt, sich später aber hauptsächlich der Gelehrsamkeit verschrieben. Er verfasste einige Bücher, die allerdings unveröffentlicht blieben. Auch sein Hauptwerk, *Chenshi taijiquan tushuo* („Bebilderte Erklärungen des Taijiquan der Chen Familie"), wurde erst postum (1933) veröffentlicht. Es heißt, dass er es aber bereits 1919 nach zwölfjähriger Arbeit abgeschlossen hatte. Es handelt sich – ganz im Gegensatz zu den Listen mit Formen, Namen ihrer Stellungen und einigen kurzen Erinnerungsversen, die in Chenjiagou zur dortigen Kampfkunst aufbewahrt wurden – um die erste und in ihrem Umfang unüberbotene theoretische, mit Kosmologie und Medizin versetzte Aufarbeitung des Chen-Stils als Taijiquan. Es erklärt die Prinzipien des *Yijing*, den Wechsel von Yin und Yang, zitiert aus der Geschichte der chinesischen Philosophie, ist mit zahlreichen Diagrammen bebildert, formuliert Reime und Sinnsprüche, erläutert die Meridiantheorie, das Seidenfadenziehen, die Entwicklung innerer Kraft und vieles mehr. Ein

---

[215] Der Name Chen Bu findet sich allerdings erst ab der siebten bzw. neunten Generation erwähnt, da aus seiner Zeit keine Familienaufzeichnungen erhalten sind; s. Ranné 2004, S. 20, Fn. 9.

Großteil des Materials ist aus älteren, teilweise schon Ming-zeitlichen Schriften zusammengetragen, z. B. Schriften von Lai Zhide (1525-1604) über das Buch der Wandlungen. Anders als die kurzen und prägnanten Klassischen Schriften des Taijiquan (die mit Ausnahme des „Lieds von den Schlagenden Händen" [Text E] in Chenjiagou nicht vorlagen) enthält es 200.000-300.000 Schriftzeichen. Es ist kein Handbuch (*pu*) für Schüler, das auch als Signum der legitimen Nachfolge weitergegeben wird, sondern eine umfassende Erklärung der Grundlagen dessen, was nun auch in Chenjiagou Taijiquan hieß.

Chen Wangting

Für Chen Xin stand nicht nur fest, dass Chenjiagou der Ursprungsort des Taijiquan war, sondern auch, dass das von Anfang an so war. Chen Bu, so erklärte er, habe nach der Landarbeit und seinen Studien mit Hilfe der Taiji-Prinzipien Kampfkunsttechniken entworfen und weitergegeben, die der Ursprung des Chen-Taijiquan seien.

Das wies der Kampfkunsthistoriker Tang Hao, mit der Inschrift des Grabsteins von Chen Bu argumentierend, zurück. Denn diese erwähnt Taijiquan mit keinem Wort. Da das Grabmal erst in der 10. Generation während der Kangxi-Periode (1661-1722) errichtet worden war – zu einem Zeitpunkt, da die Chen-Familie bereits berühmt für ihre Kampfkunst war – hätte die Stilgründung aufgrund von Taiji-Prinzipien aber mit Sicherheit Erwähnung gefunden, wenn dem so gewesen wäre. Tang Hao, der neben anderen Kampfkünsten selbst auch Chen-Stil praktizierte, glaubte allerdings, was Chen Xin des Weiteren versichert hatte: dass man in Chenjiagou nie von Familienfremden gelernt habe. Es musste also innerhalb der Chen-Familie einen Stilgründer geben. Zu diesem kürte Tang Hao den ehemaligen Militärkommandeur Chen Wangting (ca. 1597-1664) aus der neunten Generation.

Chen Wangting, so heißt es in der Familienüberlieferung, sei, wie viele andere seiner Klangenossen, als Transportbegleiter im Warenhandel tätig gewesen. Er hatte jedoch auch die Militärakademie besucht und eine Prüfung auf Bezirksebene abgelegt. 1641 befehligte er eine Stadtgarnison und zeichnete sich gegen „Räuber" aus, unterhielt aber wohl auch freundschaftliche Kontakte zu Gefolgsleuten des Rebellen Li Jiyu oder gar zu diesem selbst. Nach dem Sturz der Ming-Dynastie durch die Mandschu quittierte er, wie es das konfuzianische Loyalitätsgebot und der chinesische Patriotismus verlangten, den Dienst und kehrte in seinen Heimatort Chenjiagou zurück. Dort widmete er die verbleibenden zwanzig Jahre seines Lebens Studien des Daoismus, Übungen zur Inneren Alchemie und der Kampfkunst.[216]

---

[216] Etwas quer zum Image des Loyalisten steht allerdings der in den Familienannalen vermerkte Sachverhalt, dass Chen Wangting eine Militärprüfung auf Kreisebene zwar noch in der Ming-Dynastie ablegte (und damit den Titel eines 秀才 *xiucai* erworben hatte, bzw eines 武庠生 *wuxiangsheng*, der sich auf die nächst höhere Prüfung vorbereiten durfte), eine Zivilprüfung, ebenfalls auf Kreisebene, dann aber in der Qing-Dynastie; als habe er dem neuen Regime dann evtl. doch noch dienen wollen.

Er genoss einen Ruf als großer Kämpfer, sowohl mit Waffen als auch mit bloßer Hand. Als Transportbegleiter soll Chen Wangting berühmt gewesen sein für seine Hellebardenführung. Außerdem soll er Stock-, Säbel- und Speerformen entwickelt haben. Vor allem aber werden sieben waffenlose, kürzere Handformen des Chen-Stils auf ihn zurückgeführt. Manche von ihnen tragen keine spezifischen Namen (*ertaoquan,* „Zweite Form"), eine wurde offensichtlich erst später aus Gründen der Abgrenzung benannt (*Chenshi toutaoquan,* „Erste Chen-Stil-Form"). Einige Formnamen dienen gleichwohl einer mehr oder weniger spezifischen Charakterisierung: Kanonenschlag (*paochui*), Rote Faust (*hongquan*), Langes Boxen (oder Lange Faust, *changquan*), und Dreizehn Stellungen (*shisanshi*). Für die Formen, die er praktizierte und lehrte, übernahm er vor allem Figuren samt ihrer Namen, die der berühmte Ming-General und Kampfkünstler Qi Jiguang (1528-1587) aus verschiedenen Stilen zusammengestellt und in seinem „Neuen Buch über die Wirkung von Disziplin" für die besten erklärt hatte.[217]

Dass Chen Wangting bei seiner Beschäftigung mit Kampfkunst zum Begründer des Taijiquan geworden sei, schien Tang Hao durch eine Stelle in der Familienchronik (*Chenshi jiapu*) belegt, in der er der Gründer des Chen-Stil-Boxens und seiner Waffenformen genannt wird. Tang Hao interpretierte zudem Stellen aus zwei Texten, die Chen Wangting zugeschrieben werden. Im „Lied der Erinnerungen" heißt es, er habe Faustkampf- oder Boxformen kreiert. Im „Zusammenfassenden Lied des Faustkampf-Klassikers" heißt es: „Längs freisetzen und das Gebeugte strecken, das kann niemand vorhersehen. Alles hängt vom Spulen und Winden ab und dass ich diesem immer entspreche."[218] Das interpretierte Tang Hao als ersten Beleg für eine Tuishou-Routine, wie sie heute noch charakteristisch ist für Taijiquan. Während neuere Selbstdarstellungen des Chen-Stils gerne dessen gesundheitsfördernden, inneren Aspekt betonen, den Chen Wangting durch seine Beschäftigung mit dem „Klassiker des Gelben Hofes" in die Kampfkunst getragen habe, sah Tang Hao darin offenbar kein Kriterium für Taijiquan.[219]

---

217 Qi Jiguang hatte sich vor allem im Kampf gegen japanische Piraten an der Südküste einen Namen gemacht; s. Wells 2005, S. 16. Sein „Neues Buch über die Wirkung von Disziplin" (*Jixiao xinshu*) enthält den „Klassiker des Faustkampfs" (*Quanjing*) den er später benutzte, um Truppen auch im Norden des Landes zu trainieren. So könnten die Exemplare, die Tang Hao 1931/32 in Chenjiagou fand, dorthin gelangt sein. Vgl. Wile 1999, S. 8.

218 Deutsche Übersetzung des „Lieds der Erinnerung" (*Xuhuai*) und des „Zusammenfassendes Liedes des Boxkanons" (*Quanjing zongge*) in: Ranné 2011, S. 119f. Tang Hao hatte 1932 gemeinsam mit dem Chen-Stil Meister Chen Ziming eine Reise nach Chenjiagou unternommen und dort Untersuchungen angestellt. Seine Ergebnisse fasste er in *Taijiquan shi de yanjiu* („Untersuchung zur Geschichte es Taijiquan") zusammen und parallel dazu in einem Nachwort zu Chen Zimings *Chenshi shichuan taijiquan shu* („Die Kunst des Chenstil-Taijiquan in der Überlieferung durch Generationen"), das noch 1932 veröffentlicht wurde.

219 Zur Verbindung oder Fusion von Kampfkunstanwendungen und innerer Energie s. Silberstorff 2006, Ranné 2004, S. 95. Der „Klassiker des Gelben Hofes" (*Huangting jing*), nach dem Chen Wangting geübt hat, ist eine zentrale Schrift zur Inneren Alchemie aus dem dritten oder frühen vierten Jahrhundert. Als Autorin gilt die daoistische Meisterin Wei Huacun (252-334), die darin beschreibt, durch welche Lebensführung man zur Unsterblichkeit gelangt. Durch meditative Versenkung und Atemtechniken soll das Anliegen der äußeren Alchemie in eine innere Alchemie über-

Xu Zhen war nicht überzeugt. Er argumentierte gegen Tang Hao, dass die Stelle aus der Familienchronik, die Chen Wangting als Stilgründer nannte, nur von Kampfkunst oder Boxen (*quan*) sprach, nicht aber von Taijiquan. Auch die Behauptung, man habe in Chenjiagou Kampfkunst nie von Familienfremden gelernt, konnte er durch Hinweise auf auswärtige Lehrer in Chen-Waffenformbüchern widerlegen.[220] Tatsächlich kam er zu dem Schluss, dass Taijiquan nicht in Chenjiagou entwickelt, sondern dorthin gebracht worden war. Doch davon später, wenn noch mehr Puzzlesteine gesammelt vorliegen.

Tritt man einen Schritt zurück, ist man überrascht von der Schlichtheit der Argumentation Tang Haos und der Unabweisbarkeit von Xu Zhens Gegenargument. Tang Hao, der als Historiker und Rechtsanwalt ein ganz genaues Gespür dafür zeigte, dass das herrschende Plädoyer für Zhang Sanfeng bei der historischen Wahrheitsfindung noch nicht einmal auf starke Indizien pochen konnte, hatte bei seiner Suche nach einem überzeugenden Ursprung des Taijiquan in Chenjiagou seinen kritischen Scharfsinn nach der Suspendierung von Chen Bu offenbar nicht weiter bemüht.

Xu Zhens Einwand hatte den Ort und den Zeitpunkt des Ursprungs wieder ins Unbestimmte verschoben. In einem aber unterlagen er und Tang Hao demselben Fehlschluss: Dass der Chen-Stil, den sie Ende der 1920er Jahre kennenlernten, als Taijiquan anerkannt wurde, ließ sie wie selbstverständlich annehmen, dass er es zur Zeit, als Yang Luchan von Chen Changxing gelernt hatte, auch schon gewesen sein musste. Als Historiker fragten sie nur nach Ort und Zeitpunkt von dessen Entstehung, nicht aber nach den Kriterien, ab wann sich überhaupt erst von Taijiquan sprechen ließ. Diese Kriterien zusammenzutragen, ist nicht zuletzt das Ziel dieser Untersuchung.

Dass der Ursprung des Taijiquan im 20. Jahrhundert zunächst (durch Chen Xin) im 14. Jahrhundert angesetzt, dann aber (durch Tang Hao) ins 17. Jahrhundert verlegt wurde, mag den einen als wissenschaftliche Korrektur erscheinen, bietet anderen aber Grund zum Stirnrunzeln. Auch die benutzten Quellen sind bei genauerer Betrachtung nur von beschränkter Aussagekraft. So wie das Grabmal für Chen Bu erst in der 10. Generation errichtet worden war, so erfolgte die Aufzeichnung der Familiengeschichte in Chenjiagou erst 1754, also 90 Jahre nach Chen Wangtings Tod. Zudem gab es die Berufung auf eine mündliche Überlieferung, die von den Annalen nicht gedeckt war. Dass

---

setzt werden. Es wird u. a. beschrieben, wie der Atem zum Dantian („Zinnoberfeld") und anderen Energiezentren gelenkt wird, wobei das Herz das Qi lenken soll.

[220] Li Yiyu hatte im „Kurzen Vorwort" geschrieben: „Wang Zongyue hat diese tiefsinnige und wundersame Kunst detailliert und vollendet beschrieben. *Später* [kursiv von C.U.] gelangte die Überlieferung nach Chenjiagou in Henan." Zum selben Schluss wie Xu Zhen kommt auch Wells (2005, S. 5f) bei seinen Recherchen zu Chang Naizhous „Buch der Kampfkunsttechniken der Chang-Familie" von 1781. Darin wird der im sogenannten *Wenxiutang*-Manuskript (*Wenxiu tang ben*) aus Chenjiagou belegte Sachverhalt spezifiziert, wonach ein gewisser „Zhang aus Hulao" unter Verwendung von Qi Jiguangs Buch eine Speerform des „Fliegenden Geistes" (*feishen*) entwickelte, die über den Yu-Klan auf Chang Naizhou kam, von dem sie nach Chenjiagou gelangt sein könnte.

Chen Wangting Transportbegleiter und für seine Hellebarde berühmt war, findet sich nicht in der Familienchronik, sondern nur in der mündlichen Überlieferung. Das sind gleichwohl eher marginale Einwände. Es gibt keinen Grund anzuzweifeln, dass sich in Chenjiagou mit Chen Wangting ein charakteristischer Familienstil herausbildete. Die Frage, die sich eigentlich in zwei Fragen aufspaltet und den Gang unserer Untersuchung weiter begleiten wird, lautet: War dieser Stil schon Taijiquan und gab es später noch Einflüsse von außerhalb?

Die Doppelfrage taucht zunächst bei der Bewertung der in jeder Hinsicht zentralen Figur der Chen-Stil-Überlieferung noch einmal auf, bei Chen Changxing. Wenn die Verbreitung des Taijiquan für uns heute ohne Yang Luchan nicht mehr denkbar ist, so ist die Kampfkunst des „Unbesiegbaren" wiederum ohne Chen Changxing nicht denkbar.

Chen Changxing

Inwieweit es in der Zeit nach Chen Wangting Austausch mit anderen Kampfkunsttraditionen gegeben hat, vielleicht auch über den benachbarten Ort Zhaobao, wird wohl nie ganz entschlüsselt werden können; auch wenn allgemeine Überlegungen, die wir weiter unten anstellen werden, auf einen solchen hindeuten. Auf jeden Fall kam es in der 14. Generation mit Chen Changxing (1771-1853) erneut zu einer gravierenden Veränderung. Chen Changxing, dem man aufgrund seiner aufrechten Körperhaltung und Gesinnung den respektvollen Beinamen „Großer König der Gedenktafel" gab,[221] war ebenfalls im Geschäft der Karawaneneskortierung. Er fasste die sieben bis dahin im Klan überlieferten Routinen zu zwei langen Formen zusammen, für deren zweite der Name Kanonenfaust (*paochui*) übernommen wurde. Wenig später entwickelte Chen Youben (1780-1858), ebenfalls 14. Generation, zwei lange, zusammenhängende Formen, die im Unterschied zu Chen Changxings „Altem Rahmen" anfangs „Neuer Rahmen" (*xinjia*), später „Kleiner Rahmen" (*xiaojia*) genannt wurden. Diese Formen mit ihrem langen, zusammenhängenden Fluss der Figuren werden bis heute praktiziert, während Chen Wangtings Übungsroutinen in Vergessenheit geraten sind. Merkwürdigerweise bleiben Chen Changxings Veränderungen in der Familien-Chronik unerwähnt. Dort heißt es lediglich, er habe Kampfkunst unterrichtet.

Die Veränderungen bringen heutige Chen-Stil-Vertreter in eine gewisse Erklärungsnot und man hört durchaus unterschiedliche Begründungen. Chen Yu (19. Generation) meint, Chen Wanglings Formen seien sehr kurz gewesen, „daher" habe Chen Changxing lange Formen daraus gemacht, ohne dass sich an Inhalt und Prinzip der Form etwas geändert habe.[222] Die Begründung wirft die Frage auf: Wenn die Kürze der

---

[221] Ranné 2011, S. 172. Ahnen-, Gedenk- oder Geistertafeln sind meist steinerne Platten mit Inschriften, die auf einem Hausaltar senkrecht aufgestellt werden, um Ahnen oder Gottheiten zu verehren. Die aufrechte Haltung wird in den Klassischen Schriften des Taijiquan an mehreren Stellen behandelt [C15, D11]. In ihnen weist ein (verstecktes) Menzius-Zitat [in C39] auf die Einheit in der physischen und moralischen Doppelbedeutung des Aufrechten hin.

[222] Hierzu und im Folgenden Ranné 2011, S. 172f; vgl. Ranné 2004, S. 177, 182, Fn. 55; vgl. auch Gaffney & Sim 2002, S. 18.

Formen Grund genug für ihre Zusammenfassung zu einer langen Form ist – warum hat Chen Wangting dann nicht gleich eine lange Form geschaffen?

Eine weitere These sieht den Grund der Veränderung in einer gebotenen „Vereinfachung" – was der zweifelhaften Begründung für Veränderungen im Yang-Stil im 20. Jahrhundert ähnelt, ohne doch die vorgebliche Notwendigkeit durch eine schnelllebiger werdende Zeit auf seiner Seite zu haben; und ohne wirklich einfache Bewegungen vorweisen zu können.

Andere stellen die Möglichkeit in den Raum, dass einer neuen Trainingsweise Raum gegeben werden sollte, bei der eine langsame Form einen Ausgleich für eine zweite Form mit dem Akzent auf explosiven Bewegungen schaffen sollte. Doch was wäre der Anlass oder gar die Notwendigkeit für eine solche Neuerung gewesen?

Die Begründung, dass Chen Changxing durch lange Formen eine „Verinnerlichung" der Prinzipien angestrebt habe, mutet jedenfalls seltsam an; soll es doch gerade Chen Wangtings Verdienst gewesen sein, einen auf inneren Prinzipien gegründeten Stil geschaffen zu haben. Zu Ende gedacht, würde die These von der Verinnerlichung des in Familientradition überlieferten Stils die Meisterschaft Chen Wangtings und seiner Nachfahren oder zumindest den Charakter seiner Kampfkunst als Taijiquan stark relativieren.

Während die mündliche Überlieferung in Chenjiagou von diesen Veränderungen weiß, schweigen sowohl die Chen-Annalen von ihnen als auch die Chen Changxing zugeschriebenen Texte zur Kampfkunst.[223] Er soll ein Meister mit nicht nur großen kämpferischen Fähigkeiten, sondern auch ein gebildeter Mann gewesen sein, der den Pinsel zu führen verstand. Aber zu dem, was die Nachwelt an seiner Kunst interessiert, hat er sich nicht geäußert. Spekulationen sind damit Tür und Tor geöffnet. So kann es nicht verwundern, dass einer weiteren These zufolge, die allerdings der Selbstdarstellung von Chen-Stil-Vertretern zuwiderläuft, für Chen Changxings fundamentale Veränderungen des Familienstils ein Einfluss von außen verantwortlich sein soll. Zwei Namen kommen ins Spiel: Wang Zongyue und Jiang Fa.

Festhalten lässt sich zunächst jedenfalls die zentrale Rolle, die Chen Changxing spielte. Ob seine Meisterschaft sich nur auf Familienelemente baute oder ob sie gerade darin bestand, dass es ihm die in dieser Tradition erworbenen Fähigkeiten ermöglichten, die praktischen und vielleicht auch theoretischen Lehren eines Fremden in den Familienstil zu integrieren, werden wir nicht klären können. Was ihm in der Welt des Taijiquan Unsterblichkeit garantiert, ist zweierlei: zum einen sein prägender Einfluss auf den heutigen Chen-Stil, zum anderen die Tatsache, dass er mit Yang Luchan einen Fremden

---

[223] Chen Changxing zugeschrieben wurden *Yong wu yao yan* („Wichtige Worte über Kampfkunstanwendungen", in: Silberstorff 2004, S. 306-311; englisch als „Important Words on Martial Applications" online verfügbar bei Szymanski 1999c) und *Taijiquan shi da yao lun* („Zehn wichtige Thesen zum Taijiquan"). Bereits Tang Hao zweifelte an der Authentizität der von Chen Xin nieder- und Chen Changxing zu-geschriebenen Texte. Es gibt auffallende Parallelen zu Texten aus dem Xinyiliuhe; vgl. Ranné 2011, S. 147ff, 171f. Zur Frage der Authentizität kommt die Beobachtung hinzu, dass dieselbe Beschreibung offenbar von verschiedenen Kampfkunststilen adaptierbar ist.

unterrichtete, ohne dessen Wirken die weltweite Popularität des Taijiquan heute nicht mehr gedacht werden kann.

Die Linienkonstruktion des Chen-Stils mit Chen Wangting als Gründerfigur und die des Yang-Stils mit Zhang Sanfeng an dessen Stelle, sind jeweils geradlinig und sie schließen einander aus. Eine diplomatische Lösung, die dem einen Stil die Legende, dem anderen aber die Geschichte als Domäne zuspricht, wäre nur ein fauler Kompromiss. Vielleicht gibt es eine andere Lösung. Jiang Fa und Wang Zongyue bringen Ungereimtheiten in die beiden Ursprungskonstruktionen, vielleicht aber auch Hinweise, wie die Aporie, die durch ihre Konfrontation entstanden ist, sich durch eine neue Lesart der Geschichten auflösen ließe. Diesen Spuren wollen wir im Weiteren folgen.

Jiang Fa

Jiang Fa taucht in der Geschichte des Chen-Stils fast wie ein Spuk an zwei Stellen auf, die rund 150 Jahre auseinander liegen.[224] Einmal war er demnach ein Mitstreiter des Rebellen Li Jiyu, der gegen Ende der Ming-Dynastie, in den späten 1630er und frühen 1640er Jahren, eine Bauernrebellion in der Provinz Henan anführte. Chen Wangting sei mit einem Kommando unterwegs gewesen, heißt es, um Aufständische festzusetzen. Dabei habe er einen ihm unbekannten Banditen vergeblich gejagt. Das sei Jiang Fa, sagte man ihm, der so schnell sei, dass er einen Hasen fangen könne; und außerdem ein versierter Kampfkünstler. Später seien sie Freunde geworden.

Nach einer anderen Version waren sie schon lange befreundet. So floh Jiang Fa nach der Niederschlagung des Aufstands nach Chenjiagou, wo er fortan zum Schein als Bediensteter Chen Wangtings lebte. Es heißt, sie hätten zusammen Kampfkunst praktiziert, evtl. schon viele Jahre zuvor. So gibt es auch die These, er sei Chen Wangtings Leibwächter oder gar sein Lehrer gewesen.

In einem anderen Erzählstrang heißt es, Chen Wangting habe bei einer Prüfung an der Militärakademie einen Prüfer umgebracht; entweder bei einem Unfall oder aus Rache, weil er sich ungerecht behandelt fühlte. Daraufhin soll er zu Li Jiyu und seiner Rebellenarmee geflohen sein, um – wie es in einer Variante der Anekdote etwas unlogisch heißt – diesen von seiner Rebellion abzubringen.[225] Entweder wäre er zu diesem Zeitpunkt schon mit Jiang Fa befreundet gewesen oder aber er hätte ihn bei den Rebellen kennengelernt. Ein Einwand gegen die Verbindung des tödlichen Zwischenfalls

---

[224] Die Quellen zu Jiang Fas historischer Existenz bleiben obskur. Seine Rolle in der Geschichte des Taijiquan könnte gleichwohl eminent gewesen sein. Einen Disput darüber führten Tang Hao in *Taijiquan yanjiu* und Xu Zhen in *Taijiquan kao xinlu*. Vgl. Wile 1996, S. 114-116; Davis 2004, S. 19; Marnix Wells 2005, S. 6, 39ff, 45, 105, 254 Fn. 16, 258 Fn. 98; aus Sicht des Chen-Stils: Szymanski 1999b; Ranné 2011, S. 114ff. Zu Li Jiyu s. Des Forges 2003; Ranné a.a.O.

[225] Die un- bzw. wohl *um*-gereimte Geschichte könnte – unabhängig vom Status Jiang Fas in der Stilüberlieferung – ein Beleg dafür sein, dass zumindest einzelne Mitglieder des Chen-Klans es insgeheim mit den Aufständischen aus dem Volk hielten, während der Klan nach außen loyal gegenüber dem Herrscherhaus war. Es gibt sogar die These, der Klan als ganzer sei Teil einer Geheimgesellschaft gewesen.

bei der Prüfung mit der Flucht zur Rebellenarmee lautet, dass Chen Wangting zur Zeit des Aufstands nicht mehr im Prüflingsalter und bereits Kommandeur war.

In noch einer anderen Geschichte ist Jiang Fa kein Rebell, sondern ein daoistischer Mönch aus den Wudang-Bergen, der auf der Durchreise nach Chenjiagou kommt und Chen Wangting hilft, innere Energiearbeit in die Kampfkunst zu integrieren.

Marnix Wells hat hingegen die interessante Spekulation angestellt, wonach der in der Familienchronik genannte Zhang, von dem die Speerform des „Fliegenden Geistes" in der Chen-Familie stammt, identisch mit dem berühmten Boxer und Speerkämpfer Zhang Ba aus der späten Ming-Zeit sein könnte, der durch dialektbedingte Lautverschiebung zu Jiang Fa geworden wäre.

Je mysteriöser die Identität von Jiang Fa, desto unklarer die Konturen von Chen Wangting. Wahrscheinlich wird das Verhältnis der beiden Kämpfer niemals ganz geklärt werden können. Es scheint ein doppelter Schleier über ihm zu hängen. Seine erste Schicht besteht offenbar aus korrigierten bzw. verzerrten Darstellungen von Begebenheiten beim Versuch, konfligierende Loyalitätsverpflichtungen dem untergehenden Kaiserhaus, den rebellierenden Bauern sowie Kampf- und Schwurbrüdern gegenüber auszutarieren. Die zweite Schicht betrifft Klitterungen aufgrund der im 20. Jahrhundert aufgekommenen Frage nach dem Ursprung des Taijiquan – die im 17. Jahrhundert in Chenjiagou noch niemanden interessiert haben dürfte.

Doch Jiang Fas Gastspiel im Chen-Stil ist damit noch nicht zu Ende. Fünf Generationen nach Chen Wangting taucht er noch einmal in Chenjiagou auf, diesmal wieder auf der Durchreise, aber nicht als wandernder Mönch, sondern als Besitzer eines Tofu-Ladens in Xi'an. Nach einem Kampf mit Chen Changxing soll dieser ihn um Unterweisung gebeten haben. So sei das Taijiquan nach Chenjiagou gekommen.

Das widerspricht der offiziellen Chen-Stil-Version und hört sich eher nach Yang-Stil-Interessen an. So schreibt tatsächlich auch Yang Chengfu im Vorwort zu seinem zweitem Buch von 1934 mit Berufung auf seinen Großvater, Chen Changxing sei Jiang Fas einziger Schüler gewesen.[226] Dass Chen Changxing von Jiang Fa gelernt habe, soll sogar eine in Chenjiagou populäre Überlieferung gewesen sein, die 1928 – im Jahr, als Chen Fake nach Beijing ging – von Chen Xin, fast schon auf dem Totenbett, „verboten" wurde.[227] Tang Hou stieß in den 1930ern in Chenjiagou aber trotz des Verbots noch auf diese Version. Wu Tunan, der als Wu-Stil-Praktizierender allerdings der Yang-Stil-Überlieferung näher stand, behauptete, 1917 sogar persönlich von Chen Xin gehört zu haben, dass Jiang Fa Chen Changxings Lehrer war.

In Yang-Stil-Versionen ist Jiang Fa zugleich das Verbindungsglied zu dem nicht minder mysteriösen Wang Zongyue, von dem er seinerseits die Lehre erhalten haben soll. Diese Auffassung hatte Xu Yusheng bereits 1921 vertreten.[228] Das würde den Chen-Stil seit Chen Changxing über Jiang Fa mit dem mysteriösen Autor der „Abhandlung

---

[226] Yang Chengfu 1934, S. 6; 2005, S. 9.
[227] Wile 1996, S. 114.
[228] Xu Yusheng 1921, Kap. V, S. 49.

des Taijiquan", Wang Zongyue, verbinden – dessen Schrift in Chenjiagou allerdings nicht vorlag. Und wollte man jener im Yang-Stil vertretenen Konstruktion Glauben schenken, dass Wang Zongyue Linienhalter einer auf Zhang Sanfeng zurückgehenden Überlieferung war, so wäre der Chen-Stil mit dieser verknüpft. Allerdings, während in Chenjiagou von Jiang Fa schriftlich und mündlich (wenn auch widersprüchlich) die Rede ist, gibt es auf Wang Zongyue keine schriftlichen und bestenfalls obskure mündliche, auf Zhang Sanfeng aber überhaupt keine Hinweise.[229]

Hatte sich der Zhang Sanfeng des Taijiquan eher als Mythos denn als historischer Gründervater erwiesen; und hatte bei der historischen Figur des Yang Luchan die Waagschale der Legenden die der Tatsachen überwogen; so bleibt hinter all den Gerüchten und entstellten Geschichten um das Phantom Jiang Fa nichts Greifbares – und doch das sichere Gefühl, dass es sich bei ihm nicht um einen frei erfundenen Platzhalter für Klaninteressen handelt. Ob er eine historisch verifizierbare Person war oder ob in seinem Namen vielleicht mehrere Personen verdichtet wurden – er scheint für die in der Kampfkunstgeschichte periodisch aus dem Dunkel aufgetauchten und dann wieder in ihm verschwundenen Unbekannten zu stehen, deren Meisterschaft selbst die Großen und Namhaften ihrer Zeit verblüffte, um dann legendenumrankt im kollektiven Gedächtnis der Welt an den Flüssen und Seen (*jianghu*) umherzugeistern.

Dass Gerüchte, die den offiziellen Narrativen zuwiderlaufen, nicht versiegen, gehört zur Welt der Kampfkunst; vielleicht aber nicht nur als unhintergehbares Hintergrundrauschen, sondern als raunendes Memento der Unstimmigkeiten, dass auf Ungereimtheiten noch andere Reime gefunden werden könnten.

Zhaobao

Während man in Chenjiagou unbeirrt an der These vom Ursprungsort des Taijiquan und seiner dort endogenen Entwicklung beharrt, behauptet man im benachbarten Dorf Zhaobao das Gegenteil: dass man nämlich dort ein Taijiquan bewahrt habe, das auf Zhang Sanfeng zurückgehe und erst durch dessen Linienhalter Jiang Fa nach Zhaobao gebracht worden sei. Jiang Fa habe demnach nicht Chen Changxing, sondern – wenn auch vielleicht indirekt, vermittelt durch eine Überlieferungslinie – den in Zhaobao lebenden Chen Qingping unterrichtet. Dieser wiederum soll später Wu Yuxiang, den Begründer des Wu-Hao-Stils, in der Kunst unterwiesen haben.[230] Dem unbefangenen Leser

---

[229] Im Anhang von Chen Xins *Chenshi taijiquan tushuo* (*fulu*, S. 10) findet sich ein Text, der dem in der Yang-Stil-Überlieferung Zhang Sanfeng zugeschriebenen (*Yi ju dong*…[Text A]) in weiten Teilen entspricht; eingeleitet mit der Bemerkung, dass er Jiang Fa von dem „Meister aus Shanxi" übergeben worden sei. Nach Aussage von Chen Xins Enkel Chen Dongshan (2004) handelt es sich allerdings um eine Fälschung, die Du Yuwang (Yuanhua), dessen Name über dem Abschnitt steht, nach dem Tod von Chen Xin in das Buch geschmuggelt habe, wofür er sich 1935 entschuldigen und eine Strafe von hundert Silberdollar zahlen musste. Zu Hinweisen einer Verbindung von Wang Zongyue mit Chenjiagou s. auch Ranné 2004, S. 182, Fn. 60.

[230] Zur Rolle von Zhaobao s. Wile 1996, S. 109, 115; ders. 2007, S. 31; Davis 2004, S. 13f, 27ff; zur Darstellung aus Sicht des Chen-Stils: Ranné, S. 174 (+ Fn. 312), 180f, 185, 188, 190 (Fn. 346), 197, 275, 276.

verkehrt sich die Geschichte in ein Bäumchen-wechsel-dich-Spiel. Immerhin kennt er mittlerweile die meisten Namen.

Chen Qingping (1795-1868) war ein Neffe und Schüler von Chen Youben (1780-1858), der in derselben 14. Generation wie Chen Changxing lebte und, wie bereits erwähnt, den „Kleinen Rahmen" des Chen-Stils geschaffen hat. Nach der in Chenjiagou gängigen Darstellung entwickelte Chen Qingping nur Chen Youbens veränderten Stil weiter. Was an den Familienfremden Wu Yuxiang, der großen Einfluss auf die Entwicklung des Taijiquan haben sollte, weitergegeben wurde, stamme also letztlich auch aus Chenjiagou; genauso wie im Fall von Yang Luchan, den Chen Changxing unterrichtet hatte.

Doch in Zhaobao und in dessen Annalen wird eine andere Geschichte erzählt. Nachdem Chen Qingping in Chenjiagou von Chen Youben gelernt hatte, habe ihn in Zhaobao ein gewisser Zhang Yan als Schüler angenommen, der Jiang Fas Taijiquan in der bereits sechsten Generation praktizierte. Denn Jiang Fa habe nicht als Freund oder Bediensteter von Chen Wangting in Chenjiagou gelebt – allerdings in dessen Zeit, also nicht in der von Chen Changxing –, sondern in Zhaobao, wo er seine Kampfkunst vermittelt habe. Er sei der Gründer des in Zhaobao beheimateten Taijiquan, das eine eigene, von Chenjiagou unabhängige Überlieferungslinie habe.

Die Zhaobao-These, von der es wiederum verschiedene Varianten gibt, wurde bereits im Jahr 1935 in einem Buch von Du Yuanhua (1869-1938), einem Enkelschüler von Chen Qingping, ausgeführt. Demnach wurde Taijiquan eigentlich schon von Laozi(!) begründet und später von Zhang Sanfeng zur Perfektion gebracht. Diese Kampfkunst habe Jiang Fa, der 1574 in der Nähe von Zhaobao geboren sei, von einem Wang Linzhen aus Shanxi gelernt, um dann in Zhaobao eine Linie zu begründen.

Wu Yuxiang in Zhaobao

Der Zhaobao-These zufolge hätte Wu Yuxiang zwar von einem Angehörigen der Chen-Familie (Chen Qingping) gelernt, aber eben nicht Chen-Stil, sondern ein auf Zhang Sanfeng zurückgehendes und durch Jiang Fa vermitteltes Taijiquan. Mehr noch: Er wäre in eine Überlieferung eingeweiht worden, die wohl auch unabhängig von dem war, was Yang Luchan von Chen Changxing gelernt hatte.

Doch wie kam es überhaupt dazu, dass Wu Yuxiang von Chen Qingping in Zhaobao lernte? Li Yiyus spärliche Äußerungen in seinem „Kurzen Vorwort" – die einzige zeitnahe Quelle zum Thema – suggerieren, dass Yang Luchan gegenüber Wu Yuxiang Kenntnisse zurückgehalten habe oder dieser es zumindest so empfunden haben könnte.[231] Wu Yuxiang hätte sich also 1852 auf den ca 250 km langen Weg von Yongnian nach Chenjiagou gemacht, um sein bereits erworbenes Wissen über Yang Luchans Kampfkunst dort zu vertiefen. Nach Tang Hao nutzte Wu Yuxiang einen Besuch bei seinem Bruder in dem ungefähr 360 km entfernten Wuyang, um auf dem Weg dorthin

---

[231] Vgl. Li Yiyus „Kurzes Vorwort" im Anhang 5.

bei jenem Meister vorbeizuschauen, von dem Yang Luchan seine Kampfkunst gelernt hatte. Der Richtungspfeil von Chenjiagou nach Yongnian sollte noch einmal nachgezogen werden und in direkter Verbindung bei der Familie Wu landen. Doch dazu kam es nicht. Als Wu Yuxiang in Zhaobao Rast machte, soll er von dem Eigentümer des Gasthauses erfahren haben, dass Chen Changxing alt und krank sei (tatsächlich verstarb er 1853); dass es aber in Zhaobao mit Chen Qingping einen anderen unvergleichlichen Kampfkünstler gebe. Dessen Kampfkunst muss Wu Yuxiang überzeugt haben, so dass er über einen Monat vor Ort blieb.

Der Bericht von Wu Yuxiangs Reise hat einige offene Fragen und Ungereimtheiten hinterlassen:

• Unstimmigkeiten gibt es bei der Datierung der Reise. Wu Chengqing hatte den Posten in Wuyang zwar 1852 erhalten, ihn aber erst 1854 angetreten; Wu Yuxiang müsste aller Wahrscheinlichkeit nach aber bereits 1853 dort gewesen sein, da er in diesem Jahr seinen Neffen Li Yiyu zu unterrichten begann.

• Grundsätzlich stellt sich die Frage, ob Wu Yuxiang, der in Yongnian für seine Mutter verantwortlich war, in einer Zeit, in der die Taiping-Rebellen aus dem Süden zu ihrem Feldzug nach Norden aufbrachen, und vom Norden her Übergriffe der Nian-Rebellen drohten, eine längere Reise unternehmen konnte. „Geschäftliche Angelegenheiten", von denen Li Yiyu im „Kurzen Vorwort" redet, könnten kaum wichtig genug gewesen sein.

• Geht man aber davon aus, dass er die Reise tatsächlich unternahm, ist nicht ganz klar, was ihn annehmen ließ, dass Chen Changxing – wenn er denn zunächst tatsächlich zu ihm wollte – ihn unterrichten würde. Ein Empfehlungsschreiben von Yang Luchan, der selbst zurückhaltend bei der Überlieferung gewesen sein soll?

• Auch von Zhaobao aus betrachtet, wirkt die Erzählung nicht ohne Weiteres plausibel. Während man in Chenjiagou freiwillig keine Fremden unterrichten wollte, hätte man im Nachbardorf einen Fremden sogar dazu überredet, sich unterrichten zu lassen?! Der Gasthausbesitzer soll sich vom Aufenthalt des wohlhabenden Wu Yuxiang ein gutes Geschäft versprochen haben, heißt es. Aber ob das für Chen Qingping ein zureichendes Argument gewesen wäre, einen Familien- und Ortsfremden in eine alte Überlieferung einzuweihen?[232]

• Auch wirken unabhängig von der Frage, ob Wu Yuxiang in Zhaobao in der Chen- oder der Wudang-Überlieferung unterrichtet wurde, einige Wochen sehr kurz für eine tiefgreifende Unterweisung, zumal neben den bis zu 30 Jahren, die Yang Luchan in Chenjiagou gewesen sein soll. Das gilt selbst dann noch, wenn man in Rechnung

---

[232] Es gibt eine Vermutung, wonach Wu Yuxiang über Familienkontakte zu dem Provinzgouverneur von Henan Chen Qingping in einem Rechtsstreit beigestanden haben könnte, was dieser im Gegenzug mit der Weitergabe von Kampfkunstgeheimnissen vergolten hätte. (Davis 2004, S. 180f) Aber die Spekulation steht auf tönernen Füßen, zumal da der verschwägerte Gouverneur zum Zeitpunkt der Reise vermutlich noch nicht im Amt war.

stellt, dass Wu Yuxiang als bereits erwachsener Mann und versierter Kampfkünstler kam.

- Stutzig macht auch die folgenreiche Koinzidenz, die Wu Yuxiang von seiner Reise nicht nur mit den von Chen Qingping erworbenen praktischen Kenntnissen zurück-kommen ließ, sondern auch mit jener Schrift aus dem Salzladen aus Wuyang, ohne welche die weitere Geschichte des Taijiquan nicht denkbar ist. Wie konnte es sein, dass Wu Chengqing zu genau der Zeit, da sein jüngster Bruder in Zhaobao in der Kampfkunst unterwiesen wurde, an anderem Ort eine Schrift fand, die zu dem dort Erlernten passte?

Wie auch immer, die Studienreise nach Zhaobao und der Salzladenfund markieren den Zeitpunkt, zu dem Wu Yuxiang begann, die Essenz der von ihm erlernten Kampfkunst unter Zuhilfenahme einer Reihe kleiner Schriften zusammenzufassen.

Wie nicht anders zu erwarten, gibt es übrigens eine Version, wonach Wu Yuxiang Wang Zongyues Schrift aus Zhaobao mitbrachte.[233] Wenn er sie nicht geraubt hätte, könnte es jedoch nur eine Kopie gewesen sein. Niemand hätte einem Fremden, der für ein paar Wochen blieb, das Original einer so wertvollen Handschrift mitgegeben. Das Original müsste demnach noch in Zhaobao sein – wo man es aber sicher vorgewiesen hätte, um die eigene Version zu belegen.

Die Dinge werden paradoxerweise dadurch noch komplizierter, dass seit Ende des 20. Jahrhunderts tatsächlich auch Texte als Beleg für eine unabhängige Zhaobao-Linie vorgelegt wurden; darunter einer, der fast identisch mit einem aus dem Korpus der Klas-sischen Schriften ist. Doch es handelt sich nicht um den Wang Zongyue zuge-schriebenen [Text B], sondern den im Yang-Lager Zhang Sanfeng zugeschriebenen Text [Text A]. Sein Autor soll allerdings weder Zhang Sanfeng noch Wang Zongyue sein, sondern Jiang Fa. Er befindet sich in einem Manuskript, das angeblich 1918 kopiert wurde, dessen weitere Texte – alle mit „Taiji" im Titel – aber bereits aus der dritten Ge-neration der Linie von Jiang Fa stammen sollen.[234] Wenn Chen Qingping Wu Yuxiang diese Texte gezeigt hätte, stellten sich zwei Fragen: erstens, warum er nicht diesen Text an den Anfang seiner Zusammenstellung seiner Schriftenkompilation („Wu-Li-Klas-siker") setzte; zweitens, warum er Jiang Fa nirgends erwähnte.

Die Kampfkunst der großen Tochter und der He-Stil

Nach wieder anderer Version soll es Wang Zongyue gewesen sein, der Zhang Sanfengs Taijiquan nach Zhaobao brachte. In der Ming-Zeit soll er während der Regierungsdevise Wanli (1572-1620) nach Zhaobao gekommen sein, wo er Jiang Fa als Schüler annahm. Aufgrund seines fortgeschrittenen Alters habe er diesen aber nicht mehr selbst unter-richtet, sondern dies durch seine Tochter ausführen lassen. Daher sei der Stil auch als die „Kampfkunst der großen Tochter" (*daguniang quan*) bekannt. Endlich eine Frau!,

---

[233] Wile 1996, S. 109, vgl. S. 198, Fn. 26.
[234] Wile 2007, S. 31.

möchte man ausrufen. Zwar keine Urmutter, aber immerhin eine Urtochter! Doch auch sie konnte das Ringen um den Ursprung des Taijiquan nicht beenden.

Obwohl nur ein Dorf, soll sich in Zhaobao die Jiang Fa-Überlieferung weiter verzweigt haben. 2014 erhielt der aus Zhaobao stammende He-Stil, der sich seit den 1980er Jahren um Anerkennung als authentisches Taijiquan neben den fünf etablierten Familienstilen bemüht hatte, den offiziellen Zuschlag als sechster im Bunde. Er erwarb den Status des „Nationalen immateriellen Kulturerbes Chinas". Gründungsvater des Stils sei He Zhaoyuan (1810-1890) aus der achten Generation des Zhaobao-Taijiquan gewesen. Bis in die 1920er Jahre sei es ein geheimer Stil gewesen. Ein Stammbaum mit bemerkenswert genauen Lebensdaten soll veranschaulichen, wie die Überlieferung geradlinig von Zhang Sanfeng (1247-1458!) über Wang Zongyue (1525-1606) zu Jiang Fa (1574-1670) verläuft, von dem aus er sich aufgabelt. In der einen Entwicklungslinie entstehen Chen-, Yang- und Wu-Stil, in der anderen He-, Wu-Hao und Sun-Stil.[235] Sie alle führten zurück zu Jiang Fa und über diesen zu dem Geschäftsmann (!) Wang Zongyue aus Xi'an und letztlich zu Zhang Sanfeng.

Indem die Zhaobao-These Namen zu einem neuen Narrativ verknüpft, die in den Darstellungen der fünf großen Familienstile eine Rolle spielen, sich dort aber wechselseitig ausschließen oder nicht recht einfügen wollen (Zhang Sanfeng, Jiang Fa, Wang Zongyue, Chen Qingping, Wu Yuxiang…), bot sie sich als Ausweg aus einer Aporie an. Zugleich trat Zhaobao damit in zweifacher Hinsicht aus dem Schatten des berühmten Nachbardorfs Chenjiagou heraus. Erstens hätte es Taijiquan dort bereits seit der Ankunft Wang Zongyues (zwischen 1576 und 1619) gegeben, während es in Chenjiagou erst ab Chen Wangting, d.h. zwischen seinem Rückzug aufs Land und seinem Tod, also zwischen 1644 und 1664, veranschlagt wird. Zweitens emanzipierte man sich von ihm trotz der Rolle, die man einem Chen (Qingping) zugestand, durch die Verlängerung der Linie bis zu dem vom Yang-Stil postulierten Ursprungsahnen.

Beim Vergleich dessen, was sich in Zhaobao an Kampfkunst erhalten bzw. entwickelt hat, werden allerdings eher Assoziationen zum Chen- als zum Yang-Stil wachgerufen; wodurch sich der leichte Geruch einer elaborierten Nachbarschaftsrivalität beim Narrativ mit den überdeutlich überlieferten Lebensdaten der großen Linienhalter noch etwas verstärkt; ohne damit allerdings etwas über die Richtungspfeile eines nicht ganz unwahrscheinlichen Austauschs zwischen den Orten zu sagen.

Weitere Ursprungstheorien

Der Streit um den Ursprung des Taijiquan, der zwischen Yang- und Chen-Stil entbrannt war, hatte sich bei dessen zeitlicher Verortung von der frühen Qing-Zeit (ab 1644) über die Ming- (1368-1644) und die Yuan- (1271-1368) bis in die Song- Dynastie (960-1279) erstreckt. Doch es gab eine noch weiter in die Vergangenheit zurückgreifende These, wonach es bereits in der Tang-Zeit (618-907) Taijiquan-Stile gegeben habe; von denen

---

[235] Vgl. den bei Lin Li (2021, S. 44) abgebildeten Stammbaum, der von Zhang Sanfeng in direkter Linie zu der Autorin des Artikels führt.

einer sich sogar noch weiter zurückverfolgen lasse. Die These ging wahrscheinlich auf Song Shuming (1840?-1925?) zurück, der behauptete, der Linienerbe eines dieser Stile in 14. Generation zu sein.

Song Shuming und die alten Schulen

Song Shumings Fähigkeiten hatten in der Beijinger Kampfkunstszene der jungen Republik Aufsehen erregt. Mehrfach soll er sich mit einigen der Großen seiner Zeit gemessen haben und immer siegreich geblieben sein. Es blieb ein Rätsel um seine Person. Er war im Umfeld des lange Zeit mächtigsten Mannes Chinas, Yuan Shikai (1859-1916), aufgetaucht, hatte nach dessen Tod Beijing aber wieder verlassen und war seither aus der Öffentlichkeit verschwunden, wahrscheinlich zurückgekehrt in seine Heimat auf dem Land.

Xu Yusheng hielt während der Zeit seiner Bekanntschaft mit ihm große Stücke auf den rund 40 Jahr Älteren und folgte in seinem Buch von 1921 – nachdem er den Ursprung der Taiji-Prinzipien bereits bei dem legendären Ersten Urkaiser und Urvater der Menschen Fu Xi verortet hatte – der Darstellung von Song Shuming bezüglich alter Schulen. Dieser hatte zwar selbst nichts publiziert, aber es kursierten Kopien einer Schrift, die er verfasst haben sollte.[236] Zumindest behauptete Wu Tunan in den 1980er Jahren, diese Schrift 1908 von einem Freund erhalten und danach in Abschriften in Umlauf gebracht zu haben.

Nach Song Shuming gab es in der Tang-Zeit bereits vier Schulen des Taijiquan, die bei ihm, wie im Titel des Buches, *Taiji gong* oder *Taijiquan gong* genannt werden. Da die Schulen (mit der Ausnahme Song Shuming) nicht überlebt hatten, lief die „Beweisführung" für ihre Existenz hauptsächlich über die Nennung von Figuren und Namen von Formen.

• 1. Der Tang-zeitliche Daoist Xu Xuanping, ein exzentrischer Einsiedler und dichtender Asket, sollte um das Jahr 800 eine Kampfkunst-Form mit 37 Figuren kreiert haben.[237] Die Figuren, die einzeln geübt werden konnten, trugen, wie Song Shuming wissen wollte, Namen, die es auch in heutigen Taijiquan-Formen gibt: Einfache Peitsche, Pipa spielen, Schritt zu den Sieben Sternen, Das Jademädchen am Webstuhl, Weiter Blick vom Pferd, Der Phönix breitet seine Schwingen aus... Wurden die Figuren miteinander verbunden, was in beliebiger Reihenfolge geschehen konnte, wurde die Form Langes Boxen (*changquan*) genannt. Xu Xuanping soll fünf Schriften verfasst und hinterlassen haben: „Das Lied von den Acht Zeichen" (*Bazi ge*), „Die Lehre vom Zusammentreffen der Herzen" (*Xinhui lun*), „Die Lehre von der Kraft des ganzen Körpers" (*Zhoushen dayong lun*), „Die Lehre von den 16 Schlüsseln" (*Shiliu guanyao lun*), „Das Lied von der Anwendung des Geübten" (*Gongyong*

---

[236] Song Shuming 1908; vgl. Xu Yusheng 1921, Kap. 5; Cheng & Smith 1966/2004, S. 3f; Smith 1974, S. 114-117.
[237] Die Zahl 37 (in Zeichen: 三十七) spricht sich *sanshiqi* aus. Die Form soll damals allerdings (gleichlautend) mit den Zeichen 三世七 („Drei Welten und Sieben") geschrieben worden sein.

ge). Xu Xuanping soll seine Kampfkunst an Song Yuanqiao weitergegeben haben – von dem Song Shuming ein Nachfahre zu sein beanspruchte.

• 2. Die zweite Schule war diejenige einer Familie Yu aus dem Jiangnan-Gebiet (dem Süden), die ihren Stil ebenfalls Langes Boxen oder auch Vorweltliches Boxen (*xiantianquan*) nannte. Sie hatte ihre Dreizehn Stellungen (*shisan shi*) von dem Daoisten Li Daozi, der aus der Tang-Zeit stammte und angeblich ein paar Jahrhunderte später, in der Ming-Zeit, in den Wudang-Bergen lebte. Nach Auskunft von Jou (1981 [!], S. 25) lebte er über tausend Jahre lang (618-1644). Dennoch sollen später Mitglieder der Linie bei einer Studienreise in die Wudangberge Meister Li Daozi nicht angetroffen haben; dafür aber Zhang Sanfeng, der sie seine (auch Langes Boxen genannten) Dreizehn Stellungen lehrte. Beides seien nur andere Namen für Taijiquan. Li Daozi soll Yu Lianzhou ein „Lied der Geheimnisse" (*Mi ge*) mitgeteilt haben. Außerdem befanden sich im Besitz der Familie Yu fünf Texte, die – Zufall oder nicht – genau der Klassiker-Zusammenstellung der Yang-Familie entsprechen. (Auf das Erbe der Familie Yu bzw. der auf Li Daozi zurückgehenden Überlieferung werden wir später noch einmal stoßen, beim Auftritt der Li-Familie aus dem Dorf Tangcun.)

• 3. Bereits im sechsten Jahrhundert, also noch vor der Wiedervereinigung des Reiches durch die Tang-Dynastie, soll Cheng Lingxi aus dem Jiangnan-Gebiet von Han Gongyue in einer Kampfkunst des Taiji unterwiesen worden sein, die in der Familie weitergegeben wurde. 1193 wurde sie an Cheng Bi übermittelt, der die Beamtenlaufbahn einschlug und in hohe Ämter aufsteigen sollte. Er veränderte den Namen der Kampfkunst in Kleiner höchster Himmel (oder Kleine Neun Himmel, *xiao jiutian*) und betonte, dass die Kunst des Taiji vollständig auf dem Buch der Wandlungen (*Yijing*) beruhe. Zur Überlieferung gehörten zwei Texte in Reimform, das „Lied von der Rückkehr der vier Wesenheiten zum Ursprung" (*Sixing guiyuan ge*) und die „Fünf Merksätze fürs Üben" (*Yonggon wuzhi*), deren Begriffe dem konfuzianischen Buch „Mitte und Maß" (*Zhongyong*) entnommen waren.

• 4. Ebenfalls in der Tang-Zeit soll sich in Yangzhou ein Meister Hu Jingzi genannt haben, dessen Kampfkunst in der Song-Zeit auf Zhong Shu (in Hubei) gelangte. Dieser gab sie unter dem Namen Nachweltliche Methode (*houtian fa*) an Yin Liheng weiter. In ihr sollen die acht Grundtechniken Abwehren, Zurückrollen, Drücken, Stoßen, Schulterstoß, Ellbogenstoß, Pflücken und Spalten (*peng-lü-ji-an-kao-zhou-cai-lie*) enthalten gewesen sein, auch wenn die 17 Figuren ihrer Form hauptsächlich mit Ellbogentechniken arbeiteten.

Song Shuming erklärte, dass es außer den von ihm genannten Tang-zeitlichen Stilen noch andere geben könne, die er nicht kenne; aber die Kunst könne sowieso nur Eine sein. Da hatte er weise gesprochen. Doch gehörten die von ihm genannten Stile schon zu dieser Einen Kunst? Xu Zhen gab darauf eine klare Antwort: Nein![238] Erstens gebe es trotz historischer Quellen zu Xu Xuanping keinerlei Hinweis darauf, dass er eine

---

[238] Xu Zhen in *Taijiquan bian wei* („Das Wahre vom Falschen im Taijiquan unterscheiden"), wiedergegeben in: Smith 1974, S. 116f.

Kampfkunst beherrschte; dasselbe gelte auch für die anderen genannten Schulen. Zweitens war zwar unstrittig, dass Song Shuming äußerst versiert im Taijiquan war, aber dem Stil nach, urteilten Kenner, musste er es von der Yang-Familie gelernt haben. Drittens waren, so der Verdacht, einige der angeführten Texte einfach von Wang Zongyue und Wu Yuxiang kopiert.

Moderne Wudang-Linien

Es gibt Kriterien, die eine kritische Geschichtsschreibung der Kampfkunst beachten sollte. Sie formulieren sich in Fragen an Bewerber für den Ursprung des Taijiquan. Wie steht es mit der Historizität der Gründungsahnen und ihrer Nachfolger? Wie steht es mit der Authentizität der Quellen? Wird wirklich etwas beschrieben, was dem Begriff von Taijiquan entspricht? Gibt es eine lebendige Tradition, die davon zeugt?

Vielleicht bedarf es aber auch nur des Dahinschwindens kritischer Ansprüche an die Geschichtsschreibung, um wieder „uralte, lebendige Überlieferungen" entstehen zu lassen? Diesen Trend hat Douglas Wile zumindest für die Entwicklung in der Volksrepublik China nach der Öffnung des Landes für Märkte jedweder Art ausgemacht.[239] Dieser Trend hat dazu geführt, dass seit den 1980er Jahren (d.h. mit dem zunehmenden Vertrauen in die Zukunft der Wirtschaftsreformen Deng Xiaopings nach der Kulturrevolution) neue Stile auftauchten, die nicht nur ein hohes, ursprungsträchtiges Alter für sich in Anspruch nehmen – sondern dieses von der Partei und ihren Behörden mitunter auch zertifiziert bekommen. So blühten nicht zuletzt die Schulen und Zentren am Fuß der Wudang-Berge auf.

Unter das Verdikt von Douglas Wile fallen Stile, deren Protagonisten behaupten, viele Hundert Jahre unerkannt und verborgen vor der Welt in den Wudang-Bergen praktiziert zu haben. Gemeint ist nicht das von Cheng Tin Hung (in Pinyin: Zheng Tianxiong, 1930-2005) aus Hongkong begründete „Wudang-Taijiquan", das sich seit den 1980er Jahren auch in Europa verbreitet hat. Dessen Genealogie reklamiert keine unabhängige Überlieferung, sondern weist es als Ableger aus dem neueren Wu 吳 -Stil aus. Der Name Wudang stellt dabei eine Art Unabhängigkeitserklärung dar und soll die Abnabelung von der orthodoxen Überlieferung des Wu-Stils und seiner Vertreter ausdrücken; wohl im Interesse beider Seiten. Mit dem Verdikt von Douglas Wile gemeint ist vielmehr das Auftauchen (bzw. nach eigener Darstellung und vielleicht auch eigenem Selbstverständnis: *Wieder*-auftauchen) auf Zhang Sanfeng und teilweise noch weiter zurückgehender Stile.

1980 wartete bei der Nationalen Kampfkunst-Gala in Wuhan ein Kampfkünstler namens Jin Zitao mit einem Stil auf, der in einer geheimen Überlieferung auf Zhang Sanfeng zurückgehen und sich in den Wudang-Bergen erhalten haben sollte; dort also, wo Tang Hao bei seinen Nachforschungen keinerlei Spuren einer lebendigen Überlieferung hatte finden können. Er nannte ihn Wudang-Kampfkunst des Höchsten Einen und der

---

[239] Hier und im Folgenden bzgl. neuer Wudang-Überlieferungen s. Wile 2007, S. 26-34.

Fünf Wandlungsphasen (*Wudang taiyi wuxingquan*) und begann ihn in Dajiangkou, der den Wudang-Bergen am nächsten gelegenen Stadt, zu lehren. Eine von staatlicher Seite unterstützte Studie kam zu dem Schluss, dass Zhang Sanfeng eine historische Figur sei, er eine in Theorie und Praxis einzigartige Kampfkunst begründet habe und dass sich die Wudang-Schule in viele Linien aufgespalten habe.

Die Schleusen sind geöffnet; wie sich herausstellen sollte, nicht nur für überlebende Liniennachfolger, sondern auch für das Erscheinen des Unsterblichen selbst. Ein Li Zhaoshang behauptet, Linienhalter der 18. Generation eines Vorweltlichen Taijiquan (*Xiantian taijiquan*) zu sein, das sich offenbar durch eine besondere Nähe zum Ursprungsahnen auszeichnet. Sein Lehrer, Cai Xiang, habe in den Bergen beim Sammeln von Ginseng einen Mann in wehenden Gewändern bei einer Schwertform beobachtet, der seinen Familiennamen auf Befragen als Zhang angab. Später habe er Cai Xiang in einem Traum mitgeteilt, dass er Zhang Sanfeng persönlich sei.

Doch was der große Unsterbliche zu bieten hat, lässt sich, wenn man der richtigen Schule folgt, allemal noch überbieten. Denn nach einem gewissen Zheng Qing hat Zhang Sanfeng nur eine *vereinfachte* Version von Taijiquan weitergegeben, weil das ursprüngliche daoistische Taiji-Tor der Neun Befähigungen der Taiji-Hand (*Taijimen jiugong taijishou*) zu schwierig für die meisten gewesen sei. Man darf gespannt sein, wie viele der aus dem Andrang zugelassenen Adepten sich gemeinsam mit Zheng Qing als befähigt erweisen werden, Taijiquan in seiner unverkürzt subtilen Tiefgründigkeit zu erlernen.

Die Behauptungen solcher Ursprünge lassen sich weder be- noch widerlegen, nicht im Ernst und nicht mit Ironie. Sie bedienen ein Bedürfnis nach und eine Bereitschaft zur Glaubensevidenz. Mit ihnen werden die beim ersten Siegeszug des Taijiquan vielleicht naiv und nicht mit Überprüfung rechnenden Liniennarrative noch überboten. Bedingung dafür ist die Ausschaltung der Instanz des kritischen Kampfkunsthistorikers. Standen die Pioniere sicher noch hier und da im Bann der Selbstdarstellung von Überlieferungslinien, so tauchte im nachkulturrevolutionären China ein neuer Typus auf: der des Haushistorikers von virtuellen Überlieferungslinien, die wie Markenartikel etabliert und vermarktungsfähig aufbereitet werden können.

Die Familie Li aus Tangcun

Während auf der einen Seite Performance-Virtuosen des Taijiquan mit phantastischen Ursprungslegenden ohne das geringste Bemühen um dokumentarische Evidenz aufwarten, so erscheinen auf der anderen Seite Vertreter einer anderen Ursprungslegende mit einer filigran gestrickten Geschichte, die sich noch detailfreudiger als die Zhaobao-These in die bisherigen Narrative einblendet und in einem unermüdlich sich drehenden Rezensionskarussell um Anerkennung ringt – ganz ohne Darbietung eines vorgeblich linienspezifischen Stils. Denn die Familie, aus der dieser Version zufolge sowohl die Klassischen Schriften als auch die ältesten Belege für eine Taijiquan-Form stammen, praktiziert heute und schon seit unbekannter Zeit nicht mehr.

Im Jahr 2005 trat die Familie Li aus dem kleinen, keine 50 km von Chenjiagou entfernten Dorf Tang (Tangcun, Provinz Henan) mit einem sensationellen Fund an die Öffentlichkeit. Angeblich waren zwei Jahre zuvor über dem Türsturz einer Wohnung in
Xi'an nicht nur die auf 1716 datierten Annalen der Familie entdeckt worden, sondern
zusammen mit ihnen das vorgeblich älteste Handbuch zum Taijiquan mit dessen Klassischen Schriften. Die Dokumente sollten beweisen, dass sich die Familie Chen die Ehre
des Ursprung mit der ehrenwerten Familie Li teilen oder sie gar abgeben müsse.[240] Der
Geburtsort der Kunst wäre demnach ein synkretistischer Tempel, der Qianzaisi
(„Tempel der Tausend Jahre") bei Tangcun im Kreis Boai und nur ca. 25 km von
Chenjiagou entfernt. In diesem Tempel, so die Chronik, hätten sich seit Generationen zu
Neujahr jene Familien getroffen, die im 14. Jahrhundert in dieser Gegend angesiedelt
worden waren. Sie hätten dabei den dortigen Priestern der Drei Lehren (Daoismus, Konfuzianismus, Buddhismus) für die Unterweisung in der Kampfkunst gedankt. Zur Zeit
der Ansiedlung der Familien nach dem Sturz der Yuan-Dynastie hätten an diesem Ort
der Chen-Patriarch Chen Bu und andere Familienoberhäupter eine Schwurbruderschaft
geschlossen.

In der neunten Generation, d.h. in der Mitte des 17. Jahrhunderts, hätten zwei Brüder
aus der Familie, Li Zhong und Li Yan, diese Schwurbrüderschaft mit ihrem Cousin
Chen Wangting aus Chenjiagou erneuert. Am Taiji-Tor des Qianzai-Tempels gelobten
sie demnach dessen Abt Bogong Wudao als ihrem Meister die Schülertreue. Daraufhin
wurden sie in der so genannten Wuji Lebenspflege (*Wuji yangsheng gong*) und der
Kunst der Dreizehn Stellungen (*Shisanshi tongbei gong*) unterwiesen, die der Priester
Shi Li bzw. Li Daozi (614-741!) in der Tang-Zeit dort im Tempel begründet hatte. (Wir
waren ihm schon bei der zweiten der von Song Shuming postulierten vier Tang-zeitlichen Schulen begegnet.) Die von ihm entwickelte Kunst habe darauf basiert, dass das
Weiche das Harte besiegt und dass man das Eigene aufgeben solle, um dem anderen zu
folgen.[241] Chen Wangting und seine Schwurbrüder hätten dann die Taiji Lebenspflege
(*Taiji yangsheng gong*) begründet, die Chen Wangting als der in der Kunst profilierteste
unter ihnen so benannt habe. Alle drei hätten geschworen, sie im Sinne der *wen-wu*-Tra-
dition, der Einheit des Kulturellen und des Kämpferischen, zu verbreiten.

Die Li-Familie sei diesem Schwur auf mehrerlei bedeutende Weise nachgekommen.
Noch in der neunten Generation habe Li Zhong den später (demnach fälschlich) Wu Yuxiang zugeschriebenen und zum Klassiker gekürten Text „Erläuterungen zum tieferen
Sinn der Ausführung der Dreizehn Stellungen" (*Shisanshi xinggong xinjie*) [Text C] verfasst. In der zwölften Generation schließlich habe Li Helin (geb. 1721), den fünf oder
sechs Jahre in Tangcun lebenden Dorfschullehrer (!) Wang Zongyue (wie übrigens auch

---

[240] Vgl. auch im Folgenden Chu et al (2023), dort auch mit umfangreichem Literaturverzeichnis;
Christensen (2016); für eine kurze Darstellung auf deutsch mit Verweis auf englische und chinesische Quellen aus dem Jahr 2005f s. Ranné 2011, S. 117, Fn. 208, S. 182.
[241] Vgl. in den Klassischen Schriften B7 („Wenn der Andere hart ist, bin ich weich"), B65 („Zu
Grunde liegt: Das Eigene aufgeben und dem Anderen folgen.").

den gelehrten Kampfkünstler Chang Naizhou) in der Kampfkunst unterrichtet. Nicht nur das, er habe neben anderen Texten (z. B. dem „Lied von den Schlagenden Händen" *Dashou ge* [Text E]) auch die bisher Wang Zongyue zugeschriebene „Abhandlung des Taijiquan" (*Taijiquan lun*) [Text B] geschrieben. Der nun als Dorfschullehrer identifizierte Wang Zongyue habe seinem Kampfkunstlehrer Li Helin zu dessen 72. (an anderer Stelle: 78.) Geburtstag eine Erinnerungstafel überreicht, in der er sich indirekt als Schüler von ihm bezeichnet habe. Von den älteren Dorfbewohnern, hieß es 2005, hätten die meisten die Tafel noch mit eigenen Augen gesehen, während der Kulturrevolution (1966-1976) sei sie aber verbrannt worden.

Und noch eine Pointe: Li Helin war den Annalen zufolge nicht nur ein außerordentlicher Kampfkünstler, sondern auch (was erst nach der Kulturrevolution denkbar wurde) ein erfolgreicher Geschäftsmann. Zu seinen Besitztümern zählte – ein Salzladen. Ja, der in Wuyang. Womit sich auch dieser Kreis schlösse.

Ende gut, alles gut? Alle Fadenenden der Ursprungsnarrative scheinen vernäht, die verschiedenen Erzählstränge zusammengeführt. Selbst Tang-zeitliche Vorläufer sind, wie für alle Fälle, zwanglos eingebaut. Nur Zhang Sanfeng bleibt außen vor, weswegen man sich die Geschichte im Yang-Stil gelassen anhört. Auch in Chenjiagou kann man entspannt bleiben und das aus zwei, wenn auch sich eigentlich ausschließenden, Gründen: Wer nicht glauben wollte, dass eine so tiefsinnige Kampfkunst wie die des Allerhöchsten (*taiji*) im ländlichen Chenjiagou entstehen konnte, ist jetzt durch die Li-Familie darüber belehrt, dass dorthin altes daoistisches Tempelwissen einging. Den Alleinvertretungsanspruch aufzugeben, gibt es hinwiederum auch keinen Grund, solange mit fremden Annalen argumentiert wird, in den eigenen sich dazu aber nichts findet. Kritisch gebliebene Historiker neigen ohnehin zur Skepsis. Tatsächlich sind in der Kulturrevolution wertvolle Geschichtsdokumente verloren gegangen; das allein aber befreit das geduldige Papier einer Familienchronik noch nicht vom Verdacht, möglicherweise eine Fälschung zu sein.[242]

Tatsächlich verläuft die Geschichte der Familienchronik so, als sei sie bereits gegen weitere Nachforschungen und zur Widerlegung eines Verdachts konzipiert. Dass sie auf einem Papier geschrieben ist, das spezialisierte Sammler heute noch in ihren Beständen haben, erklärt sich durch den Umstand, dass es sich um eine Transkription aus dem Jahr 1914 handeln soll. Dass sie ziemlich plötzlich auftauchte, während zuvor auch Familienangehörige nichts von ihr gewusst zu haben scheinen, soll dem Umstand geschuldet sein, dass ihr Vorbesitzer im Jahr 1947 (also noch in den Wirren des Bürgerkriegs) in die Großstadt Xi'an umgezogen sei. Von dort sei er 1953 aber wieder verschwunden, wodurch das wertvolle Stück im Besitz seiner Frau verblieb, die es bewahrte, ohne seine Bedeutung zu kennen. So sei das Dokument dem Vergessen anheim gefallen, bis der 2002 in Tangcun mit der Suche beauftragte Historiker, einem Gerücht (dessen Ursprung

---

[242] „So halten mehrere Experten die Li-Familienannalen allein deshalb für eine Fälschung, weil dort weibliche Nachkommen verzeichnet seien, was für die Zeit des 18. Jahrhunderts unüblich war." (Ranné 2011, S. 118, Fn. 211)

wir nicht genau kennen) folgend, dort mit einem Team (!) eintraf, sich die Schriften zeigen ließ und umgehend ihre Bedeutung für die Geschichte erkannte. Wegen der Schriftunkundigkeit der mittlerweile verwitweten Dame kam ihm dann letztlich das Auskunfts- und Auswertungsmonopol zu. Kurzum, es ist von allem Anfang an bzw. vom guten Ende her eine Geschichte von Spuren von Spuren, die zum wahren Ursprung des Taijiquan führen soll.

Beeindruckend ist die Vielfalt des vorgelegten Materials, die Detailfreudigkeit der Legenden, die keine historische Anschlussstelle auslassen, die immanente Stringenz des Systems der Kampfkunstschriften, das von Wuji zu Taiji voranschreitet – und nicht zuletzt die publizistische Kampagne, die um den Fund herum geführt wird. Innerhalb relativ kurzer Zeit wurde eine Flut an Artikeln und Vorträgen in der Volksrepublik China, aber teilweise auch schon außerhalb, losgetreten. Ein Artikel zitiert den anderen, wodurch ein riesiges Netzwerk an Literatur entsteht, auf die beim nächsten Artikel wieder verwiesen wird, als handele es sich um Quellen. Es könnte allerdings auch eine selbstreferentielle Serie von Publikationen mit selbst-verstärkendem Effekt sein. Gab es einen Enzyklopädie-Eintrag, so gilt die Sache als geprüft, beglaubigt und somit gesichert.

Dem Skeptiker begegnen merkwürdige Argumente: Dass das Material so umfangreich ist, sei ein Beleg für seine Authentizität. Denn selbst für Historiker oder Kampfkünstler sei es schwierig, so detaillierte „und glaubhafte" Informationen zu fälschen.[243]

Dass die Familienchronik von der Beteiligung Li Zhongs und Li Yans (der Cousins von Chen Wangting) an der Bauernrebellion des Li Zicheng spricht, wird als starkes Indiz für deren Authentizität präsentiert. Man hätte sich ja sonst ganz unnötig einer Gefahr der Verfolgung ausgesetzt. Das sei übrigens auch ein Grund, weshalb die Chronik geheim bleiben musste und bis zuletzt bei der Ahnenverehrung keine explizite Erwähnung hatte finden dürfen. Nun ist es umgekehrt allerdings so, dass Anführer von Bauernrebellionen in der Volksrepublik postum höchstes Ansehen genießen und der Skeptiker somit einen *terminus post quem* (nach 1949) für eine mögliche Fälschung an der Hand hätte.

Die Beteuerung, dass die Erstellung einer Familienchronik überhaupt keine Falschheit und Unreinheit verträge, da es sich für Chinesen um eine „heilige Handlung" handele, wirkt rührend, ruft bei Skeptikern aber eher eine Assoziation zu Sigmund Freuds Theorie der Verneinung hervor, die eigentlich eine Art Bejahung sei.

Allein schon der Ort, an dem die Schriften 2003 gefunden wurden, soll Beweis genug sein, dass sie echt sind. Denn die ältere, schriftunkundige Dame hätte doch weder eine

---

[243] Chu et al 2023, S. 23f. Der berühmte Maler und Fälscher Zhang Daqian (1899-1983), von dem Hunderte von Fälschungen alter Meister in den Museen der Welt hängen sollen, hatte einen ganzen Stab von Zuarbeitern und eine riesige Materialsammlung von alter Seide, altem Papier und Hunderte gefälschter Siegel, mit denen seine Fälschungen signiert und gleich noch beglaubigt werden konnten; dazu ein Netzwerk von Freunden, Kollegen und Bekannten, die sich bei Authentifizierungsfragen gerne in den Zeugenstand rufen ließen. Vgl. Unverzagt 2007, S. 144-153.

Motivation noch die Befähigung gehabt, etwas zu fälschen. Das wird jeder zugestehen – auch wenn er darin nicht den Wert eines Arguments erkennen kann.

Dass das historische Material, dessen Authentizität ja gerade in Frage steht, „glaubhaft beweise", dass der Ursprung des Taijiquan 1634 im Tempel der Tausend Jahre durch die zwei Li-Brüder mit ihrem Chen-Cousin erfolgt sei, wirkt wie das Urteil einer Geschichts-Kommission, bei der Entdecker und Antragsteller, Sachverständiger und Jury in Personalunion auftreten. Alles ist belegt. Nur leider nicht mit Originalen, d. h. nicht aus der Zeit des zu Belegenden. Natürlich ist es nicht die Schuld der Li-Familie, dass die Geschichte rücksichtslos gegenüber dem Dokumentationsbedürfnis der Nachwelt über alle Dokumente hinwegtrampelt, um sie in ihrem unersättlichen Schlund verschwinden zu lassen. Aber ob der Status der Authentizität deshalb als eine Art Kompensationsleistung erworben werden kann?

Wenn der Tempel der Tausend Jahre tatsächlich schon im Jahr 67 n. Chr. gebaut wurde, damals noch mit dem Namen Wuji-Tempel, dann wäre er jetzt, wenn es ihn noch gäbe, sogar ein Tempel von zweitausend Jahren. Wenn er erst in der Tang Zeit von Abt Li Daozi gegründet wurde, wie andere vermuten, wäre er zur Zeit seiner ersten Zerstörung zu Beginn der Qing-Zeit tatsächlich ungefähr tausend Jahre alt gewesen. Damals hatten kaiserliche Beamte Rebellen in ihm vermutet und ihn durch Soldaten in Brand stecken lassen, heißt es. 1958, also bereits zur Zeit der Volksrepublik, musste dann das, was noch erhalten oder rekonstruiert war, einem Wasserbauprojekt weichen. So sind nur einzelne Fragmente erhalten, darunter die Abreibung einer Steininschrift, die im 18. Jahrhundert (zufällig im selben Jahr 1716 wie die Familienchronik) verfasst worden sein soll und von der gewaltigen Kampfkunst des Li Daozi aus dem siebten Jahrhundert berichtet; dass nämlich, wie oben wiedergegeben, das Weiche das Harte besiege und dass man das Eigene aufgeben solle, um dem anderen zu folgen.

Im Kontext der Kampfkunst kennt man diese (auf Laozi und Mengzi zurückgehenden) Prinzipien aus der „Abhandlung des Taijiquan" (Text B), als deren Autor seit der zweiten Hälfte des 19. Jahrhunderts Wang Zongyue gehandelt wurde. Nun aber sei klar, dass diese Schrift sowie die erstmalige Verwendung des Namens Taijiquan, zumindest in erhaltenen Quellen, in Wahrheit von Li Helin stamme. Die Li-Familie konnte der Öffentlichkeit sogar noch weitere Details über diese zentrale Schrift der Klassiker mitteilen: Es handele sich um die Niederschrift eines Vortrags (!), den Li Helin am 2. 2. (des Mondkalenders) 1787 in der Kampfkunstschule von Tangcun gehalten habe. Die Abschrift sei weit verbreitet worden und habe dazu beigetragen, den Namen Taijiquan bekannt zu machen. Dem Skeptiker, der all diese Details staunend liest, bleibt nur die Annahme, dass die weite Verbreitung des Namens mit einem historischen Verfallsdatum verbunden war, so dass dieser sich nicht in Schriften oder das kollektive Gedächtnis der Kampfkunstwelt einschreiben konnte.

Überdeutlich bewahrheitet sich mit der Geschichte der Li-Familie ein altes Gesetz, das man aus der Kunstgeschichte kennt: Je länger es schon keine Originale eines alten

Meisters mehr gibt, desto minutiöser ist beim Wiederauftauchen eines solchen dessen seitherige Geschichte in einem mitgelieferten Stammbaum protokolliert.

Bemerkenswert ist auch, dass die Erinnerungstafel, die der Dorfschullehrer Wang Zongyue seinem Lehrer Li Helin zum Geburtstag vermachte, anscheinend mehr als 150 Jahre lang über der Eingangstür des Hauses hing, bis sie in der Kulturrevolution verbrannt wurde; d.h. dass sie auch in einer Zeit dort prangte, in der beide, Wang Zongyue und Li Helin, längst verstorben waren und offenbar niemand in der Kampfkunstwelt den Namen Wang Zongyue kannte; ja, selbst dann noch, als in der Li-Familie längst schon niemand mehr Kampfkunst betrieb.

Etwas irritierend ist die Argumentation zu dem von Li Helins Sohn angeblich 1798 aufgezeichneten, 80-seitigen Text zu den Dreizehn Stellungen, der in der Transkription von 1914 vorliegt. Da Kampfkunst-Handbücher damals (1914) noch privat gehalten wurden, sei klar, dass der Text von der Li-Familie stamme. Nun weiß man allerdings, dass die Klassischen Schriften des Taijiquan bereits 1912 von Guan Baiyi publiziert wurden – was nicht gegen die Li-Familie, wohl aber gegen die Argumentation spricht.

Schließlich sollen nicht nur exakte Datierungen, sondern auch der fragile Erhaltungszustand der Dokumente für ihr Alter und damit ihre Echtheit einstehen. Manche der vielen und umfangreichen Texte sind nicht einmal vollständig erhalten. Böswillig-ironisch könnte man einwerfen: Als habe sich die Geschichte Zeit für Ergänzungen ausgebeten, die sie dann nachreichen könne. Doch kaum hat man den ironischen Einwand imaginiert, wird im Jahr 2019 bei der Renovierung des Hauses des Urenkels von Li Helin tatsächlich eine weitere Schrift entdeckt, die fehlende Passagen zuvor entdeckter Schriften enthält. Auch wenn es heißt, die Geschichte wiederhole sich nicht, so erinnert diese doch ein bisschen an jene, als ungefähr 500 Jahre nach Konfuzius' Tod im Mauerwerk des Anwesens seiner Nachkommen Texte in altem Schriftschnitt gefunden wurden, mit denen von da an eine Konfuzius-Interpretation (der „Alttextschule") möglich wurde, die viele Gelehrte für zeitgemäßer hielten als die bis dato vorherrschende.

Während chinesische Schreiber alter Texte vornehmlich darauf achten müssen, dass sie keine erst in den 1950er Jahren in der Volksrepublik eingeführten Kurzzeichen verwenden (was bei dem vorgelegten Material nicht der Fall ist), so gilt es bei bildlichen Darstellungen, Zeitstilkriterien zu beachten, was andere Kenntnisse voraussetzt. Betrachtet man die ungelenken Schaubildchen aus dem vorgeblichen Handbuch von Li Chunmao (1590),[244] so ist nicht das künstlerisch Unambitionierte der Zeichnungen auffällig (das gilt auch bei dem in etwa zeitgleichen Buch von Qi Jiguang oder dem späteren von Chang Naizhou), sondern dass die Person offensichtlich falsch angezogen ist und der Zeichner sich um keinen Faltenwurf bemüht hat. Das dürfte für einen Anachronismus sprechen.

Betrachten wir die Angelegenheit aus einer Meta-Perspektive: Während neuerdings im Westen wieder allerorten Statuen gleich frevelhaften Götterbildern gestürzt werden,

---

244 Chu et al 2023, S. 16. Fig. 18.

um die Spuren der Geschichte einer *damnatio memoriae* preiszugeben, baut und blendet man in China immer neue Figuren in die Geschichte ein. Nichts erscheint ein-leuchtender, als die verfälschte Geschichte nach dem Ende der Kulturrevolution einer erneuten Korrektur zu unterziehen. Unfreiwillig wird damit allerdings das während der Kulturrevolution zur Blüte gelangte Umschriftsystem der Geschichte fortgesetzt.[245]

Übrigens: Selbst wenn man die Authentizität einiger Texte der Li-Familie unter-stellen *wollte*, so gälte doch wie bei Chang Naizhou (s.u.), dass „aus einer gemeinsamen Quelle geschöpft (zu) haben, aus der gleichwohl verschiedene Stile hervorgingen", noch kein Beweis für die Existenz eines Taijiquan-Stils hervorginge. Sogar wenn der Name schon verwendet worden *wäre*, würde dies ohne lebendige Tradition keine Kontinuität zu – und damit nicht den Ursprung von – dem bedeuten, was wir heute Taijiquan nennen.

Doch unabhängig von der Frage nach seiner Authentiziät gibt es neben der Bewun-derung für die detailfreudige Menge des bereitgestellten Materials und des filigran ge-sponnenen Netzes, in dem es aufeinander verweist, noch einen weiteren Grund zur Wür-digung der *Story*. Wenn wir uns nicht in das mobilgemachte Heer von Neo-Wis-senschaftlern einreihen, sondern den Schwurbrüdern aus dem 17. Jahrhundert in ge-bührendem Abstand hinterherreiten, dann entrollt sich vor unseren Augen der Stoff, aus dem moderne Legenden sind. Es ist wie eine Geschichte für einen Ritterroman; für einen, der schon mit Blick auf seine mögliche Verfilmung geschrieben worden wäre. Diesem Blick bieten sich drei Helden zu Pferde dar, wie sie zum Taiji-Tor des Tempels reiten; wie sie vor einem weißbärtigen Abt in wallendem Gewand niederknien und um Unterweisung bitten; wie sie die Fäuste zum Schwur kreuzen; wie sie Abschied von-einander nehmen und in verschiedene Richtungen auseinandersprengen, um das Ge-heimnis dieser uralten daoistischen Kunst gemäß ihres Gelübdes für die Nachwelt zu be-wahren. Die Suche nach dem Ursprung wäre cineastisch geworden. Was weiter als wis-senswert und als relevante Information gälte, ließe sich dem Hochglanzflyer jener Tou-ristikunternehmen entnehmen, die im Gefolge der Großkinoproduktion den Standort Tangcun umgestalteten.

Zwischenfazit zu den Ursprungstheorien

Im alten China hatten Kampfkünste, so wie andere Künste auch, Überlieferungslinien. Diese mussten einen Ursprung haben, und zwar in einer fernen Vergangenheit. Das ent-sprach einem uralten Kulturmuster; einem Muster übrigens, das sich in alten Kulturen überall auf der Welt wiederfindet. Auch in der Ilias, der Bibel oder in der Edda nannten Kämpfer, wenn sie aufeinander trafen, um sich zu messen, zuvor ihre Namen. Im Chi-nesischen ist das Zeichen für den Namen 名 *ming*, was in alter Zeit ebenso Ruhm, in späterer auch Amt, bedeuten konnte. Der Name aber war nichts, wenn er sich nicht über eine Ahnenreihe, die genannt werden konnte und musste, auf einen Ursprung zurück-

---

[245] Zur permanent fließenden, ständig von neuesten „Erkenntnissen" übermalten Bildwelt in der maoistischen Ära vgl. Unverzagt 2012, S. 218-231.

führen ließ. Der Einzelne bezog seine Identität aus seiner Genealogie. Der Ursprung musste durch eine rechtmäßige Überlieferungslinie bezeugt sein. Der berühmte Maler Wang Yuanqi (1642-1715) brachte dies einmal auf die Formel: „Wenn man seine Ursprünge nicht kennt – was unterscheidet einen dann von Hausierern und Hirtenjungen?"[246] Inwieweit die Genealogien mit späteren Methoden der kritischen Geschichtsforschung überprüfbar gewesen wären, interessierte niemanden. Auch heute beschäftigen sich Historiker nicht mit der Frage, ob Achilles tatsächlich von der Meernymphe Thetis, Perseus tatsächlich von Zeus oder die Herakliden tatsächlich von einem Halbgott und damit letztlich ebenfalls von Zeus abstammten. Warum? Weil diese Abstammungsregister für uns zur mythischen, nicht zur historischen Welt gehören.

Vielleicht lassen sich vier Arten der Ursprungskonstruktion unterscheiden: eine mythische, eine legendäre, eine historische und eine hyperhistorische. Im Taijiquan tauchten sie in Phasen auf, die sich nicht einfach ablösten, sondern teils wie Rohre eines Teleskops ineinander schoben, teils aber auch wie gegeneinander schiebende Eisschollen verhielten. Die Welt der Kampfkunst im alten China gehörte schon nicht mehr zur mythischen Welt, aber diese ragte in gewisser Weise noch in sie hinein. Sie gehörte zur Ordnung des Legendären. Nicht jeder glaubte alles, aber keiner stellte historisch-kritische Nachforschungen an.[247] Das änderte sich nach dem Ende des Kaiserreichs. Mit der Republik hielt die Moderne Einzug in der Betrachtung alter Bestände. Es war eine Zeit nicht nur des hoffnungsvollen Aufbruchs, sondern auch des Fraglich-werdens von bisherigen Selbstverständlichkeiten, des Zweifels und der Verunsicherung über den kulturellen Boden, auf dem man stand. Das sollte bald auch für die in der Öffentlichkeit neu aufgetauchte, scheinbar aber uralte Kampfkunst Taijiquan gelten.

Das Ursprungsnarrativ, mit dem der Yang-Stil an die Öffentlichkeit getreten war, gehörte noch ganz und gar der Ordnung des Legendären an. Das mag hier und da bei Jüngeren ein Stirnrunzeln hervorgerufen haben, doch es stellte mit der Behauptung einer legitimen Überlieferung zugleich auch einen Anker der chinesischen Erneuerungsbewegung in einer alten Tradition dar. Das mag dazu beigetragen haben, dass das Narrativ in weiten Kreisen bereitwillig angenommen wurde.

Mit dem Auftauchen des Chen-Stils in der Öffentlichkeit veränderte sich die Situation. Zunächst gab es vielleicht nur ein weiteres Ursprungsnarrativ. Das selbst war noch nicht neu, Stile hatten immer ihre eigene Ursprungserzählung gehabt. Doch nun wurden sie in den Rahmen historischer Wahrheitsfindung gestellt. Die Kampfkunsthistoriker wurden zu einer Prüfungsinstanz, die sich der modernen Methodik des Quellenstudiums bedienten. Die Beantwortung der Ursprungsfrage stand vor einem Paradigmenwechsel. Statt eines legendären Ursprungsahnen wurde nun ein historisch verbürgter gesucht. Die Quellenlage blieb dünn. Die Gelehrtenschicht, die in China seit über zweitausend Jahren

---

[246] Vgl. Unverzagt 2007, S. 132.

[247] Wir klammern hier die Werk-Kunst aus, in der es tatsächlich schon sehr früh eine Geschichte der Kennerschaft, der Expertisen und der Wahrheitsfindung gab, weil es darum ging, Authentisches von Fälschungen unterscheiden zu können. Vgl. Unverzagt 2007, S. 45-61.

das Geschehen mitschrieb, hatte die hauptsächlich mündlich und in direkter Unterweisung überlieferten Kampfkünste vernachlässigt. Lokalchroniken bezeugten fast nichts, Familienchroniken nur wenig. Sofern sie alt und authentisch waren, waren sie nicht auf die späteren Fragen von Historikern vorbereitet. Deren Beweisführung fiel es leichter, unplausible Konstruktionen wie die Zhang-Sanfeng-These zu verwerfen, als neue Gewissheiten zu etablieren. So blieb es hinsichtlich der Argumentation für einen Ursprung des Taijiquan in Chenjiagou letztlich bei Plausibilitäten, die den einen einleuchteten, wenn ein Interesse hinzukam; den anderen, wenn ein Interesse dem entgegenstand, aber nicht. Das neue Paradigma der historischen Verifizierung geriet in die Gefahr und den Verdacht, neue Fiktionen abzusegnen. Es bildeten sich Lager – die immerhin in der Lage waren, dort, wo es nicht um Rechtsfragen des Ursprungs ging, einen Burgfrieden zu halten.

Dort aber, wo sich zwischen dem Unplausiblen und dem nur Plausiblen offene Stellen und Fragezeichen aufgetan hatten, meldeten sich Anwärter, die die Lücken zu schließen versprachen. Die Teilhabe an Ruhm und Erfolg des Taijiquan geschah dabei kluger Weise nicht durch eine weitere Proklamation eines ganz anderen Ursprungs, sondern durch die Behauptung einer Art Affiliation. Man beließ die Eckdaten sowie die bekannten Namen und blendete sich – wie im Beispiel der aus Zhaobao vorgelegten Genealogien – an fraglich gewordenen Knotenpunkten der zwei großen Narrative mit neuem Material ein. So ließ sich eine Linie vom Hauptstrom zum eigenen Standort umleiten. Das geschah schon im doppelten Wissen darum, dass dieses Einblenden in die etablierte Debatte einerseits einer kritischen Prüfung unterzogen würde; dass diese andererseits aber auch an Grenzen der Wahrheitsfindung stoßen würde, wo die Macht der Behauptung ihr Recht beanspruchen konnte.

In der 1949 gegründeten Volksrepublik wurde der Spielraum der Selbstreflexion und Selbstdarstellung auch für das Taijiquan zunächst allmählich enger. Dieses erwies sich gleichwohl als hinreichend wandlungsfähig, um durch die Übersetzung des bereits etablierten Lebenspflege-Motivs in den nun staatlich propagierten Gesundheitsutilitarismus zu überleben. Was die Ursprungsfrage anging, kam es allerdings zu einer Dogmatisierung, in der das legendäre Narrativ zurückgedrängt und das historisierende, ergänzt nun um die dort eher einbaufähige produktive Rolle der arbeitenden Landbevölkerung, favorisiert wurde.

Nach der Kulturrevolution setzte mit einem Vorlauf vorsichtigen Abwartens eine vierte Phase der Geschichtsbetrachtung ein, in der nicht nur die mythische und die legendäre, sondern auch die historisch-kritische Ordnung der Zeit ihre Verankerung im kulturellen Selbstverständnis verloren und zum Treibgut in deren Diskursen wurden. Die politische, vor allem aber auch die ökonomische Liberalisierung veränderte erneut die Vorzeichen für das Taijiquan, sowohl praktisch als auch theoretisch. Neben dem weiterhin wirksamen Gesundheitsutilitarismus, der aber immer seltener ganze Betriebe oder Straßenzüge im Gleichschritt antreten ließ, erhielt Taijiquan Zulauf in Schulen und Erziehungseinrichtungen durch Förderung seiner Versportung und seiner Ästhetisierung.

Seine Geschichte und mit ihr die Ursprungsfrage konnten in die Bahnen einer post-kriti-schen Geschichtswissenschaft und einer neo-religiösen Vermarktung geleitet werden. Neben einer seriösen und quellenkritischen Forschung entstanden Dokumentationen, die sich dem Verdacht der Auftragsarbeiten aussetzten, und phantastische Erzählungen neo-religiösen Zuschnitts, die im offiziell immer noch kommunistischen China nicht ungern gesehen wurden, sofern sie das nationale Pathos des „Urchinesischen" bedienten. Durch akribische Überdokumentation wie auch den Appell an eine lange verschüttete Glau-benskraft ans Uralte rückte das „Wie-es-wirklich-war" immer näher und ferner zugleich. Es musste der neu oder wieder entdeckten *Chineseness* entsprechen.

Wenn wir einen Schritt zurücktreten, sehen wir, dass das Einsickern sowohl neuer Legenden als auch interessierter Fälschungen in den Geschichtsraum möglich – und daher fast schon zwangsläufig – wurde durch das in diesem bis heute stillschweigend vorausgesetzte und herrschende Dispositiv des Ursprungs. Dieses besagt, dass das, was ist, sich auf den (möglichst alten) Anfang einer Überlieferungslinie zurückführen lassen muss. Dorthin aber scheinen nur Stränge zu führen, deren Länge einzig durch das Ver-weben von Fakten und Fiktion erlangt wird.

Aporien des Ursprungs

Taijiquan ist ohne Lehrer und somit ohne Überlieferung gar nicht denkbar. Und doch führen die Überlieferungslinien mit ihren Ursprungskonstruktionen in historische Sack-gassen. Wir scheinen in einer Aporie, einer Ausweglosigkeit, gelandet zu sein.

Abstammung und Nullpunkt

Eine alte narrative Gewohnheit lässt uns eine Geschichte gerne von ihrem Anfang an er-zählen. Alles, was in der Zeit geschieht, muss irgendwann und irgendwo begonnen haben; so denken wir. Der Ursprung wird als eine Art Nullpunkt gedacht, von dem aus die Überlieferung beginnt. Dass es ihn geben muss, ist ein Postulat, nämlich das der Ab-stammung. Es folgt einem uralten, ubiquitären Muster, sinnfällig bei der Ahnenver-ehrung. Es ist bei jeder dynastischen Legitimation von Macht wirksam, aber auch in der Religion und der Kunst. Doch bei Geschichten aus der Geschichte verlieren sich die Enden der Fäden, die wir gegenwärtig in der Hand halten, irgendwann in den Ungewiss-heiten der Vorzeit. Was gibt uns Gewissheit, den richtigen Punkt als Anfang veran-schlagt zu haben? Gibt es einen Ursprungsahn, der selbst keine Ahnen hatte? Wie kam es zum Ursprung einer Überlieferungslinie? Entstand er nach und nach durch die Akku-mulation von immer mehr Bedingungen, die irgendwann zwangsläufig zu ihm führten? Wäre er dann nicht statt eines wirklichen Anfangspunktes auch nur eine Station in einer Reihe? Oder entsteht mit ihm plötzlich etwas ganz anderes? Doch wo kommt dieses her? Es wiederholt sich die Frage, die im Chan-Buddhismus bezüglich der Erleuchtung aufgetaucht war: Gibt es eine schrittweise und graduelle Annäherung an sie oder kann sie nur plötzlich und vollständig geschehen?

Plötzliche Einsicht und allmähliche Aneignung

Sowohl das Erscheinen des Kriegsgottes in Zhang Sanfengs Traum als auch die Beobachtung des Tierkampfes stehen für eine plötzliche Einsicht – allerdings in etwas, was immer schon galt und gilt. Beide Ursprungslegenden symbolisieren das Eintreten von etwas, was sich nicht zwangsläufig aus dem Kontinuum ergibt, obwohl es in ihm schon verborgen gewesen sein muss. Doch davor und danach bedarf es eines kontinuierlichen Bemühens mit schrittweiser Aneignung. In den Klassischen Schriften des Taijiquan heißt es: „Vom Verstehen der Kraft gelangt man stufenweise zu geistiger Klarheit. Aber ohne lange Zeit alle Kraft und Mühe darauf verwendet zu haben, kann einem nicht plötzlich ein Licht aufgehen." [B14-16]

Die Nachfolge

Am Ursprung steht ein Meister, der eine Einsicht hat. Doch er wird nur am Ursprung gestanden haben, wenn eine Überlieferungslinie entsteht. Die Einsicht muss in eine neue Art des Übens umgesetzt werden können. Kann so die Kunst des Meisters weitergegeben werden? Zhuangzi lässt seinen Wagenmacher – einen seiner Meister aus der Welt des Handwerks – sagen, dass in seiner Kunst ein Kniff sei, den er noch nicht einmal seinem Sohn vermitteln könne; um wie viel weniger hätten da die Weisen des Altertums ihr Wissen weitergeben können![248] Ein Meister kann den Schüler bestenfalls an die Schwelle führen, die dieser dann selbst überschreiten muss. Aber will oder darf er selbst das in jedem Fall? In der Welt der Kampfkunst gilt, dass nur ein Würdiger die Nachfolge antreten darf. Wer dem Ethos der Kampfkunst nicht gerecht wird, darf nicht in die Geheimnisse eingeweiht bzw. bis zur Schwelle geführt werden. Doch derjenige, der die charakterlichen Voraussetzungen mitbringt, ist vielleicht nicht der gelehrigste. Bei einem Familienstil liegen die Dinge zunächst vielleicht etwas anders. Die unbedingte Loyalität gegenüber dem Klan und seinen Gesetzen konnte im alten China vorausgesetzt werden, bei zumindest fast allen Charakteren. Doch was macht ein Meister wie Chen Changxing, wenn nur ein Klanfremder wie Yang Luchan die Begabung und den Einsatz mitbringt, die Kunst auf höchstem Niveau zu erlernen?

Abschottung und Ausbreitung

Überlieferung oszilliert zwischen Abschottung und Ausbreitung. Immer gab es Geheimhaltung. Dem Klan ging es um sich. Dem Meister aber geht es auch um die Kunst als solche. Da es um eine Kunst geht, die über Leben und Tod entscheiden kann, war die Angst, dass sie in falsche Hände geraten könnte, nicht nur Ausdruck von Eigensinn, sondern auch von Verantwortung. Mitunter mag allerdings jede andere Hand als falsche erschienen sein. Davon handelt die Geschichte, in der Wang Zhengnan Meister Dan Sinans hinter verschlossenen Türen praktizierte Kunst ausspähen musste, bevor er als le-

---

248 *Zhuangzi* II.13 (*tian dao*).9 (Zählung nach R. Wilhelm: II.XIII.10).

gitimer Nachfolger in sie eingeweiht wurde.[249] Es ist ein Topos, ein präfiguriertes Muster, das in der Geschichte von Yang Luchan wiederkehrt. Wenn das Geheimnis einmal ausgespäht ist, ist die einzige Möglichkeit, es doch noch in der Linie zu halten, den Fremden in sie zu integrieren. Durch Initiation kann auch ein Familienfremder aufgenommen werden. Da es nur ein extrem begabter und zugleich opferbereiter Kampfkünstler schaffen wird, ein Geheimnis auszuspähen, kann seine Integration in die Linie nur unter der Bedingung geschehen, dass sein weiterer Wissensdurst gestillt wird. Doch wohin führt sein weiterer Lebensweg? Das Eindringen Fremder, die das Geheimnis einer Überlieferung ausspähen wollen, stellt eine Bedrohung der Linie dar, bisweilen aber auch die Rettung der Kunst.

Fallstricke des Schicksals

Auf dem Weg der Überlieferung lauern neben der zufälligen Verteilung von Begabung und Charakter noch weitere Fallstricke des Schicksals. Wenn ein Schüler angenommen wurde, der alle Voraussetzungen erfüllte, starb der Meister vielleicht, bevor jener auch nur den halben Weg zurückgelegt hatte. Wenn aber die Umstände dem Meister und seiner Kunst günstig waren und er einen würdigen Nachfolger gefunden hatte, stand dieser wieder vor denselben Klippen der Zeit. Wang Zhengnan erlangte schließlich die Überlieferung von Dan Sinan – doch nach ihm starb sie aus; so wie es vielen Künsten nach dem Tod ihres Meisters erging. Verluste waren und sind in der Welt der Kampfkunst häufiger als eine gelingende Weitergabe. Im Laufe der Geschichte sind in China Hunderte, wenn nicht Tausende von Stilen aufgeblüht und wieder abgestorben.

Rekonstruktionen und Neubildungen

Doch es gab und gibt auch Rekonstruktionen und Neubildungen. Oft ist das eine kaum vom anderen zu unterscheiden. Manches benennt sich nur nach einem einst oder immer noch glanzvollen Namen, ist aber nur noch ein matter Abglanz auf faden Formen und leeren Hülsen; oder aber in Wirklichkeit ein neuer Wein in altem Schlauch. So wie jener, dem es gelingt, die Schwelle zu überschreiten, kein bloßer Kopist sein kann, so wird auch derjenige, der verlorenem Wissen hinterherspürt, um etwas zu rekonstruieren, ein Meister mit genuinen Einsichten sein müssen, wenn daraus wieder eine lebensfähige Tradition und nicht nur ein museales Machwerk für die Augen Neugieriger werden soll. Ebenso ungezählt wie die toten Enden von Überlieferungen sind die Entwicklungen, die aufgrund von Überlieferungslücken, von Rekonstruktionen oder von unvermuteten Begegnungen zu einem ganz anderen Verständnis und zu einer anderen Ausprägung führen, als man es in vorangegangenen Generationen noch hatte. Je länger die Linie wird, je weiter man vom Ursprung entfernt ist, desto mehr wird die Identität mit dem postulierten Anfang zur Fiktion.

---

[249] In Huang Zongxis „Epitaph für Wang Zhengnan", s. Anhang 3.

Identität und Wandel

Am Anfang steht jede Kampfkunst vor der Aufgabe, die Kunst eines Meisters zu konservieren. Konservieren aber heißt, in einer *lebendigen* Tradition weitergeben. Wie lange
bleibt sie lebendig? Letztlich nur so lange, wie jede Generation sich der Aufgabe ge-
wachsen zeigt, das vorhandene Material, den Formenbestand und die Lehre, durch ein
eigenes Verständnis zu synthetisieren. Wie weit sich die Linie der Überlieferung aus-
ziehen lassen wird, lässt sich nicht vorhersagen; nicht nur wegen des stets möglichen ab-
rupten Endes; sondern auch, weil sie von allem Anfang an in einer Spannung zwischen
Identität und Wandel steht. Die korrekte Überlieferung (*zhengchuan*), mit der die Ursprungstreue gewahrt werden soll, muss sich in mehrfacher Hinsicht dem Wandel
stellen:

- Zum Meisterschüler berufen ist nur einer, der die übermittelte Kunst durch seine Be-
gabung, Vorgeschichte und Persönlichkeit prägen wird.
- Die Kunst wird sich im Lauf der Zeit mit anderen Künsten vergleichen oder gar im
Duell messen müssen. Vielleicht kommt es zur Begegnung mit der überlegenen
Meisterschaft eines Anderen. Eine solche Begegnung wird eine Wirkung haben, die
man nicht ignorieren kann, selbst wenn man die Geschichte umerzählt, um sie dem
bisherigen Narrativ anzupassen. Das verschiedentliche Auftauchen des Namens von
Jiang Fa zeugt von solchen Umerzählungen – während Wang Zongyue, von dem
noch genauer zu reden sein wird, den blinden Fleck der Herkunft kennzeichnet, das
Missing link in einer Überlieferung.
- Die Kunst wird sich den Zeitumständen anpassen müssen. Neue Waffen, neue Gesetze und eine neue Rolle der Kampfkünste in der Gesellschaft führen zu Veränderungen in der Außendarstellung, im Selbstbild und in der Übungsweise. Das Auftreten Yang Luchans am Hof in Beijing, die Einschreibung von Taijiquan in die patriotische Erneuerungsbewegung der Nation und in die neuen Öffentlichkeits-
strukturen der Republik, die Unterwerfung unter einen wissenschaftlichen Gesundheitsutilitarismus in der frühen Volksrepublik, schließlich die Versportlichung, die
Ästhetisierung und die neoreligiöse Aufladung mit urchinesischen Identitätsattributen
in der nachmaoistischen Ära haben die Überlieferung der Kampfkunst ebenso wenig
unberührt gelassen wie die Einbindung in einen bewaffneten Freiheitskampf, das innere Exil in einer zivilen Welt der Verbote oder die Aufladung mit Ressentiments gegenüber einer fremden Macht in der Qing-Zeit.

Das Wesen einer Kampfkunst erhält sich nur im Widerstreit von Identität und Wandel.
Dieser Widerstreit wirkt sowohl in den zentrifugalen Kräften, durch die sich die Linie
ausbreiten will, als auch in den zentripetalen Kräften, die an der Idee der reinen Linie
festhalten.

Wahrnehmungen und Wirkungen des Wandels

Jeder Wandel geht mit unterschiedlichen Sichtweisen auf ihn einher. Innerhalb einer
Linie gibt es eine Schwerkraft hin zu seiner Nichtwahrnehmung. Es gilt die regulative

Idee der Reinheit des Ursprungs. Was abweicht, heißt es, können nur Fehler sein (oder bestenfalls in anderen Schulen gültige Prinzipien), die bei der Unterweisung korrigiert werden. Gab es aber doch eine Änderung, so ist sie in der nächsten, spätestens in der übernächsten Generation vergessen und wird auf Befragen geleugnet, wenn sie nicht dokumentiert wurde. Dann heißt es, alles war schon immer so. Vielleicht wurde eine Neuerung in der Heldengeschichte eines Meisters versteckt, von dem nun andere Anekdoten als von früheren Meistern erzählt werden; vielleicht nicht, dass er Steine zertrümmern, sondern dass ihn niemand fassen konnte.

Jeder, der eine Kampfkunst praktiziert und verschiedene Schüler eines Meisters, die selbst zu Meistern wurden, kennengelernt hat, weiß, dass es schon in der zweiten Generation keine identischen Ausführungen der Kunst gibt. Das hat eine Reihe von Gründen. Wann lernten die Schüler vom Meister, in welcher Entwicklungsphase war er, als er sie unterrichtete; in welcher waren sie? Was für eine Vorgeschichte in der Kampfkunst hatten sie, was für eine Persönlichkeit? Was waren ihre körperlichen Voraussetzungen, sowohl konstitutionell als auch altersbedingt?

In Familienstilen gibt es zumeist einen Linienhalter, in anderen Stilen nicht unbedingt. Nach dem Ableben eines Meisters brechen Rivalitäten und Richtungskämpfe auf. Die Linie spaltet sich in parallele Verläufe auf. Das Ergebnis können veränderte Arten der Ausführung oder gar neue Formen sein. Es kommt zum Schisma, parallel gibt es eine alte und eine neue Art der Ausführung unter demselben Namen. Oder es gibt eine Abspaltung mit neuem Namen.

Wenn es zur Abspaltung kommt, behauptet man in deren Innerem, dass es sich um Bewahrung oder aber um eine Vertiefung handele, während sie von den anderen als Verwässerung bezeichnet wird. Unbeteiligte mögen sie als Überschreitung sehen. Veränderung ist nicht immer nur eines von beidem: Verwässerung oder Vertiefung. Meisterschaft bedeutet immer Überschreitung. Diese mag immer auch Vertiefung sein, aber nur eines Aspektes, der in der Persönlichkeit des Meisters gründet. Von diesem Aspekt aus gruppiert sich alles neu, weil Meisterschaft Verbundenheit und Kohärenz des Ganzen bedeutet.

Historiker in Terra incognita

Die Ursprungsnarrative begannen und beginnen beim Anfang, von dem sie ein zuverlässiges Wissen durch ihre Überlieferungslinie zu haben glauben, um sich von dieser Quelle den Flusslauf ihrer Linie hinunter tragen zu lassen. Der Historiker hingegen rudert den Fluss aufwärts, prüft Dokumente und scheidet so das Belegte vom Unbelegten, um sich der Demarkationslinie von Fakten und Fiktion zu nähern. Er lässt sich an Stromschnellen oder Untiefen zu Umwegen zwingen, auf denen bisher unbekannte Pfade auftauchen. Irgendwann merkt er vielleicht, dass er in ein Land unbekannter Topographie gelangt ist. Er entdeckt, dass das von Nebeln bedeckte Wasser sich in unvermutete Seitenarme und Zuflüsse verzweigt hat, in deren unübersichtlichem, labyrinthisch anmutendem Netz sich der Strom längst aufgelöst hat. Beim Kartographieren dieser *Terra incognita* wäre das Einzeichnen einer Ursprungsquelle des Stroms, dem er gefolgt war, ein fiktiver Ort.

Skepsis und Zeitpfeil

Wenn wir auf der Suche nach dem Ursprung des Taijiquan an irgendeinem Punkt anhalten, den Zeitpfeil hypothetisch umkehren und ihn in unsere Gegenwart verlaufen lassen, erscheint es uns mehr als zweifelhaft, dass sich das, was damals war, als das, was heute ist, erhalten hat. Schon die kurze Zeitspanne, die wir überblicken können, spricht dagegen. Um wie viel unwahrscheinlicher ist ein Erhalt über Jahrhunderte hinweg! Sicher, hinter den Mauern eines ländlichen Anwesens in einem abgelegenen Dorf oder denen eines Klosters in der Weite des alten China mag die Zeit anders verlaufen sein als in der Hauptstadt oder den modernen Großstädten der Republik. Aber die Welt der Kampfkunst mit ihrem unerbittlichen Gesetz des Austauschs hatte auch sie immer einbezogen.

Kette und Flüsterpost

Was sollte die Glieder der Überlieferungskette zusammengehalten oder überhaupt erst zu einer Kette verbunden haben? Die Blutsbande eines Klans? Niemand würde leugnen, dass Lernen und Meistern hinzutreten müssen. Die Formen? Sicherlich, doch sie müssen nicht nur gelernt, sondern auch so gemeistert werden, dass sie mit der dem Stil eigenen Kraft aufgeladen werden. Ein Liniengeheimnis? Zweifelsohne; aber wie wird es überliefert und wie wissen wir, ob das Geheimnis von heute identisch mit dem vom Ursprung ist und sich nicht wie bei einer Flüsterpost gewandelt hat? Oder verbürgt allein der Name der Kunst, der all diesen Wandel umgreift, deren Identität?

Wang Zongyue

Unsere Zweifel an den gängigen Ursprungsnarrativen haben sich zu einem grundlegenderen Zweifel an solchen Ursprungskonstruktionen überhaupt ausgeweitet. Doch wohin soll solcher Skeptizismus führen? Wenn nicht mehr alle in der Kampfkunst relevanten Namen, Begebenheiten oder Angelegenheiten auf einer Überlieferungslinie eingetragen werden sollen – was für ein anderes Verfahren ließe sich dann denken?

Wir hatten schon mehrfach von Puzzlesteinen gesprochen, die es aneinanderzulegen gälte, bis ein plausibles Bild entsteht. Einer dieser Puzzlesteine ist Wang Zongyue. Tatsächlich hat der Name Wang Zongyue im Verlauf unserer Untersuchung bereits mehrfach und in verschiedener Bedeutung unseren Weg gekreuzt:

- als Autor der Klassischen Schriften bzw. ihres zentralen Textes
- als Linienhalter eines auf Zhang Sanfeng zurückgehenden Taijiquan
- als Lehrer von Jiang Fa, sogar mit Lebensdaten
- als Gerücht in Chenjiagou
- als Vater der „älteren Tochter", die sein Taijiquan in Zhaobao unterrichtete
- als Geschäftsmann aus Xi'an

• als Dorfschullehrer und Kampfkunstschüler von Li Helin im Dorf Tangcun.

Damit Wang Zongyues Repertoire an historischen Rollen und Gewändern so breit gefächert werden konnte, musste er in unterschiedlichen Jahrhunderten und – was in den folgenden Abschnitten zur Sprache kommt – in wechselnden Herkunftsprovinzen verortet werden.

Autor und Linienhalter

Überreiches Wissen gründet meist in Unwissen. Doch dieses bringt jenes nur hervor, wenn es eine Bedeutung hat, die nach Formulierung verlangt. Bei allen Unklarheiten im Einzelnen stand der Name Wang Zongyue seit seinem Auftauchen vor allem für zweierlei: für den Autor der wichtigsten Schrift des Taijiquan und für einen Linienhalter bei dessen Überlieferung. Die Frage, wer sich hinter diesen zwei Rollen verbarg, tauchte wohl zuerst in Yongnian auf. Dort lag der Text ab 1852/53 vor, dort wurde er ausgelegt und schließlich ediert. Wer hatte den Namen über den Text geschrieben und wann war das geschehen? Wie konnte der Autor eines solchen Textes ein Unbekannter sein? War der Text tatsächlich in einem Salzladen in Wuyang gefunden worden? Wie war er dorthin gelangt? In welcher Überlieferung stand dieser Wang Zongyue?

Die älteste erhaltene Quelle zu Wang Zongyue ist wiederum Li Yiyus „Kurzes Vorwort" (1881), dessen unterschiedliche Versionen zum Ursprung des Taijiquan (einmal Zhang Sanfeng, einmal unbekannt) wir bereits erörtert hatten. Wenn wir den problematischen ersten Satz weglassen, lesen wir dort:

> Wang Zongyue hat diese tiefsinnige und wundersame Kunst detailliert und vollendet beschrieben. Später gelangte die Überlieferung nach Chenjiaogou in Henan. [...] Ein gewisser Yang aus unserem Kreis Nanguan ging aus leidenschaftlicher Wissbegier dorthin, um es zu lernen.[250]

Die Formulierung „detailliert und vollendet beschrieben" meint den Text. (Unklar ist nach wie vor, ob sie sich nur auf die „Abhandlung des Taijiquan" [Text B] bezog oder auf das ganze Textkonvolut, das in der der Wu-Hao-Linie als „Handbuch des Taijiquan" weitergegeben wurde.) Zugleich wird mit ihr der Person des Autors Respekt und Bewunderung gezollt. Doch wer da geehrt wurde, blieb dunkel, ein Linienahn oder ein Geistverwandter anderer Abstammung? Die Meister, die in der zweiten Hälfte des 19. Jahrhunderts an der Edition der Klassischen Schriften des Taijiquan beteiligt waren, brachten die größte Ehrfurcht einem Mann entgegen, von dem keiner wusste, wer er war. Nicht einmal eine Anekdote zu seinen praktischen Fähigkeiten war überliefert. Un-

---

[250] Li Yiyu, „Kurzes Vorwort"; vollständiger Text s. Anhang 5. Wu Chengqing hat (sofern er tatsächlich der Autor ist) im „Nachwort" zu seinem Kommentar der „Abhandlung des Taijiquan" [Text B] eine ganz ähnliche Formulierung zum Lob von Wang Zongyues Text gebraucht (in: Wile 1996, S. 129, engl. S. 45). Sie ist identisch mit der von Chen Weiming in seinem 1919 verfassten Vorwort zu Sun Lutangs *Taijiquan xue:* „Die Lehre des Taijiquan findet sich in der Abhandlung des Wang Zongyue in vollendeter Form (精 *jing*)."

denkbar aber schien, dass er nicht selbst ein Meister der Kampfkunst gewesen war. Gesichertes Wissen gab es nur bezüglich der jüngeren Geschichte, die den „gewissen" Yang (Luchan) nach Chenjiagou und Wu Yuxiang später nach Zhaobao geführt hatte.

Die Gelehrten der Wu-Hao-Linie blieben zurückhaltend bezüglich der Person von Wang Zongyue. Das unterschied sie von den Autoren des Yang-Stils, die in ihren Publikationen der Republikzeit mit genaueren Kenntnissen nicht geizten. Ihnen war Wang Zongyue Klassiker-Autor und Verbindungsglied zum Ursprung des Taijiquan, der mit Zhang Sanfeng außerhalb Chenjiagous (und weit vor Chen Wangting) liegen sollte. Die Autoren warteten mit immer mehr Details zu seiner Person auf – die sich allerdings bald schon widersprachen.

1912 erklärte Guan Baiyi bei der ersten Publikation der Klassischen Schriften des Taijiquan, dass es sich bei Wang Zongyue um einen Linienhalter der sogenannten Inneren Schule der Kampfkunst aus Huang Zongxis Epitaph aus dem Jahre 1669 handele. Dort hieß es, nach Zhang Sanfeng habe ein Wang Zong die Unterweisung erhalten.[251] Ein Zeitpunkt wird nicht genannt. Dieser Wang Zong habe die Kunst an einen Chen Zhoutong in Wenzhou weitergegeben habe. Aus Wang Zong wurde nun kurzerhand Wang Zongyue und aus Wenzhou in der Provinz Zhejiang wurde der rund 1000 km entfernte Kreis Wenxian (in dem Chenjiagou liegt) in der Provinz Henan.

Auch Xu Yusheng (1921) stellte Taijiquan in die Tradition der Inneren Schule, nahm aber stillschweigend die Gleichsetzung von Wang Zongyue mit dem Wang Zong aus dem Epitaph zurück. Er wollte wissen, dass Wang Zongyue zu Beginn der Yuan-Dynastie in Xi'an gelebt und alle fünf Klassischen Schriften (des Yang-Stil-Korpus) verfasst hatte; des Weiteren, dass er zu seiner Zeit weit und breit bekannt gewesen sei. (Historische Quellen dafür gibt es keine.) Wang Zongyue habe die Kunst an Jiang Fa weitergegeben, der sie nach Chenjiagou, genauer: zu Chen Changxing, gebracht habe. Drei Namen überbrückten einen Zeitraum von 600 Jahren. Zumindest publizistisch war das zugleich die erste Verbindung von Wang Zongyue und Jiang Fa.

Chen Weiming postulierte 1925 ebenfalls eine Überlieferungslinie der Inneren Schule von Zhang Sanfeng über Wang Zongyue bis zur Yang-Familie. Auch er unterschied Wang Zong von Wang Zongyue, den er allerdings als Erben der Kampfkunst von Wang Zhengnan (dem Huang Zongxis Epitaph gewidmet war) in die Qing-Dynastie versetzte. Später hätten sowohl Chen Changxing als auch Jiang Fa die Überlieferung erhalten, wobei er das Verhältnis zwischen den beiden offen ließ. 1929 mutmaßte Chen Weiming, Wang Zongyue könnte die früher einzeln geübten Figuren und Bewegungen des Taijiquan zu einer kontinuierlich fließenden Form verbunden haben, wodurch sich die Überlieferung überhaupt nur habe erhalten können.[252]

Kurzum, der Versuch, Wang Zongyue geschichtlich zu verorten, führte weniger zur Klärung als mehr dazu, dass seine Existenz in einem bunten Spektrum nicht belegbarer Konstruktionen zu schillern begann. Kaum eine mögliche Version wurde ausgelassen,

---

251 Siehe Anhang 3; vgl. auch „Ist Taijiquan eine Innere Kampfkunst?" in diesem Band.
252 Chen Weiming 1929/2002, S. 3; Lo & Smith 1985, S. 15; online bei Brennan 2012c.

wobei die Quellen der verschiedenen Versionen im Dunkeln blieben. Seine Heimatprovinz schwankt in den meist knappen Mitteilungen zwischen den zwei ähnlich klingenden, benachbarten Provinzen Shanxi und Shaanxi, deren Schriftzeichen gleichwohl unverwechselbar sind (山西 [auch: 山右] und 陝西). Für seine Lebenszeit findet man Datierungen, die rund 500 Jahre auseinander liegen, angefangen von der Ära Kublai Khan (1271-1294) in der Yuan-Dynastie über das 15. und 17. Jahrhundert (Ming-Zeit) bis zur Qing-Dynastie.[253]

Anfang der 1930er Jahre glaubte Tang Hao schließlich des Rätsels Lösung in Händen zu halten. Ihm war bei seinen Recherchen an einem Bücherstand in Beijing ein scheinbar sensationeller Fund gelungen. Er war auf ein zunächst unscheinbares Bändchen gestoßen, das drei sehr unterschiedliche Schriften enthielt: erstens zu einem sogenannten *yinfu*-Speer[254]; zweitens zu einem „Frühlings- und Herbst-Säbel" (*chunqiu dao*), der auch in Chenjiagou praktiziert wurde; und drittens ein „Taijiquan Handbuch" (*Taijiquan pu*), das die fünf Klassiker-Texte der Yang-Stil-Überlieferung enthielt. Das Bändchen wurde durch ein auf 1795 datiertes Vorwort (*Yinfu qiangpu xu*, „Vorwort zum Handbuch des Yinfu-Speers") eingeleitet. Der Verfasser dieses Vorworts blieb entgegen den Gepflogenheiten der Zeit anonym, so dass der Ursprung des kleinen Sammelbändchens nicht zurückverfolgt werden konnte. Gleichwohl schien es Tang Hao so, als enthalte das Vorwort die Lösung des Rätsels um Wang Zongyue; denn es sprach von einem „Meister Wang aus Shanxi", der 1791 in Luoyang, später in Kaifeng (beide in der Provinz Henan), gewesen sein und dort als Lehrer gearbeitet haben sollte. Tatsächlich liegt Chenjiagou (so wie entsprechend auch Zhaobao und Tangzong) in der Nähe dieser zwei geschichtsträchtigen Orte. Obwohl nur der Familienname, zudem der häufigste in China, angegeben war, hielt Tang Hao diesen Meister aus Shanxi für den gesuchten Wang Zongyue. Später kamen ihm Zweifel an der Echtheit des Bücherstandklassikers.[255]

---

[253] Im „Handbuch des Taijiquan" von 1881 (den „Wu-Li-Klassikern") steht in der Überschrift „Die Abhandlung des Taijiquan von Wang Zongyue aus Shanxi" (dort geschrieben als: 山右); so auch im Manuskript von Ma Tongwen (1867), bei Sun Lutang (1921) und Chen Weiming (1925). Die Provinz Shaanxi 陝西 hingegen geben an: Guan Baiyi (1912), Xu Yusheng (1921), Wu Tunan (1928). Keinen Herkunftsort geben an: Li Yiyus „Kurzes Vorwort", Yang Chengfu (1934) und Zheng Manqing (1946). Die Ära Kublai Khan (1271-1294) geben an: Xu Yusheng (1921), Xu Zhiyi (1927); Ming-Zeit: Yang Chengfu (1934) und Zheng Manqing (1946); Qing-Dynastie: Chen Weiming 1925. Ohne Zeitangabe sind Ma Tongwen (1867), die Wu-Li-Klassiker (1881), Li Yiyus „Kurzes Vorwort", Sun Lutang 1921. Ob sich die Überschrift mit der Herkunftsprovinz schon über dem Text befand, als er im Salzlanden von Wuyang gefunden wurde (falls dies tatsächlich so war), muss offen bleiben. Eine tabellarische Übersicht der Nennungen mit angeblicher Lebenszeit und Herkunftsprovinzen findet sich bei Wile 1996, S. 183.

[254] Das Zeichen 符 *fú* aus *yinfu* kann „Zauber", „Talisman" oder „versiegeln" bedeuten. Nach Davis (2004, Fn. 49, S. 178) könnte es auf Praktiken der daoistischen inneren Alchemie verweisen, zumal da das *Zhongguo wushu da cidian* („Großes Wörterbuch der Chinesischen Kampfkünste") keine *yinfu*-Speerform kennt.

[255] Das Vorwort zum „Handbuch des Yinfu-Speers" stellt die einzige Quelle sowohl zur Datierung Wang Zongyues in der Ära Qianlong (1735-96) als auch zu seiner Verortung in der Gegend von Luoyang und Kaifeng dar. Eine Verbindung zu Chenjiagou, Zhaobao oder Tangcun ist jedoch

Neben dem Fragezeichen hinter seiner Historizität gab es eine zweite mit dem Namen Wang Zongyue verbundene Frage, die heftige Kontroversen auslöste: Hatte er Taijiquan nach Chenjiagou gebracht? Und wenn ja, wann und zu wem? Li Yiyus „Kurzes Vorwort" hatte lediglich behauptet, Taijiquan sei „später" nach Chenjiagou gekommen; wobei auch hier unklar blieb, auf was für Quellen er sich bezogen hatte.

Tang Hao und Xu Zhen, die vor allem in den 1930er Jahren forschten, hielten Wang Zongyue beide für eine historische Figur, die mit der Kampfkunst der Chen-Familie verknüpft war. Sie schrieben ihm dabei aber ganz unterschiedliche Rollen zu. Tang Hao glaubte, er habe von Meistern der Chen-Familie gelernt und das erworbene Wissen niedergeschrieben. Xu Zhen glaubte, er habe jene Kampfkunst, die später Taijiquan genannt werden sollte, erst nach Chenjiagou gebracht.

Hätte Tang Hao recht, so wäre Yang Luchan nicht der erste Familienfremde gewesen, an den die Kampfkunst des Chen-Klans weitergegeben wurde. Es gäbe allerdings den Erklärungsbedarf, warum es in Chenjiagou (anders als im Fall von Yang Luchan) keine Anekdoten zu Wang Zongyues Fähigkeiten gab, die die Weitergabe des Familienschatzes an einen Fremden rechtfertigten; außerdem, was aus ihm nach der Niederschrift geworden war.

Hätte hingegen Xu Zhen recht, wäre das nicht nur desaströs für die Legende vom genuinen Familienstil durch Chen Wangting, die in der Volksrepublik China unter Mao zur allgemein anerkannten Geschichte vom Ursprung des Taijiquan geworden war. Es wäre auch weiterhin unklar, wer er war, woher er kam und von wem er die Kunst hatte.

Autorschaft und Bedeutung des Namens

Wer geisterte da durch die Jahrhunderte, ein historischer oder ein erfundener Meister? Konnte es beide geben? Von wem stammte der Klassiker-Text, der unter so merkwürdigen Umständen gefunden worden war?

Der Text verrät durch die philosophischen Quellen, aus denen er schöpft, einiges über den Bildungshintergrund und damit wahrscheinlich das soziale Umfeld seines Autors. Unvermeidlich tauchte der Verdacht auf, dass die Geschichte vom Salzladen und der Name eines fremden Autors über der „Abhandlung des Taijiquan" nur der Verschleierung der Tatsache dienen sollte, dass der Text in Wirklichkeit von einem der Wu-Brüder, wahrscheinlich Wu Yuxiang, verfasst war. „Wang Zongyue" hätte er nur als ein

---

selbst mit dieser Quelle nicht wirklich naheliegend. Auch wenn Wang Zongyue ein umherziehender Lehrer gewesen sein sollte, wäre nur schwer vorstellbar, wie es ihn von Luoyang oder Kaifeng nach Chenjiagou oder Tangzong gezogen haben könnte. Luoyang wurde im 11. Jahrhundert v. Chr. unter dem Namen Chengzhou gegründet und stellte über viele Jahrhunderte das politische und kulturelle Zentrum Chinas dar. Es diente den Zhou-, der Han-, der Wei-, der Jin- und der Sui-Dynastie als Hauptstadt. Gegen Ende des 5. Jahrhunderts soll sie 500.000 Einwohner gehabt haben. Kaifeng war die Hauptstadt der Südlichen Song-Dynastie und soll damals zwischen 400.000 und 700.000 Einwohnern gehabt haben. Ein Lehrer im Dörfchen Tangzong hätte sicher von einer Anstellung in Luoyang oder Kaifeng geträumt, umgekehrt wohl kaum.

Pseudonym erdacht, um mit einem altehrwürdigen Ursprungstext zugleich die Legitimation für eigene Kommentare zu haben.

Doch wenn man einen Schritt zurücktritt, verblasst das Motiv dahinter und es spricht einiges dafür, dass der Text tatsächlich gefunden und von den Wu-Brüdern bestenfalls leicht redigiert, nicht aber fabriziert wurde. Während der Yang-Stil noch in der späten Kaiserzeit zu Ruhm und Ansehen gelangte und der Chen-Stil in der Republikzeit um öffentliche Anerkennung zu ringen begann, waren die gutsituierten Gelehrten aus der Wu- und Li-Familie daran kaum interessiert. Sie betrieben, zumindest in der Zeit, in der die Schriften redigiert wurden, Kampfkunst aus Passion und als Kunst. Dabei in einer altehrwürdigen Tradition zu stehen, hätte sie mit Stolz erfüllt; aber wohl kaum deren Erfindung, um sie ihren Neffen und Schülern als Bären aufzubinden.

Douglas Wile, der die kritischen Studien der Kampfkunsthistoriker Tang Hao und Xu Zhen stets als Maßstab ansetzt, erwägt weitere Gegenargumente. So hält er gegen die These von einem erfundenen Wang Zongyue, dass Li Yiyus „Kurzes Vorwort" von 1881 und Wu Chengqings „Nachwort" nüchterne Texte ohne Legendenbildung seien. In ihnen ist weder von Zhang Sanfeng noch von Jiang Fa die Rede, wohl aber von Wang Zongyue, über dessen Historizität sich die Autoren offenbar sicher waren. Dagegen lässt sich allerdings einwenden, dass deren Überzeugung angesichts der fehlenden Angabe von Quellen von bestenfalls homöopathischer Überzeugungskraft bleibt.

Des Weiteren erwägt Wile, dass die beiden älteren Brüder, Chengqing und Ruqing, wohl kaum einen Text ihres jüngeren Bruders als Klassiker kommentiert hätten; was plausibel erscheint, allerdings zur Voraussetzung hat, dass Wu Ruqings und Wu Chengqings Texte authentisch sind.[256]

Vielleicht müssten sich ein historischer und ein fiktiver Wang Zongyue nicht unbedingt ausschließen. Wo historische Verortungen an ihre Grenzen stoßen, könnten Motivlagen einer Be- oder Um-benennung durchschimmern. Im alten China bekamen Jungen bei ihrer Geburt einen Namen, im Erwachsenenalter aber noch einen Mannes- oder einen Künstlernamen, unter dem sie bekannt wurden; Kaiser oder bedeutende Persönlichkeiten erhielten sogar nach ihrem Tod noch einen Tempelnamen oder einen Titel verliehen, der ihnen nachträglich wie ein Name anhaftete.

Douglas Wile hat darüber spekuliert, ob der Name Zongyue, wörtlich gelesen werden könnte. (Chinesische Schriftzeichen, die auch für Namen verwendet werden, haben in aller Regel eine Bedeutung und nicht nur einen phonetischen Wert.) Dann nämlich hieße er „Yue verehren", „Großer Meister Yue", „Ahnherr Yue", „Schule des Yue" oder „sich die Schule des Yue zum Vorbild nehmen".[257] Sogar der Familienname Wang könnte

---

[256] Zu den Texten *Shi yuan lun* („Anmerkungen zur ursprünglichen Abhandlung"), *Ba* („Nachwort"), *Dashou ge* („Lied von den Schlagenden Händen"), *Quan lun* („Abhandlung zur Kampfkunst") von Wu Chengqing und *Taijiquan lun* („Die Abhandlung des Taijiquan") von Wu Ruqing s. Wile 1996.

[257] Vgl. Wile 1996, S. 111-114; vgl. Henning 2012, S. 16.

wörtlich als „König" oder „Herrscher" gelesen werden, also: „Der Herrscher, der Yue verehrt". Mit dem Namen des Autors wäre dann auf den volkstümlichen General und Kriegshelden Yue Fei (1103-41) angespielt , der sich in der Song-Zeit im heroischen Kampf gegen die Dschurdschen unsterblichen Ruhm verdient hatte.[258] Der Name wäre gleichsam das Pseudonym eines anonymen Autors. (Über diesen wäre damit allerdings immer noch keine datierbare biografische Erkenntnis gewonnen.)

Wiles Spekulation stellt in den Raum, dass Taijiquan nicht nur beanspruchte, ein urchinesisches Erbe zu sein, sondern dieses auch durch einen kämpferischen Patriotismus zu hüten bereit war. Yue Feis Schriftzeichen über der „Abhandlung des Taijiquan" hätten demnach ein Programm in sich getragen, das sich in Zeiten der äußeren Bedrohung zur inneren Stabilisierung und Einheit des Landes auf den Plan rufen und gegen Fremdherrschaft mobilisieren ließ. In einer Art Typologie wäre die Assoziation an eine Begebenheit in der Geschichte wachgerufen worden, um Kräfte in der Gegenwart zu mobilisieren.

Derartige Spekulationen lassen sich sowenig verifizieren wie die verschiedenen historischen Verortungen Wang Zongyues, deren fehlende Dokumente oder dubiose Quellen erst den Raum für solche Überlegungen öffnen. Doch solange sie keine Beweise oder zumindest starke Indizien für sich beanspruchen können, mögen sie die Rolle von Platzhaltern für weitere Nachforschungen und Gedankenspiele übernehmen.

Das Rätsel des Textes

Am Ende bleiben Fragen. War Wang Zongyue ein Kampfkünstler, ein Gelehrter, beides – oder eine Legende? Weder die Historizität von Wang Zongyue noch der Weg seines Textes in den Salzladen von Wuyang konnte bisher überzeugend geklärt werden. Warum wurde sein für die Kampfkunst unschätzbar wertvolles Manuskript nicht von einem Liniennachfolger gehütet, sondern lag – wer weiß wie lange? – ungenutzt und unverstanden in einem Salzladen herum? Wollte es wirklich ein Zufall (oder das Schicksal), dass ausgerechnet Wu Yuxiangs Bruder das Manuskript fand bzw. gezeigt bekam? Wahrscheinlich wird die Welt des Taijiquan mit diesen Lücken leben müssen, selbst wenn in der Zukunft noch absehbare Behauptungen und sensationelle Enthüllungen folgen sollten.

Was jedoch unzweifelhaft existiert, ist der Text, der mit Li Yiyus Worten „diese tiefsinnige und wundersame Kunst detailliert und vollendet beschrieben" hat. Wer immer sein Autor und was immer sein Ursprung gewesen sein mag – hinter dem Rätsel der Person des Autors bleibt der luzide und doch immer wieder selbst rätselhafte Text. Vielleicht ist es sinnvoll, Wang Zongyue vorerst hinter diesem Text zurücktreten bzw. ihn in diesem „verschwinden" zu lassen – damit der Text selbst etwas zu seiner Geschichte sagen kann. Denn zu seinem Enigma gehört, dass es eine Art Paralleltext gibt, dessen Autor wir kennen: Chang Naizhou.

---

[258] Siehe den Exkurs zu Yue Fei in: „Ist Taijiquan eine Innere Kampfkunst?".

Chang Naizhou

Chang Naizhou (1724-1783?) kam aus dem Kreis Sishui im Norden Henans, ganz in der Nähe von Chenjiagou auf der anderen Seite des Gelben Flusses. Die ländliche Gegend ist bedeutsam für die Geschichte der Kampfkünste und des Taijiquan – und noch weit darüber hinaus. In der weiteren Umgebung liegen Wuyang, wo angeblich Wang Zongyues Text in dem Salzladen gefunden worden war, das Shaolin-Kloster sowie die geschichtsträchtigen Städte Kaifeng und Luoyang, wo der „Meister Wang aus Shanxi" des Bücherstandklassikers 1791 gelehrt haben sollte. Mit diesem hätte Chang Naizhou auch gemeinsam, in der Ära Qianlong (1736-95) gelebt zu haben.

Chang Naizhou stammte aus einer vermögenden Familie, die ihm und seinem Bruder eine klassische Ausbildung ermöglichte. Er selbst legte erfolgreich eine der staatlichen Prüfungen ab, arbeitete sich allerdings nicht wie sein älterer Bruder bis zum höchsten Grad (*jinshi*) durch. Sein Bruder ging mit einer Abhandlung über das Buch der Wandlungen (*Yijing*) in die Literaturgeschichte ein, da eine Zusammenfassung dieser Arbeit in Qianlongs *Siku Quanshu* („Vollständige Schriften der Vier Schatzkammern") aufgenommen wurde, die größte Büchersammlung der chinesischen Geschichte. Thematisch ist die Beschäftigung mit dem *Yijing* auch in Chang Naizhous Buch präsent.

Er praktizierte bereits als Kind Kampfkünste, vornehmlich aus gesundheitlichen Gründen, später aber auch als Weg der Persönlichkeit, sich in Einklang mit dem Kosmos zu bewegen. In seiner Jugend zog er umher, um Meister zu finden – bis er es selbst zur Meisterschaft brachte. Es gibt Geschichten über ihn von zertretenen und zerschlagenen Steinen, vom Anheben steinerner Säulen und von der Fähigkeit, über Wasser und an Wänden hoch zu laufen. Schüler berichteten von Kämpfen gegen Rebellen der Weißen-Lotus-Sekte, der Nian oder anderer regionaler Gruppen von „Banditen". Der unermüdliche Chen Xin baute ihn im 20. Jahrhundert in die Saga seines Klans ein und wollte von Begegnungen mit dessen Meistern wissen, bei denen Chang selbstverständlich den Kürzeren gezogen hatte. Aus all dem lässt sich entnehmen, dass Chang Naizhou ein nicht nur erfahrener, sondern meisterlicher Kampfkünstler war.

Parallelstellen der Texte von Wang und Chang

Gegen Ende des 18. Jahrhunderts verfasste Chang Naizhou Schriften zu der von ihm entwickelten Kampfkunst. Zusammengefasst sind sie in seinem „[Vollständigen] Buch der Kampfkunsttechniken der Chang-Familie" (*Changshi wuji [quan]shu*). Xu Zhen, dem die Parallelen zu den Klassischen Schriften des Taijiquan aufgefallen waren, publizierte es 1932 in einer von ihm bearbeiteten Edition (ohne das „Vollständige" im Titel). Douglas Wile (1999) und Marnix Wells (2005) haben das umfangreiche Buch westlichen Lesern zugänglich gemacht.

Chang Naizhou wusste, von was er schrieb; mehr noch, er wusste auch, wie man schreibt. Die detaillierte Beschreibung seiner Kampfkunst, die der Autor ganz um den Begriff des Qi kreisen lässt, webte er in ein beeindruckendes Netz von Anspielungen und Beispielen aus Medizin und daoistischer Alchemie, Buddhismus und Bildungskanon, Naturbeobachtungen und dem *Yijing*.[259] An zahlreichen Stellen operiert er mit den Begriffspaaren Yin und Yang sowie leer und voll, nennt dabei auch Taiji, das Allerhöchste, womit er allerdings sehr konkret das Dantian und nicht das Urprinzip in seiner philosophischen Bedeutung meint.[260] An keiner Stelle aber formuliert er eine *Kampfkunst* des Taiji (Taijiquan). Und doch gibt es frappierende Ähnlichkeiten, Überschneidungen und Parallelen mit Formulierungen und Gedanken in den Klassischen Schriften des Taijiquan. Wörtlich gleichlautend heißt es:

• „Es gibt keine Überschreitung und keine Unzulänglichkeit" [B5] und
• „Sich nach keiner Seite neigen, sich nirgends anlehnen" [B19].[261]

Fast wörtlich, nur mit je einem stilistisch bedingt unterschiedlichen Zeichen:

• „Innen ein fester Lebens-Geist, außen zeige Ruhe und Gelassenheit" [C66f].
• „Wenn der Andere sich nicht bewegt, bewege ich mich auch nicht. Wenn der Andere sich nur ein klein wenig bewegt, bewege ich mich zuerst" [C48-51].
• Ebenso die Warnung, „das Naheliegende auf[zu]geben, um ein Fernes zu suchen" [B66].

Sowohl in den Klassikern als auch bei Chang Naizhou finden sich ferner die Vorstellungen, dass das Qi sinken und ungehindert im ganzen Körper zirkulieren soll; dass das Herz (*xin*) der Bewegung vorausgeht; dass sich nie nur ein Teil, sondern immer der ganze Körper bewegt und dass es keine Unterbrechung geben darf. Wo die Klassiker von einem „Wagenrad" reden, gebraucht Chang das Bild einer „Windmühle". Für beide gilt, dass man den Anderen mit beliebig großer Körperkraft angreifen lassen soll und dass man auf der Seite des Angriffs keinen Widerstand leistet, sondern dass man Härte mit Weichheit begegnet. Das für das Üben sowie den Kampf wesentliche Prinzip, dass man nicht auf Distanz geht, sondern „anhaften, verbinden, kleben und folgen" [E6] soll, hat eine Entsprechung bei Chang. Eventuell ließe sich auch eine tiefgründige Gemeinsamkeit des Menzius-Zitats bei Wang Zongyue „Das Eigene aufgeben und dem Anderen folgen" [B65] mit der Formulierung bei Chang Naizhou „Der Andere und ich sind desselben Ursprungs" interpretieren.

Xu Zhen, Douglas Wile und Marnix Wells kamen auf eine je unterschiedliche Anzahl paralleler Stellen. Da es zwischen identischen, sinngemäß und nur entfernt ähnlichen

---

[259] In den Worten von Douglas Wile: „Bei seinem ‚Handbuch der 24-Zeichen-Form' handelt es sich um eine gehaltreiche Komposition, die seinem Beinamen eines ‚gelehrten Kampfkünstlers' gerecht wird. Seine Untersuchung der Fachausdrücke aller Kampfkunststile wird von drei Grundprinzipien durchwirkt: einem buchstabengetreuen, einem poetischen und einem mnemotechnischen. Chang kombiniert Ein-Zeichen-Titel mit acht äußerst anspielungsreichen Sieben-Zeichen-Versen, in die er Aphorismen, Mythologie, Geschichte, Alchemie, Okkultismus, Naturphänomene und Buddhismus einfließen lässt, um uns auf eine enzyklopädische Tour durch die chinesische Geschichte und Kultur mitzunehmen." (Wile 1999, S. 73, Übersetzung C.U.)

[260] Xu Zhen 1932/2012, S. 18; vgl. Wile 1999, S. 82; Wells 2005, S. 48, 99, 106.

[261] Bei Chang Naizhou finden sich die zwei Sätze zusammenhängend und in umgekehrter Reihenfolge. Siehe zum Vergleich auch der folgenden Parallelstellen bei Chang Naizhou und den Klassischen Schriften des Taijiquan Anhang 4.

Formulierungen alle Stufen der Nähe und Ferne zwischen den Texten gibt, lassen sich unterschiedlich umfangreiche Listen anfertigen.[262]

Kannten sich Wang Zongyue (oder wer immer als Autor der „Abhandlung" oder auch der anderen Klassischen Schriften veranschlagt werden müsste) und Chang Naizhou und war der Text des einen vielleicht die Inspiration desjenigen des anderen? Betrieben sie gar dieselbe Kampfkunst? Die erste Frage muss offenbleiben, es gibt keine namentlichen Hinweise; die zweite lässt sich mit einiger Sicherheit verneinen. Zum einen enthält Chang Naizhous Buch Zeichnungen der in seiner Kampfkunst erforderten Körperhaltung, zum anderen wird diese noch heute von seinen Nachkommen und Linienerben betrieben. Hochgezogene Schultern, Schrägstellungen und Streckungen stellen einige der deutlichen Unterschiede zur Körperhaltung in den heute praktizierten Taijiquan-Formen dar; um nur einige wesentliche Unterschiede zu nennen. Auch wenn der Vorbehalt gemacht werden muss, dass man bei keiner Form sicher wissen kann, inwieweit sie sich im Laufe von Generationen verändert haben könnte, scheint ein gemeinsamer Ursprung der Stile ausgeschlossen. Wile formuliert die Situation so: „Wir haben zwei Künste vor uns, die eine nahezu identische Theorie teilen, fundamentale Unterschiede in der Körpermechanik aufweisen – und in keiner Hinsicht auch nur ähnlich aussehen."[263]

Gemeinsame Quelle

Wenn es sich bei Wang Zongyue (den wir hier als Chiffre für den Autor der Klassischen Schriften des Taijiquan nehmen) und Chang Naizhou nicht einfach um zwei Meister derselben Schule handelte, die inhaltlichen Parallelen ihrer Texte aber auch unmöglich zufällig sein können, müssen sie aus einer gemeinsamen Quelle geschöpft haben, aus der gleichwohl verschiedene Stile hervorgingen.

Schaut man darauf, wo die Nähe der Texte von Chang und Wang zueinander größer und wo sie kleiner ist, lässt sich vielleicht eine Hypothese über ihr Verhältnis gewinnen. Wo es eine wörtliche Übereinstimmung gibt, handelt es sich – mit einer entscheidenden Ausnahme – tatsächlich um Zitate, die einem allgemeinen Kanon entstammen; zum einen aus der klassischen philosophischen Literatur, zum anderen aus alten Schriften zur Kampfkunst.

Die Stellen in B5 („Es gibt keine Überschreitung...") und B19 („Sich nach keiner Seite neigen...") sind dem Kommentar des neokonfuzianischen Philosophen Zhu Xi (1130-1200) zu dem Buch „Mitte und Maß" (*Zhongyong*) entnommen.[264] Bei Chang Naizhou sind sie in ihrer dortigen Anordnung enthalten (oder wiederhergestellt), während sie im Text von Wang Zongyue auseinandergerissen sind.

---

[262] Wile (1996, S. 186-188) listet 21 Parallelen, von denen Wells (2005, vgl. S. 229) nur sieben in seine eigene Liste von 50 („by no means exhaustive") Parallelen aufnimmt.
[263] Wile 1999, S. 80 (Übers. C. U.). Ranné (2011, S. 145, Fn. 266) meint allerdings, eine Ähnlichkeit zu zumindest einigen Figuren im (Chen-Stil) Taijiquan erkennen zu können.
[264] Vgl. Unverzagt 2019, S. 64ff, 81f.

Die Maxime aus C66f („Innen ein fester Lebens-Geist...") entstammt einem alten, wahrscheinlich Han-zeitlichen Werk, das Lehren der „Maid von Yue" aus dem 5. Jahrhundert v. Chr. zur Kampfkunst wiederzugeben beansprucht. Der bei beiden, Chang und Wang, zitierte Satz aus diesem Text ist inhaltlich mit Stellen bei Laozi, Konfuzius, Menzius und dem Inneren Klassiker des Gelben Kaisers kompatibel.[265]

Die Stelle in B66 („Das Nahe aufgeben...") ist eine sprichwörtliche Redewendung, auf die schon „Mitte und Maß" anspielt. Sie wird in der Literatur immer wieder zitiert, so auch bei Menzius und dem Militärstrategen Huang Shigong. Selbst für das Prinzip, Härte leerlaufen zu lassen [B7, B21f, E3] und durch Weichheit mitzugehen [B7], lassen sich Stellen im *Yijing*, bei Laozi, Konfuzius und Sunzi finden.[266] Die Weisheit der philosophischen, darunter nicht nur der daoistischen, Klassiker und der Militärstrategen gehörten schon in der Ming-Zeit zu einer Art gemeinsamem Kanon der Kampfkünste.

Dass das Herz (*xin*) der Bewegung des Körpers voraus ist [C56] und dass das Qi sinken soll [B18], sind Einsichten und Maximen, die bereits lange, bevor sie in der Kampfkunst formuliert wurden, in der Kunst, der Medizin und der Inneren Alchemie als Selbstverständlichkeit galten. Wahrscheinlich traten in der Qing-Zeit, in der die chinesischen Kampfkünste starken Restriktionen unterlagen, Aspekte der Energiearbeit, die als unverfängliche Selbstkultivierung angesehen oder ausgegeben werden konnten, allgemein in den Vordergrund.

Die Nähe der Auffassungen zeigt sich beim Blick auf das energetische Geschehen im Körper der Einzelnen, aber auch in der Art der Verbindung mit einem Anderen, die in einem Immer-schon-bezogen-sein gründet. Das Prinzip „Anhaften, verbinden, kleben und folgen" [E6 *zhan lian tie sui*], kann durch die etwas andere Formulierung bei Chang Naizhou („Anhaften, verbinden, nicht verlassen" *zhan lian buli*) vielleicht sogar erhellt werden. Es sind Yin und Yang, die aneinander haften und immer verbunden bleiben.[267] Bei Wang Zongyue heißt es: „Yin verlässt nicht Yang, Yang verlässt nicht Yin" [B57f]. Tang Hao hat darauf hingewiesen, dass die Formulierung derjenigen des Gelehrten Hu Xu (1655-1736) in einer postumen Publikation von 1757 zur „Erklärung des Taiji-Diagramms" von Zhou Dunyi entspricht. Bei ihm heißt es: „Yin und Yang verlassen einander nicht."[268] Wahrscheinlich kannten sowohl Chang Naizhou als auch Wang Zongyue diese Schrift. Zumindest operierten beide nicht nur mit demselben Gedanken, sondern auch mit denselben Formulierungen. Sie waren nicht die ersten, die das Geschehen während eines Kampfes mit Yin und Yang beschrieben, aber vielleicht die ersten, die die Urpolarität auch in der Kampfkunst aus der ihr zugrunde liegenden Einheit verstanden. (Wang: „Das Eigene aufgeben und dem Anderen folgen." Chang: „Der Andere und ich sind desselben Ursprungs".)

---

[265] Vgl. Unverzagt 2019, S. 64ff, 143f.
[266] Vgl. die Kommentare zu den jeweiligen Stellen in Unverzagt 2019.
[267] Vgl. zu unterschiedlichen Formulierungen von E6: Unverzagt 2019, S. 176f; zur Rückführung auf das *Yijing*: Wells 2005, S. 13.
[268] Vgl. Wells 2005, S. 13, S. 255 (Fn. 39).

Übereinstimmung und Scheideline

Am frappierendsten ist die fast völlige Textidentität mit der Stelle C48-51 („Wenn der Andere sich nicht bewegt…"). Frappierend zum einen, weil die Stelle oft für ein Taijiquan-spezifisches Prinzip gehalten wird; zum anderen, weil bisher aus der Literatur keine Vorlage dieser Formulierung bekannt ist. Das Prinzip, präsent zu sein, dem Anderen aber die Initiative zu überlassen, ist zwar bereits von Sunzi für die Kriegskunst erläutert worden. In der „Kunst des Krieges" (*Bingfa*) heißt es: „Wer das Schlachtfeld zuerst besetzt und den Gegner erwartet, kann es ruhig angehen lassen."[269] „Bewege dich nicht, wenn es nicht von Vorteil für dich ist."[270] „Obwohl man später aufbricht, kommt man früher an."[271]

Dass diese Einsichten der Kriegskunst von der Kampfkunst adaptiert wurden, ist nicht verwunderlich. Bereits in einem der „Vermischten Kapitel" (Nr. 30) gibt Zhuangzi sich als unbesiegbarer Schwertkämpfer aus, der seine Kunst entsprechend erklärt: „Ein erfahrener Schwertkämpfer … ist der Letzte, der zum Stoß ausholt, aber der Erste, der trifft."[272] Verwunderlich ist aber, dass dies in einer so gut wie identischen Formulierung bei Chang und Wang geschieht. An dieser Stelle noch eindringlicher als für den gesamten Text stellt sich die Frage, ob es eine gemeinsame Vorlage gab oder ob sich die Autoren der beiden Texte ausgetauscht haben. In den Formulierungen gibt es zwar einen kleinen semantischen, aber vernachlässigbaren Unterschied. Im Klassikertext heißt es: „Wenn der Andere sich *nur ein klein wenig* bewegt…"; bei Chang Naizhou hingegen „Wenn der Andere sich bewegen *will*…" In beiden Fällen aber bewege „Ich" mich „zuerst".

Was Chang und und die Klassischen Schriften des Taijiquan fast identisch formulieren, kann allerdings je nach Auslegung einen entscheidenden Unterschied zwischen Kampfkünsten markieren. Im einen Fall geht es darum, beim ersten Anzeichen einer Bewegung *schneller* als der Andere zu sein. Das wird von Wang Zongyues Text als eine Strategie der „vielen Schulen", sprich: anderer Kampfkünste, gebrandmarkt [B33-40]. Im anderen Fall geht es darum, mit dem Anderen so verbunden zu sein, dass dessen Bewegungsimpuls unmittelbar auf ihn selbst zurückgelenkt wird.[273] Die Auslegung (und Realisierung) dieses Satzes unterscheidet Taijiquan von anderen Kampfkunststilen. Genau genommen markiert sie, zumindest in unserer Interpretation, sogar einen Unterschied – wenn man so will, die Scheide- oder vielleicht sogar Authentizitätslinie – innerhalb der Schulen, die von sich behaupten, Taijiquan zu praktizieren.

Vielleicht entwickelte sich alles eher aus Gemeinsamkeiten und Ähnlichkeiten, bis es durch die Nuance einer Auslegung, in Wechselwirkung mit einer sich dadurch verändernden Übungsweise auseinanderzudriften begann?

---

269 *Sunzi bingfa* 6, vgl. Sawyer 1993, S. 166.
270 *Sunzi bingfa* 12, vgl. Sawyer 1993, S. 184; vgl. Clavell 2008, S. 145.
271 *Sunzi bingfa* 7, vgl. Sawyer 1993, S. 169.
272 *Zhuangzi* III.30 (*shuo jian*).3; zit. nach Kalinke 2021, S. 399.
273 Vgl. hierzu Unverzagt 2019, S. 133-135.

Meister in der Matrix

Sind die Gemeinsamkeiten oder die Unterschiede zwischen Wang Zongyue und Chang Naizhou bedeutender? Oder ist das eigentlich Verwunderliche, dass es beides gibt, sowohl fundamentale Gemeinsamkeiten als auch fundamentale Unterschiede? Verarbeiteten sie beide eine Lehre, die nach zwei Entwicklungslinien hin offen war? Doch vielleicht ist noch die Frage nach *einer* Lehre und *zwei* Entwicklungslinien zu sehr im Bann des Denkens von Ursprung und Überlieferungslinie.

Douglas Wile hat angesichts der textuellen Parallelen zwischen Chang Naizhou und Wang Zongyue die Hypothese „einer gemeinsamen theoretischen Matrix" formuliert, aus der sich beide Texte entwickelt haben könnten.[274] Sie wären demnach als jeweils eigenständige Entwicklungen aus einem gemeinsamen Nährboden hervorgegangen.

Denkt man eine solch gemeinsame theoretische Matrix, so wird das Band zwischen Meister, Autor und Linienhalter lockerer; vielleicht kann sogar ein Element entfallen. Wenn wir noch einmal rekapitulieren, in was für unterschiedlichen Rollen Wang Zongyue gesehen wurde, lässt sich erkennen, dass diese Verbindung eigentlich von allen, die etwas zum Ursprung des Taijiquan sagen wollten, an der ein oder anderen Stelle gekappt werden musste. Während die Chen-Familie offiziell von Wang Zongyue schweigt, blieben die Wu- und die Li-Familie letztlich zurückhaltend bezüglich seiner als Linienhalter – um ihn als Autor umso höher zu stellen. Tang Hao nahm ihn als Linienhalter ganz aus dem Spiel, während er für Xu Zhen, vor allem aber im Yang-Stil in seiner unterstellten Doppelfunktion als Autor und als Linienhalter eine zentrale Figur blieb. In Zhaobao hielt man sich an seine Rolle als Meister und Linienhalter, um sich in die etablierten Narrative einzublenden, während er in Tangcun nur den Text aufgezeichnet haben sollte; und auch dies eher nach Art eines Sekretärs, dem man wie einem professionellen Schreiber auf Märkten etwas diktiert hatte.

Halten wir außerdem fest: Sowohl Wang Zongyues als auch Chang Naizhous Text zeugen von einer höchsten Meisterschaft der Kampfkunst (*wu*), von einer intimen Kenntnis des Bildungskanons der Gelehrtenschicht (*wen*) und von der Fähigkeit, beides miteinander zu verbinden. Auf was bezogen sich beide gleichermaßen, wenn sie denn nicht derselben Überlieferungslinie entstammten, durch was war ihre gemeinsame Schnittmenge zustande gekommen? An dieser Stelle drängt sich eine, wenn man so will: metahistorische, Spekulation auf, die Wang Zongyue noch einmal mit Jiang Fa und dadurch auch mit Chang Naizhou verbinden könnte.

---

[274] Wile 1999, S. 75: „a common theoretical matrix". Wells stellt für Chang Naizhous edierten Text die Frage, wie viel davon tatsächlich von ihm selbst ist (2005, S. 33). Die Frage betrifft nicht nur Chang Naizhou. In Kampfkunsttexte gingen zum einen immer unausgewiesene Zitate aus anderweitig veröffentlichten Werken ein. Zum anderen gab es den stillschweigenden Gebrauch von Manuskripten, die im Lauf der Zeit verloren gegangen und nur in wenigen Zitaten erhalten geblieben sind. Darüber hinaus gehen neben der Adaption bekannter Merkverse und Sprichwörter auch mündliche Unterweisungen ein, die so oder so ähnlich auch andere Autoren erhalten haben.

Die Welt der Kampfkünste stellte immer ein Sammelbecken dar, in dem tradierte Einsichten zirkulierten; in dem es periodisch aber auch überraschende Begegnungen mit Meistern gab, die zu Kreuz- und Kraftpunkten wurden. In solchen Begegnungen schien die Überlieferung auszusetzen; alles bis dahin Gültige erwies sich als unzureichend, irgendetwas war noch nicht erfasst. Oder umgekehrt: Auf einmal schien die Kampfkunst auf unerwartete und bisher ungekannte Weise zu sich zu kommen.

In der Nordchinesischen Ebene, vor allem in Hebei, waren die Stile mit all ihren Ähnlichkeiten und Unterschieden, die Helden und Legenden, die Überlieferungen und ihre Geheimnisse, immer zahlreich.[275] Man kannte sich, verbarg sich voreinander und tauschte sich aus. Doch manchmal tauchten Meister auf, die vom Nimbus der Unbesiegbarkeit umgeben waren. Ein solcher Meister verkörperte das Ideal der gemeinsamen Vorstellungswelt, das Ideal des Unbesiegbaren (*wudi*), der alle Kämpfe mühelos gewann. Ein solcher Meister erwies sich allem, was überliefert war, als überlegen. Er erschien, wo immer er herkommen mochte, als singulärer Kampfkünstler ohne Schule und ohne Tradition; als einer, der beides hinter sich gelassen hatte. Mit ihm erschienen alle in der Kampfkunstwelt zirkulierenden Grundgedanken in einem neuen Licht.

Ein solcher Meister blieb nicht, um eine Schule zu gründen. Er brachte sein Wissen in die Welt, nahm aber keine Schüler an. Jene, die seine Kraft und seine Belehrung erfahren hatten, hätten es nicht gewagt, sich ohne Autorisierung durch ihn, Linienhalter seiner Kunst zu nennen. Aber wer einem solchen Unbesiegbaren begegnet war, würde versuchen, das zuvor Überlieferte auf diese neue Evidenz hin umzuarbeiten. Vielleicht gab es einige Schlüsselsätze, mit denen dieser Meister die Essenz seiner Kunst in Worte gefasst hatte; oder solche, mit denen andere sie zu beschreiben versuchten. Diese Sätze würden zum Mantra und Kristallisationspunkt künftiger Bemühungen um Meisterschaft. Manchmal mochten solche Worte dann als anonyme Merkverse kursieren oder stillschweigend in eine bereits vorhandene Überlieferungslinie einfließen.

Von dem wieder verschwundenen Meister blieben Erinnerungen, dann Erzählungen, die in der Folklore des *Jianghu* besungen wurden; und schließlich mochten in der Zusammenschau von Generationen verschiedene Erzählungen über solche Meister, gepaart mit phantastischen Übertreibungen, zum Stoff für Legenden zusammenfließen. Vielleicht mochten sich Spätere auch auf derart legendär Überhöhte als ihren Linienahnen berufen – was die Zeitgenossen selbst sich zu denken nie gewagt hätten.

Chang Naizhou und Wang Zongyue könnten für zwei von vielleicht vielen Versuchen stehen, die Grundgedanken, die seit dem Erscheinen eines Unbesiegbaren im Äther der Kampfkunstwelt zirkulierten, zu konzeptualisieren. Chang Naizhou stünde für den Weg, sie in einen eigenen Stil einzuarbeiten. Wang Zongyue aber stünde für die Einsicht, dass sich der Weg des unbesiegbaren Helden [B31], dem das Buch der Natur auf das Wesen des Kampfes hin lesbar geworden war, nur in Prinzipien, nicht aber in überlieferbaren Techniken, beschreiben lässt.

---

[275] Vgl. Wile 1996, S. 7ff.

Jiang Fa, der in verschiedenen Ursprungserzählungen des Taijiquan als ein nicht wirklich einzuordnender Unbesiegbarer in wechselnden Gewändern auftaucht, trägt Züge eines solchen singulären Meisters. Seiner historischen Existenz kommen wir mit dieser Spekulation nicht näher, auch in ihr bleibt er ein Phantom. Zwei Meister aber, die wir, anders als Jiang Fa, mit verbürgten Namen und Lebensdaten kennen, scheinen der Kampfkunst des Unbesiegbaren nahe oder gleich gekommen zu sein: Chen Changxing und Yang Luchan. Es ist merkwürdig, dass Wang Zongyues Text nach deren gemeinsamer Episode gefunden wurde; und zwar zu dem Zeitpunkt, als Chen Changxing verstarb und als Yang Luchan zum Unbesiegbaren seiner Generation wurde. Chen Changxing wurde von seinem Klan in dessen Überlieferungslinie eingereiht. Yang Luchan wurde zum Begründer eines eigenen Familienstils, darüber hinaus wurde er in eine übergreifende Linie mit legendärem Ursprung versetzt. Zugleich aber wurde er zur Legende, zur Inkarnation des Taijiquan, und er blieb als Urbild des Unbesiegbaren in Erinnerung.

Haben wir mit unseren Spekulationen das Rätsel um Wang Zongyues Person geklärt? Nein. Haben wir mit ihnen die Ursprungsfrage des Taijiquan geklärt? Nein. Aber wir haben uns mit Wang Zongyues vorläufigen Verschwinden in einem Text mit Paralleltext ein Stück weit der scheinbar selbstverständlichen Verpflichtung entledigt, diese am roten Faden einer Überlieferungslinie auf einen Ursprungsahnen zurückzuverfolgen.

Ahnen und Quellen

Nach Douglas Wile können ein General, ein Bauer und ein Gelehrter als Ahnen des Taijiquan betrachtet werden.[276] Chang Naizhou, der Gelehrte aus dem 18. Jahrhundert, hat der Kampfkunst demnach durch seine Schriften zu einer Sprache und Theorie verholfen, die viele Gemeinsamkeiten mit den Klassischen Schriften des Taijiquan aufweist. Wang Zhengnan, der Bauer und Kampfkunstmeister aus dem 17. Jahrhundert, verkörperte Wile zufolge die patriotische Philosophie und Ideologie, die dem Taijiquan seine Identität und seinen Platz in der chinesischen Kultur gab, seine Mission und seinen Mythos.[277] Qi Jiguang schließlich, der General aus dem 16. Jahrhundert, stellte Formen und Figuren zusammen, die sich noch heute im Taijiquan finden.

Qi Jiguang

Qi Jiguang (1528-1587) war ein General, der sich ab 1555 Ruhm bei der Bekämpfung japanischer Piraten erwarb. Diese hatten nach einem von der chinesischen Zentralregierung verhängten Handelsverbot die Küstengebiete des Landes unsicher gemacht. Auch andere Missionen erledigte er erfolgreich mit den von ihm trainierten und durch äußerst harte Methoden disziplinierten Einheiten; so als er 1568 zur Verteidigung der Hauptstadt gegen Mongolenangriffe nach Beijing beordert wurde, wo er schon einmal 20 Jahre zuvor gegen denselben Feind gekämpft hatte.

---

[276] Douglas Wile 1999, S. 1; vgl. ders. 1996, S. xvff.
[277] Siehe auch „Ist Taijiquan eine Innere Kampfkunst?" in diesem Band.

Seiner praktischen Befähigung stand seine theoretische nicht nach. Als Militärtheoretiker schrieb er Bücher zur Kampf- und Kriegskunst, die für spätere Generationen zu Standardwerken wurden. Für das Taijiquan bedeutsam ist sein „Neues Buch über effektive Disziplin" (*Jixiao xinshu*) bzw. vor allem der in dessen frühen Ausgaben als letztes Kapitel eingefügte „Klassiker des Faustkampfes" (*Quanjing*).[278]

Tatsächlich ließ Qi Jiguang seine Truppen Kampfkunst praktizieren; nicht so sehr, um sie für den Nahkampf zu trainieren; er hielt den Kampf Mann gegen Mann in der Massenkriegsführung für sekundär; sondern vor allem, um sie sowohl körperlich als auch hinsichtlich ihres Kampfgeistes zu stärken.

Qi Jiguang hatte 16 altbewährte und neue Kampfkünste studiert und aus ihnen ein Set von 32 Figuren zusammengestellt, die er nicht nur einzeln für die besten hielt, sondern von deren Kombination er sich die Ausmerzung von Schwächen der jeweiligen Stile versprach. „Daher habe ich die 32 besten Bewegungen der Kampfkünste ausgewählt, die sich gegenseitig ergänzen. Trifft man auf einen Gegner, wird man mit ihnen gewinnen. Diese 32 Bewegungen kann man endlos variieren. So werden sie geheimnisvoll und undurchschaubar. Wer dies nur sieht, aber es nicht beherrscht, wird es übernatürlich nennen."[279]

Sein „Klassiker des Faustkampfs" ist das älteste erhaltene Buch zur Kampfkunst, das nicht nur Namen und Erklärungen für die Figuren gibt, sondern sie auch in Abbildungen zeigt. Zusammen mit den Namen lassen diese schematischen Strichzeichnungen ihren Einfluss auf spätere Taijiquan-Formen erkennen.

Zu den 32 Figuren verfasste er kurze Merkverse, die in anspielungsreichen Bildern, technischen Anweisungen und mit kampfstrategischen Gedanken erläutert werden. Bereits im Vorwort finden sich zahlreiche taktische und strategische Einsichten des Militärtheoretikers, die den Kampfkünstlern des Taiji bekannt vorkommen. Man müsse wissen, wann man einer großen Kraft auszuweichen habe, wie man oben und unten ausgleichen könne und wann der günstige Augenblick sei. Dazu bedürfe es permanenter Wechsel und Veränderungen, durch die man für den Gegner unbegreiflich und unangreifbar werde. So könne man sich wie die Schlange vom Berg Chang bewegen. (Diese schlägt mit dem Schwanz zu, wenn sie am Kopf angegriffen wird; mit dem Kopf, wenn sie am Schwanz und mit beiden Enden, wenn sie in der Mitte angegriffen wird.) „Ohne

---

[278] Englische Übersetzung in Wile 1999, S. 18-52; dort finden sich in der Einführung (S. 7-17) auch biographische Informationen und Interpretationen. Eine deutsche Übersetzung gibt es unter dem Titel „Leitfaden zum Faustkampf" von Martin Bödicker (2014). Eine weitere englische Übersetzung mit chinesischem Text gibt es online verfügbar von Paul Brennan 2019.

[279] Übersetzung Bödicker 2014, S. 14f. Qi Jiguang verwendet das Zeichen 神 *shen* („übernatürlich", in anderem Kontext auch „geisterhaft" oder „genial") und spielt damit auf die drei in der Kunst des alten China seit Xie He (ca. 500) gängigen Klassifizierungsränge (*pin*) an: *neng* („gekonnt"), *miao* („subtil") und *shen*. (Im Klassiker-Text „Lied von den Dreizehn Stellungen" heißt es: „Mit den Veränderungen des Gegners im Einklang, Wundersames zeigend." [D6] Auch dort enthält das „Wundersame" das Schriftzeichen 神 *shen*. Vgl. zur Auslegung Unverzagt 2019, S. 156f.) Später kam als vierter Rang das „Ungebundene" oder „Unorthodoxe" hinzu (逸 *yi*). Der nicht wirklich einzuordnende Jiang Fa trägt Züge dieses Unorthodoxen.

offensichtliche Figuren oder Techniken wirst du mit einer einzigen Bewegung erfolgreich sein. Wenn du aber den Fehler demonstrativen Posierens machst, wirst du auch mit zehn Bewegungen erfolglos bleiben."[280]

Ganz ähnlich wie Qi Jiguang beschrieb auch der gelehrte General Tang Shunzhi (1507-1560) in seinen „Aufsätzen zur Militärkunde" (*Wubian*) das Verhältnis von festgelegten Formen und fließenden Anwendungen. „Dass es in den Kampfkünsten Figuren gibt, hat seinen Grund darin, die Veränderungen zu erleichtern. [...] Formen enthalten festgelegte Figuren, aber in der Praxis gibt es keine festgelegten Figuren. Angewandt werden sie fließend, behalten aber ihre strukturellen Eigenschaften."[281]

Schon früh hatten die Militärstrategen darauf reflektiert, dass die Streitkräfte nicht starr angeordnet sein dürfen, sondern flexibel operieren müssen. Nur so, durch ständige Anpassung an die Situation, ließe sich „eine günstige Gelegenheit und eine überlegene Stellung erlangen", wie es später in den Klassischen Schriften des Taijiquan [A15] heißen sollte. Die Kräfte waren in drei Armeen aufgeteilt, um wie die Schlange vom Berg Chang agieren zu können. Die drei Einheiten mussten in fünf überführt werden können, um den fünf Wandlungsphasen zu entsprechen; und in acht, um wie in einer Anordnung der acht Trigramme zu wirken.[282] Die Übergänge mussten unvorhersehbar und fließend sein, in jedem Moment aber musste die Gestalt von der Strukturkraft der Formation durchdrungen sein.

Qi Jiguang stand in einer ganzen Reihe von fähigen Generälen der Ming-Zeit, die selbst auch Kampfkünstler waren. In sein „Neues Buch über effektive Disziplin" übernahm er den eigentlich vom Langstock handelnden „Schwertklassiker" (*Jianjing*) seines Förderers und Mitstreiters im Kampf gegen die japanischen Piraten Yu Dayou (1503-1579). Darin rät dieser, sich im Wechsel von Yin und Yang dem Bewegungsablauf des Gegners anzupassen und sich dessen Kraft zu leihen. Er formulierte vielleicht als erster, dass man am Gegner „kleben" (*nian*) solle, was ein Echo in den Klassischen Schriften des Taijiquan fand [E6]. Auch solle man in Ruhe warten. „Kurz vor dem Kraftausstoß ist der Gegner hart. Ich ziehe einen Vorteil aus der Schwäche, die seinem Kraftausstoß folgt. Der Gegner ist in Aufruhr, während ich in Ruhe abwarte. Ich spiele mit ihm, während er kämpft."[283]

Unter den Generälen der Ming-Zeit waren Einsichten, Bilder und Strategeme Allgemeingut, die in einer langen, wenn auch während Zeiten der Fremdherrschaft nur untergründig gepflegten Tradition auf die Philosophen und Militärstrategen der Zeit der Streitenden Reichen zurückgehen.[284]

---

280 Qi Jiguang, in der Einleitung zu *Quanjing* (2001, S. 227; Übersetzung C. U); englisch in: Wile 1999, S. 18 und online bei Brennan 2019.

281 Nach Wile 1999, S. 12, Übersetzung C. U.

282 Vgl. Unverzagt 2019, S. 206ff.

283 Zitiert nach Wile 1999, S. 14, Übersetzung C.U.

284 Zu Einsichten der Militärstrategen in den Klassischen Schriften des Taijiquan vgl. Unverzagt 2019, S. 206ff und passim; dort auch mit Verweisen auf „The Seven Military Classics of Ancient China" von Ralph D. Sawyer (1993). Wile (1999, S. 16) hat darauf hingewiesen, dass die Militär-

Die Maid von Yue

Während Qi Jiguang Kampfkunst aus Gründen der Körperertüchtigung, der Disziplin und der Psychologie in die militärische Ausbildung integrierte, ohne ihr doch im Gefecht eine unmittelbar militärische Funktion zuzuschreiben, so war das Verhältnis einst umgekehrt gewesen. Der Herrscher des Staates Yue soll im 5. Jahrhundert v. Chr. zur Ausbildung seiner Truppen eine unbesiegbare Schwertkämpferin engagiert haben, von deren Kunst er sich eine Stärkung der Kampfkraft seiner Truppen auf dem Schlachtfeld erwartete.[285]

Die Rede ist von der sogenannten Maid von Yue. In dem (Jahrhunderte später festgehaltenen) Dialog mit dem König des Landes sagt sie über ihre Schwertkunst unter anderem: „Dieser Weg ist sehr subtil und voller Wechsel [...] Auf dem Weg gibt es Tore und Türen, und es gibt Yin und Yang. Öffne das Tor und schließe die Türen, Yin schwindet und Yang schwillt an. Im Nahkampf gilt immer die Regel (*dao*): Innen ein fester Lebens-Geist, nach außen ein ruhiges Auftreten [...] Beim Entfalten der Formen achte auf das Qi und sei bei jeder Bewegung in Übereinstimmung mit dem Geist ... Der Atem geht ein und aus und wird niemals gezielt angehalten."[286]

Es handelt sich um den ältesten erhaltenen Text, der eine Kampfkunst mit der Begrifflichkeit von Yin und Yang erklärt. Mehr noch, diese Kunst des Kämpfens handelt davon, wie ihre Bewegungen mit Geist, Qi und Atem verbunden sein müssen. Henning hält diesen Text für das Grundlagenwerk aller chinesischen Kampfkünste schlechthin.[287]

Dass der Han-zeitlich niedergeschriebene Dialog in eine gut 500 Jahre zurückliegende Zeit datiert wurde, könnte in anderem Kontext die Frage nach Original und Fälschung aufwerfen, in unserem aber ist es ein Zeichen der gebührenden Bescheidenheit und des Verweises darauf, dass die Kunst, von der gehandelt wird, schon in alter Zeit ihre Meister oder in diesem Falle ihre Meisterin kannte. Uns gemahnt sie daran, dass das Zusammenspiel von Yin und Yang im Kampf und auch das Verhältnis von innerlich gesammeltem Geist und äußerer Ruhe keine Entdeckungen und kein Monopol des Taijiquan sind. Von diesem ist noch nicht die Rede. Aber vielleicht war es immer schon nur eine Nuance bis dahin.

---

kunde selbst eine Wissenschaft war, die Kenntnisse aus den unterschiedlichsten Disziplinen voraussetzte wie z. B. Ingenieurskunst, Geographie, Logistik, Psychologie, Kampfkünste und sogar Meditation und Okkultismus.

[285] Der symbolische Abschied vom Kriegertum in den Truppen erfolgte bei der Disziplinierung der in Massen manövrierbaren Heere während der Zeit der Streitenden Reiche, als der ruhmreiche General Wu Qi (440-381 v. Chr.) einen Krieger exekutieren ließ, der vor der Schlacht eigenmächtig zwei Gegner getötet hatte. Die im Militärklassiker *Weiliaozi* wiedergegebene Begründung gegenüber dem Einwand eines Truppenführers lautete: „Ein fähiger Krieger ist er in der Tat, aber es ist nicht das, was ich befohlen habe." Dass eine Schwertmeisterin Truppenführer des Staates Yue ausgebildet haben soll, ist als Reminiszenz an die Kriegführung vor der Zeit der großen, gedrillten und von Generälen gelenkten Infanterieheere zu lesen.
[286] Siehe Anhang 1; dort finden sich auch Erläuterungen zum Kontext der Schrift.
[287] Henning 2007.

Gemeinsame Prinzipien

Auch Stanley E. Henning sieht grundlegende Prinzipien der Taijiquan-Theorie bereits in früheren Kampfkunstschriften formuliert. Diese Prinzipien sind ihm zufolge:

* das Zusammenspiel von Yin und Yang
* den Anderen zu kennen, ihm aber verborgen zu bleiben
* das Eigene aufgeben und dem Anderen folgen
* die Bedeutung und der Zusammenhang von Qi und Kraft (*jin*) – was Ruhe, Aufmerksamkeit und die Koordination von Atem und Bewegung verlangt.

Diese Prinzipien sieht er in sechs zentralen Kampfkunstschriften formuliert. Über den Dialog mit der Maid von Yue, Tang Shunzhis „Aufsätzen zur Militärkunde", Qi Jiguangs „Klassiker des Faustkampfs", Yu Dayous „Schwertklassiker", Chang Naizhous „Buch der Kampfkunsttechniken der Chang-Familie" hinaus nennt er noch den 1784 erschienenen, evtl. von dem Ming-zeitlichen Shaolin-Mönch Xuan Ji überlieferten, „Klassiker der Kampfkunst: Wesentliche Punkte der Kampfkunst" (*Quanjing quanfa beiyao*).[288]

Für Henning folgt daraus, dass es in China nur einen einzigen großen Strom von Kampfkünsten gibt, in dem alle denselben Prinzipien folgen, wenn auch auf unterschiedliche Weise. Der Rückgriff auf allgemeine geteilte Prinzipien bedeutet ihm zufolge, dass Taijiquan sich nicht als „innere Kampfkunst" fundamental von anderen, „äußeren" Kampfkünsten unterscheiden lässt und daher keine Sonderstellung beanspruchen kann.[289]

Henning hat zweifelsohne recht, dass in die Theorie der Kampfkünste immer mit einging, was Meister vergangener Zeiten herausgefunden hatten; und auch, was sie von anderen Künsten gelernt hatten. Dass der Kampf ein Wechselspiel von Yin und Yang ist, dass man sich dem Gegner klugerweise nicht frontal stellt, sondern ihm wie ein Schatten entweicht, dass Atem, Qi und Geist verbunden sein sollen – all das wurde nicht erst im Taijiquan formuliert. In der Kriegskunst lehrte Sunzi schon im sechsten Jahrhundert vor Christus, dass man sich dem Gegner anpassen und seine leeren Stellen attackieren müsse. Laozi erklärte, dass das Weiche über das Harte siegt. Er und Zhuangzi waren sich über den Wert des Nicht-Handelns (*wuwei*) einig. Der „Innere Klassiker des Gelben Kaisers" (*Huangdi neijing*) betonte in den ersten Jahrhunderten vor Christus die Notwendigkeit einer Harmonie der Kräfte und eines ungehinderten Qi-Flusses. Die innere Alchemie des „Klassikers des Gelben Hofes" aus dem dritten Jahrhundert leitete die Atemführung zu den Energiezentren an. Die Bedeutung der Idee (*yi*), des richtigen

---

[288] Henning 2009, S. 76-83. Auf S. 81 findet sich eine von ihm erstellte Zuordnungstabelle von Begriffen und Prinzipien aus den Taijiquan-Klassikern, die bereits in früheren Schriften vorkommen. Er listet die Begriffspaare Yin-Yang, hart-weich, leer-voll, Bewegung-Ruhe; die Verbindung von Qi und Kraft, den Gebrauch des Begriffs Taiji (nicht Taijiquan); sowie die Prinzipien: innerlich wachsam und äußerlich ruhig zu sein; den Anderen zu kennen, der mich nicht kennt; das Eigene aufgeben und dem Anderen folgen.

[289] Vgl. „Ist Taijiquan eine innere Kampfkunst?" in diesem Band.

Augenblicks und des Beim-Anderen-seins wurden seit dem vierten Jahrhundert in der Kalligraphie thematisiert.[290] All das sind zentrale Elemente im Taijiquan, inhaltlich hat es viele Quellen.

Auch die Ming-zeitlichen Generäle kannten diese Quellen. Dasselbe gilt für Chang Naizhou, der als gelehrter Mann in der Melange der von ihm aufgenommenen Einflüsse die Kampfkunst als einen Weg der Selbstkultivierung beschrieb und damit die spätestens seit der Song-Zeit auseinandergedrifteten Aspekte des Kulturellen (*wen*) und des Kämpferischen (*wu*) wiedervereinigte. Doch selbst wenn sich Stellungen und Figurennamen, die Qi Jiguang schuf, bis heute im Formenbestand des Taijiquan finden, hatte er dieses damit noch nicht begründet; ebensowenig wie Chang Naizhou, der sich theoretisch schon ganz in seiner Nähe befand.

Während die von den Stilen proklamierten Ursprungsahnen (Zhang Sanfeng, Chen Wangting) auf tönernen Füßen stehen und die Legenden über sie von tatsachenarmen Dunstschleiern der Geschichte eingehüllt werden, haben Ahnen außerhalb der Stil-Lineages Konturen angenommen, die vom Taijiquan aus wie dessen Vorläufer wirken.

Doch um Missverständnissen vorzubeugen: Ahnen sind keine Vorläufer im eigentlichen Wortsinn. Vorläufer erhalten ihre Bedeutung nur von dem oder den Nachfolgenden. Mit den Ahnen des Taijiquan sind hingegen vollendete Gestalten gemeint. Wenn sich von ihnen etwas bei Späteren findet, so nicht in dem Sinne, dass sich bei diesen erst vollendet hätte, was bei jenen noch unvollendet angelegt war. Chang Naizhou hat nicht die Taiji-Klassiker formuliert, der Patriotismus des Widerstandskämpfers Wang Zhengnan hat dem des Taijiquan im späten Kaiserreich und der frühen Republik nicht dasselbe anti-mandschurische Ressentiment vererbt; und die Formen und Figuren Qi Jiguangs werden wohl in den meisten Taijiquan-Stilen von heute anders ausgeführt als zu seiner Zeit. Das aber ist kein Manko der Ahnen, die das Eigentliche noch nicht vollständig erfasst hätten, sondern der Verweis auf das Spezifische eines jeden Stils und einer jeden Zeit; und auf den Wandel der Figuren und Gestalten gemäß ihrer Interpretation.

Der Sinn, sich dieser Ahnen zu erinnern, liegt – unabhängig von der Redlichkeit bei der Anerkennung historischer Tatsachen – im Selbstverständnis der Späteren. Taijiquan erinnert sich mit ihnen daran, dass es einerseits demselben Fluss entstiegen ist, dem alle Kampfkünste entstammen; und dass es darin andererseits bestimmter Zuflüsse bedurfte, ohne die es selbst nicht mehr denkbar ist, wenn wir uns nicht mit einer naiven Gruppenmythologie begnügen wollen.

Austausch – Orte und Figuren

So banal es klingen mag: Kampfkünste haben eine Geschichte und eine Gegenwart. Beides teilen sie – indem sie sich voneinander abgrenzen. Sie wissen voneinander, viele ihrer Könner kennen die Techniken der anderen, wenn auch vielleicht nicht ihre Ge-

---

[290] Vgl. „Der Geist der Kunst im Taijiquan" in diesem Band. Zum *Huangdi neijing* s. Sivin 1993.

heimnisse. Für manche gehört sogar zum Streben nach Meisterschaft in der eigenen Kampfkunst, auch die anderen zu ergründen; damit es heißen kann: „Der Andere kennt mich nicht, ich allein kenne den Anderen." [B30]

Klan, Kloster und Kaserne

Kampfkünste konnten sich im alten China an abgeschotteten Orten entwickeln, aber sie konnten nicht auf Dauer in Isolation verbleiben. Selbst wenn sie in der Bergeinsamkeit oder hinter den Mauern eines Anwesens in ländlicher Abgeschiedenheit praktiziert wurden, blieben sie Teil der Welt der Kampfkunst. Diese spannte sich zwischen den Polen der Abschottung und der Ausbreitung aus. Klans wollten ihre Kunst nur unter ihren Mitgliedern weitergeben, sie schotteten sich ab. Aber sobald sie zum Kampf gezwungen wurden oder ihn suchten, kam es zum Kontakt mit anderen Kampfkünsten. So auch bei den Klöstern. Wer ins Kloster ging, durchschritt das Tor (*rumen*) und verließ die Welt. Doch von dort verbreitete sich, was Mönche hinter den Mauern erlernten, über kurz oder lang wieder in der Welt. Nicht anders war es mit den Kasernen. Oft gab es einen regen Austausch zwischen Kloster und Kaserne.

Bereits im siebenten Jahrhundert sollen Shaolin-Mönche auf der Seite des Rebellen und späteren Tang-Kaisers Li Shimin (reg. 626-649 als Tang Taizong) gekämpft haben. Im Lauf der Geschichte wuchs der Ruhm der Shaolin-Mönche, während ihre Rolle immer schillernder wurde. Mönche nahmen an den Kämpfen gegen die japanischen Piraten in der Mitte des 16. Jahrhunderts teil, wofür sich ihr Kloster im Gegenzug mit Privilegien, Gütern und Schutzgarantien ausstatten ließ.

Ein Austausch zwischen Kloster und Kaserne fand in beide Richtungen statt. Für den Kampf gegen die japanischen Piraten hatte General Yu Dayou, der ein Meister des Langstocks war, das Shaolin-Kloster aufgesucht, um die damals bereits berühmte Stockkampfkunst der Mönche zu begutachten. Er befand sie aber für ungenügend und unterrichtete daraufhin seinerseits mehr als drei Jahre lang zwei ausgesuchte Mönche, die seine Unterweisungen im Kloster weiterzugeben und zu überliefern versprachen.

Weitergegeben wurde die Kampfkunst im Kloster nicht nur an Mönche, sondern auch an Laien. Unter ihnen waren solche, die auf ihre Weise zu einem Austausch der Kampfkünste beitrugen. Der Gelehrte Cheng Zongyou (1561-1636) hatte sich der Kampfkunst verschrieben und nach eigenen Angaben keine Wege und Umstände gescheut, um von berühmten Kampfkünstlern zu lernen. Schließlich verbrachte er – ähnlich wie später Wu Shu (1611-1695), ein weiterer Kampfkünstler aus der Gelehrtenschicht – mehr als zehn Jahre im Shaolin-Kloster, um das dortige Gongfu zu meistern. Im Jahr 1621 veröffentlichte er eine Schrift über japanische Schwerttechniken, was als Nachhall der Auseinandersetzung mit den Piraten verstanden werden muss, deren Waffen und Kampftechniken zu kennen notwendig geworden war.[291]

---

[291] Vgl. Henning 1999, S. 13; Ranné 2011, S. 98f.

Kampfkunst diente auch im Kloster nicht nur frommen Zwecken. Die Entdeckung, dass sich Kampfkunst verdingen ließ, frommte den Mönchen verschiedentlich auf eine Weise, die anderen aufstieß. Manchmal ließen sie sich gegen lokale Bandenführer einsetzen, manchmal aber sagte man ihnen umgekehrt Komplizenschaft mit Banditen oder rebellischen Sektenführern nach.[292] So wurden die Mönche immer wieder bekämpft und das Shaolin-Kloster mehrfach zerstört, von Rebellen, von kaiserlichen Truppen der Qing und zuletzt 1928 von Kriegsherren (Warlords) der Republikzeit.

Neben dem berühmten Shaolin-Kloster gab es zahlreiche Tempel, die Reisenden Übernachtungs- und Trainingsmöglichkeiten boten. Sie gehörten zur informellen Infrastruktur des *Jianghu*, des Landes an den „Flüssen und Seen", wo fahrendes Volk unterwegs war. Seit Mozi im 5. Jahrhundert v. Chr. seine Gefolgsleute in Verteidigungskünsten geschult hatte, um sie angegriffenen Staaten zu Hilfe zu schicken, schweiften freie Schwertträger durchs Land. Zur Zeit des Historikers Sima Qian (145-90 v. Chr.), der sie in seinem monumentalen Werk „Aufzeichnungen eines Hofschreibers" (*Shiji*) behandelt, waren sie bereits zu einer festen Größe geworden.[293] Sie wurden zu einem unverbrüchlichen Teil der chinesischen Folklore, die bis heute in Romanen und Filmen weiterlebt, auch wenn das Land der „Flüsse und Seen" mit seinem Ehrenkodex und dem unverbrüchlichen Ethos der Gerechtigkeit im heutigen China bestenfalls untergründig und in anderen Gewändern fortbesteht. Immerhin mag eine Spur von ihr noch in der Welt der Kampfkunst zu finden sein.

Den Anderen kennen...

Auch im alten China ging es nicht immer nur um Ruhm und den Beistand für die Schwachen gegen Ungerechtigkeiten der Mächtigen; immer aber darum, im Kampf siegreich zu sein. Daher suchte man den Austausch. Manchmal versuchte man ihn zu erzwingen, manchmal ersuchte man die Überlegenen um Belehrung; manchmal beides. Wandernde Kampfkünstler forderten berühmte Meister heraus und baten um Unterweisung, wenn deren Kunst sich der ihren überlegen erwiesen hatte.

Neben Militärs und Mönchen gab es Einsiedler und Wanderer, Klanoberhäupter, die mit einem anderen Klan in tödlicher Fehde lagen, professionelle Transportbegleiter und Personenschützer, aber auch Auftragskiller, die von höfischen Intriganten oder steinreichen Geschäftsleuten bezahlt wurden. Sie wussten voneinander und sie versuchten die Geheimnisse der anderen zu ergründen.

Gegenüber der Tendenz zur Abgrenzung und Abschottung gab es immer die Gegentendenz des Austauschs und der Ausbreitung. Manchmal breiteten sich die Künste unter friedlichen Vorzeichen aus, oft genug aber auch im Zeichen der Gefahr, bei einem

---

[292] Vgl. auch im Folgenden Shahar 2001, S. 372-386.
[293] Vgl. Liu 1967. Holcombe (1990, S. 163f) sieht auch in der Geschichte der Maid von Yue Anteile an der Figur des Fahrenden Ritters. Legenden freiheits- und gerechtigkeitsliebender Helden beleben nicht nur bis heute die Literatur, sondern auch die Vorstellungswelt der realen Kampfkünstler. Zum *Shiji* von Sima Qiang s. Hulsewé 1993.

Überfall oder im Duell, mit und ohne Ethos. Neben der offenen Straße und den ummauerten Höfen der Klans, des Klosters und der Kaserne waren Geheimgesellschaften, Rebellenarmeen, Banditenhaufen, der Marktplatz und das Theater wichtige Orte des Austauschs. Lokale Milizen, die kleine Städte oder Dörfer und ihre Felder vor räuberischen Übergriffen oder Invasionstruppen schützen mussten, wurden von Kampfkünstlern trainiert. In friedlichen Zeiten wurden bei festlichen Anlässen dramatische Kampfkunstelemente in Opernaufführungen konserviert, um sich in kriegerischen Zeiten vielleicht wieder ihrer blumigen Einkleidung zu entledigen. (So bewahrten auch grimmige Tanzelemente in den revolutionären Modellopern von Maos letzter Frau Jiang Qing nicht nur Erinnerungen an vergangene Zeiten des Faustrechts auf, sondern drohten auch mit jederzeit möglichen neuen Wellen des Klassenkampfs.)

Die Welt der Kampfkunst war eine Welt der reinen Flammen, der klaren Worte und der unverrückbaren Entscheidungen; eine Welt, in der das Schwert der Gerechtigkeit das Gute vom Bösen schied. Und zugleich stand sie in einem Kontinuum mit der Welt des Gegenteils von alledem, der Welt der Doppelzüngig- und der Doppeldeutigkeit, der dubiosen Charaktere, der Hinterhalte und niederträchtiger Berechnung. Es war eine Welt, in der nicht alles das war, was es zu sein schien. Wer in ihr lebte, tat es mit geschärften Sinnen, manche auch mit geschärften Klingen.

Immer gab es berühmte Männer und Frauen und Unbekannte mit rätselhafter Identität. Es gab Verborgene und Unscheinbare, und es gab Geschichten von Begegnungen mit mysteriösen Alten, die plötzlich vor einer Höhle oder auf einer Brücke auftauchten, ein Geheimnis und einen Auftrag enthüllten und wieder spurlos verschwanden. In den Biographien kreuzten sich die Kampfkünste und ihre Geschichten, um zu Vorgeschichten für andere zu werden. Selbst die geheimsten Künste, wenn sie am Kampf teil hatten, mündeten in den Großen Strom, von dem die einzelnen Kampfkünste abgezweigt worden waren. Manche flossen mit anderen zusammen; manche versiegten, während woanders neue Quellen hervorbrachen; manche verdunsteten, um sich woanders abzuregnen; keine entzog sich dem Großen Strom, der ihre Welt umfloss.

Austausch von Formenrepertoires

Taijiquan ist nicht im luftleeren oder einem von Göttern besuchten Raum entstanden und auch nicht in der Mittagshitze eines ländlichen Hofes, sondern in der Welt der Kampfkunst. In ihr gab es ein Netz von Orten und Begegnungen von Menschen, aber keinen Stillstand.

Als sich der Yang- und der Chen-Stil zwei Generationen, nachdem Yang Luchan bei Chen Changxing gelernt hatte, in den 1920er Jahren in Beijing wieder begegneten – nun beiderseits mit der Behauptung, Erben jahrhundertealter Überlieferungslinien zu sein –, hatten sich die Ausführung der Figuren, die Art des Übens und die des Kämpfens auseinanderentwickelt; auch wenn bei allen Unterschieden unverkennbar geblieben war, dass sich die verschieden ausgeführten Formen aus den gleichen Figuren zusammensetzten. Doch was hieß das?

Tang Hao, der Chen Xins Anspruch auf Chenjiagou als Ursprungsort des Taijiquan akzeptierte und nur den veranschlagten Zeitpunkt korrigierte, hatte, wie bereits erwähnt, 1931/32 eine Kopie von Qi Jiguangs „Klassiker des Faustkampfs" in Chenjiagou gefunden und daraufhin 25 Figuren der darin abgebildeten Figuren im Chen-Formenrepertoire identifiziert. Nach Gu Liuxin, der eine andere Kopie zu Rate zog, finden sich sogar 29 der 32 Figuren Qi Jiguangs im Chen-Stil wieder.[294]

Chen Wangting war offenbar nicht anders als Qi Jiguang selbst verfahren, der auf bereits bestehende Formen zurückgegriffen hatte. (Und wir müssen davon ausgehen, dass auch die Stile, denen dieser seine 32 Figuren entnahm, ihrerseits bereits von der Auseinandersetzung mit anderen beeinflusst waren.) Es gehörten ohne jede Frage verschiedene Stile, zumindest Elemente aus ihnen, zu seinem Repertoire, das zum Formenbestand in Chenjiagou wurde. Figuren, Namen und ganze Formen wurden unter seiner Hand adaptiert und assembliert; so die schon zuvor außerhalb Chenjiagous bekannten Dreizehn Stellungen, die im Shaolin-Gongfu praktizierte Rote Faust oder das Lange Boxen, das vor allem in den Provinzen Shanxi, Shaanxi und Henan verbreitet gewesen sein soll. Xu Zhen war der Meinung, das Lange Boxen des Chen-Stils entstamme gänzlich dem *Taizu xia nantang*, einer dem ersten Song-Kaiser Taizu (927-976) zugeschriebenen Form, die sich im Shaolin Gongfu des rund 50 Kilometer von Chenjiagou entfernten Shaolin-Klosters erhalten hat.[295]

---

[294] Gu Liuxin in *Taijiquan shu*; vgl. Wile 1999, S. 11; vgl. u.a. Henning 2009, S. 82. Zum Einfluss von Qi Jiguang auf die Chen-Stilformen vgl. auch Ranné 2011, S. 229-250, der darauf aufmerksam macht, dass nicht nur Figuren, sondern auch Merkverse übernommen wurden.

[295] Zu Shaolin und Roter Faust s. Wells 2005, S. 16. Chang Naizhou praktizierte und beschrieb ebenfalls sowohl die Rote Faust als auch den Kanonenschlag; s. Xu Zhens Vorwort (1932), in: Wells 2005, S. 241. Zu *Taizu xia nantang* s. Xu Zhen 1936, in: 2012, S. 63f. Der Name *Taizu xia nantang* bedeutet „Taizu unterwirft das Reich der Südlichen Tang". Mit Taizu ist Song-Taizu, der erste Kaiser der Song-Dynastie (960-1279) gemeint. Er hatte im Jahr 960, damals noch General mit dem Namen Zhao Kuangyin, in Kaifeng die Song-Dynastie ausgerufen und das nach dem Untergang der Tang-Dynastie zerfallene Reich wieder geeint. Doch es hielten sich noch fast zwanzig Jahre lang kleinere unabhängige Enklaven. Eine von ihnen war die Südliche Tang-Dynastie, die erst 975 n. Chr. nach einer Belagerung ihrer Hauptstadt Nanjing von Taizu unterworfen wurde. Andere Quellen sehen die Abhängigkeit in umgekehrter Richtung und schreiben Taizu noch zu seiner Zeit als Militär (d.h. als Zhao Kuangyin) die Begründung von Taizus „Langer Faust" *Taizu changquan* zu, die auf einen Shaolin-Stil zurückgehen soll. Das Verhältnis von Shaolin-Gongfu und Chen-Stil beschäftigt die Gemüter immer wieder. Zur frappierenden Ähnlichkeit des „Alten Rahmens" im Chen-Stil und dem *Taizu changquan* der Shaolin-Kampfkunst s. Szymanski 2000. Ranné (2011, S. 267-271) findet im Vergleich mit dem Shaolin-Boxhandbuch von 1784 allerdings nur drei ähnliche Figuren und auch keine terminologische Verwandtschaft, will eine Beeinflussung aber nicht ausschließen. Er geht davon aus, „dass die Taijiquan-Form innerhalb einer bestehenden Kampfkunsttradition entwickelt wurde und die Bewegungen des *Changquan* und etwaiger anderer Formen assimiliert hat (S. 273) ... [was in einer] „durchgängigen, sich kontinuierlich anpassenden Kampfkunstpraxis in Chenjiagou" (S. 274) [geschah, in einem] „regen Austausches der damaligen Kampfkünstler" (S. 275) [was zu] „einer überregionalen Verbreitung von Bewegungsformen und -namen mit verschiedenen Versionen und ‚lokalen Dialekten'" (S. 276) führte.

In unserem Zusammenhang ist es unerheblich, wie viele Figuren des Chen-Stils es genau sind, die sich auf ältere Stile zurückführen lassen. Interessanter, hier aber auch nicht entscheidend, ist, inwieweit die heute praktizierten Formen nach den Neuerungen, die Chen Changxing und Chen Youben in der 14. Generation durchgeführt haben, überhaupt noch denen aus Chen Wangtings Zeit gleichen. Im Äußeren, in den Figuren, liegt der Unterschied von Taijiquan zu anderen Kampfkünsten offensichtlich nicht. Worin aber dann?

Fast sieht es so aus, als habe Stanley E. Henning recht mit seiner Behauptung, dass Taijiquan gegenüber anderen Kampfkünsten keine Sonderstellung beanspruchen könne. Seine These bezog sich eigentlich nur auf den Theorieraum, der seit der Maid von Yue für alle chinesischen Kampfkünste abgesteckt gewesen sei. Doch es sieht so aus, als ob diese Künste sich auch hinsichtlich ihrer Formen in einem Kontinuum entwickelt und bewegt hätten. Durch was also definiert sich Taijiquan, was macht es praktisch und theoretisch von anderen Kampfkünsten unterscheidbar? Was sollte gar seinen Anspruch rechtfertigen, sich von anderen Kampfkunststilen fundamental zu unterscheiden?[296]

Der Name

Die Frage nach dem Ursprung des Taijiquan hat uns auf die Frage nach den Kriterien zurückgeworfen, nach denen sich überhaupt von Taijiquan reden lässt.[297] Erst wenn wir uns dieser Kriterien versichert haben, können wir sinnvoll fragen, seit wann es diese Kampfkunst gibt. Nach unserer Betrachtung der Aporien des Ursprungs hatten wir gefragt, ob allein der Name einer Kampfkunst all ihren Wandel umgreifen und ihre Identität verbürgen könne. Wäre eine Kampfkunst, deren Wesen sich durch Unvollkommenheiten ihrer Linienhalter, durch Vergessen, Verluste, Rekonstruktionen und stillschweigende Veränderungen im Lauf der Zeit gewandelt hätte, tatsächlich noch dieselbe wie

---

[296] Vgl. hierzu auch „Ist Taijiquan eine innere Kampfkunst?"

[297] Ranné (2011, S. 281f) hat die Frage nach dem Kriterium von Taijiquan ebenfalls aufgeworfen, um sie dann aber unter der Hand als bereits beantwortet zu betrachten: „Eine Grundsatzfrage bleibt sicher, ab welchem Zeitpunkt Taijiquan überhaupt Taijiquan genannt werden kann. Immer wieder wechselten Stile von Ort zu Ort, wurden von fahrenden Leuten weitergegeben und dann in seltenen Fällen von einem Schüler, der schriftkundig war, aufgezeichnet. Anscheinend waren die damaligen chinesischen Kampfkünste derart weit verbreitet und der Austausch mit anderen Stilen und Techniken wurde durch das fahrende Volk (*jianghu*) so sehr gefördert, dass man nur selten von einer dauerhaften Übermittlung eines konkreten Stils sprechen kann – und zwar nur dann, wenn der Stil örtlich oder organisatorisch tradiert wurde, wie z. B. in Shaolin und in Chenjiagou, sodass beide Orte zu Übermittlern traditioneller Kampfkunst geworden sind. Verglichen mit anderen chinesischen Kampfkünsten ist aber die Geschichte des Taijiquan [...] außerordentlich klar." Der Verweis auf eine dichte, in regem Austausch stehende Kampfkunstszene statt einer göttlichen Offenbarung am Ursprung eines Stils ist unhintergehbar. Auch eine organisatorische (wenn auch nicht unbedingt ortsgebundene) Tradierung ist folgerichtig. Sie stellt die Idee der Überlieferungslinie in den Raum. Die Geschichte des Taijiquan erscheint uns aber auch und gerade im Chen-Stil alles andere als „außerordentlich klar". Auch an zweifelsohne bedeutenden Orten der chinesischen Kampfkunsttradition wie dem Shaolin-Kloster und Chenjiagou ist die Kunst dem Wandel nicht entzogen und enthoben.

am Anfang, wenn sie allein ihren Namen unbeschadet von Generation zu Generation weitergegeben hätte?

Für Taijiquan stellt sich die Frage so nicht. Im Gegenteil, der Name war überall dort, wo sein Ursprung liegen soll, unbekannt. Wäre also umgekehrt denkbar, dass die großen (und vielleicht dazwischen auch einmal die kleineren) Meister über Jahrhunderte Taijiquan praktizierten – ohne es zu wissen? Ohne zu wissen, dass es sich *eigentlich* um Taijiquan handelt, dessen Namen sie noch nicht kannten?

Wir hatten gesehen, dass in den zahlreichen postumen Dokumenten zu Zhang Sanfeng Taijiquan nicht vor 1867, evtl. sogar erst im 20. Jahrhundert, mit ihm in Verbindung gebracht wird. Auch in Chenjiagou nannte man die Formen des dortigen Kampfkunststils nicht Taijiquan. Ab wann der Name dort bekannt war und schließlich für den eigenen Familienstil verwendet wurde, ist nicht ganz geklärt. In der Familienchronik taucht er frühestens 1858 zum ersten Mal auf, wahrscheinlich aber erst wesentlich später. Öffentlich hatte sich der Chen-Stil spätestens 1928 in Beijing und schriftlich mit Chen Xins Buch (1933/1919) zum Taijiquan erklärt.[298]

Auch Yang Luchans Kampfkunst hieß in den 1840er Jahren, als er Chenjiagou verlassen hatte und nach Yongnian zurückgekehrt war, noch nicht Taijiquan. Man nannte sie Weiches Boxen (*ruanquan),* Watteboxen (*mianquan*), Neutralisierungsboxen (*huaquan*) oder einfach Yangboxen (*yangquan*). Für Yang Luchan stellt sich eine zweite Frage: Warum übernahm er nicht die in Chenjiagou überlieferten Namen (Dreizehn Stellungen, Kanonenschlag, Rote Faust...)? Warum setzten sich die Bezeichnungen seiner Kampfkunst vom Stil der Chen-Familie ab? Vor allem aber: Warum nannte er das Kind nicht beim Namen Taijiquan, wenn es ihn denn schon hatte? Es drängt sich eine einfache Antwort auf: dass es ihn noch nicht gab. Wenn wir zu Beginn unserer Untersuchung konstatiert haben, dass Taijiquan ohne Yang Luchan vielleicht nie bekannt geworden wäre, so müssen wir nun annehmen, dass er zu der Zeit, da sich sein Ruhm auszubreiten begann, den Namen selbst noch gar nicht kannte.

Taijiquan avant la lettre oder Namenstabu?

Wenn es den Namen Taijiquan vor 1850 noch gar nicht gab – jagen dann, sofern nicht anderslautende, glaubhafte Quellen auftauchen, alle Erzählungen, die seinen Ursprung davor ansetzen, einem Phantom nach? Um dieser Schlussfolgerung zu entgehen, gibt es

---

[298] Der Name Taijiquan findet sich zwar in den Chen Changxing zugeschriebenen Texten, die aber erst von Chen Xin aufgeschrieben wurden und aus verschiedenen Gründen nicht unbedingt als authentisch gelten können; vgl. Fn. 223. Wie der Name zwischen Beijing, Yongnian und Chenjiagou hin und her wanderte, wissen wir nicht. Xu Zhen fand in den 1930er Jahren in Chenjiagou in einem Formenhandbuch den Vermerk: „Taijiquan, ein Name ist *Toutaoquan*, ein Name ist die Dreizehn Stellungen, das sind nämlich die Dreizehnfachen Drehungen oder auch das Dreizehnfache Falten." (Vgl. Xu Zhen 1936, in: 2012, S. 101) Der Eintrag soll von Chen Sen geschrieben sein, der erst 1843 geboren wurde, so dass die Begriffsverwendung – ob bereits für 1858 glaubhaft oder nicht – jedenfalls nicht früher als der Gebrauch des Begriffes in den Familien Wu und Li ist.

zwei mögliche Antworten: Entweder ist der Name sowieso nur Schall und Rauch, der nichts zur Sache tut. Oder aber es gab ihn doch schon, er wurde nur nicht ausgesprochen.

Die erste Antwort unterstellt, dass ein Stil, der irgendwann in neuerer Zeit als Taijiquan anerkannt wurde, dies schon seit seinem veranschlagten Gründerahn gewesen sein muss; dass dieses also schon *avant la lettre* existiert habe. Diese These ignoriert nicht nur den Wandel, der sich in Überlieferungslinien zuträgt; sie unterschlägt auch die Rolle, die der Name dabei spielt, diesen Wandel innerhalb einer Überlieferung an ein bestimmtes Wesen zu binden. (Dazu im weiteren Verlauf mehr.) Die Frage, die beim Durchgang durch die herrschenden Narrative auftauchte und nicht befriedigend beantwortet werden konnte, ist: Wie sollte der Nachweis erbracht werden können, dass das, was vor vielen Generationen praktiziert wurde, schon desselben Wesens war wie das, was offenbar frühestens erst seit der zweiten Hälfte des 19. Jahrhunderts Taijiquan genannt wird.

Die zweite Antwort aber meint, dass es nicht nur den Namen schon gab, sondern auch die für uns heute damit assoziierbare Sache. Es gibt die These, dass ein kaiserliches Tabu auf dem Namen lag, da der mandschurische Dynastiegründer Abahai (1592-1643) auf chinesisch Huang Taiji hieß. Danach hätte die Kampfkunst eigentlich schon so geheißen, wäre aber zumindest öffentlich oder schriftlich nicht so genannt worden.[299]

Tatsächlich ist belegt, dass im alten China Schriftzeichen kaiserlicher Namen mit einem strikten Tabu belegt waren. Im Falle des Tabus durfte niemand das Schriftzeichen für den Namen des Kaisers in anderer Verwendung schreiben. Man behalf sich, indem das Schriftzeichen entweder durch ein anderes homophones oder synonymes Zeichen ersetzt wurde; oder man ließ eine Leerstelle; oder man ließ einen Strich in dem Zeichen aus. Der Tang-Kaiser Taizong (599-649), dessen ursprünglicher Name Shimin aus zwei Allerweltszeichen 世民 bestand, erleichterte seinen Untertanen das Tabu, indem er nur die Zeichenfolge, nicht aber die einzelnen Zeichen verbot.

Die These ist also nicht aus der Luft gegriffen, aber es gibt dazu bisher keine abschließende Untersuchung. Es wirkt jedoch unwahrscheinlich, dass der Begriff Taiji, der im Zentrum der offiziellen, vielfach diskutierten neokonfuzianischen Philosophie stand und zum Prüfungswissen der Beamten der Qing-Zeit gehörte, ausgerechnet in der Kampfkunst einem Tabu unterlegen haben sollte. Doch selbst wenn dem so gewesen wäre, haftet der These etwas Unplausibles an. Erstens hätte man sich mit einer anderen Schreibweise oder der Ersetzung eines Zeichens behelfen (und die Kampfkunst vorübergehend beispielsweise Taiyiquan („Kampfkunst des Großen Einen") oder so ähnlich nennen können. Zweitens waren als Handbücher (*pu*) innerhalb der Linie weitergegebene Schriften geheim gehaltene Unikate, die niemals für die Öffentlichkeit gedacht

---

[299] Stanley E. Henning (1994, S. 3) vermutet zwar, dass der Name Taijiquan erst nach 1850 aufkam, dass er aber wahrscheinlich als Nachwirkung der rigorosen Verfolgungen während der Qianlong-Ära (1735-1796) noch lange Zeit nur im engsten Kreis von Kampfkünstlern genannt wurde. Zur Frage nach Huang Taiji und einem Namenstabu s. auch Fn. 5.

waren und wie der eigene Augapfel gehütet wurden. Sicherlich hätte man nicht mit Rücksicht auf kaiserliche Häscher verschwiegen, was innerhalb der Linie zu wissen wichtig gewesen wäre; und so taucht „Taiji" (auf dem ja das Tabu hätte liegen müssen, nicht auf Taiji-quan) auch sowohl bei Wang Zongyue als auch bei Chang Naizhou auf. Drittens würde die Befolgung eines Tabus nicht erklären, dass man es in den letzten Dekaden des 19. Jahrhunderts dann nicht mehr befolgte.[300]

Alles spricht dafür, dass der Name erst einige Jahre, nachdem Yang Luchan seine von Chen Changxing erlernte Kunst aus Chenjiagou nach Yongnian gebracht hatte, entstand; und zwar während des Selbstverständigungsprozesses, den das Auftreten von Yang Luchan während der 1840er Jahre in Yongnian vor allem bei Wu Yuxiang ausgelöst hatte. Anfang der 1850er Jahre dürfte dieser Prozess durch die Zusammenstellung und Bearbeitung von Texten (für die der wörtlich oder metaphorisch zu nehmenden Salzladenfund steht) eine neue Dynamik bekommen haben.

Die plausibelsten Eckdaten sind 1852, das Jahr des präsumtiven Salzladenfunds, als *terminus post quem* und 1881, das gesicherte Datum einer Handschrift von Li Yiyu, die den Begriff verwendet, als *terminus ante quem*.[301] Für die Yang-Familie ist der Gebrauch des Begriffs Taijiquan erst mit den Publikationen in der Republikzeit bezeugt. Die „40 Kapitel der Yang-Familie" (*Taiji fa shuo*), für die es eine (allerdings ungesicherte) Zuschreibung an Yang Banhou auf 1875 gibt, verwenden den Begriff nicht, auch wenn sie die Kampfkunst mit dem Taiji-Prinzip beschreiben. Wir wissen nicht einmal mit letzter

---

[300] Hätte es tatsächlich ein starkes Tabu auf den Zeichen 太極 *taiji* gegeben, die nicht nur zu den Anfängen des Universums, sondern auch zum Anfang der Mandschu-Herrschaft in China führten; und hätte der Name Taijiquan schon bestanden, als Yang Luchan nach Beijing ging; so hätte dieser Name vor den Stadt- und Palasttoren verstummen müssen. Zumindest denkbar ist bei einer wie immer eingeschränkten Handhabung des Tabus auch das Gegenteil: dass der Name Taijiquan umgekehrt geholfen haben könnte, die Palasttore zu öffnen; dann nämlich, wenn er als Memento und Appell an die alte Stärke der Mandschu wirken konnte, die sich schon durch den chinesischen Namen ihres Dynastiegründers auf die chinesische Kultur eingeschworen hatten und denen nun vor Augen gehalten wurde, dass sie gemeinsam mit Chinesen deren Schätze heben mussten, wenn sie das Chaos, in dem das Land nach der Bedrohung durch den Westen und Rebellionen im Inneren zu versinken drohte, bändigen wollten. Das patriotische Element, das Douglas Wile mit seiner Spekulation über den Namen Wang Zongyue angesprochen hat, wäre mit einer Spekulation über den Namen Taijiquan bekräftigt und und zugleich seiner antimandschurischen Konnotation entkleidet worden. Solche Spekulationen sind allerdings vorerst haltlos und können, solange sie nicht durch Forschungen unterfüttert sind, noch nicht einmal den Status einer These erlangen.

[301] Hätte die Wang Zongyue zugeschriebene „Abhandlung des Taijiquan" [Text B] bereits 1852/53 diesen Titel gehabt, müsste der Name entsprechend älter sein. Im Text selbst kommt er aber nicht vor; und es ist nicht unwahrscheinlich, dass die kleine Schrift erst später ihre Überschrift erhielt; zumal da der Wortlaut des Titels (bzgl. Herkunftsprovinz und/oder Lebenszeit des mutmaßlichen Autors) in verschiedenen Überlieferungen variiert. Das wäre, wenn man das Ma Tongwen-Manuskript für richtig datiert hält, bis spätestens 1867 geschehen; ansonsten, wenn die „Drei alten Manuskripte" von Li Yiyu die ersten Dokumente darstellen, bis 1881. Da auch Wu Yuxiangs Brüder Wu Chengqing (1800-1884) und Wu Ruqing (1802-1885) von Taijiquan sprechen (wenn denn ihre kleinen Schriften als authentisch erachtet werden können), spricht viel für die Verwendung noch zu Wu Yuxiangs Lebzeiten (vor 1880), mit einiger Wahrscheinlichkeit schon, als er seinen Neffen Li Yiyu zu unterrichten begann (1853).

Gewissheit, ob Yang Luchan (der 1872 verstarb) seine Kampfkunst ab irgendeinem Zeitpunkt schon selbst Taijiquan nannte; auch wenn es höchst wahrscheinlich ist. Es gibt eine Anekdote, wonach Weng Tonghe (1830-1904), ein am Hof äußerst einflussreicher Gelehrter und Erzieher mehrerer Prinzen, der ihn gegen körperlich überlegene Gegner kämpfen und mühelos siegen sah, voller Bewunderung ausgerufen haben soll, dass dies wahrhaft die „Kampfkunst des Taiji" (*Taijiquan*) sei – und er damit den Namen geprägt habe.[302] Aber die Geschichte ist nicht nur unüberprüfbar, sondern sie klingt auch ein wenig so, als solle sie den Namen Taijiquan ganz an Yang Luchans Erscheinung binden und dabei die Gelehrten aus Yongnian ausblenden. Man könnte sie allerdings auch so verstehen, dass der Gelehrte den anspruchsvollen Namen schon gehört hatte und ihm nun von quasi-offizieller Seite seine Angemessenheit bescheinigte.

Möglich ist, dass der Begriff von Wu Yuxiang geprägt wurde, als er mit Hilfe der „Abhandlung" [Text B], anderer Texte und seiner eigenen Gedanken, die er in den „Erläuterungen zum tieferen Sinn der Ausführung der Dreizehn Stellungen" [Text C] zusammenfasste, die Kampfkunst von Yang Luchan und das, was er darüber hinaus von Chen Qingping gelernt hatte, zu ergründen suchte. Da er wohl trotz der Belehrungen durch Yang Luchan und Chen Qingping nicht autoritativ in eine Überlieferungslinie eingewiesen worden war, könnte er nach einem Namen für die Kampfkunst gesucht haben, die er nun selbst praktizierte und an seine Neffen weitergab. Wichtiger als die Frage nach einem Linienbegründer („unbekannt") dürfte für ihn diejenige nach ihren leitenden Prinzipien gewesen sein. Da die „Abhandlung" gleich zu Beginn auf die damals bereits 800 Jahre alte philosophische „Erläuterung des Taiji-Diagramms" von Zhou Dunyi (1017-1073) anspielte, mit der Wu Yuxiang sicher vertraut war, mag die Benennung der Kunst des mühelosen Kämpfens als Taijiquan nahegelegen haben.[303] Obwohl das Taiji-Prinzip schon seit dem 3. Jahrhundert vor Chr. – und seine Verbindung mit dem Wuji seit dem 11. Jahrhundert – diskutiert wurde, konnte eine Kampfkunst nach ihm sicher erst benannt werden, als ein Gelehrtenwissen (*wen*) und die entsprechende Meisterschaft (*wu*) aufeinander getroffen waren.

Die ursprüngliche Segmentation

So wie es sich uns darstellt, handelte es sich bei der Namensgebung um keinen geistreichen Einfall, der eine bereits bestehende Kampfkunst einfach umbenannt hätte.

---

[302] Die Geschichte findet sich bei Peter Lim Tien Tek, *The Development Of Yang Style Taijiquan*, unter: http://www.itcca.it/peterlim/historg4.htm; s. auch Pang 1987.

[303] Es ist denkbar (und war bei Schriften ohne Titel durchaus üblich), dass bei einer Redaktion des Textes die ersten zwei und das letzte Zeichen („Taiji, aus Wuji entstehend […] Das ist die Abhandlung") genommen wurden, um ihm eine Überschrift zu geben. (Vgl. auch Henning 2012, S. 16.) Da er dann „Abhandlung des Taiji" geheißen hätte, es in ihm aber um eine Kampfkunst geht, die sich durch das Taiji-Prinzip verstehen lässt, wäre daraus „Abhandlung der Kampfkunst des Taijiquan" (*Taijiquan lun*) geworden. Möglich ist auch – um einer weiteren Spekulation die Tür zu öffnen –, dass bei der Benennung die verwandte Kampfkunst Baguazhang, die sich an den Hexagrammen des Buches der Wandlungen (*Yijing*) orientiert, mit der Berufung auf das Taiji-Prinzip an Ursprünglichkeit noch überboten werden sollte.

Stattdessen entstand der Name für eine Idee von Kampfkunst, die im Lauf der Geschichte vielleicht mit jedem Unbesiegbaren aufgeschienen war; die Idee, dass die Kunst des Kämpfens gemeistert hätte, wer das Buch der Natur zu lesen verstünde. Vielleicht hatte sich diese Idee irgendwann um das Auftreten eines solchen Meisters herum zu einer „gemeinsamen theoretischen Matrix" verdichtet. In Chen Changxing hatte sie zu einem Meister gefunden und in Yang Luchan zu einem Phänomen geführt, das nach Erklärung verlangte. Doch alles wäre wieder in die Schatten der Vergangenheit zurückgetreten, wenn es nicht zur Begegnung zwischen Yang Luchan und Wu Yuxiang gekommen wäre, die zu dessen Recherche bei Chen Qingping und schließlich einem Selbstverständigungsprozess dieser Kampfkunst führte.

Dieser Selbstverständigungsprozess war verbunden mit der Redaktion der Schriften, die uns mit den Manuskripten von Li Yiyu und in der Yang-Stil-Variante als Klassische Schriften des Taijiquan vorliegen. Noch während dieses Selbstverständigungsprozesses, setzte Yang Luchans Wirken in Beijing ein sowie Wu Yuxiangs Unterricht an seine Neffen.

Wir wissen nicht, wie damals die Kommunikation zwischen Yongnian und Beijing verlief und ob es noch direkte Kontakte nach Chenjiagou oder Zhaobao gab. Wir wissen auch nicht, wann das Schweigen der Familien Wu und Yang voneinander begann. Aber es scheint, dass in der Zeit, da sie sich einander entfremdeten, auch der Stil ihrer Kampfkunst auseinanderdriftete. Doch sie verwendeten zum einen denselben Namen Taijiquan für ihre Kampfkunst und veranschlagten zum anderen die mehr oder weniger selben Schriften als Grundlage ihres Selbstverständnisses. Beiden gelang es, eine Familienüberlieferung ins Leben zu rufen; Yang Luchan über seine Söhne, Wu Yuxiang über einen Neffen. Aus beiden Linien ging je eine weitere Familienüberlieferung im Rang und Ansehen eines eigenen Taijiquan-Stils hervor: aus dem Yang-Stil der (neue) Wu-Stil, aus dem (alten) Wu-Hao-Stil der Sun-Stil. Während Wu Yuxiang und Yang Luchan ihre Kampfkunst erst im Lauf der Zeit als Taijiquan deklarierten, begannen die von Sun Lutang (1861-1933) und Wu Jianquan (1870-1942) begründeten Stile bereits als solches. In dieser Zeit nahmen wohl auch die Kampfkünste in Chenjiagou und Zhaobao, die entscheidende Beiträge für sich reklamieren konnten, den Namen an.

Wahrscheinlich wurde der Name Taijiquan also bereits bei seiner Prägung für eine Art der Kampfkunst verwendet, die bei ihren Protagonisten Yang Luchan und Wu Yuxiang unterschiedlich aussah, obwohl sie dieselben Prinzipien anerkannten. Dem entsprach, dass es Wurzeln in Chenjiagou und in Zhaobao gab, bei Chen Changxing und bei Chen Qingping. Dass es einen sowohl in Chenjiagou als auch in Zhaobao unbekannten Text gab mit einer Zuschreibung an einen ansonsten unbekannten Wang Zongyue, passte zu dem Befund, dass es eine diffuse, nicht in einer einzigen Überlieferungslinie gebündelte Tradition von Einsichten in die Kunst des mühelosen Kämpfens gab, die in Yang Luchan zu einem unbesiegbaren Meister geführt hatte. Li Yiyus zwei Bemerkungen, dass der Ursprung des Taijiquan unbekannt sei, und dass es am besten durch Wang Zongyue ausgedrückt worden sei, lassen sich genau so verstehen. Diese

Tradition galt es mit dem Namen und mit der Vereidigung auf die in Schriften festgehaltenen Prinzipien zu bündeln; allerdings so, dass die bereits vorgefundene Diversifikation sich nach dem Nullpunkt der Namensgebung in unterschiedlichen Familienstilen fortsetzte.

Die Entwicklung mag dem geähnelt haben, was in der Welt der Kampfkunst auch früher immer wieder geschehen war. So wie Chang Naizhou und Wang Zongyue aus einer gemeinsamen Quelle geschöpft haben müssen, aus der sich parallel unterschiedliche Stile entwickelten; und so wie es Ähnlichkeiten und Differenzen zwischen der Kampfkunst in Chenjiagou und Zhaobao gegeben haben muss; so entwickelten sich auch aus Yongnian zwei divergierende Stile, die sich schließlich in Beijing ihrerseits wieder an der Schnittstelle großer Meister verzweigten. Doch es gab einen Unterschied zu den früheren Entwicklungen: Jetzt gab es zum einen den Namen und zum anderen die Schriften mit den Prinzipien, die das Auseinanderdriften der Familien zu einem solchen von Stilen innerhalb derselben Kampfkunst machten.

Taijiquan ging unseren Überlegungen zufolge nicht von einem einzigen, durch einen genialen Meister gestifteten Ursprung aus, sondern es trat als bereits in verschiedene Stile ausdifferenzierte Kunst in die Geschichte. Es ist ein Oberbegriff für verschiedene Versuche, dieselbe Idee zu erfassen und diese jeweils innerhalb einer Linie als Übungssystem zu überliefern.

Die Rolle der Klassischen Schriften

In der Welt der Kampfkunst war es üblich, dass Meister ein Handbuch (*pu*) hatten, das sie ausgewählten Schülern zeigten und später ihrem Nachfolger in der Linie vermachten. Als Yang Luchan, wahrscheinlich in den frühen 1850er Jahren, nach Beijing ging, soll er jene Schriften bei sich gehabt haben, die Jahrzehnte später (1912) von Guan Baiyi als „Klassiker" (*jing*) des Taijiquan veröffentlicht wurden. Ob es tatsächlich so war und ob die Zusammenstellung in den 1850er Jahren schon exakt dieselbe wie die von 1912 war, wissen wir nicht. Drei Dinge sind in unserem Zusammenhang relevant:

- dass das kleine Konvolut seit 1912 nicht mehr als „Handbuch", sondern als „Klassiker" gehandelt wurde;
- dass es Unterschiede zur Wu-Li-Version aufweist, aber unverkennbar aus demselben Korpus hervorgegangen ist;
- dass der Wu-Li-Version retrospektiv ebenfalls der Status der Klassiker zugesprochen wurde.

Beide Versionen, sowohl die Yang- als auch die Wu-Li-Zusammenstellung, dürften in Yongnian entstanden sein. Es ist nicht letztlich geklärt, welche Version die frühere ist und ab wann sich das Yang-Korpus in seiner Textgestalt einigermaßen stabilisiert hatte (was selbst nach der ersten Drucklegung nicht zu 100 % der Fall war). Aber für unsere Betrachtung ist diese Frage sekundär. Dass es die Yang-Version war, die zuerst den Klassiker-Status erlangte, dürfte den Grund haben, dass der Nimbus um die Person von

Yang Luchan durch die Präsenz seiner Söhne und Enkel in der Kampfkunstszene von Beijing auch 1912 noch strahlte.

Bemerkenswert ist, dass eine der Schriften [Text C] auch in der Zusammenstellung der Yang-Familie Wu Yuxiang zugeschrieben wird, der an ihrer Redaktion wohl den maßgeblichen Anteil hatte. Das zeigt an, dass es bei der „Geburt" der Klassiker nicht um eine Okkupation des Namens Taijiquan durch den Yang-Stil ging, sondern im Gegenteil um die Proklamation einer Stil-übergreifenden Gemeinsamkeit. Der Name Taijiquan und seine Schriften waren bereits ein Referenzpunkt unter den Vorzeichen des Auseinanderdriftens der Stile. Nun wurden die Schriften mit den in ihnen formulierten Prinzipien zur verbindlichen Plattform der Gemeinsamkeit. Das hätten Handbücher (*pu*) eines Stils auf Dauer nicht vermocht, das konnten nur Klassiker (*jing*) leisten. Der Name und die Klassischen Schriften bilden zusammen die verbindende Metaebene zur Liniendivergenz, die ansonsten zu unterschiedlichen Kampfkünsten geführt hätte.

Taijiquan verfügt über keine Instanz, keinen Papst und keine Partei, die darüber entscheiden könnte, wer den Namen zu Recht führen darf. Doch seine Klassischen Schriften formulieren Prinzipien, die charakterisieren und dadurch auch definieren, was es ist. Wollte man den Ursprung von etwas suchen, was nicht an diese Prinzipien rückgebunden ist, suchte man den Ursprung von etwas anderem. Vergegenwärtigen wir uns einige zentrale Punkte:

- In der „Abhandlung des Taijiquan" [Text B] heißt es: „Hinsichtlich ihrer Techniken gibt es etliche Schulen. Aber auch wenn ihre Stellungen unterschiedlich sind, geht es bei ihnen doch ausnahmslos um nichts anderes, als dass der Starke den Schwachen bedrängt und der Langsame dem Schnellen weicht." [B33-36] Das bedeutet, dass Taijiquan keine „gewöhnliche" Kampfkunst zu sein beansprucht; keine Schule, die sich durch Techniken definiert. Es definiert sich nicht als *Stil*, sondern als eine besondere *Art* des Kämpfens; eine Art, die nicht auf Körperkraft oder Schnelligkeit basiert.
- Eine Kampfkunst, die nicht auf Körperkraft und Schnelligkeit basiert? Das ist möglich, weil es, anders als in anderen Kampfkünsten (den „etlichen Schulen"), nicht um Angriffs- oder auch Verteidigungstechniken geht, sondern darum, sich mit dem Anderen zu *verbinden* und sich in seine Bewegung einzublenden. Es heißt: „Wenn der Andere hart ist, bin ich weich. Das nennt man mitgehen. Ich folge der Richtung, wenn der Andere sich abwendet. Das nennt man anhaften. Ist die Bewegung schnell, so ist auch die Entgegnung schnell. Ist die Bewegung langsam, so folgt man langsam." [B7-10] Alles geschieht, wie in dem Taiji-Symbol dargestellt, ohne Lücke und ohne Unterbrechung zwischen Yin und Yang, ohne Blockade und ohne Stagnation. Durch die Verbindung und Ergänzung von Yin und Yang wird jede Angriffskraft neutralisiert.
- Diese Art des Kämpfens ist ein Nicht-Kämpfen und folgt dem, was das chinesische Denken als das Prinzip des Allerhöchsten (*taiji*) betrachtet; das heißt, Bewegung und Ruhe folgen in dieser Kampfkunst einem bzw. *dem* kosmologischen Prinzip: „Taiji,

aus Wuji entstehend, ist die Mutter von Yin und Yang. In Bewegung trennt es, in Ruhe vereinigt es." [B1-4] Wo die Dinge in die Welt der Gegensätze und des Kampfes auseinandertreten, bringt Taijiquan ihre zugrundeliegende Einheit zur Geltung.

- Der Kampfkünstler des Taiji setzt sich zu dem Anderen, dem Angreifer, und dadurch auch zu sich selbst in ein anderes Verhältnis als in den „etlichen Schulen". „Zu Grunde liegt: Das Eigene aufgeben und dem Anderen folgen." [B65] In diesem Zitat formuliert sich die zentrale Strategie dieser Art des Nicht-Kämpfens, ihre Übungsmethode, ihr Weg und ihr Ziel.
- „Helden haben, wohin sie auch gehen, keinen Gegner (*wudi*). Das haben sie durch ebendies erreicht." [B31f] „Ebendies" bezieht sich auf die in den Klassikern ausgeführten Prinzipien. Weil sie keinen Angriffspunkt bieten, haben sie keine Gegner. Dadurch werden die Heroen der Kampfkunst zu Unbesiegbaren.

Klassiker werden zitiert und kommentiert. In den Kommentaren zeigt sich, dass Taijiquan zu erlernen einen Prozess des Verstehens erfordert, der sich gemäß der Auslegungen der Stile und Schulen diversifiziert. Die Zugehörigkeit zur Kampfkunst des Taiji erweist sich im gemeinsamen Bezug auf die Klassiker, nicht in identischen Formen.

Kommentare zu den Klassikern können, müssen aber nicht schriftlich fixiert werden. Bei der Weitergabe, der Tradierung des Taijiquan, besteht ein Kommentar zumeist in einem Zitat mit einer Demonstration durch einen Lehrer. Die Demonstration ist dann ein praktischer Kommentar; einer, der sich in der Regel von einem solchen in einer anderen Schule unterscheidet.

Klassiker ohne Kommentare sind wie verborgene Quellen. Schriftliche Kommentare ohne praktische Demonstration sind wie versiegte Quellen.

Die Klassiker sind an die Stelle eines Ursprungsahnen getreten. Ein Handbuch leitet seine Autorität vom ersten Meister ab, ein Klassiker verleiht den Meistern ihre Autorität. Wirksam aber wird diese Autorität nicht in Texten, sondern nur in der Praxis. In der mündlichen Überlieferung treten die Klassiker schweigend in den Hintergrund. Manchmal werden sie zitiert, aber Überzeugungskraft haben sie nur in einer lebendigen Tradition, durch das Können der Lehrer.

In der Welt der Kampfkunst kam es immer wieder zu der Einsicht, dass Nachfolger der periodisch auftretenden Unbesiegbaren einem Missverständnis unterlagen; dem Missverständnis, dass die Kunst dieser Unbesiegbaren in einer Überlieferungslinie ohne Verluste weitergegeben werde könne. Die Klassischen Schriften des Taijiquan stellen den paradoxen Versuch dar, etwas jenseits der Überlieferungslinien festzuhalten, um das Buch der Natur erneut so lesen zu lernen, wie es den großen Meistern gelungen war.

Klassiker – ob in der Kampfkunst oder der Literatur – stellen einen Bezugspunkt dar, der Auslegungen an ein Vergangenes binden soll, als wäre es ein der Zeit Enthobenes;

als wäre somit auch die Auslegung nicht ein Geschehen in der Zeit, sondern nur eine Entfaltung dessen, was von Anfang an war und ist, wenn auch verhüllt und verkannt.

Kleiner Exkurs zum anderen Ursprung

Ursprung hatte in den Geistesströmungen des alten China, die aufs Taijiquan wirkten, unterschiedliche Konnotationen. Im Daoismus ist der Ursprung nicht jener Punkt in der Vergangenheit, an den man durch die Abstammung gebunden bleibt; es ist vielmehr der Punkt, an den es zurückzukehren gilt, um sich von allen Bindungen zu befreien. Entsteht die Identität einer Person im Klan durch die Linie der Abstammung, so gilt es im Daoismus, diese durch eine Rückkehrbewegung auszulöschen, um zur Ureinheit des Voranfangs zurückzufinden.[304] Diese Rückkehr zum Ursprung ist nach dieser Auffassung jedem Einzelnen in seinem Leben möglich, sofern er entsprechend übt; niemals aber *hat* er diesen qua Abstammung.

Demgegenüber betont die neokonfuzianische Philosophie, vielleicht sogar in einem paradoxen Einverständnis mit Laozi, dass es um die Einsicht in die Permanenz des Ursprungsgeschehens geht; dass dieses nicht an einem anderen Ort in der Zeit oder in der Welt ist, als dem, an dem wir sind.[305]

Die konkurrierenden Denkmodelle, die sich keineswegs immer schroff gegenüberstanden, sondern interagierten, machen deutlich, dass es bei der Frage nach dem Ursprung vielleicht weniger um die Historizität der Erzählungen geht als mehr um ihren symbolischen Wert. Überlagert wurde und wird diese Einsicht immer wieder durch das Abstammungsprinzip der Klanorganisation, das vom Ursprung an durch eine Generation für Generation legitime Nachfolge die Reinheit der Linie garantieren soll. In die Kunst und Kampfkunst hat sich dieses Prinzip als Idee der wahren oder wahrhaftigen Überlieferung (*zhengchuan*) übersetzt.

Die Kampfkunst, die ihren Namen nach dem kosmologischen Prinzip des „Allerhöchsten" (*taiji*) erhalten hat, *ist* der Weg zum Ursprung; dorthin, wo der Anfang noch mit seinem Urgrund verbunden ist; wo Taiji noch „aus Wuji entstehend" [B1] ist. Dieser Ursprung liegt nicht in einer fernen Vergangenheit, sondern er kehrt immer wieder, wo die Rückbindung an die Prinzipien gelingt. Wo sie nicht gelingt, ist man nicht mit ihrem Ursprung verbunden, sondern den „etlichen Schulen" zugehörig. Taijiquan ist diejenige Art von Kampfkunst, die nicht wirklich einen Anfangspunkt in der Geschichte hat, sondern die einem jeden durch entsprechendes beharrliches Üben ihren Ursprung zugänglich macht.

Um einer begrifflichen Verwirrung vorzubeugen: Der kosmologische Ursprung von allem, was ist und wird, sowie dem, was es gibt (also auch der Zeit), ist nicht gleichbedeutend mit dem historischen Ursprung des Taijiquan, von dem seine Stile mit ihren

---

304 Siehe hierzu auch „Ist Taijiquan eine innere Kampfkunst?" in diesem Band.
305 Vgl. „Taijiquan und Wuji" in diesem Band.

Überlieferungslinien erzählen. Und doch sind diese beiden Bedeutungen miteinander verbunden, sind Philosophie und Geschichte des Taijiquan miteinander verschränkt. Erst in dem Moment, da in der Kampfkunst das Geheimnis der Unbesiegbarkeit in der Rückkehr zum kosmologischen Prinzip des Taiji entdeckt (oder postuliert) wurde, kann auch von einem historischen Ursprung gesprochen werden. Ohne diese Entdeckung oder ohne, dass sie zu einer bleibenden Einsicht geführt hätte, bliebe jede Behauptung oder Beteuerung des Ursprungs Schall und Rauch; selbst wenn es den Namen Taijiquan schon gegeben *hätte*. Der kosmologische Ursprung muss sich zu jeder Zeit wiederholen.

Die Idee des Taijiquan steht in einer Spannung zu den Stilen, die sie lehren wollen. In allen Stilen glaubt man (auch wenn die meisten Übenden sich nicht sonderlich dafür interessieren), dass es einen fernen Ursprung ihrer Überlieferung gibt; je ferner, desto ehrwürdiger. Doch je älter und ehrwürdiger, desto fiktiver. „Viele begehen den Fehler, „das Naheliegende aufzugeben, um ein Fernes zu suchen'." [B66-67/8]

Die Berufung auf die historische Größe eines Gründerahnen ist nur innerhalb der Linie interessant; und auch dort nur, insofern er diese an die regulative Idee von Taijiquan bindet, die der Auslegung dieser Linie entspricht. Deren Aufgabe besteht darin, den Kampfkünstler durch eine Übungsmethode dazu zu befähigen, „das Eigene aufzugeben und dem Anderen zu folgen" [B65].

Die in den Klassischen Schriften aufbewahrte Erkenntnis unterbricht das Kontinuum der Überlieferungslinien, die zu einem nur imaginären Ursprung in der Geschichte führen. Stattdessen soll sie den Übenden auf den Weg zum Ursprung des Taiji-Prinzips in der Kampfkunst bringen. Von diesem Ursprung stammt niemand durch den Namen einer Linie ab. Von ihm abstammen, heißt, sich durch entsprechendes Üben mit ihm zu verbinden.[306]

Der Weg und die Abweichungen

Taijiquan ist die Aufgabe und der Versuch der Umsetzung eines metaphysischen Prinzips im Rahmen einer Kampfkunst. Weil sich dabei immer wieder die Frage der Auslegung stellt, steht nicht Eines, sondern Vieles am Ursprung. Jeder Stil prägt seine Eigenarten aus, die der Lernende sich als Techniken aneignen will; und doch will jeder Stil die Einsicht vermitteln, dass es nicht um den Stil geht, sondern um die *Art* des Kampfes bzw. des Übens. Aber weil der Stil die organisierte Eigen-Art ist, gibt es ihn im Plural. Dadurch lenkt der absehbare Vorwurf, dass das Gongfu des Anderen „kein Taiji" sei, die Reflexion immer wieder auf sein eigentliches Worum-willen. Dass es verschiedene Stile gibt, bedeutet kein beliebiges *anything goes,* sondern den Rückbezug aller Auslegungen auf eine ursprüngliche Einsicht. Deren Gültigkeit wird immer wieder durch die Behauptung erprobt, dass die Kampfkunst anderer Schulen „kein Taiji" sei. Auch wenn es keine

---

[306] Vielleicht ließe sich daraus noch eine ironisch-kritische Einsicht gewinnen: Weil es *nicht* um einen historischen Ursprung geht, konnte der „Unsterbliche" Zhang Sanfeng als Gründervater erfunden werden.

hochrichterliche Wahrheitsinstanz gibt, läuft die Unterscheidung von richtig und falsch permanent mit.

Wir wissen nicht, wie Yang Luchans Kampfkunst in seiner Zeit in Yongnian aussah und wie sie sich damals bereits von der in Chenjiagou unterschieden haben mag. Aber ganz offensichtlich hatte es in den rund 100 Jahren, die seit Yang Luchans Lehrzeit bei Chen Changxing vergangen waren, im Prozess der Weitergabe der Überlieferung, des Austauschs mit anderen Kampfkünsten und der Anpassung an die Zeitumstände unterschiedliche Entwicklungen gegeben, die bei dessen Urenkel Chen Fake und dem Enkel von jenem, Yang Chengfu, sichtbar wurden. Dadurch tauchte die notorische Frage nach Verwässerung oder Vertiefung, Ursprungstreue oder unbereinigten Grobheiten, auf. Doch sofern es eine Frage war, bei der man sich auf die Klassiker beziehen konnte, hatte man sich bereits auf dieselbe Grundlage gestellt. Damit war es ein Auslegungsstreit *innerhalb* des Taijiquan. Von einer Metaebene aus sind die Stilunterschiede, auf die sich die kollegialen Schmähungen beziehen, Belege des Wandels in der Auslegung dessen, was die gemeinsame Plattform ausmacht.

Die Behauptung, der man in China genauso gut wie im Westen begegnet, dass das Gongfu eines Anderen, einer Schule oder gar eines ganzen Stils „kein Taijiquan" sei, mag oft mit Ignoranz, mangelnder Toleranz, Narzissmus oder Geltungssucht zu tun haben; und doch gehört sie unhintergehbar zum Taijiquan dazu. Denn dieses bestimmt sich gegen die „etlichen Schulen" und damit gegen jeden Versuch, Überlegenheit durch Schnelligkeit oder Muskelkraft zu erlangen. So wie bereits die Klassischen Schriften immer wieder auf mögliche Fehler hinweisen, so müssen es auch seine Lehrer bei der Unterweisung und beim Austausch mit Anderen. Insofern stellt sich bei jedem Unterschied in der Ausführung von Formen, der Kraftentwicklung und bei Partnerübungen die Frage, ob es sich um eine Auslegung der Prinzipien und eine legitime Interpretation von Bewegungsmustern handelt oder ob nicht doch der Weg des Taiji verlassen ist. Die Legitimierung kann nur durch Rekurs auf die Prinzipien erfolgen, niemals durch die Berufung darauf, seine Überlieferung in direkter Linie – von wem auch immer – erlangt zu haben.

Ab wann sich von Taijiquan sprechen lässt

Bei unserer Suche nach dem Ursprung des Taijiquan – den wir zunächst, den Linienkonstruktionen folgend, als einen historischen verstanden haben – waren wir zu dem Ergebnis gekommen, dass weder das legendäre (Zhang Sanfeng) noch das historische (Chen Wangting) Narrativ für bare Münze genommen werden können. Umso mehr noch gilt dieser Befund für die hyperhistorischen oder retrolegendären Erzählungen jüngeren Datums, die sich auf die Problemstellen der älteren wie Trittbrettfahrer aufgeschwungen haben. All diesen Narrativen gemeinsam ist, dass sie den Ursprung des Taijiquan bei einem Gründerahn am Anfang einer Überlieferungslinie veranschlagen, die in gerader Linie zu denen verläuft, die sie erzählen. An den veranschlagten Nullpunkten aber ist der Ursprung des Taijiquan unserer Untersuchung zufolge nicht zu finden.

Die symbolische Bedeutung der Ursprungsnarrative

Der Weg der gängigen Narrative zum Ursprung erscheint uns in weiten Teilen fingiert – ist deshalb aber nicht einfach Unsinn. Das Geschehen zwischen Wudang und Wuyang, Chenjiagou, Yongnian, Zhaobao und Beijing, lässt sich zwar nicht mit einem linearen Pfeil, der seinen Ausgangs- (oder eigentlich Ziel-) Punkt bei einem Gründerahn genommen hätte, in einen zweidimensional kartographierbaren Zeitraum eintragen. Aber die Personen, Orte, Dinge und Geschehnisse, die dort eine Rolle spielten, können als Chiffren für Elemente gelesen werden, die nur geringfügig verschoben werden müssen, um ein plausibles Bild zu ergeben.

Der legendär und teilweise noch mythisch überhöhte Zhang Sanfeng und der aufs menschliche Maß reduzierte Chen Wangting stehen, so wie später der wieder legendär erhöhte Yang Luchan, symbolisch für Meister, deren Kampfkunst unüberwindlich geworden war, weil sie in ihr etwas entdeckt hatten, woran keine Technik heranreicht. Eigentlich hatten sie es *in sich* entdeckt: die Möglichkeit des Verschmelzens mit dem kosmologischen Prinzip des Taiji, das als solches auch in der Welt der Zwietracht und des Kampfes waltet. Wudang und die innere Alchemie des Daoismus, die Meditationen des „Klassikers des Gelben Hofes", die göttliche Eingebung im Traum und die Beobachtung des Tierkampfs sind Chiffren für verschiedene Zugänge zu der Einsicht, dass Innen und Außen, Selbst und Anderer, nach Erfassung des Urprinzips nicht getrennt bleiben. Die Jahrhunderte und zahlreiche Provinzen umspannende Innere Schule, die es empirisch vielleicht nicht gegeben hat, steht für die Einsicht, dass das Eigentliche der Kampfkunst nicht in Techniken und somit letztlich auch nicht in einzelnen Stilen zu finden ist; sondern dass es um deren Transzendierung auf das ihnen Zugrundeliegende geht – das immer wieder Einzelnen, woher sie auch kamen, gelungen ist. Die im Salzladen gefundene Schrift ist Sinnbild dafür, dass alles, was im Buch der Natur steht, schon einmal zu einem für uns lesbaren Text geworden war; und dass es an uns ist, ihn durch unser Üben erneut lesen und deuten zu lernen.

Li Yiyus späte These schließlich, dass der Ursprung des Taijiquan unbekannt sei, gemahnt uns daran, dass es in der Welt der Kampfkunst unbekannte Meister gegeben haben mag und muss, die das erlangt hatten, von dem uns die Anekdoten und Legenden der großen Meister des Taijiquan erzählen; die aber wie der gute Wanderer bei Laozi (Kap. 27) keine lesbaren Spuren hinterlassen haben. Immer wieder versank alles im Schweigen der Meister oder in kleinlichen Geheimnissen Späterer, die die Geistes- und Kampfhöhe der Unbesiegbaren nicht mehr erreichen konnten. Chen Changxing wäre wohl außerhalb von Chenjiagou auch ein solcher Wanderer ohne Spuren geblieben, wenn ihm das Schicksal nicht Yang Luchan zugeführt hätte – der seinerseits wiederum nur durch eine spezifische Konstellation der Kampfkunstgeschichte als semi-legendäre Gestalt in ihr Gedächtnis eingeschrieben wurde.

Die Kriterien einer sinnvollen Rede von Taijiquan

Erst in der zweiten Hälfte des 19. Jahrhunderts setzte sich etwas ins Werk und in die Welt, was als Taijiquan weitergegeben wird und was uns, allem Anschein unserer Endlichkeit zum Trotz, verspricht, durch beharrliches Üben wieder dorthin zu gelangen, wo alles seinen Ursprung hat. Dazu musste

- ein Formenkanon durch
- eine spezifische Übungsweise von
- einer eigenen Art der Kraftentwicklung durchdrungen werden, die es so in keiner bekannten anderen Kampfkunst gab. Die Reflexion darauf führte zur
- Formulierung der Prinzipien, die wahrscheinlich in den 1850er Jahren in einem Korpus von Schriften (ab 1912 als „Klassiker") versammelt wurden.
- Die Beschäftigung mit den Prinzipien angesichts einer überlegenen, zunächst wundersam wirkenden Art des Kämpfens suggerierte den Namen Taijiquan, der jünger sein dürfte als die großen, ihn inspirierenden Meister und auch als einige der Schriften, bei deren Zusammenstellung er entstanden sein könnte.
- Die Rückbindung an den Namen und die mit ihm verbundenen Prinzipien gehören zum Ursprung des Taijiquan dazu, das sich von Anfang an segmentär gestaltete, d.h. nicht einheitlich, sondern in Stile ausdifferenzierte.

Die Selbstverständlichkeit, mit der wir heute von Taijiquan reden, könnte uns zweierlei vergessen lassen: zum einen, dass hinter dem Namen ein langes Ringen um Einsicht stand, bei dem die genannten Faktoren zusammenkommen mussten; zum anderen, dass die in diesem Namen formulierte Einsicht kein ein für alle Male gewonnenes Ergebnis darstellt, das nur von Generation zu Generation weitergereicht werden müsste. Die in dem Namen Taijiquan verdichtete Einsicht ist kein von einem Gründerahn erworbenes Wissen, das sich von einer Überlieferungslinie als Bestand verwalten ließe. Und doch geht nichts ohne Überlieferung, ohne die Weitergabe erworbenen Wissens durch Meister. Es ist nicht nur das „unermüdliche Bemühen" [D16] der Übenden gefragt, sondern auch die Kunst der Vermittlung, die bei der „Führung auf dem Weg" [D15] gleichwohl ihrer Grenze eingedenk bleibt. Taijiquan ist die paradoxe Spur der ohne Spuren verschwundenen Meister. Was in einem Stil mit seiner spezifischen Übungsweise weitergegeben wird, gründet in der Einsicht, dass es um eine *Art* des Kämpfens geht, die sich letztlich nicht erlernen, sondern nur auffinden lässt.

Stand am Anfang der Kunst wohl immer wieder das Staunen über das Können eines Unbesiegbaren, so geht es beim Üben um das Innewerden, dass alles wie von selbst geschieht, wenn man dem Wechsel, der Ergänzung und dem Ausgleich von Yin und Yang nicht im Wege steht, sondern man sich der Bewegung ruhig überlassen kann. Wo das vergessen ist, wirkt ein anderer Ursprung als der des Taijiquan nach.

Taijiquan ließe sich beschreiben als die Kunst, sich natürlich zu bewegen. Kunst und Natur – ist das nicht ein Gegensatz? Wie kann beides zusammenkommen?

In ihrem Artikel „Ziran – das chinesische Konzept der Natürlichkeit" aus dem Jahre 2003 zitierten Freya und Martin Bödicker die Wu-Stil-Meisterin Wu Yinghua (1907-1996), die von den Bewegungen sowohl in der Form als auch im Tuishou sagte, sie sollten „natürlich" sein, *ziran*.[307] Ihr Mann, Meister Ma Yueliang (1901-1998), gab dieselbe Antwort auf die Frage nach Atemtechniken im Taijiquan: keine Technik anwenden, sondern ganz natürlich atmen, *ziran*!

Ziran setzt sich aus zwei Schriftzeichen zusammen, 自 *zi*: „selbst" und 然 *ran*: „so sein". Wörtlich, wenn auch etwas sperrig, ist daher die Übersetzung „von-selbst-so-seiend".

Das neue chinesisch-deutsche Wörterbuch gibt an Bedeutungen an: 1. Natur; 2. von selbst, auf natürlichem Wege, dem Lauf der Dinge gemäß, automatisch; 3. selbstverständlich; natürlich, ungezwungen, ungekünstelt. Das große einsprachige Wörterbuch *Ciyuan*, in dem das semantische Spektrum chinesischer Zeichen mit Belegstellen aus der Literaturgeschichte erläutert wird, belegt ebenfalls drei Bedeutungen: 1. nicht menschengemacht, durch den „Himmel" so seiend; so bei Laozi. 2. ungekünstelt, ungezwungen, d.h. nicht erzwungen; so bei Konfuzius: 3. wie selbstverständlich: so im *Shiji* („Aufzeichnungen eines Hofschreibers") des Historikers Sima Qian. Im Deutschen lässt sich das Bedeutungsspektrum meist treffend mit „natürlich" wiedergeben, manchmal auch mit „spontan".

In der lexikalischen Bandbreite spiegelt sich eine Bedeutungsgeschichte, die zum Verständnis der Natürlichkeit der Kunst des Taijiquan beitragen kann. In philosophischen Streitgesprächen zur Zeit der Hundert Schulen (6. - 3. Jh. v. Chr.) wurde *ziran* als rhetorische Formel verwendet und meinte „ja!", „so verhält es sich!", „so ist es".[308] Darin verbirgt sich ein statischer und ein dynamischer Aspekt. Etwas erweist sich *im Verlauf* der Argumentation als so-seiend, weil es *schon so ist*. Dieser Doppelaspekt erinnert an das Dao, den Weg, der einen Verlauf hat – und doch immer schon am Ziel ist.[309]

Tatsächlich taucht *ziran* bei Laozi zur Bestimmung des Dao auf. In Kap. 25 heißt es: „Das Richtmaß des Dao ist *ziran*." Das lässt sich auf zweierlei Weise verstehen: erstens, dass es etwas, nämlich das Von-selbst-so-sein-und-werdende, noch über dem Dao gibt; oder zweitens, dass *ziran* die Selbstbezüglichkeit des Dao ausdrückt. So übersetzt Ri-

---

[307] In: *Taijiquan-Lilun* Nr. 1 (2003), S. 6f.

[308] Mit der rhetorischen Verwendung von *ziran* hat sich eingehend Hermann-Joseph Röllicke (1996) beschäftigt. Siehe auch Günther Wohlfart (2001).

[309] Weil das Dao diesen Doppelaspekt hat, konnte A. C. Graham (1988) seine profunde und erhellende Rekonstruktion der philosophischen Debatte der Hundert Schulen unter den Titel „Disputers of the TAO" stellen.

chard Wilhelm: „Der SINN [*dao*] richtet sich nach sich selber."[310] Sowohl im daoistischen Buch *Zhuangzi* als auch im legalistischen *Han Feizi* wird *ziran* mit *wuwei* assoziiert, dem Nicht-handeln.[311] *Ziran* ist nur das, was nicht durch einen Willen oder Willkür bearbeitet und dadurch auf ein anderes Ziel hin abgelenkt wird.

Das trifft auf das große Dao zu. Aber wie steht es mit den kleinen Dingen und Begebenheiten der Welt? Der Philosoph Wang Chong (27 – ca. 97) verkündete: *Alle* Dinge (also nicht nur das große Dao) entstehen spontan, *ziran*.[312] Er war ein Skeptiker und (nach Auskunft von Feng Youlan) ein Anhänger der Alttextschule, die die Lehre des Konfuzius von den in der Han-Zeit vorgenommenen Vermischungen mit der Yin-Yang-Lehre reinigen wollte, nach welcher beispielsweise der Himmel auf das Handeln der Menschen reagierte. In der Argumentation von Wang Chong war das Natürliche, *ziran*, eine philosophische Waffe gegen Aberglauben und eine moralisierende Kosmologie. Dass alles natürlich und aus sich selbst heraus sei, vertraten auch die Denker der Dunklen Lehre im 3./4. Jahrhundert, namentlich Xiang Xiu (ca. 223-275) und Guo Xiang (252-312) in ihrem *Zhuangzi*-Kommentar.

Ziran, das ursprünglich nur die Gesetzmäßigkeit des Dao gemeint hatte, dann auch die von Himmel und Erde, wurde am Ende dieser Bedeutungserweiterung mit Natur schlechthin gleichgesetzt. Wolfgang Bauer hat darauf hingewiesen, dass diese Ausweitung des Begriffs zugleich seine Abwertung bedeutete. Mit dieser Universalisierung des Von-selbst-seins ging jedoch zugleich eine folgenreiche „Entdeckung" der Daoisten einher: die der Freiheit, *ziyou*. Die Vollendung der Persönlichkeit verlangte nun nicht mehr eine Imitation des Lebens in der Natur, an deren Lauf man das Wirken des Dao ablesen konnte; der freie Mensch konnte seinem Selbst folgen, so wie das große Dao und die Natur um ihn herum es auch taten.[313] Das hatte Auswirkungen auf die Lebensführung freier Geister und auf die Künste.

Als höchste der Künste galt die Kalligraphie. Yang Xi (330 - 386?), dessen Offenbarungen zur Grundlage der daoistischen Schule der Höchsten Reinheit (*shangqing*) wurden, war ein bedeutender Kalligraph, der die lokale Tradition des Tranceschreibens mit einer exzellenten Pinseltechnik verband. Als Kenner und Meister der Kunst führte er zum Lob der Kalligraphien des Wang Xianzhi (344-386) den Begriff *ziran* als Werturteil in die Kunst des Schreibens ein. Im alten China galt es als Gewissheit, dass sich beim Schreiben mit dem Pinsel die Persönlichkeit entfaltete. Das durfte und konnte in keiner Weise willkürlich sein. Eine vollendete Kalligraphie hätte auch vom Himmel selbst geschrieben sein können – und war doch nur von *diesem* Pinselvirtuosen zu *diesem* Zeitpunkt realisierbar. Die vielleicht berühmteste Kalligraphie Chinas, das *Lanting xu* („Vorwort aus dem Orchideenpavillon"), war spontan bei einem geselligen Treffen, das dem

310 Laotse: Tao Te King (1957), S. 65.
311 *Zhuangzi* II.12 (*tian di*), II.17 (*qiu shui*); Fung Yu-lan Bd. I, S. 223f; ad *Han Feizi*, s. Fung Yu-lan Bd. I, S. 331.
312 Fung Yu-lan Bd. II, S. 152, 154.
313 Bauer 1989, S. 202; Bauer 2001, S. 136f.

Dichten und dem Wein gewidmet war, in einem Garten entstanden – und an diesen Augenblick gebunden. Wang Xizhi (307-365), Vater des Wang Xianzhi, Pinselführer dieses Schriftstücks und bis heute berühmtester Kalligraph Chinas, konnte die Qualität der Schrift bei späteren Wiederholungsversuchen nicht noch einmal erreichen. Durchstreichungen und Verbesserungen, die er noch beim ursprünglichen Schreiben vorgenommen hatte, wurden in den Jahrhunderten, die man sich an diesem Meisterwerk versuchte, in alle Kopien übernommen; gleichsam als Zeugnis der Unwiederholbarkeit des Augenblicks, in dem Wang Xizhi nicht nur mit Gleichgesinnten, sondern auch mit dem Himmel und dem großen Dao zusammengekommen war.[314]

Kunst und Natur vermählten sich in günstigen, einzigartigen Augenblicken. Soll es so nicht auch im Taijiquan sein? In der Kampfkunst, die nicht mit Techniken, sondern spontan nach dem Gebot des Augenblicks, nach Maßgabe dieser einen, unerwarteten Situation, in einem Handeln ohne zu handeln die Kraft eines Angreifers neutralisiert und elastisch transformiert auf ihn zurücklaufen lässt?

Tatsächlich formuliert Li Yiyu (1832-1892) im „Lied vom Wesen und den Anwendungen des Taijiquan" (*Taijiquan tiyong ge*): „Die Methode der Bewegungen im Taijiquan besteht in ihrer Natürlichkeit (*ziran*)."[315] Das betrifft explizit auch die Atmung. Im dritten der „Fünf-Zeichen-Klassiker" schreibt er: „Durch das Einatmen beginnt ganz natürlich (*ziran*) das Heben und so beginnt das Überwinden des Anderen. Durch das Ausatmen sinkt man natürlich (*ziran*) nach unten und kann so den Anderen zurückschlagen."[316] Unter den Pionieren und Meistern des Taijiquan scheint Einigkeit darüber bestanden zu haben, dass es durch seine Methode (oder auch Nicht-Methode) auf den Begriff *ziran* gebracht werden kann.[317]

Umso erstaunlicher ist es, dass in den Klassischen Schriften des Taijiquan *ziran* nicht zu seiner Charakterisierung herangezogen wird. Mehr noch, in der „Abhandlung des Taijiquan von Wang Zongyue" taucht der Begriff ein einziges Mal auf, aber zur Kennzeichnung dessen, worauf Taijiquan gerade *nicht* beruhe. Dort heißt es:

Hinsichtlich ihrer Techniken gibt es etliche Schulen. Aber auch wenn ihre Stellungen unterschiedlich sind, geht es bei ihnen doch ausnahmslos um nichts an-

---

314 Zu Wang Xizhis *Lanting xu* s. Ledderose 1984.
315 Wile 1996, S. 130; englisch: S. 50.
316 Wang 2002, S. 166, Spalte 3; Bödicker 2013, S. 50.
317 Wu Chengqing, ältester Bruder des Wu-Hao-Stilgründers Wu Yuxiang, hat in seinen „Anmerkungen" zur „Abhandlung" [des Taijiquan von Wang Zongyue] (*Shi yuan lun*) der darin zitierten Formulierung „dem zu folgen, was das Herz begehrt" (*cong xin suo yu*) den Begriff *ziran* vorangestellt, so dass daraus erläuternd wird: „auf natürliche Weise dem zu folgen, was das Herz begehrt" (s. Wile 1996, S. 44, chinesisch: S. 127). Sun Lutang: (1915, 1917, 1921) verwendet *ziran* an zahlreichen Stellen. Auch Chen Weiming schreibt in Übereinstimmung mit daoistischen Ansichten, dass der Körper die im Taijiquan angestrebte leichte und lebendige Qualität (*qingling*) auf natürliche Weise (*ziran*) erlange, wenn keine rohe, d.h. im Lauf des Lebens erworbene (*houtian*) Kraft eingesetzt werde. (Vgl. Chen Weiming 1925, S. 53, in seinem Kommentar zu A1; vgl. Davis 2004, S. 89.)

deres, als dass der Starke den Schwachen bedrängt und der Langsame dem Schnellen weicht. Wer Körperkraft hat, schlägt den, der keine Körperkraft hat. Die langsame Hand gibt der schnellen Hand nach. Das ist alles Können aufgrund natürlicher (*ziran*) Veranlagung und hat nichts zu tun mit der Befähigung zu großen Leistungen aufgrund erworbener Kenntnisse. [B39f]

Anders als andere Kampfkünste baut Taijiquan demnach nicht auf natürlichen Voraussetzungen auf, wie man aufgrund seines daoistischen Images vielleicht meinen sollte. Betont wird stattdessen der Aspekt des Lernens, für den sich traditionell eher die Konfuzianer interessieren.[318] Vielleicht gibt es eine Erklärung, die die Standpunkte versöhnt.

Die natürliche *Veranlagung* reicht demnach nicht aus, die Bewegungen des Taijiquan natürlich, *ziran*, sein zu lassen. Im Gegenteil. Auf sie aufzubauen, würde nur Körperkraft und Schnelligkeit erhöhen. Einfach nichts zu tun, führte aber ebenso wenig zum Taijiquan. Oder anders: Das Nicht-handeln (*wuwei*) will gelernt sein, das *Ziran* des Taijiquan hat eine Voraussetzung. Sie besteht im Üben. „Aber ohne lange Zeit alle Kraft und Mühe darauf verwendet zu haben, kann einem nicht plötzlich ein Licht aufgehen." [B15f] „Unermüdlich ist das Bemühen." [D16] Taijiquan ist ein Übungsweg, der uns etwas über das Natürliche lehrt.

Das *Üben* ist kein *Training*. Training würde (durch einen starken Willen und Disziplin) nur Kraft und Schnelligkeit steigern. Stattdessen muss man (durch Beharrlichkeit und Demut) lernen, sein Ego aufzugeben: „Zu Grunde liegt: Das Eigene aufgeben und dem Anderen folgen." [B65] Erst dann ist der Weg frei; frei für ein Handeln ohne zu handeln, *wuwei*, das auf natürliche Weise, *ziran*, in Übereinstimmung mit dem Dao ist.

Taucht *ziran* wörtlich nur in zunächst irritierender Weise in den Klassischen Schriften des Taijiquan auf, so *wuwei* und Dao gar nicht. Einer ihrer Texte, die „Erläuterungen zum tieferen Sinn der Ausführung der Dreizehn Stellungen" [Text C], beschreibt gleichwohl in anderer, sowohl dem Daoismus als auch mit dem Neokonfuzianismus kompatiblen Begrifflichkeit, was beim Üben und Ausüben des Taijiquan geschehen soll: „Setze den Körper mit Qi in Bewegung und lass dies unbedingt ohne Anstrengung geschehen. So kann er leicht dem Herzen folgen." [C4-6]

Das Herz als tiefster Grund der Persönlichkeit soll leer und ruhig werden, zum Spiegel dessen, was die Situation erfordert. Aus seiner Ruhe heraus geschehen die Bewegungen im Taijiquan „ohne Anstrengung" und mühelos, als zwanglose Entsprechung des Augenblicks. Das ist nichts anderes als aus-sich-selbst-heraus durch Nicht-handeln in Übereinstimmung mit dem Dao sein.

Taijiquan ist die Kunst, sich ganz natürlich zu bewegen – aber erst, wenn man so frei ist, sich der Natur zu überlassen, ohne sich dabei durch sein Ego im Weg zu stehen.

---

[318] Wenn nicht bei einer ganz frühen Redaktion des Textes ein Satz falsch bezogen wurde, gibt es bei der Übersetzung eigentlich keinen Interpretationsspielraum, um diesen scheinbar antidaoistischen Affront zu umgehen. Während andere Texte in verschiedenen Varianten überliefert sind, hat sich die Textgestalt der „Abhandlung" seit ihrem ersten Auftauchen ziemlich unstrittig erhalten.

Beim Üben der Form gelangt man dort, wo es mühelos wird, an die Grenze des Form-losen, das sich spontan zu eben jenem gestalten kann, was dem Augenblick entspricht. Alle Wiederholung beim Üben ist ein Einüben in die Nullstellung, die jeden Augenblick als neu erleben lässt – auch wenn man in ihm nur dem folgt, was immer schon so war. Wer sich ganz hinein begibt und eintaucht in den Fluss, so dass die Bewegung in Ein-klang mit ihm ist, der kann es einfach geschehen lassen, *ziran*.

ANHANG

Der Anhang versammelt Texte, die, wie in der Einleitung vermerkt, sowohl in den vorliegenden Untersuchungen als auch sonst immer wieder in der Literatur zum Taijiquan genannt oder zitiert werden. Sie sind mehr oder weniger chronologisch geordnet.

Anhang 1 („Die Schwertkunst der Maid von Yue") ist eine kurze Episode aus einem längeren Geschichtswerk.

Bei den Texten von Zhou Dunyi (Anhang 2) und Huang Zongxi (Anhang 3) handelt es sich dagegen um eigenständige Schriften.

In Anhang 4 werden kurze, aber prägnante und prägende Textstellen aus den Klassischen Schriften des Taijiquan solchen aus dem Kampfkunstbuch von Chang Naizhou gegenübergestellt, die schon von anderen Autoren verglichen wurden.

Anhang 5 gibt das gesamte „Kurze Vorwort zum Handbuch des Taijiquan" von Li Yiyu wieder, samt der einen signifikanten Abweichung zu einer anderen Version im ersten Satz; während von seinem „Nachwort" nur die in unserem Kontext relevanten ersten zwei Sätze angeführt sind.

Anhang 6 besteht aus Zitaten aus den „40 Kapiteln" der Yang-Familie (auch: *Taiji fa shuo*).

Anhang 7 versammelt Zitate aus grundlegenden Werken zum Taijiquan aus der ersten Hälfte des 20. Jahrhunderts, die im Rahmen der Untersuchung „Ist Taijiquan eine Innere Kampfkunst?" zusammengetragen wurden. Sie dienen nicht nur als Belegstellen, sondern ergeben in ihrer Zusammenschau auch ein spezifisches Bild von dem, was an altem Kulturgrund in der neuen Zeit noch tragen sollte.

Von den drei Taiji-Diagrammen, die in Anhang 8 abgebildet sind, stellt das erste eine Variante des heute gebräuchlichen Diagramms dar. Es wird zu Recht *Symbol* genannt, da es dem Auge alles zu gleicher Zeit darbietet, während im Unterschied dazu die alten Diagramme in der Reihenfolge ihrer Kreise von oben nach unten (oder umgekehrt) betrachtet und gelesen werden müssen.

Die Zeittafel in Anhang 9 soll die Orientierung in der Geschichte erleichtern.

1. Die Schwertkunst der Maid von Yue

Im 5. Jahrhundert v. Chr. soll im damaligen Staat Yue (in der heutigen Provinz Zhejiang) eine berühmte Schwertkämpferin gelebt haben, die als „Maid von Yue" (*Yue nü*) in die Geschichte einging. Der älteste erhaltene Text, der von ihr berichtet, ist aus späterer Zeit. Wahrscheinlich wurde er zwischen 50 und 100 n. Chr. in der Östlichen Han-Dynastie verfasst und dann im 7. Jahrhundert noch einmal redigiert. Es handelt sich um die Annalen der Zeit von 560 bis 476 v. Chr. in den Königreichen Wu und Yue mit dem Titel „Frühling und Herbst von Wu und Yue" (*Wu yue chunqiu*).[319]

Der Staat Yue war vom Staat Wu im Krieg besiegt worden und der König von Yue plante einen Rachefeldzug. Gemäß des Vorschlags eines Ratgebers bat er die berühmte Schwertkämpferin, an den Hof zu kommen, um seine Truppenführer auszubilden. Auf dem langen Weg in die Hauptstadt begegnet die Kämpferin in einem abgelegenen Wald einem alten Mann, der ihre Fähigkeiten prüfen will. Nach drei vergeblichen Attacken springt er bei ihrem Gegenangriff in einen Baum und verwandelt sich in einen weißen Affen. Sie setzt die Reise fort, überzeugt den König bei der Audienz von ihrer Kampfkunst, bekommt den Titel „Maid von Yue" verliehen und die Ausbildung der Truppenführer übertragen.

Die Begegnung mit einem übernatürlichen Wesen als Zeichen begnadeter Kunst ist ein wiederkehrendes Motiv in (nicht nur chinesischen) Legenden. Die Form des Dialogs, bei dem ein Experte oder eine Expertin den Herrscher belehrt, war die lange Zeit vorherrschende Form der Wissensvermittlung im alten China.

Der Text stellt die älteste ausformulierte Theorie zur chinesischen Kampfkunst dar. Bis heute wird das, was in ihm für die Schwertkunst gesagt wird, als grundlegend für alle Kampfkünste betrachtet.

見越王，越王問曰：「夫劍之道則如之何？」女曰：「妾生深林之中，長
於無人之野，無道不習，不達諸侯。竊好擊之道，誦之不休。妾非受於人
也，而忽自有之。」越王曰：「其道如何？」女曰：「其道甚微而易，其
意甚幽而深。道有門戶，亦有陰陽。開門閉戶，陰衰陽興。凡手戰之道，
內實精神，外示安儀，見之似好婦，奪之似懼虎，布形候氣，與神俱往，
杳之若日，偏如騰兔，追形逐影，光若彿彷，呼吸往來，不及法禁，縱橫
逆順，直復不聞。斯道者，一人當百，百人當萬。王欲試之，其驗即
見。」越王大悅，即加女號，號曰「越女。」乃命五校之隊長、高才習
之，以教軍士。當此之時皆稱越女之劍。

---

319 Lagerwey (1993): *Wu Yüeh ch'un ch'iu* 吳越春秋. Zum weiteren Kontext, auch mit Übersetzungen, s. Wile 1999, S. 3; Henning 2007 („The Maiden of Yue"). Der Text findet sich beim Chinese Text Project online unter: https://ctext.org/wu-yue-chun-qiu/gou-jian-shi-san-nian.

Während der Audienz fragte der König von Yue: „Was ist die Methode (*dao*) dieser Schwertkunst?"

Die Maid antwortete: „Eure Dienerin lebt tief im Wald, sie wuchs ohne Menschen in der Wildnis auf. Es gab keine Unterweisung (*dao*), sie hat nichts gelernt und auch niemals Edelleute getroffen. Im Verborgenen fand sie Gefallen am Weg (*dao*) des Kämpfens und sie übte pausenlos. Eure Dienerin hat es von niemandem erhalten, doch plötzlich war es ganz von selbst da."

Der König von Yue fragte: „Worin besteht dieser Weg?"

Die Maid antwortete: „Dieser Weg ist sehr subtil und voller Wechsel, seine Idee ist verborgen und tief. Auf dem Weg gibt es Tore und Türen, und es gibt Yin und Yang. Öffne das Tor und schließe die Türen, Yin schwindet und Yang schwillt an. Im Nahkampf gilt immer die Regel (*dao*): Innen ein fester Lebens-Geist, nach außen ein ruhiges Auftreten; erscheine wie eine feine Dame, schlage zu wie ein wilder Tiger; beim Entfalten der Formen achte auf das Qi und sei bei jeder Bewegung in Übereinstimmung mit dem Geist; verdunkle dich wie die Sonne, unberechenbar wie ein Haken schlagender Hase; [der Gegner] jagt die Gestalt und folgt einem Schatten, der nur wie jene scheint; der Atem geht ein und aus und wird niemals gezielt angehalten; ob in vertikaler oder horizontaler Richtung, ob gegen sie oder mit ihr, antworte direkt und lasse es [ihn] nicht wahrnehmen. Wer diese Kunst (*dao*) beherrscht, kann es alleine mit hundert Anderen aufnehmen, und hundert können es mit zehntausend aufnehmen. Wenn Ihre Hoheit es überprüfen möchte, kann sie es ausprobieren und sogleich sehen."

Der König von Yue war hocherfreut und verlieh ihr den Ehrentitel „Maid von Yue". Dann wies er fünf seiner besten Truppenführer an, [diese Kunst] von ihr zu lernen, um die Soldaten darin zu unterrichten. Seit dieser Zeit heißt sie die Schwertkunst der Maid von Yue.

Anmerkungen zur Übersetzung

Im Folgenden sollen vier Beispiele verdeutlichen, in welchem Interpretationsspielraum sich die Übersetzung bewegt.

1. In der Formulierung der Maid von Yue „Dieser Weg ist sehr subtil und voller Wechsel" (Abs. 4) könnte der Text statt der Wendung „voller Wechsel" (易 *yi*) auch anders wiedergegeben werden. Wile (1999, S. 3) übersetzt „elusive", Henning (2007, S. 27) konträr dazu „easy to understand". Lexikalisch ist beides möglich. Der Verlauf des Textes belegt zumindest die Wechsel, nicht aber, dass sie einfach zu realisieren sind.

2. Wir haben *dao* (道) in dem kurzen Text mit fünf verschiedenen Wörtern wiedergegeben (Methode, Unterweisung, Weg, Regel, Kunst). Es wäre möglich gewesen, „Dao" als Lehnwort zu verwenden, dann aber hätte man die Bandbreite der Bedeutungen stumm mitlesen müssen.

3. Was ist mit „Toren und Türen" (門戶 *menhu*) gemeint? Ursprünglich ist 門 *men* das große doppelflügelige Tor, 戶 *hu* die kleinere Tür. Henning (2007, S. 29) hält im gegebenen Kontext eine Lesart von „Angriff" für jenes und „Verteidigung" für diese für möglich. Wir halten für plausibler, im großen Flügeltor die Unterscheidung zwischen Angriff und Verteidigung zu sehen, in den vielen kleineren Türen, die im Anwesen hinter dem Tor auf den Angreifer warten, aber die Gelenkstellen, durch die sich der Kämpfende in verschiedene, dem Gegner entsprechende Positionen bringt. Diese Interpretation bleibt in der Übersetzung allerdings unsichtbar.

4. „Verdunkle dich wie die Sonne": Henning (ebd.) rechtfertigt seine Übersetzung „remain distant and obscure as the sun" gegenüber der entgegengesetzten von Wile („Your skill should be as obvious as the sun") mit einer Etymologie des Zeichens 杳 *yao*, das einen Baum über der Sonne zeigt. Lexikalisch wäre eher Henning recht zu geben; *yao* meint a) „weit entfernt sein, ohne eine Spur hinterlassen zu haben", b) aber auch „tief" und „sich ausbreitend" sowie c) „ruhig". Im Kontext scheint uns die von Henning zu Recht angeführte Etymologie aber gerade auf einen Zustandswechsel zu verweisen, nämlich das Verschwinden des eben noch im Licht Gesehenen bei Verdunkelung der Sonne.

2. Zhou Dunyi (1017-1073): Erläuterung des Taiji-Diagramms

Die Entstehung und Rezeptionsgeschichte dieses kurzen Textes, der Jahrhunderte lang hohe Wellen geschlagen hat, ist in dem Aufsatz „Taijiquan und Wuji" erläutert. Dort wird auch die Reihung der Konjunktionen im ersten Satz erklärt. Aufgrund seiner Bedeutung für die Theorie des Taijiquan hatten wir eine Übersetzung bereits in „Die Klassischen Schriften des Taijiquan" (2019) vorgelegt.[320]

太極圖説

無極而太極。太極動而生陽；動極而靜，靜而生陰。靜極復動。一動一靜互為其根。分陰分陽，兩儀立焉。陽變陰合，而生水火木金土，五氣順布四時行焉。五行一陰陽也，陰陽一太極也，太極本無極也。五行之生也，各一其性。無極之真，二五之精，妙合而凝。乾道成男，坤道成女。二氣交感，化生萬物，萬物生生而變化無窮焉。惟人也得其秀而最靈。形既生矣，神發知矣，五性感動而善惡分，萬事出矣。聖人定之以中正仁義，而主靜，立人極焉。故聖人「與天地合其德，日月合其明，四時合其序，鬼神合其吉凶。」君子修之吉，小人悖之凶。故曰：「立天之道，曰陰與陽立地之道，曰柔與剛。立人之道，曰仁與義。」又曰：「原始反終，故知死生之說。」大哉易也，斯其至矣！

Die Erläuterung des Taiji-Diagramms

Wuji und [daher/dann/aber/doch/auch/zugleich] Taiji.

In Bewegung bringt Taiji Yang hervor. Am Limit der Bewegung aber ist Ruhe. In Ruhe bringt es Yin hervor. An ihrem Limit kehrt Ruhe zu Bewegung zurück. Bewegung und Ruhe, einander abwechselnd, werden sich gegenseitig zur Wurzel. Mit der Unterscheidung von Yin und Yang sind die zwei Urformen erschaffen.

Yang verwandelt, Yin verbindet, und so bringen sie Feuer, Wasser, Holz, Metall und Erde hervor. Diese fünf Qi folgen einem Muster, die vier Jahreszeiten nehmen ihren Lauf. Die fünf Wandlungsphasen haben ihre Einheit in Yin und Yang. Yin und Yang haben ihre Einheit im Taiji. Die Wurzel von Taiji ist Wuji. Die Hervorbringungen der fünf Wandlungsphasen haben eine jede ihre eigene Natur.

Das Wahre des Wuji und die Essenz der Zwei [Urformen, i.e. Yin und Yang] sowie der Fünf [Qi, i.e. Wandlungsphasen] vereinigen sich auf mysteriöse Weise und nehmen Gestalt an. Der Weg des Schöpferischen [Trigramm Qian] wird zum Männlichen, der Weg des Empfangenden [Trigramm Kun] wird zum Weiblichen.

---

[320]　A.a.O., S. 218f; siehe dort auch den Kommentar zu B1, S. 59-62.

Diese zwei Qi korrespondieren miteinander und bringen im Wandel die Zehntausend Dinge hervor. Die Zehntausend Dinge bringen weiter und weiter hervor, wobei Wechsel und Wandel unerschöpflich sind.

Nur der Mensch erlangt die Pracht all dessen, und so ist er am wunderbarsten. Ist seine Gestalt hervorgebracht, so entwickelt der Geist Erkenntnis. Indem die fünf Veranlagungen stimuliert werden, werden Gut und Böse unterschieden, zehntausend Angelegenheiten kommen heraus.

Der Weise regelt sie durch Mittig-sein, Korrektheit, Mitmenschlichkeit und Rechtschaffenheit. Indem er die Ruhe meistert, errichtet er das Höchste des Menschen. Daher ist „die Tugendkraft des Weisen in Harmonie mit der von Himmel und Erde, sein Strahlen in Harmonie mit Sonne und Mond, sein Ordnen in Harmonie mit den vier Jahreszeiten, sein Schicksal in Harmonie mit den Dämonen und Geistern." Dies kultivierend, ist der Edle im Glück. Dem zuwiderhandelnd, ist der Gemeine im Unglück.

Daher heißt es: „Den Weg des Himmels errichten, das heißt Yin und Yang. Den Weg der Erde errichten, das heißt das Weiche und das Harte. Den Weg des Menschen errichten, das heißt Mitmenschlichkeit und Rechtschaffenheit." Und es heißt: „Den Anfang aufspüren und zum Ende zurückkehren, darin gründet das Wissen um die Erklärung von Leben und Tod." Groß ist wahrlich das Buch der Wandlungen, denn dies hat es erreicht.[321]

---

[321] Textgrundlage: *Zhou Lianxi ji*, S. 2. Die Zitate am Ende von Zhou Dunyis Text entstammen dem *Yijing*, *Wenyan* (ad Trigramm 乾 *qian*), *Shuogua* und *Xici* I.

3. HUANG ZONGXI: EPITAPH FÜR WANG ZHENGNAN

Huang Zongxis (1610-1695) „Epitaph für Wang Zhengnan" (*Wang Zhengnan muzhiming*) von 1669 ist ein in vielerlei Hinsicht bedeutendes Dokument der Kampfkunst- und zugleich der Geistesgeschichte Chinas. Es ist ein Beispiel für die nicht selbstverständliche Kooperation von Gelehrten und Kampfkünstlern und damit auch für die seit alters angestrebte, doch immer wieder prekäre Einheit von *wen* und *wu,* Kultur und Kampf. In ihr dokumentiert sich, wie in einer Zeit der militärischen Bedrohung und einer historischen Umbruchphase der aufrechte Charakter eines Menschen mit einer patriotischen Pflicht zusammengedacht wird. In diesem Geist sollen auch die zwei autochthonen chinesischen Schulen des Konfuzianismus und Daoismus ihre Gemeinsamkeit erkennen können. Für die Kampfkunstgeschichte bedeutsam wurde die in dem Text gemachte Unterscheidung zwischen einer Innern und einer Äußeren Schule.

In der Welt der Kampfkünste ist dort, wo man diesen Text kennt, vielfach nicht bekannt, dass es sich bei ihrem Autor Huang Zongxi um eine eminente Figur in der chinesischen Geistesgeschichte handelt, der in zahlreichen Wissensgebieten weitreichende, eigenständige Beiträge geliefert hat. Was man hinwiederum in der Geistesgeschichte allerdings kaum würdigt: dass er sich auch mit der Kampfkunst bzw. ihrer Geschichte befasst hat. Bemerkenswert und zugleich signifikant für das Wesen chinesischer Schriftquellen ist, dass er sich nicht auf offizielle Dokumente beziehen konnte, sondern offenbar angewiesen war auf einerseits direkte Kontakte zu dem Verstorbenen und andererseits Informationen eines Auftraggebers für das Epitaph.

Eine englische Übersetzung findet sich, zusammen mit einer ausführlichen Erläuterung und Interpretation, bei Wile 1999. Eine weitere englische Übersetzung hat Paul Brennan 2014 vorgelegt.

王征南墓誌銘

少林以拳勇名天下，然主於搏人，人亦得以乘之。有所謂內家者，以靜制動，犯者應手即仆，故別少林為外家。

蓋起於宋之張三峰。三峰為武當丹士，徽宗召之，道梗不得進，夜夢玄帝授之拳法，厥明以單丁殺賊百餘。

三峰之術，百年以後，流傳於陝西，而王宗為最著。溫州陳州同從王宗受之，以此教其鄉人，由是流傳於溫州。嘉靖間，張松溪為最者。松溪之徒三四人，而四明葉繼美近泉為之魁。由是流傳於四明。四明得近泉之傳者，為吳崑山、周雲泉、單思南、陳貞石、孫繼槎，皆各有授受。崑山傳李天目，徐岱岳，天目傳余波仲，吳七郎，陳茂弘。雲泉傳盧紹岐。貞石傳董扶輿，夏枝溪。繼槎傳柴玄明，姚石門，僧耳，僧尾，而思南之傳，則為王征南。

思南從征關白，歸老於家，以其術教授，然精微所在，則亦深自秘惜，掩關而理，學子皆不得見。征南從樓上穴板窺之，得梗概。思南子不肖，思南自傷身後莫之經紀。征南聞之，以銀卮數器，奉為美櫬之資。思南感其意，始盡以不傳者傳之。

征南機警，得傳之後，絕不露圭角，非遇甚困則不發。嘗夜出偵事，為守兵所獲，反接廊柱，數十人轟飲守之。征南拾碎磁，偷割其縛，探懷中銀，望空而擲。數十人方爭攫，征南遂逸出。數十人追之。皆殕地，匍匐不能起。行數里，迷道田間，守望者又以賊也，聚眾圍之。征南所向，眾無不受傷者，

歲暮獨行，遇營兵七八人，挽之負重。征南苦辭求免，不聽。征南至橋上，棄其負。營兵拔刀擬之。征南手格，而營兵自擲仆地，鏗然刀墮，如是者數人。最後取其刀投之井中，營兵索綆出刀，而征南之去遠矣。

凡搏人者，皆以其穴。死穴，暈穴，啞穴，一切如銅人圖法。有惡少侮之者，為征南所擊。其人數日不溺，踵門謝過，始得如故。牧童竊學其法以擊伴侶，立死。征南視之，曰：此暈穴也，不久當甦。已而果然。

征南任俠，嘗為人報讎，然激於不平而後為之。有與征南久故者，致金以讎其弟。征南毅然絕之曰：此以禽獸待我也。

征南名來咸，王氏，征南其字也。自奉化來鄞。祖宗周，父宰元，母陳氏。世居城東之車橋，至征南徙同嶴。

少時，隸盧海道若騰。海道較藝給糧，征南嘗兼數人，直指行部。征南七矢破的，補臨山把總。錢忠介公建， 以中軍統營事，屢立戰功，授都督僉事副總兵官。

事敗，猶與華兵部勾兔島人，藥書往復。兵部受禍，讎首未懸，征南終身菜食以明此志，識者哀之。

征南罷事家居，慕其才藝者，以為貧必易致，營將皆通殷勤，而征南漠然不顧，鋤地擔糞，若不知己之所長，有易於求食者在也。

一日，過其故人，故人與營將同居，方延松江教師，講習武藝。教師倨坐彈三絃，視征南麻巾縕袍若無有。故人為言征南善拳法，教師斜盼之曰若亦能此乎？征南謝不敏。教師軒衣張眉曰：亦可小試之乎？征南固謝不敏。教師以其畏己也，強之愈力。征南不得已而應。教師被跌，請復之，再跌，而流血被面，教師乃下席，贄以二縑。

征南未嘗讀書，然與士大夫談論，則蘊藉可喜，了不見其為麤人也。余弟晦木，嘗揭之見錢牧翁，牧翁亦甚奇之。當其貧困無聊，不以為苦，而以得見牧翁，得交余兄弟，沾沾自喜，其好事如此。

余嘗與之入天童，僧山燄有膂力，四五人不能掣其手，稍近征南，則蹶然負痛。征南曰：今人以內家無可炫耀。於是以外家攙入之，此學行當衰矣！因許敘其源流。

忽忽九載。征南以哭子死，高辰四狀其行，求余誌之，余遂敘之於此，豈[諾]時意之所及乎！生於年某年丁巳三月五日，卒於某年己酉年二月九日，年五十三。娶孫氏，子二人。夢得前一月殤；次祖德。以某月某日葬於同嶴之陽。銘曰：

有技如斯，而不一施，
終不鬻技，其志可悲。
水淺山老，孤墳孰保？
視此銘章，庶幾有考。

Epitaph für Wang Zhengnan

Shaolin ist überall für seine heldenhafte Kampfkunst berühmt. Aber sie ist vor allem auf Angriff ausgerichtet, wodurch der Gegner Gelegenheiten erhält, die er ausnutzen kann. Es gibt eine sogenannte Innere Schule, die Bewegung durch Ruhe kontrolliert, wodurch Angreifer mühelos zu Fall gebracht werden. Im Unterschied zu ihr zählt Shaolin daher zur Äußeren Schule.

Die Innere Schule wurde von Zhang Sanfeng aus der Song-Zeit gegründet. Sanfeng war ein [daoistischer] Alchemist aus den Wudang-Bergen. [Kaiser] Huizong [reg. 1100-1126] berief ihn an den Hof, aber der Weg war versperrt und es gab kein Durchkommen. Des Nachts lehrte ihn der Herrscher der Dunkelheit [i.e. der Kriegsgott Xianwu, auch Zhenwu] die Kampfkunst. Am nächsten Tag tötete er alleine mehr als hundert Banditen.

100 Jahre später verbreitete sich Sanfengs Kunst in [der Provinz] Shaanxi, wo Wang Zong ihr führender Exponent wurde. Chen Zhoutong aus Wenzhou empfing sie von Wang Zong und unterrichtete sie den Leuten auf dem Land. So verbreitete sie sich in Wenzhou.

In der Ära Jiajing [1521-1567] war Zhang Songxi der führende Exponent. Songxi hatte drei, vier Schüler, unter denen der aus Siming stammende Ye Zhimei, genannt Jinquan, herausragte. So verbreitete sie sich in Siming. Diejenigen, an die Jinquan sie in Siming weitergab, waren Wu Kunshan, Zhou Yunquan, Dan Sinan, Chen Zhenshi und Sun Jicha. Sie alle erhielten die Überlieferung. Wu Kunshan gab sie an Li Tianmu und Xu Daiyue weiter. Li Tianmu gab sie an Yu Bozhong, Wu Qilang und Chen Maohong weiter. Zhou Yunquan gab sie an Lu Shaoqi weiter. Chen Zhenshi gab sie an Dong Fuyu und Xia Zhixi weiter. Sun Jicha gab sie an Chai Xuanming, Yao Shimen, den Mönch Er und den Mönch Wei weiter. Derjenige, an den Dan Sinan sie weitergab, war Wang Zhengnan.

Nach seiner Rückkehr vom Militärdienst bei Guan Bai unterrichtete er diese Kunst. Ihre Feinheiten aber behielt er für sich. Selbst übte er hinter verschlossenen Türen, so dass seine Schüler ihn nicht beobachten konnten. Doch Zhengnan spähte ihn vom oberen Stockwerk durch ein Loch im Holzboden aus und erfasste die Grundidee. Sinans Söhne waren seiner unwürdig und Sinan war sehr bekümmert, dass, wenn ihm ein Unglück zustieße, keiner [seine Tätigkeit] fortsetzen würde. Als Zhengnan das hörte, überreichte er ihm respektvoll einige silberne Pokale für den Erwerb erlesener Teesträucher als Ressource für den Lebensunterhalt. Sinan war von dieser Idee so gerührt, dass er all das, was er bisher noch nicht weitergegeben hatte, an ihn weitergab.

Zhengnan war sehr umsichtig. Nachdem er die Überlieferung erhalten hatte, trug er auch nicht das Geringste davon zur Schau. Er wendete nichts davon an, außer wenn er in äußerste Bedrängnis geriet. Eines Nachts wurde er bei einer

Razzia von Soldaten ergriffen und mit den Händen auf dem Rücken an einen Gebäudepfeiler gebunden, bewacht von jeder Menge lärmender und trinkender Männer. Zhengnan gelang es, eine Porzellanscherbe aufzuheben, mit der er heimlich seine Fesseln durchtrennte. Dann holte er Silberstücke aus seinem Brustbeutel hervor und warf sie in die Luft. Während die Männer sich auf sie stürzten, lief Zhengnan davon. Als die Männer ihn verfolgen wollten, fielen sie übereinander, krabbelten auf allen Vieren und konnten kaum aufstehen. Nach einigen Li verloren sie seine Spur in einem Feld, suchten aber weiterhin nach ihm, weil sie ihn immer noch für einen Banditen hielten. Sie umzingelten ihn in großer Zahl, aber es gab keinen unter ihnen, der nicht verwundet wurde, als er sich Zhengnan näherte.

Einmal, als er gegen Ende seines Lebens alleine reiste, traf er auf einen Trupp von sieben oder acht Soldaten, die ihn nötigten, eine schwere Last zu tragen. Zhengnan bat eindringlich, davon entbunden zu werden, aber sie hörten nicht auf ihn. Als Zhengnan eine Brücke erreicht hatte, warf er die Last ab. Die Soldaten zogen ihre Säbel und stürzten sich auf ihn, aber er verteidigte sich mit bloßer Hand und warf einen zu Boden, dessen Säbel klirrend zu Boden fiel. So machte er es mit einem nach dem anderen. Zum Schluss nahm er die Säbel und warf sie in einen Brunnen. Die Soldaten suchten nach einem Seil, um die Säbel wieder herauszuholen. Unterdessen war Zhengnan auf und davon.

Wenn er mit Gegnern kämpfte, benutzte er immer Akupunkturpunkte; tödliche, zu Schwindel oder Übelkeit führende oder das Sprechvermögen lähmende Punkte; alles wie auf den Modellen der Bronzefiguren dargestellt. Als ein niederträchtiger junger Kerl von Zhengnan geschlagen wurde, konnte er einige Tage nicht mehr urinieren. Er musste an der Tür [von Wang Zhengnan] klopfen und um Entschuldigung bitten, um wiederhergestellt zu werden. Ein Hirtenjunge, der sich diese Methode heimlich abgeschaut hatte, griff damit einen Kameraden an, der augenblicklich tot war. Als Zhengnan ihn sah, sagte er: „Das war nur ein Ohnmachtspunkt, er wird bald wieder lebendig werden." Und so verhielt es sich tatsächlich.

Zhengnan war von ritterlicher Gesinnung, immer aufrichtig und nur Vergeltung übend, wenn er durch eine Ungerechtigkeit dazu veranlasst wurde. Einmal bot ihm ein alter Bekannter Geld, damit er dessen jüngeren Bruder räche. Zhengnan aber unterbrach ihn mit scharfen Worten: „Das bedeutet, mich wie einen Halunken zu behandeln!"

Zhengnans Vorname war Laixin, sein Familienname war Wang, Zhengnan war sein Volljährigkeitsname. Er zog vom Kreis Fenghua [in der Provinz Zhejiang] nach Yin. Sein Großvater hieß Zongzhou, sein Vater Zaiyuan, der Mädchenname seiner Mutter war Chen. Die Familie hatte über Generationen bei der

Wagenbrücke im Osten der Stadt [Ningbo] gewohnt, war aber nach Zhengnans Geburt nach Tongao gezogen.

In seiner Jugend diente er Lu Haidao (Ruoteng). Haidao prüfte seine Kunst und stellte ihn an. Alleine verrichtete er die Arbeit mehrerer Leute und handelte im direkten Auftrag der Behörden. Aufgrund seiner Zuverlässigkeit wurde er zum Kommandanten in Linshan ernannt. Qian Zhongjie (Gongjian) betraute ihn mit der Koordination der Bataillone der mittleren Armee. Wiederholt wurde er für außerordentliche militärische Verdienste ausgezeichnet und schließlich vom Militärgouverneur zum Vizegeneral befördert.

Nach der Niederlage [1644] waren unsere Truppen wie Inselbewohner voneinander getrennt. Depeschen gingen hin und her, dann brach die Heeresführung zusammen. Zhengnan beschloss, sich zum Zeichen seiner Ming-Loyalität nur noch vegetarisch zu ernähren; bis die Köpfe der Feinde hängen würden, und sei es sein Leben lang. Jene, die davon hörten, waren tief bewegt.

Zhengnan gab sein Amt auf und zog sich in seine Heimat zurück. Doch jene, die seine Fähigkeiten bewunderten, glaubten, dass er durch seine Armut leicht wieder umzustimmen sei. Etliche Bataillonskommandanten suchten ihn auf und erwiesen ihm ihren Respekt. Zhengnan aber blieb ungerührt und ignorierte sie. Er bearbeitete den Boden mit der Hacke und schleppte Dünger, als wisse er nichts von seinen Fähigkeiten, die es ihm erlaubt hätten, seinen Lebensunterhalt auf so viel einfachere Weise zu verdienen.

Eines Tages besuchte er einen alten Bekannten, der mit einem Bataillonskommandanten zusammenwohnte. Dort ließ der Ausbilder Yan Songjiang [die Truppen] gerade Kampfkunst üben. Der Ausbilder saß mit überheblicher Miene da, spielte eine dreisaitige Laute und betrachtete Zhengnan mit seinem Hanffaserhut und seiner groben Kleidung, als wäre er ein Niemand. Der alte Bekannte sagte, dass Zhengnan ein Meister der Kampfkunst sei. Darauf blickte ihn der Ausbilder schräg an und fragte: „Wie sollte das sein können?" Zhengnan wehrte bescheiden ab. Der Ausbilder erhob sich, richtete seine Kleidung, zog die Augenbrauen hoch und fragte: „Können wir das mal ausprobieren?" Zhengnan wehrte erneut höflich und mit Bestimmtheit ab. Doch der Ausbilder glaubte, er habe nur Angst vor ihm und bedrängte ihn immer aggressiver, bis Zhengnan nicht mehr anders konnte, als zu reagieren und den Ausbilder zu Boden warf. Der fragte nach einer weiteren Runde, wurde wieder geworfen und hatte nun ein blutüberströmtes Gesicht. Daraufhin verbeugte sich der Ausbilder tief und bezeugte seinen Respekt mit einem Geschenk von zwei Ballen wertvoller Seide.

Obwohl Zhengnan keine höhere Bildung erfahren hatte, konnte er sich doch mit Gelehrten und Beamten verständig und vergnüglich unterhalten, so dass ihn niemand für ungehobelt hielt. In dieser Hinsicht war er wie Qian Muweng, den ich einst zusammen mit meinem jüngeren Bruder Huimu kennenlernen durfte. Er war ebenfalls ein außergewöhnlicher Mensch, der kein Aufhebens von Armut oder Unheil machte und sich davon nicht verbittern ließ. Stattdessen verkehrte er mit uns wie mit Brüdern, wenn wir die Gelegenheit hatten, ihn zu besuchen. Was für eine Wohltat ist solch froher Sinn!

Eines Tages ging ich zusammen mit ihm [Wang Zhengnan] in den Tiantong-Tempel. Der [dortige] Mönch Shanyan hatte ungeheure physische Kräfte, so dass vier, fünf Männer seinen Arm nicht festhalten konnten. Aber schon bei einer leichten Berührung von Zhengnan sprang er vor Schmerz zurück. Zhengnan sagte: „Heutzutage glauben die Leute, die Innere Schule sei nicht spektakulär genug; deshalb mischen sie etwas von der Äußeren Schule hinein. Wenn das so weitergeht, wird die Kunst untergehen." Deshalb stimmte er zu, ihren Ursprung und ihre Geschichte aufzuschreiben.

Wie im Fluge vergangen sind neun Jahre, seit Zhengnan, seinen Sohn beweinend, verstarb. Gao Chensi skizzierte die Begebenheiten und bat mich, daraus ein Epitaph zu machen. Dem folgte ich und schrieb all dies. Doch wie sollte ich an den Geist jener Zeit heranreichen?!

Er wurde in einem gewissen Jahr [1617] am fünften Tag des dritten Monats geboren und starb in einem gewissen Jahr [1669] am neunten Tag des zweiten Monats im Alter von 53 Jahren. Der Mädchenname seiner Frau war Sun. Er hatte zwei Söhne. Mengde starb einen Monat vor ihm, der zweite heißt Zude. Begraben wurde er im Süden von Tongao. Das Epitaph lautet:

> Solche Fähigkeiten zu haben wie er –
> und sie nicht ein einziges Mal missbrauchen!
> Niemals hat er sein Können verkauft –
> solcher Standhaftigkeit können wir nur nachtrauern!
> Zwischen seichten Wassern und alten Bergen –
> wer pflegt das einsame Grab?
> Mögen jene, die diese Inschrift lesen,
> prüfen, ob sie ihm gleichen!

4. CHANG NAIZHOU UND DIE KLASSIKER DES TAIJIQUAN

Textparallelen

Klassische Schriften des Taijiquan	Chang Naizhou (in: Xu Zhen 1932/2012)
無過不及 [B5], 不偏不倚 [B19] Es gibt keine Überschreitung und keine Un-zulänglichkeit. Sich nach keiner Seite neigen, sich nirgends anlehnen.	不偏不倚無過不及 [S. 21] Sich nach keiner Seite neigen, sich nirgends anlehnen. Es gibt keine Überschreitung und keine Unzulänglichkeit.
內固精神外示安逸 [C66f] Innen ein fester Lebens-Geist, außen zeige Ruhe und Gelassenheit.	內實精神外示安逸 [S. 7] Innen voller Lebens-Geist, außen zeige Ruhe und Gelassenheit.
彼不動己不動彼微動己先動 [C48-51] Wenn der Andere sich nicht bewegt, bewege ich mich auch nicht. Wenn der Andere sich nur ein klein wenig bewegt, bewege ich mich zuerst.	彼不動兮我不動彼欲動兮我先動 [S. 80] Wenn der Andere sich nicht bewegt, bewege ich mich auch nicht. Wenn der Andere sich bewegen will, bewege ich mich zuerst.
舍近求遠 [B66] Das Naheliegende aufgeben, um ein Fernes zu suchen.	舍近就遠 [S. 45] Das Naheliegende aufgeben, um ein Fernes zu erreichen.
黏連貼隨 [E6] Anhaften, verbinden, kleben und folgen.	黏連不離 [S. 45] Anhaften, verbinden, [Kontakt] nicht verlieren,
舍己從人 [B65] Das Eigene aufgeben und dem Anderen folgen.	人己一元 [S. 141] Der Andere und ich sind desselben Ursprungs,

5. Li Yiyu: Kurzes Vorwort und Nachwort zum Handbuch des Taijiquan

In den 1930er Jahren wurde das nach Wu Yuxiangs Ableben (1880) von Li Yiyu (1832-1892) redigierte „Handbuch des Taijiquan" (*Taijiquan pu*) veröffentlicht, das in der Folge den informellen Titel „Wu-Li-Klassiker" erhielt. Es enthielt insgesamt zwölf Texte, darunter jene, die mit teilweise kleinen Variationen rund 20 Jahre zuvor bereits aus der Yang-Stil-Überlieferung als „Die Klassischen Schriften des Taijiquan" veröffentlicht worden waren; darüber hinaus Texte von Wu Yuxiang und Li Yiyu selbst. Zu diesem Handbuch gab es ein kurzes Vorwort und ein noch kürzeres Nachwort. Diese kurzen Texte stellen die ersten schriftlichen Quellen zur Geschichte des Taijiquan dar – allerdings zum Teil vage und sogar widersprüchlich.

Drei von Li Yiyu angefertigte Kopien des Handbuchs, die untereinander wiederum kleine Unterschiede aufwiesen, galten lange als die ältesten Originalquellen zum Taijiquan und wurden daher die „Drei alten Manuskripte" (*lao sanben*) genannt. Ein Exemplar, datiert auf das Jahr 1880, gab Li Yiyu seinem jüngeren Bruder Li Qixuan; dessen Verbleib ist unbekannt. Ein weiteres Exemplar, datiert auf 1881, behielt er selbst. Ein drittes Exemplar, ebenfalls von 1881, vermachte er seinem wichtigsten Schüler, Hao Weizhen (nach dem die Linie Wu-Hao benannt wurde). Hao Weizhens Exemplar kam über dessen Sohn Hao Yueru auf den Enkel Hao Shaoru, der es in den 1930er Jahren Xu Zhen zeigte und damit zur Veröffentlichung freigab. Es enthielt das „Kurze Vorwort" (*xiaoxu*), das gleich zu Beginn eine Aussage zum Ursprung des Taijiquan macht.

太極拳小序

太極拳不知始自何人。其精微巧妙。王宗岳論詳且盡矣。後傳至河南陳家
溝。陳姓。神而明者。代不數人。我郡南關楊某。愛而往學焉。專心致志
十有餘年。備極精巧。旋里後。市諸同好。母舅武禹襄見而好之。常與比
校。伊不肯輕以授人。僅能得其大概。素聞豫省懷慶府趙堡鎮。有陳姓。
名清平者。精於是技。逾年母舅因公赴豫省。過而訪焉。研究月餘。而精
妙始得。神乎技矣。予自咸豐癸丑。時年二十餘。始從母舅學習此技。口
授指示不遺餘力。奈予質最魯。廿餘年來。僅得皮毛。竊意其中更有精巧
茲僅以所得筆之於後。名曰五字訣。以識不忘所學云。

光緒辛巳中秋念六日亦畬氏謹識[322]

Kurzes Vorwort zum Taijiquan

Man weiß nicht, bei wem Taijiquan seinen Ausgang genommen hat. Wang Zong-yue hat diese tiefsinnige und wundersame Kunst detailliert und vollendet beschrieben. Später gelangte die Überlieferung nach Chenjiaogou in Henan. In der

---

[322] Shen Shou 1991/2002, S. 308f. Faksimile des Textes in: Gu Liuxin 1984/2012, S. 313. Faksimile ebenso in: Wang 2002, S. 161f.

Chen-Familie wurde der Geist erfasst, aber nicht von vielen. Ein gewisser Yang aus unserem Kreis Nanguan ging aus leidenschaftlicher Wissbegier dorthin, um es zu lernen. Das tat er mit aufrichtiger Hingabe und nach mehr als zehn Jahren hatte er die äußersten Feinheiten der Kunst erfasst. Nach seiner Rückkehr in die Heimat bewunderten ihn alle Gleichgesinnten in der Stadt, die ihm zusahen; so auch mein Onkels mütterlicherseits, Wu Yuxiang. Immer wieder versuchte er, sich mit ihm [Yang] zu messen und von ihm unterwiesen zu werden. Doch der [Yang] war nicht so leicht gewillt, jemanden zu unterrichten; und so konnte er [Wu] nur eine allgemeine Vorstellung davon bekommen. Es war aber immer wieder zu hören, dass es in der Ortschaft Zhaobao in der Präfektur Huaiqing in der Provinz Yu [Henan] einen Chen namens Qingping gäbe, dessen Können meisterlich sei. Als mein Onkel mehr als ein Jahr lang aus geschäftlichen Gründen in Henan unterwegs war, stattete er ihm dort einen Besuch ab, trieb über einen Monat lang Studien und begann die Feinheiten und den Geist der Kunst zu erfassen.

Mit Anfang 20, im 50. Jahr [des 60-jährigen Kalenderzyklus, C.U.] während der Regierungsdevise Xianfeng [1831-1861, d.h. 1853] begann ich, diese Kunst von meinem Onkel zu erlernen. Er scheute wahrlich keine Mühen mich zu unterweisen, der ich leider schwer von Begriff bin. Auch wenn ich nach über zwanzig Jahren nur oberflächliche Kenntnisse erworben habe, so habe ich doch eine Idee von den zugrunde liegenden Feinheiten der Kunst. Dies habe ich im Folgenden unter dem Namen „Schlüssel zu Fünf Zeichen" niedergeschrieben, um das Gelernte festzuhalten und nicht zu vergessen.

Am 26. Tag des zweiten Herbstmonats im 18. Jahr [des 60-jährigen Kalenderzyklus, C.U.] während der Regierungsdevise Guangxu [1875-1908] nach bestem Wissen und Gewissen von Herrn [Li] Yiyu aufgezeichnet [18. Oktober 1881].

*

Nach Xu Zhen gab es noch eine weitere, heute verlorene Version des Handbuchs, die im Besitz von Ma Tongwen (1866-?), einem Neffen von Li Yiyus Frau und Schüler von Hao Weizhen, gewesen sein soll. Die Datierung könnte durch ein Missverständnis entstanden sein. Das eigentlich Erklärungsbedürftige an ihm ist aber der erste Satz des wohl auch von Li Yiyu verfassten „Kurzen Vorworts", der anders als in den anderen Versionen lautet und Zhang Sanfeng zum Gründervater des Taijiquan erklärt. Es wäre die früheste Quelle, die Zhang Sanfeng mit Taijiquan in Verbindung bringt. (Huang Zongxi hatte ja nur von einer Inneren Schule der Kampfkunst gesprochen). Vor allem aber hätte ihr Gewährsmann, Li Yiyu, sie am „selben" Ort, nämlich dem „Kurzen Vorwort" zu späterer Zeit implizit widerrufen. Im Ma Tongwen-Manuskript (1867?) lautet der erste Satz nicht „Man weiß nicht, bei wem das Taijiquan seinen Anfang genommen hat" (1881), sondern:

太極拳始自宋張三丰。[323]

Taijiquan begann mit Zhang Sanfeng aus der Song-Dynastie.

Li Yiyus eigenes Exemplar des „Taijiquan Handbuchs" wurde über seinen Sohn Li Xunzhi (1882-1944) an Yao Jizu weitergegeben, der 1964 eine Fotokopie davon an den Kampfkunsthistoriker Gu Liuxin schickte. Das war spät, aber gerade noch rechtzeitig, bevor die Handschrift während der Kulturrevolution verschwand. Zu den kleinen Unterschieden zwischen den „Drei alten Manuskripten" von 1880/81 gehört, dass Li Yiyus eigenes Exemplar mit einem (ihm selbst zugeschriebenen) „Nachwort" (跋 ba) versehen war.[324] Dieses Nachwort ist die erste schriftliche Quelle, die den ominösen Salzladen von Wuyang als Herkunftsort des Handbuchs, d.h. der später Klassiker genannten Schriften, angibt. Die ersten Sätze lauten:

此譜得於舞陽縣鹽店。兼積諸家講論，並參鄙見。[325]

Dieses Handbuch stammt aus einem Salzladen im Landkreis Wuyang. Es versammelt die Gedanken verschiedener Schulen einschließlich meiner eigenen bescheidenen Ideen.

Während die Geschichte vom Salzladenfund im „Vorwort" keine Erwähnung fand, bleibt im „Nachwort" Wang Zongyue unerwähnt.

---

[323] Shen Shou 1991/2002, S. 310.
[324] Zur Überlieferungsgeschichte der Manuskripte von Li Yiyu vgl. Wile 1996, S. 36ff; zu möglichen Interpretationen der Inkongruenzen zwischen den Texten vgl. ebd. S. 95f.
[325] Shen Shou 1991/2002, S. 307; Wang 2002, S. 209.

6. Kampf und Kultivierung in den „40 Kapiteln" (Taiji fa shuo)

(Ausgewählte Stellen)

蓋言道者非自修身無由得成也。

Was den Weg (*dao*) betrifft, kann ohne Selbstkultivierung (*xiushen*) nichts erlangt werden. (*Taiji fa shuo* Nr. 19)

文者體也武者用也。

Das Kulturelle (*wen*) ist das Wesen, das Kämpferische (*wu*) ist die Anwendung. (Nr. 14)

文功在武用於精氣神也為之體育。

Die Entwicklung des Kulturellen innerhalb der kämpferischen Anwendung bezieht sich auf die Essenz, das Qi und den Geist. Das ist Körperkultur. (Nr. 14)

延年藥在身元善從復始。

Die Medizin des langen Lebens liegt in uns, wenn wir der Vervollkommnung des Ursprungs folgen und zum Anfang zurückkehren. (Nr. 38)

文修於內武修於外。

Das Kulturelle wird im Inneren gepflegt, das Kämpferische im Äußeren. (Nr. 19)

太極之武事，外操柔軟，內含堅剛而求柔軟。柔軟之於外，久而久之，自得內之堅剛，非有心之堅剛，毫有心之柔軟也。所難者，內要含蓄堅剛而不施，外終柔軟而迎敵，以柔軟而應堅剛，使堅剛盡化無有矣。

Der kämpferische Aspekt des Taiji besteht darin, außen weich und, nach Weichheit strebend, innen hart zu sein. Ist man außen weich, so erlangt man im Lauf der Zeit von selbst eine innere Härte; doch nur, wenn das Herz nicht nach Härte trachtet, sondern wirklich auf Weichheit sinnt. Die Schwierigkeit besteht darin, das Harte im Inneren zu bewahren und es nicht zum Vorschein kommen zu lassen und damit das Weiche zu beenden; sondern einem Angreifer so zu be-

gegnen, dass man der Härte mit Weichheit entspricht, damit das Harte sich erschöpft und in Nichts auflöst. (Nr. 20)

勁由於筋，力由於骨。

Kraft (*jin*) kommt von den Sehnen, Körperkraft (*li*) kommt von den Knochen.
(Nr. 13)

故云：武事文為，柔軟體操也，精氣神之筋勁。武事武用，剛硬武事也，
身之骨力也。文無武之豫備，為之有體無用，武無文之侶伴，為之有用無
體。[...] 文者內理也，武者外数也。

Deshalb heißt es: Die Kultivierung des kämpferischen Aspekts bedeutet ein
sanftes und weiches Üben und eine sehnige Kraft durch Essenz, Qi und Geist.
Kommt im kämpferischen Bereich hingegen nur Kämpferisches zur Anwendung,
führt das zu Härte und Steifheit im Kämpferischen und zu einer knöchernen
Kraft des Körpers. Das Kulturelle ohne Vorbereitung auf das Kämpferische ist
Wesen ohne Anwendung. Das Kämpferische ohne Begleitung des Kulturellen ist
Anwendung ohne Wesen [...] Das Kulturelle ist das innere Prinzip, das Kämpferi-
sche ist das äußere Können. (Nr. 14)

7. Zitate zur Inneren Schule des 20. Jahrhunderts

(nach der Reihenfolge ihres Auftauchens in: „Ist Taijiquan eine Innere Kampfkunst?")

此拳在假後天之形。不用後天之力。

Obwohl sich diese Kampfkunst erworbener („nachweltlicher') Formen bedient, wendet sie doch keine erworbene Kraft an. (Sun Lutang 1921, Vorwort)

內者先天。外者後天。

Das Innere ist vorweltlich, das Äußere ist nachweltlich. (Sun Lutang 1917, Kap.1)

惟聖人知逆運之機。修身之本。還元之道。總之不外形意太極八卦諸拳之理。[...] 復先天之元氣。

Nur der Weise kennt den Punkt der Umkehr, der die Wurzel der Selbstkultivierung ist – den Weg der Rückkehr zum Ursprung. Nichts anderes ist das Prinzip der Kampfkünste des Xingyi, Taiji und Bagua [...] – die Rückkehr zum vorweltlichen, ursprünglichen Qi. (Sun Lutang 1917, Kap. 6)

惟至人。有逆運之道。轉乾坤。扭氣機。能以後天返先天。化其拙氣拙力。引火歸原。 氣貫丹田。

Nur für den höchsten Menschen gibt es den Weg der Umkehr, der Qian [Trigramm Himmel] und Kun [Trigramm Erde] umdreht, den Umkehrpunkt des Qi. Nur er vermag vom Nachweltlichen zum Vorweltlichen zurückzugelangen, sein grobes Qi und seine grobe Körperkraft zu verwandeln und die Rückkehr zum Ursprung zu entfachen, wo das Qi bis zum Dantian gelangt. (Sun Lutang 1921, Teil I, Kap. 1)

一動一靜。純任自然。不尚血氣。意在練氣化神耳。

In Bewegung und in Ruhe bleibt sie [die Kampfkunst des Taiji] unverfälscht und lässt die ursprüngliche Natur wirken. Sie schätzt nicht das kreatürliche Qi, sondern ihre Idee ist es, Qi durch Üben in Geist zu transformieren. (Sun Lutang 1921, Vorwort)

三派之理。皆是以虛無而始。以虛無而終。

Das Prinzip aller drei Schulen ist es, in der Leere des Nichtseins zu beginnen und in der Leere des Nichtseins zu enden. (Sun Lutang 1924, Vorwort)

內外一氣之流行。

Innen und außen werden von Einem Qi durchflossen. (Sun Lutang 1921, I.2)

內外一氣。

Innen und außen ist Ein Qi. (Sun Lutang 1921, *Taijiquan zhi mingcheng* und I.2b)

太極一氣也。

Taiji ist das Eine Qi. (Sun Lutang 1921, *Taijiquan zhi mingcheng*)

太極者在於無極之中。

Taiji ist inmitten von Wuji. (Sun Lutang 1921, I.2a)

時時練習。不獨可以延年益壽。直可與太虛同體。

Durch beständiges Üben kann man nicht nur das Leben verlängern, sondern auch direkt zur großen Leere gelangen. (Sun Lutang 1921, II.1)

拳術得太極功。而各家統一矣。

Wenn beim Üben der Kampfkünste das Allerhöchste (Taiji) inbegriffen ist, dann verschmelzen alle Schulen zu einer einzigen. (Xu Yusheng 1921, S. 38)

太極拳者，形而上之學也。

Taijiquan ist eine metaphysische Lehre. (Xu Yusheng 1921, S. 39)

以虛無為本。而包羅萬象。故曰無極。

Das Nichts der Leere ist die Wurzel. Sie umfasst alle Erscheinungen. Daher nennt man sie 'das, was keine Grenzen hat (*wuji*)'. (Xu Yusheng 1921, S. 50f)

太極拳以虛靈為本。

Taijiquan gründet in Leere und Lebendigkeit. (Xu Yusheng 1921, S. 66)

練太極拳者。向主身心合一。內外兼修。

Die Übenden des Taijiquan legen ihr Augenmerk darauf, Körper und Geist zu vereinen. Innen und außen werden gleichzeitig kultiviert. (Xu Yusheng 1921, S. 59)

太極拳術以虛無為本。其所鍛鍊神氣二者而已。非如外功拳術之專尚形勢也。

Die Kampfkunst des Taiji nimmt die Leere des Nichtseins als Wurzel. Man entwickelt beim Üben nichts anderes als den Geist und das Qi. Das stellt einen Unterschied zu den Kampfkünsten der äußeren Übungssysteme dar, die auf Formen und Stellungen fokussieren. (Xu Yusheng 1921, S. 77)

就着勢言之。太極拳固無異於各家拳術。然其運動行氣。純以虛靜勝人。注重精神上之修養。堅凝意志。增進智慧。 則非外功拳術專從事於筋肉鍛鍊者。

Was die Stellungen angeht, unterscheidet sich Taijiquan von den anderen Kampfkünsten dadurch, dass seine Bewegungen das Qi in Gang setzen; dass Gegner nur durch Leere und Ruhe besiegt werden; dass die Konzentration auf dem Lebensgeist als höchster Form der Kultivierung liegt; dass Idee und Willenskraft gefestigt werden und dass Weisheit entwickelt wird – was von den Kampfkünsten der äußeren Übungssysteme, die nur den Körper trainieren, nicht gesagt werden kann. (Xu Yusheng 1921, S. 38)

內家者。儒家之意。所以別於方外也。

Die Innere Schule entspricht der Idee des Konfuzianismus und unterscheidet sich daher von mönchischer Weltflucht. (Xu Yusheng 1921, S. 47)

曰張三丰先生。本儒家太極之理。融會各家之長。

Es heißt, Herr Zhang Sanfeng habe das grundlegende konfuzianische Prinzip des Taiji mit den Stärken der anderen Schulen verbunden. (Xu Yusheng 1921, S. 38)

周濂溪通書有云。動而未形有無之間者曰機。又曰機微故幽。

In Zhou Dunyis *Tongshu* [„Das Buch der Wandlungen verstehen"] heißt es: ‚Der entscheidende Augenblick ist dann, wenn die Bewegung noch keine Form angenommen hat und sich noch zwischen Sein und Nichtsein befindet. Dieser Augenblick ist so winzig, dass er nur schwer zu erfassen ist.' (Xu Yusheng 1921, S. 56)

太極拳之妙全在用勁 (此勁字係靈明活潑，由功深練出之勁，不可僅作力量解)，然勁為無形，必附麗於有形之着。

Das Geheimnis des Taijiquan liegt vollständig im Gebrauch der Kraft (*jin*). (Diese Kraft hängt an geistiger Transparenz und Lebendigkeit. Kraft ist das Ergebnis eines intensiven Übens und besteht nicht einfach in akrobatischer Ausübung von Körperkraft [*liliang*].) Obwohl die Kraft formlos ist, kann sie sich nur in etwas, das Form hat, manifestieren. (Xu Yusheng 1921, S. 57f)

三家之術其意本一。大抵務勝人尚氣力者。源失之濁。不求勝于人神行機圓而人亦莫能勝之者。其源則清清則技與道合。

Die Idee dieser drei Wege ist wesentlich dieselbe. Die meisten schätzen Qi und Körperkraft, um andere zu besiegen, und verunreinigen dabei ihre eigene Quelle. Wenn man nicht danach strebt, einen Sieg über andere zu erringen, bleibt der Geist beweglich und die Techniken bleiben rund, so dass man von keinem Gegner besiegt werden kann. So bleibt die Quelle rein und die Fähigkeiten bleiben in Einklang mit dem Dao. (Chen Weiming, Vorwort zu Sun Lutang 1924)

一動中求靜。與道相合。一純以神行。不尚拙力。一呼吸根蒂。氣沈丹田。一循環無端。綿綿不斷。一不離不距。隨機應變。一專氣致柔。以弱勝強。其術純任自然。無幾微勉強。

Ruhe in der Bewegung zu suchen, heißt, in Einklang mit dem Dao sein. Handle nur durch den Geist, gib nichts auf grobe Körperkraft. Mit dem Atem als Wurzel und Blüte, sinkt das Qi zum Dantian. Kreisen ohne Ende führt zu ununterbrochenem Fließen. Weder trennen noch Abstand halten, sondern der Gelegenheit folgen und dem Wandel entsprechen. Das Qi konzentrieren und Weichheit erlangen, mit Sanftheit Stärke überwinden. Diese Kunst ist rein und natürlich, sie versucht nicht im Geringsten, etwas zu erzwingen. (Chen Weiming 1925, Vorwort)

用意不用力 [...] 全身鬆開。

Setze die Idee ein, keine Körperkraft [...] Der ganze Körper ist entspannt. (Chen Weiming 1925, S. 6)

臂膊如綿裹鐵。

Die Arme wie in Watte gewickeltes Eisen. (Chen Weiming 1925, S. 6)

誠養生却病之妙術。禦侮其餘事也。

Es ist wahrhaftig eine wunderbare Kunst, das Leben zu nähren, Krankheiten fernzuhalten und darüber hinaus sich gegen Beleidigungen zu verteidigen. (Chen Weiming 1925, Vorwort)

名則有少林、武當之分，實則無內家外家之別。[...] 或謂拳術既無內外之分，何以形勢有剛柔之判？不知一則自柔練而致剛，一則自剛練而致柔，剛柔雖分，成功則一。

Die unterschiedlichen Namen Shaolin und Wudang bedeuten nicht wirklich einen Unterschied von Innerer und Äußerer Schule. [...] Es ließe sich einwenden, dass man ohne die Unterscheidung von Äußerem und Innerem in den Kampfkünsten nicht mehr zuordnen könne, ob sie hart oder weich seien. Aber das hieße missverstehen, dass die einen durch Üben vom Weichen zum Harten gelangen und die anderen vom Harten zum Weichen. Obwohl es den Unterschied von Hartem und Weichem gibt, ist das Ergebnis doch dasselbe. (Sun Lutang 1929)

余今為強國計，今為同志習體育計，欲得國寶，敬告諸君練太極拳是也。

Ich halte es nun für wichtig, der Stärkung unseres Landes zu dienen. Heutzutage halten alle Gleichgesinnten Übungen der Körperkultur für wichtig. Den Hochgesinnten, die die Kostbarkeiten unseres Landes erlangen wollen, möchte ich bei allem Respekt empfehlen, Taijiquan zu üben. (Yang Chengfu 1931, S. 148)

今內家拳法惟太極八卦形意三派各不相謀余三十年之功乃合而一之。

Die drei Kampfkünste der inneren Schule, Taiji, Bagua und Xingyi schienen mir alle unterschiedlich zu sein, aber nach 30 Jahren des Übens verschmolzen sie zu einer Einzigen. (Sun Lutang 1917, Vorwort)

拳術門頂屬害的是內家拳。

Unter den verschiedenen Kampfkunstrichtungen ist die Innere Schule der Kampfkunst die gewaltigste. (Yang Chengfu 1931, S. 144)

自古武聖人所傳之拳皆好。

Von alten Kampfkunstmeistern überlieferte Kampfkünste sind alle gut. (Yang Chengfu 1931, S. 141)

太極拳本係武當內功拳 ⋯ 此係柔功。[...] 此本係內功與道相合。

Die Wurzel von Taijiquan ist die Kampfkunst des inneren Übens von Wudang [...] Dies ist ein weiches Üben. [...] Dieses (Taiji) hat wesentlich mit innerem Üben zu tun und ist in Übereinstimmung mit dem Dao. (Yang Chengfu 1931, S. 10f)

太極本為內家拳，如姿式正確，內理明白，即是太極拳，如姿式不正確，內理不明白，雖姿式類太極，與外家拳無異也。

Taiji ist seinem Wesen nach eine Kampfkunst der Inneren Schule. Wenn die Stellungen korrekt sind und das innere Prinzip begriffen ist, dann ist es Taijiquan. Wenn aber die Stellungen nicht korrekt sind und das innere Prinzip nicht begriffen ist, dann gibt es keinen Unterschied zur Äußeren Schule der Kampfkunst, selbst wenn die Stellungen Taiji ähneln. (Yang Chengfu 1931, S. 146)

天地為一大太極，人身為一小太極，人身為太極之體，不可不練太極之拳。

Himmel und Erde sind das große Taiji, der Mensch ist ein kleines Taiji. Weil der Mensch ein Körper des Taiji ist, muss man die Kampfkunst des Taiji üben. (Yang Chengfu 1931, S. 76)

練太極是養氣之法，非運氣之工作也。

Das Üben von Taijiquan ist eine Methode der Qi-Pflege und keine Arbeit, es in Bewegung zu setzen. (Yang Chengfu 1931, S. 82)

工久外有柔軟筋骨，內有堅實腹臟，氣充足， 百病不能侵矣。

Nach langer Zeit des Übens hat man außen eine sanfte Physis, innen aber hat man kräftige Organe, ist voll von Qi und keine Krankheit kann eindringen. (Yang Chengfu 1931, S. 110)

以心行氣不用濁力。

Lass das Qi sich vom Herzen bewegen, benutze keine grobe Kraft. (Yang Chengfu 1931, S. 76)

心意要貴靜，心不靜不沈着，不能沈着則氣不收入骨矣，即是外勁也，練太極拳能收歛入骨此眞正太極勁也。

Herz und Idee müssen vollständig ruhig sein. Ohne Ruhe des Herzens gibt es kein Sinken. Kann man nicht sinken, dann sammelt sich das Qi nicht und dringt nicht in die Knochen. Dann gibt es nur äußere Kraft. Beim Üben des Taijiquan kann es sich aber sammeln und in die Knochen dringen. Das erst ist die wahre Taiji-Kraft. (Yang Chengfu 1931, S. 78)

運勁如百鍊鋼即內勁。

Das „Verwenden von Kraft wie hundertfach gehärteten Stahl" bedeutet innere Kraft. (Yang Chengfu 1931, S. 79)

外如棉花，內似鋼條，猶如綿花裹鐵之理。

Außen wie Baumwolle, innen wie Stahl; so wie in Watte gewickeltes Eisen. (Yang Chengfu, S. 83)

內勁如開弓不射之圓滿，猶皮球有氣充之。

Innere Kraft ist wie ein gespannter Bogen vor Abgabe des Schusses und wie ein prall mit Luft gefüllter Lederball. (Yang Chengfu 1931, S. 80)

太極能養身不能打敵，文功也。能打人不會養身武功也。軟太極法方是眞太極用法。能教人養身又能對敵，修養使用兼全，為文武完全太極。

Wenn man mit Taiji das Leben pflegen, aber nicht kämpfen kann, ist die Errungenschaft das Kulturelle. Wenn man mit einem Gegner kämpfen, aber das Leben nicht pflegen kann, ist die Errungenschaft das Kämpferische. Die sanfte Methode des Taiji ist auch der Weg seiner Anwendungen. Es kann Menschen sowohl die Lebenspflege als auch die Selbstverteidigung lehren. Die Kultivierung dient beidem zugleich, erst das Kulturelle und das Kämpferische machen das vollständige Taiji aus. (Yang Chengfu 1931, S. 143)

現在科學昌明。後之學者。能以幾何重學等理說明之。而不沾於易象。則所深望也。

Heutzutage gedeihen die Wissenschaften. Spätere Gelehrte werden dessen Prinzipien [gemeint sind die des Taijiquan, C.U.] mit Hilfe der Geometrie und anderer wichtiger Wissenschaften erklären können und nicht mehr an den Bildern des *Yijing* haften. Das hoffe ich im tiefsten Inneren. (Xu Yusheng 1921, S. 39)

我之氣與彼氣相接觸。

Mein Qi und das Qi des Anderen berühren sich gegenseitig. (Zheng Manqing 1946, Kap. 11)

氣斂入骨。

Qi wird gesammelt und dringt in die Knochen. (Zheng Manqing 1946, Kap. 2)

8. TAIJI-DIAGRAMME

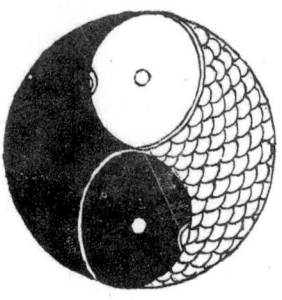

Taiji-Symbol (*Taiji tu*)
[in: Yang Chengfu 1931 S. 4]

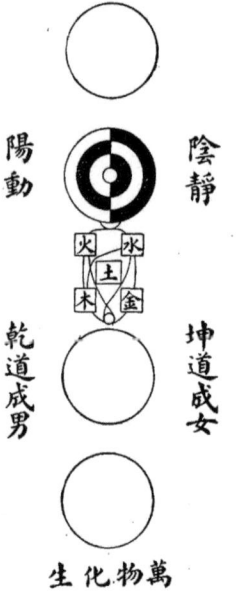

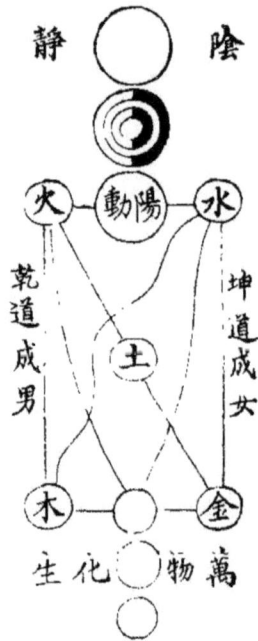

Taiji-Diagramm von Zhou Dunyi
(*Taiji tu*)
[in: *Zhou Lianxi ji*, S. 1]

Vorweltliches Taiji-Diagramm
(*Taiji xiantian zhi tu*)
[in: *Zhengtong daozang*, Bd. 196/197]

9. ZEITTAFEL

(bis zum Ende des Kaiserreichs nach Dynastien geordnet)

Xia (ca. 21. – 16. Jh. v. Chr., historisch nicht verifiziert)

Shang (16. – 11. Jh. v. Chr.)

Zhou (11. Jh. – 256 v. Chr.)
    Zeit der Frühlings- und Herbstannalen (770–476 v. Chr.)
    Zeit der Streitenden Reiche (476–221 v. Chr.)

Qin (221–206 v. Chr.)

Han (206 v. Chr. – 220 n. Chr.)
    Westliche Han (200 v. Chr. – 9 n. Chr.)
    Interregnum Wang Mang (9–25)
    Östliche Han (25–220)

Drei Reiche (220–280)

Jin (265–420)

Südliche und Nördliche Dynastien (420–589)

Sui (581–618)

Tang (618–907)

Fünf Dynastien (907–960)

Song (960–1279)
    Nördliche Song (960–1126)
    Südliche Song (1126–1279)

Liao (907–1125)

Jin (1115–1234)

Yuan (1271–1368)

Ming (1368–1644)

Qing (1644–1911)

Republik China (1912–1949)

Republik China auf Taiwan (seit 1949)

Volksrepublik China (seit 1949)

Literaturverzeichnis

Acker, William: Some T'ang and Pre-T'ang Texts on Chinese Painting. E. J. Brill, Leiden 1954
– ders.: Some T'ang and Pre-T'ang Texts on Chinese Painting. Volume II. E. J. Brill, Leiden 1974
Adler, Joseph A.: „Zhou Dunyi: The Metaphysics and Practice of Sagehood", in: de Bary & Bloom 1999, S. 669-677
– ders.: Reconstructing the Confucian Dao. Zhu Xi's Appropriation of Zhou Dunyi, New York 2014
Ames, Roger: „Yin and Yang", in: Antonio S. Cua (Hg.): Encyclopedia of Chinese Philosophy, New York 2003, S. 846f
Bary, Wm. Theodore de (Hg.): Self and Society in Ming Thought. New York & London 1970
Bary, Wm. Theodore de & Chan, Wing-tsit & Watson, Burton (Hg.): Sources of Chinese Tradition, 2 Bände. New York 1960/1964
Bary, Wm. Theodore de & Bloom, Irene (Hg.): Sources of Chinese Tradition. From Earliest Times to 1600. 2. Aufl., New York 1999
Bauer, Wolfgang: China und die Hoffnung auf Glück; Erstveröffentlichung 1971. München 1989
– ders.: Geschichte der chinesischen Philosophie. München 2001
Billeter, Jean Francois: The Chinese Art of Writing. Rizzoli, New York 1990
Bizhen tu 筆陣圖 („Schlachtplan für den Pinsel"), online verfügbar unter: https://ctext.org/wiki.pl?if=en&chapter=202370
Bödicker, Martin: Das Tai Chi-Klassiker Lesebuch. Willich 2013
– ders. (Hg.): Leitfaden zum Faustkampf von General Qi Jiguang; aus dem Chinesischen übersetzt von Martin Bödicker. Willich 2014
– ders. (Hg.): Zhou Dunyi: Erklärung des Taiji-Diagramms & Das Buch der Wandlungen verstehen; aus dem Chinesischen übersetzt von Martin Bödicker. Willich 2015
– ders. (Hg.): Zur Theorie des Tai Chi Chuan, von Xu Yusheng (1921); aus dem Chinesischen übersetzt von Martin Bödicker. Willich 2016
Brennan, Paul: „Translations of Chinese martial arts manuals" [Texte zur Kampfkunst im chinesischen Original mit englischer Übersetzung von Paul Brennan, ohne Paginierung]; online verfügbar unter https://brennantranslation.wordpress.com/
– ders. (Hg.): Yang Chengfu, „Methods of Applying Taiji Boxing (*Taiji quan shiyong fa*)", chinesischer Text und englische Übersetzung von Paul Brennan, online verfügbar bei Brennan (2011)
– ders. (Hg.): Chen Weiming, „The Art of Taiji Boxing (*Taiji quan shu*)", chinesischer Text mit Faksimile und englische Übersetzung von Paul Brennan, online verfügbar bei Brennan (2012a)
– ders. (Hg.): Xu Yusheng, „Taiji Boxing Postures with Drawings and Explanations (*Taiji quan shi tujie*)", chinesischer Text mit Faksimile und englische Übersetzung von Paul Brennan, online verfügbar bei Brennan (2012b)
– ders. (Hg.): Chen Weiming, „Answering Questions about Taiji (*Taiji dawen*)", chinesischer Text mit Faksimile und englische Übersetzung von Paul Brennan, online verfügbar bei Brennan (2012c)
– ders. (Hg.): „The Taiji Classics. A manual handwritten by Li Yiyu, presented to his student, Hao He (Weizhen) – 1881", chinesischer Text mit Faksimile und englische Übersetzung von Paul Brennan, online verfügbar bei Brennan (2013a)
– ders. (Hg.): „Explaining Taiji Principles (*Taiji fa shuo*)", chinesischer Text mit Faksimile der zwei überlieferten Manuskripte und englische Übersetzung von Paul Brennan, online verfügbar bei Brennan (2013b)

– ders. (Hg.): „Boxing Methods of the Internal School (*Nei jia quan fa*)", chinesischer Text mit Faksimile und englische Übersetzung von Paul Brennan, online verfügbar bei Brennan (2014)

– ders. (Hg.): Sun Lutang, „A Study of Taiji Boxing (*Taiji quan xue*)", chinesischer Text mit Faksimile und englische Übersetzung von Paul Brennan 2015, online verfügbar bei Brennan (2015)

– ders. (Hg.): Qi Jiguang, „The Boxing Classic (Keys to Nimbleness)", chinesischer Text mit Faksimile und englische Übersetzung von Paul Brennan, online verfügbar bei Brennan (2019)

Bush, Susan & Murck, Christian (Hg.): Theories of the Arts in China. Princeton 1983

Bush, Susan & Shih Hsio-yen (Hg.): Early Chinese Texts on Painting. Harvard University Press, Cambridge, Massachusetts, and London, England 1985

Cai, Zongqi (Hg.), Chinese Aesthetics: The Ordering of Literature, the Arts, and the Universe in the Six Dynasties. Honolulu 2004

– ders.: The Conceptual Origins and Aesthetic Significance of „*Shen*" in Six Dynasties Texts on Literature and Painting, in: Cai 2004, S. 310-342 (2004a)

– ders.: „A Historical Overview of Six Dynasties Aesthetics"; in: Cai 2004, S. 1-28 (Cai 2004b)

Chan, Wing-tsit: A Sourcebook in Chinese Philosophy. Princeton, 4. Aufl. 1973

Chang, Carsun: The Development of Neo-Confucian Thought. New York 1957

Chang Naizhou 萇乃周 s. *Changshi wuji shu*

Changshi wuji shu 萇氏武技書 („Buch der Kampfkunsttechniken der Chang-Familie"), hg. von Xu Zhen 1932; englische Übersetzungen in: Wile 1999, S. 71-188 und Wells 2005

Chao Wei-pang: „Secret Religious Societies in North China in the Ming Dynasty", in: *Folklore Studies*, Bd. 7 (1948), S. 95-144

Chen Dongshan 陳東山: *Du Yuanhua qiren qishi yu „Duyuanhua taijiquan zhengzong kaoxi" zhi kaoxi* 杜元化其人其事與"杜元化太極拳正宗考析"(„Über Du Yuanhua und die ,Authentizitätsprüfung von Du Yuanhuas Taijiquan'") 2004; in: https://philosophyandartcollaboratory.org/zhang-sanfeng.

Chen Weiming 陳微明: *Taijiquan shu* 太極拳術 („Die Kunst des Taijiquan"), Erstveröffentlichung 1925, Nachdruck Taibei 2002; chinesischer Text mit Faksimile und englische Übersetzung s. Brennan (2012a)

– ders.: *Taiji dawen* 太極答問 („Fragen und Antworten zum Taiji"), Erstveröffentlichung 1929, Nachdruck Taibei 2002; chinesischer Text mit Faksimile und englische Übersetzung s. Brennan (2012c); englische Übersetzung („T'ai Chi Ch'uan Ta Wen. Questions and Answers on T'ai Chi Ch'uan") von Benjamin Pang Jeng Lo und Robert W. Smith. Berkeley 1985

– ders.: *Taijiquan mingren yishi* 太極拳名人軼事 („Anekdoten von berühmten Männern des Taijiquan") Nachdruck Taibei 2002; englische Übersetzung („Stories of Famous Taijiquan Masters") von Barbara Davis, in: Chen Weiming: Taiji Sword and other Writings, Berkeley 2000, S. 73-84

Chen Xin 陳鑫: *Chenshi taijiquan tushuo* 陳氏太極拳圖說 („Bebilderte Erklärungen des Taijiquan der Chen-Familie"), Vorwort von 1919, Erstveröffentlichung Kaifeng 1933; Faksimile Nachdruck Shanxi kexue jishu chubanshe, Taiyuan 2012

Cheng Man-ch'ing s. Zheng Manqing

Cheng Man-ch'ing & Robert W. Smith: T'ai Chi. The „Supreme Ultimate" Exercise for Health, Sport, and Self-Defense. Boston – Rutland, Vermont – Tokyo 1966/2004

Ching, Julia: „The Symbolism of the Great Ultimate (T'ai-chi): Myth, Religion and Philosophy", in: 30th International Congress of Human Sciences in Asia and North Africa, 1976: China, Vol. 2 (S. 64-91)

Christensen, Lars Bo: Tai Chi – The True History & Principles (2016). Printed in Poland by Amazon Fulfilment 2023

Chu, T. Julian & Li Deyin & Li Libing & Wei Meizhi: „Unraveling the Mystery Surrounding the Origins of Taijiquan by New Historical Materials in Tang Village, China", in: JTS (*Journal of Taiji Science* Vol. 2 Iss. 1 June 2023)

Chunqiu fanlu s. Dong Zhongshu

Ciyuan 辭源. Shangwu yinshu guan, Beijing 2002

Daxue 大學 („Das Große Lernen"), chinesischer Text mit deutscher Übersetzung und Erläuterungen von Richard Wilhelm als „Da Hüo – Die Große Wissenschaft", in: Ess 2008, S. 631-661; chinesischer Text und englische Übersetzung von James Legge online verfügbar unter: https://ctext.org/liji/da-xue

Daozang s. *Zhengtong Daozang*

Das neue chinesisch-deutsche Wörterbuch. Shangwu yinshu guan, Beijing 1983

Davidson, Steve & Loewe, Michael: „Ch'un ch'iu fan lu 春秋繁露", in: Loewe 1993, S. 77-87

Davis, Barbara: The Taijiquan Classics. An Annotated Translation. Berkeley 2004

–   dies. (Hg.): Chen Weiming: Taiji Sword and other Writings. Berkeley 2000

Davis, Donald D. & Mann, Lawrence L.: „Conservator of the Taiji Classics. An Interview with Benjamin Pang Jeng Lo", in: *Journal of Asian Martial Arts* 5/4 (1996), S. 46-67

DesForges, R. V.: Cultural centrality and political change in Chinese history. Stanford, California (Stanford University Press) 2003

Dong Zhongshu 董仲舒: *Chunqiu fanlu* 春秋繁露 („Reicher Tau der Frühlings- und Herbstannalen"), online verfügbar unter: https://ctext.org/chun-qiu-fan-lu

Dreyer, Axel: „Quo vadis Taijiquan", in: *Taijiquan & Qigong Journal* 73 (03/2018), S. 10-16

Dschuang Dsi. Das Wahre Buch vom Südlichen Blütenland. Nan Hua Dschen Ging. Aus dem Chinesischen verdeutscht und erläutert von Richard Wilhelm. Jena 1912

Du Yuanhua 杜元化: *Taijiquan zhengzong* 太極拳正宗 („Das authentische Taijiquan"). Kaifeng 1935

Egan, Ronald: „Ou-Yang Hsiu and Su Shih on Calligraphy" in: *Harvard Journal of Asiatic Studies* 49.2 (1989)

–   ders.: „Nature and Higher Ideals in Texts on Calligraphy, Music, and Painting"; in: Cai 2004, S. 277-309

Ess, Hans van (Hg.): Die Lehren des Konfuzius. Die vier konfuzianischen Bücher, chinesisch und deutsch, übersetzt und erläutert von Richard Wilhelm. Frankfurt 2008

Fairbank, John K.: Geschichte des modernen China 1800-1985. München 1989

Feng Youlan 馮友蘭: *Zhongguo zhexue shi* 中國哲學史 (1931/1934), 2 Bände, Nachdruck Shanghai 2000; englische Übersetzung von Derk Bodde s. Fung Yu-lan

Franke, Herbert & Twitchett, Denis (Hg.): The Cambridge History of China. Vol. 6. Alien Regimes and Border States, 907-1368. Cambridge 1994

Franke, Otto: Geschichte des chinesischen Reiches. 5 Bände. Unveränderte Neuausgabe. Berlin 2001

Fu Zhongwen: Mastering Yang Style Taijiquan; englische Übersetzung von Louis Swaim. Berkeley 1999

Fung Yu-lan: A History of Chinese Philosophy. Bd. I (Princeton 1952) und Bd. II (Princeton 1953), englische Übersetzung von Derk Bodde; chinesischer Text s. Feng Youlan

Gaffney, David & Sim, Davidine Siaw-Voon: Chen Style Taijiquan – The Source of Taiji Boxing. North Atlantic Books, Berkeley (California) 2002

Gawlikowski, Krzysztof & Loewe, Michael: „Sun tzu ping fa 孫子兵法 ", in: Loewe 1993, S. 446-455

Ge Hong 葛洪: *Baopuzi* 抱朴子 („Der Meister, der das Einfache umfasst"), online verfügbar unter: https://ctext.org/baopuzi

Gernet, Jaques: Die chinesische Welt. Frankfurt 1988

Graham, A.C.: Disputers of the Tao. Philosophical Argument in Ancient China (1989). 2. Aufl., La Salle 1991

–   ders.: „Mo tzu 墨子", in: Lowe 1993, S. 336-341

Gu Liuxin 顧留馨: *Taijquan shu* 太極拳書 („Das Buch vom Taijiquan") 1984. Nachdruck Shanghai 2012

Guo Xi 郭熙: *Linquan gaozhi ji* 林泉高致集 („Der hohe Stil der Wälder und Quellen"), kompiliert von Guo Si 郭思, Vorwort von 1117. Guoli gugong bowuyuan, Taibei 1980

Hampe, Michael & Marchal, Kai (Hg.): Weisheit. Neun Versuche. Berlin 2021

Han Feizi 韓非子 („Meister Han Fei"), online verfügbar unter: https://ctext.org/hanfeizi

Henning, Stanley E.: „Ignorance, Legend and Taijiquan", in: *Journal of the Chen Style Taijiquan Research Association of Hawaii*, Vol. 2, No. 3 (1994), S. 1-7

– ders.: „Chinese Boxing. The Internal versus External Schools in the Light of History & Theory", in: *Journal of Asian Martial Arts* 6/3 (1997), S. 11-19

– ders.: „Chinese Boxing's Ironic Odyssey", in: *Journal of Asian Martial Arts* 8/3 (1999), S. 9-17

– ders.: „The Maiden of Yue. Fount of Chinese Martial Arts Theory", in: *Journal of Asian Martial Arts* 16/3 (2007), S. 26-29

– ders.: „Taijiquan: Symbol of Traditional Chinese Martial Arts Culture", in: *Journal of Chinese Martial Studies* Nr. 1 (2009), S. 76-83

– ders.: „Thoughts on the Origin and the Development of Taijiquan", in: The 3rd Shenjiang International Forum on Wushu 2012, S. 13-17

Ho, Wai-kam: „Tung Ch'i-ch'ang's New Orthodoxy and the Southern School Theory", in: Murck 1976

Holcombe, Charles: „Theater of Combat: A Critical Look at the Chinese Martial Arts" (1990) in: *Historian* (Vol. 52 No. 3, May), Nachdruck in *Journal of Asian Martial Arts* 2/1 (1993), S. 10-25

– ders.: „The Daoist Origins of the Chinese Martial Arts", in: *Journal of Asian Martial Arts* 1/4 (1992), S. 64-79

Huang Baijia 黃百家: *Neijia quan fa* 內家拳法 („Die Kampfkunst der Inneren Schule"), chinesischer Text mit Faksimile und englische Übersetzung s. Brennan 2014; englische Übersetzung von Douglas Wile als „Art of the Internal School" in: Wile 1999, S. 58-67

Huang shigong sanlüe 黃石公三略 („Drei Strategien des Huang Shigong"): online verfügbar unter: https://ctext.org/three-strategies; englische Übersetzung von Ralph D. Sawyer als „Three Strategies of Huang Shih-kung" in: Sawyer 1993, S. 277-306

Huangting neijing jing 黃庭內景經 („Klassiker der Inneren Landschaft des Gelben Hofes"): online verfügbar unter: https://ctext.org/wiki.pl?if=gb&res=503655

Huangting waijing jing 黃庭外景經 („Klassiker der Äußeren Landschaft des Gelben Hofes"): online verfügbar unter: https://ctext.org/wiki.pl?if=gb&res=249906

Huang Zongxi 黃宗羲: *Wang Zhengnan mu zhi ming* 王征南墓誌銘 („Epitaph für Wang Zhengnan"), 1669; chinesischer Text mit Faksimile und englische Übersetzung s. Brennan 2014; englische Übersetzung von Douglas Wile als „Epitaph for Wang Cheng-nan" in: Wile 1999, S. 53-57

Huangdi neijing 黃帝內經 („Der Innere Klassiker des Gelben Kaisers"), online verfügbar unter: https://ctext.org/huangdi-neijing

Huashuo („Erklärungen zur Malerei"), in: *Yishu congbian* Bd. 12

Hudson, William Clarke: Spreading the *dao*, managing mastership, and performing salvation: The life and alchemical teachings of Chen Zhixu. Ph.D., Indiana University, 2008

Hulsewé, A. F. P.: „Shih chi 史記", in: Loewe 1993 (a), S. 405-414

I Ging. Das Buch der Wandlungen. Erstes und zweites Buch. Aus dem Chinesischen übersetzt und erläutert von Richard Wilhelm, Vorwort von 1923, 6. – 8. Tausend, Düsseldorf und Köln

I Ging.Text und Materialien. Aus dem Chinesischen übersetzt von Richard Wilhelm, Köln 1985

Jorgensen, John: Inventing Hui-neng, the Sixth Patriarch Hagiography and Biography in Early Ch'an. Leiden 2005

Jou, Tsung Hwa. The Dao of Taijiquan. Way to Rejuvenation (1981), 8. Aufl., Scottsdale 2001

Jullien, François: The Propensity of Things: Toward a History of Efficacy in China. Zone Books, New York 1995

Jungmann, Burglind & Schlombs, Adele & Trede, Melanie (Hg.): Shifting Paradigms in East Asian Visual Culture. A Festschrift in Honour of Lothar Ledderose. Berlin 2012

Kalinke, Viktor s. Zhuangzi

Kalisz, Andrzej: „Yiquan", in: : Oberlack (Hg.) 2005, S. 62-66

Kaltenmark, Max: Lao-tzu und der Taoismus. Frankfurt a. M. und Leipzig 1996

Kang Gewu: Spring Autumn: The Spring and Autumn of Chinese Martial Arts - 5000 Years. Plum Publishing 1995

Konfuzius (Kungfutse): s. *Lunyu*

Lagerwey, John: „Wu Yueh Ch'un Ch'iu 吳越春秋", in: Loewe 1993, S. 473-476

Lai Zhide 來知德: *Yijing Laizhu tujie* 易經來註圖解 (1688), Nachdruck Chengdu 1989

Landmann, Rainer: Taijiquan. Konzepte und Prinzipien einer Bewegungskunst. Hamburg 2002

Laotse: Tao Te King. Das Buch des Alten vom Sinn und Leben. Aus dem Chinesischen übertragen und erläutert von Richard Wilhelm, überarbeitete Ausgabe. Düsseldorf und Köln 1957

Ledderose, Lothar: Mi Fu and the Classical Tradition of Chinese Calligraphy. Princeton 1979

- ders.: „The Earthly Paradise: Religious Elements in Chinese Landscape Art", in: Bush & Murck 1983, S. 165-183

- ders.: „Some Taoist Elements in the Calligraphy of the Six Dynasties", in: *T'ong Pao* LXXX (1984), S. 246-278

- ders.: „Chinese Calligraphy: Its Aesthetic Dimension and Social Function", in: *Orientations* 17, Nr. 10 (October 1986)

Leibold, Michael: „Taiji: Ein transzendentaler Begriff der konfuzianischen Philosophie?", in: *Perspektiven der Philosophie* 28/1 (2002), S. 329-357

Li Yiyu: *Taijiquan pu ba* 李亦畬:太極拳譜跋 („Nachwort zum Handbuch des Taijiquan" von 1881), in: Wang Jiaxiang 2002, S. 209

- ders.: *Wuzi jue* 五字訣 („Schlüssel zu Fünf Zeichen"), in: Shen Shou 1996, S. 68-70; deutsche Übersetzung als „Lied der fünf Zeichen" von Martin Bödicker 2013, S. 48-52

- ders.: *Taiji sanshou zan* 太極散手贊 („Loblied auf das Taiji Sanshou"), in: Wile 1996, S. 133f, englische Übersetzung von Douglas Wile als „Ode to T'ai-chi Sparring" ebd., S. 57

- ders.: *Taijiquan tiyong ge* 太極拳體用歌 („Lied vom Wesen und den Anwendungen des Taijiquan"); in: Wile 1996, S. 130, englische Übersetzung von Douglas Wile als „Song of the Essence and Application of Tai-chi Ch'üan" ebd., S. 50f

- ders.: *Shen qi yun xing ge* 神氣運行歌 („Lied der Bewegung von Geist und Qi"), in: Wile 1996, S. 133f; englische Übersetzung von Douglas Wile als „Song of the Circulation of Ch'i", ebd., S. 55f

Li Yiyu shou xie ben wushi taijiquan pu 李亦畬手寫本武式太極拳譜 („Li Yiyus handschriftliches Exemplar des Taijiquan-Handbuchs des Wu-Stils") von 1881, Faksimile in: Wang 2002, S. 139-174; chinesischer Text mit Faksimile und englische Übersetzung s. Brennan 2013(a)

Liang, T. T.: T'ai Chi Ch'uan. For Health and Self-Defense, Philosophy and Practice. New York 1974/1977

Lin Li: „Das Geheimnis der Quadrate und Kreise. Prinzipien des He-Stil Taijiquan und seine Wirkung", in: *Taijiquan & Qigong Journal* 85 3/2021, S. 42-47

Lin Yutang: The Chinese Theory of Art. Translations from the Masters of Chinese Art. Heinemann, London 1967

Lidai minghua ji 歷代名畫記 („Geschichte berühmter Gemälde der verschiedenen Dynastien"): online verüfgbar unter: https://ctext.org/wiki.pl?if=en&res=214894

Liu, James J. Y.: The Chinese Knight-Errant. London 1967

Lo, Benjamin Pang Jeng & Inn, Marin & Amacker, Robert & Foe, Susan (Herausgeber und Übersetzer): The Essence of T'ai Chi Ch'uan. The Literary Tradition. Berkeley 1979

Loewe, Michael (Hg.): Early Chinese Texts. A Bibliographical Guide. Berkeley 1993

Loewe, Michael & Shaughnessy, Edward L.: The Cambridge History of Ancient China. Cambridge 1999

Louis, François: „The Genesis of an Icon. The Taiji Diagram's Early History" in: *Harvard Journal of Asiatic Studies* 63/1 (2003), S. 145-196

Lunyu („Gespräche"), chinesischer Text mit deutscher Übersetzung von Richard Wilhelm als „Lun Yü – Gespräche", in: Ess 2008, S. 43-581

Ma Mingda: „Reconstructing China's Indigenous Physical Culture", in: *Journal of Chinese Martial Studies* Nr. 1 (2009), S. 8-31

Ma Yueliang: „Wie Taijiquan nach Beijing verbreitet wurde"; redigiert von Zhang Yaozhong, übersetzt von Stefan Gätzner, in: Wuhun – Beijing Wushuyuan (2005)

Manuskripte der Yang-Familie s. *Taiji fa shuo*

Mengzi 孟子, chinesischer Text mit deutscher Übersetzung von Richard Wilhelm als „Mong Dsi", in: Ess 2008, S. 665-1111, online verfügbar unter: https://ctext.org/mengzi

Mozi 墨子 („Meister Mo", latinisiert: „Micius"), chinesischer Text mit englischer Übersetzung von W. P. Mei online verfügbar unter: https://ctext.org/mozi

Munakata, Kiyohiko: Ching Hao's Pi-fa-chi: A Note on the Art of Brush. Artibus Asia Publishers, Ascona 1974

Murck, Christian (Hg.): Artists and Traditions: Uses of the Past in Chinese Culture. Princeton 1976

Needham, Joseph: Wissenschaft und Zivilisation in China. Band I der von Colin A. Ronan bearbeiteten Ausgabe, übersetzt von Rainer Herbster. Frankfurt 1988

Oberlack, Helmut (Hg.): Innere Kampfkünste. Ein Special des Taijiquan & Qigong Journals. Hamburg 2005

Obert, Mathias: „Chinese Ink Brush Writing, Body Mimesis, and Responsiveness", in: *Dao: A Journal of Comparative Philosophy* 12.4 (2013), S. 523-543

Owen, Stephen: Readings in Chinese Literary Thought. Council on East Asian Studies, Harvard University, Cambridge, Massachusetts 1992

Pang, T. Y.: On Tai chi chuan, Bellingham, Washington: Azalea Press 1987

Peters, Klaus-Heinrich: „Wozu Kampfkunst?", in: *Taijiquan & Qigong Journal* 76 (02/2019), S. 14-17

Qi Jiguang 戚繼光: *Jixiao xinshu* 紀效新書 („Neues Buch zur effektiven Disziplin"), Ausgabe in 18 Kapiteln (1560/61), Beijing 2001

– ders.: *Quanjing* 拳經 („Klassiker des Faustkampfs"), in: *Jixiao xinshu,* Kap. 14, Beijing 2001, S. 227-239; Tang Hao 1935; englische Übersetzung in: Wile 1999, S. 18-35; deutsche Übersetzung als „Leitfaden zum Faustkampf von General Qi Jiguang" von Martin Bödicker 2014(b)

Ranné, Nabil: „Porträts großer Taiji-Meister", in: Silberstorff, Jan: Schiebende Hände (o. J., o. O., Vorwort 2004), S. 11-21, 89-97, 176-184, 208-222 („Biographie von Chen Fake"), 259-274.

– ders.: „Die Wiege des Taijiquan. Der soziokulturelle Kontext der chinesischen Kampfkunsttheorie mitsamt einer Analyse der ältesten Bewegungsformen des Taijiquan. Berlin 2011

Robinet, Isabelle: „The Place and Meaning of the Notion of Taiji in Taoist Sources Prior to the Ming Dynasty", in: *History of Religions* 29 (1990), S. 373-411

– dies.: Geschichte des Taoismus. München 1995

Röllicke, Hermann-Joseph: Selbst-Erweisung. Der Ursprung des ziran-Gedankens in der chinesischen Philosophie des 4. und 3. Jhs. v. Chr., Peter Lang GmbH, Internationaler Verlag der Wissenschaften, 1996

Sawyer, Ralph D.: The Seven Military Classics of Ancient China. Boulder, Colorado 1993

Schipper, Kristofer: „General Introduction", in Schipper & Verellen 2004, S. 1-52

Schipper, Kristofer & Verellen, Franciscus: The Taoist canon. A historical companion to the Daozang. Chicago 2004

Seidel, Anna: „A Taoist Immortal of the Ming Dynasty: Chang San-feng", in: de Bary 1970, S. 483-531

Shahar, Meir: „Ming-Period Evidence of Shaolin Martial Practice", in: *Harvard Journal of Asiatic Studies*, Nr. 61.2 (December 2001), S. 359-413

– ders.: The Shaolin Monastery. History, Religion, and the Chinese Martial Arts. Honolulu 2008

Shangfang dadong zhenyuan miaojing tu 上方大洞真元妙經圖 („Diagramm des Wahrhaft Ersten und Geheimnisvollen Klassikers der Transzendenten Großen Höhle"), in: *Zhengtong daozang* 正统道藏, online-ressource: http://ctext.org/library.pl?if=gb&file=99063&page=5

Shen Shou 沈壽: *Taijiquan pu* 太極拳譜 („Taijiquan Handbuch"), Vorwort 1989. Beijing 1991, Nachdruck Taibei 1996, 3. Aufl. 2002

Shi Xiongbo: The Embodied Art. An Aesthetics of Chinese Calligraphy. PhD thesis, University of Canterbury 2017

Silberstorff, Jan: Schiebende Hände. Die kämpferische Seite des Taijiquan. (Vorwort 2004). Lotus Press O. O., o. J.

–   ders.: „Der beste Kampf ist kein Kampf", in: Oberlack (Hg.) 2005, S. 37-44

–   ders.: „Frau Wei Huacun als Mitbegründerin des Taijiquan" (2006), online verfügbar unter: https://www.wctag.de/artikel/artikel/frau-wei-huacun-als-mitbegruenderin-des-taijiquan.html

–   ders.: „Einheit von Sein und Nichtsein", in: *Taijiquan & Qigong Journal* 42 (4/2010), S. 30-36

–   ders.: „Das Daodejing im Taijiquan", in: *Taijiquan & Qigong Journal* 58 (4/2014), S. 30-36

Sirén, Osvald: The Chinese on the Art of Painting. Translations and Comments. Henri Vetch, Peiping 1936

Sivin, Nathan: „Huang ti nei ching 黃帝内經", in: Loewe 1993, S. 196-215

Smith, Robert W.: Chinese Boxing. Masters and Methods. Berkeley 1974/1990

Song Shuming 宋書銘: 太極功 *Taijigong* („Taiji als Fähigkeit") 1908?, Faksimilie und englische Übersetzung unter: https://brennantranslation.wordpress.com/2017/03/15/teachings-of-song-shuming/

Song Zhijian: T'ai-chi ch'üan. Die Grundlagen, Übersetzung von Hermann Bohn. München & Zürich 1991

Spiessbach, Michael F.: „Bodhidharma. Meditating Monk, Martial Arts Master or Make-Believe?", in: *Journal of Asian Martial Arts* 1/4 (1992), S. 10-27

Stubenbaum, Dietmar: „Eine weit verzweigte Familie. Die Entwicklung der verschiedenen Richtungen innerhalb der Chen-Familie", in: *Taijiquan & Qigong Journal* 4/2000

Sun Lutang 孫祿堂: *Xingyiquan xue* 形意拳學 („Die Lehre des Xingyiquan"), 1915; chinesischer Text mit Faksimile und englische Übersetzung s. Brennan: https://brennantranslation.wordpress.com/2015/05/01/the-xingyi-manual-of-sun-lutang/

– ders.: *Baguaquan xue* 八卦拳學 („Die Lehre des Baguaquan"), 1917; chinesischer Text mit Faksimile und englische Übersetzung s. Brennan: https://brennantranslation.wordpress.com/2015/04/30/the-bagua-manual-of-sun-lutang/

– ders.: *Taijiquan xue* 太極拳學 („Die Lehre des Taijiquan"), 1921, Vorwort 1919; Faksimile Nachdruck Beijing 2017; chinesischer Text mit Faksimile und englische Übersetzung s. Brennan https://brennantranslation.wordpress.com/2015/04/28/the-taiji-manual-of-sun-lutang/

– ders.: *Quanyi shuzhen* 拳意述真 („Authentische Wiedergabe von Ideen der Kampfkunst"), 1924; chinesischer Text und englische Übersetzung s. Brennan: https://brennantranslation.wordpress.com/2013/04/29/the-voices-of-sun-lutangs-teachers/

– ders.: *Lun quanshu neijia waijia zhi bie* 論拳術内家外家之別 („Abhandlung über den Unterschied der Inneren und der Äußeren Schule der Kampfkunst"), 1929; chinesischer Text und englische Übersetzung s. Brennan: https://brennantranslation.wordpress.com/2015/05/02/further-writings-of-sun-lutang/

– ders.: *Xianglun xingyi bagua taiji zhe yuanli* 詳論形意八卦太極之原理 („Detaillierte Abhandlung über die Prinzipien von Xingyi, Bagua und Taiji"), 1932, chinesischer Text mit Faksimile und englische Übersetzung s. Brennan: https://brennantranslation.wordpress.com/2015/05/02/further-writings-of-sun-lutang/

Sun Tsu: Die Kunst des Krieges. Herausgegeben und mit einem Vorwort von James Clavell. Hamburg 2008

Sunzi Bingfa 孫子兵法 („Sunzi: Die Kunst des Krieges"): online verfügbar unter: https://ctext.org/art-of-war; englische Übersetzung von Ralph D. Sawyer als „Sun-tzu's Art of War" in: Sawyer 1993, S. 145-186

Swaim, Louis (Übersetzung, Einleitung und Fußnoten zu Yang Chengfu 1934). Berkeley 2005

Szymanski, Jarek: Interview with Mr. Feng Zhiqiang, Chen Style Taijiquan expert from Beijing (1999a): http://www.chinafrominside.com/ma/taiji/FZQinterview.html
- ders.: „The Origins and Development of Taijiquan" (1999b), online verfügbar unter: http://www.chinafrominside.com/ma/taiji/TJQorigins.html
- ders.: „Important Words on Martial Applications" (1999c),, online verfügbar unter: http://www.chinafrominside.com/ma/taiji.html
- ders.: „Brief Analysis of Chen Family Boxing Manuals " (2000), online verfügbar unter: http://www.chinafrominside.com/ma/taiji/chenboxingmanuals.html
Taiji fa shuo 太極法說 („Erläuterungen zu den Methoden des Taiji"), chinesischer Text mit Faksimile der zwei überlieferten Manuskripte und englische Übersetzung s. Brennan 2013(b); englische Übersetzung als „Yang Family Forty Chapters" in: Wile 1996, S. 57-89; chinesischer Text ebd. S. 135-153
Taijiquan-Lilun. Fachzeitschrift zur Theorie des Wu-Stil Taijiquan, hrsg. v. Freya und Martin Bödicker, Nr. 1 (2003)
Tang Hao 唐豪: *Wang Zongyue taijiquan jing* 王宗岳太極拳經 („Die Klassischen Schriften des Taijiquan von Wang Zongyue", Erstveröffentlichung 1935, Nachdruck Taibei 2014
- ders.: *Yinfu qiang pu* 陰符搶譜 („Handbuch des Yinfu-Speers"), Erstveröffentlichung 1935, Nachdruck Taibei 2014
- ders.: *Qi Jiguang quanjing* 感繼光拳經 („Der Klassiker des Faustkampfs von Qi Jiguang"), Vorwort von 1935. Nachdruck Taibei 2014
- ders.: *Neijiaquan de yanjiu* 內家拳的研究 („Recherchen zur Inneren Schule der Kampfkunst"), Taibei 1971
Tang Hao 唐豪 & Gu Liuxin 顧留馨: *Taijiquan yanjiu* 太極拳研究 („Recherchen zum Taijiquan"), Vorwort von 1963. Nachdruck Taibei 2004
Tang Taizong Li Weigong wendui 唐太宗李衛公問對 („Fragen und Antworten von Tang Taizong und Li Weigong"), online verfügbar unter: https://zh.wikisource.org/wiki/%E5%94%90%E6-%9D%8E%E5%95%8F%E5%B0%8D; englische Übersetzung von Ralph D. Sawyer als „Questions and Replies Between T'ang T'ai-tsung and Li Wei-kung" in: Sawyer 1993, S. 307-360
Unverzagt, Christian: Der Wandlungsleib des Dong Yuan. Die Geschichte eines malerischen Oeuvres. Stuttgart 2007
- ders.: „Einbildungen der Geschichte und ihr Schicksal: Politisierte Kunst in China", in: Jungmann & Schlombs & Trede 2012, S. 209-233; auch online verfügbar unter: http://archiv.ub.uni-heidelberg.de/volltextserver/23488/
- ders.: Die Klassischen Schriften des Taijiquan. Theorie – Praxis – Kulturgeschichte. Norderstedt 2019
- ders.: „Taichi. Ein Übungsweg", in: Hampe & Marchal (Hg.) 2021, S. 95-118
Vercammen, Danny: Neijia Wushu: The Internal School of Chinese Martial Arts, Vol. 1: The Texts of Neijia Wushu with an English Introduction and Annotations. Gent 1989
- ders.: „Modernity Contra Tradition? Taijiquan's Struggle for Survival: A Chinese Case Study", in: Pinxten, Rik & Dikomitis, Lisa: When God Comes To Town: Religious Traditions in Urban Contexts, Berghahn Books, New York 2009
Wagner, Markus Maria: Taijiquan: Klassische Schriften, Praxiskonzepte und Beziehungen zum Daoismus. Lohne 2014
Wang Bi ji jiao shi 王弼集校釋, hrsg. v. Lou Yulie 樓宇烈. Taibei 1992
Wang Jiaxiang 王嘉祥: *Sun Wu Hao Li Wu shi taijiquan pian* 孫吳郝李武氏太極拳篇 („Schriften zum Taijiquan der Familien Sun, Wu, Hao, Li und Wu"). Taibei 2002
Wang, Robin R.: Zhou Dunyi's Diagram of the Supreme Ultimate Explained („Taijitu Shuo"): A Construction of the Confucian Metaphysics. Loyola Marymount University 2005
Weiliaozi 尉繚子 („Meister Wei Liao"): online verfügbar unter: https://ctext.org/wei-liao-zi; englische Übersetzung von Ralph D. Sawyer als „Wei Liao-tzu" in: Sawyer 1993, S. 225-276

Wells, Marnix: Scholar Boxer. Chang Naizhous Theory of Internal Martial Arts and the Evolution of Taijiquan. Berkeley 2005

Wile, Douglas:T'ai-chi Touchstones: Yang Family Secret Transmissions. New York 1983

– ders.: Lost T'ai-chi Classics form the Late Ch'ing Dynasty. New York 1996

– ders.: T'ai-chi's Ancestors. The Making of an Internal Martial Art. New York 1999

– ders.: „Taijiquan and Daoism. From Religion to Martial Art and Martial Art to Religion", in: *Journal of Asian Martial Arts* 16/4 (2007), S. 8-45

Wohlfart, Günther: Der Philosophische Daoismus. Philosophische Untersuchungen zu Grundbegriffen und komparative Studien mit besonderer Berücksichtigung des Laozi (Lao-tse). Edition Chōra, Köln 2001.

Wu Chengqing 武澄清: *Shi yuan lun* 釋原論 („Anmerkungen zur ursprünglichen Abhandlung"), in: Wile 1996, S. 127f; englische Übersetzung von Douglas Wile als „Notes to the Original Treatise" ebd., S. 43f

– ders.: *Ba* 跋 („Nachwort") in: Wile 1996, S. 129; englische Übersetzung von Douglas Wile als „Postscript" ebd. S. 45f

– ders.: *Da shou ge* 大手歌 („Lied von den Schlagenden Händen"), in: Wile 1996, S. 128; englische Übersetzung von Douglas Wile als „Song of Sparring" ebd., S. 45

– ders.: *Quan lun* 拳論 („Abhandlung zur Kampfkunst"), in: Wile 1996, S. 128; englische Übersetzung von Douglas Wile als „Treatise on Boxing" ebd., S.44f

Wu Ruqing 武汝清: *Taijiquan lun* 太極拳論 („Die Abhandlung des Taijiquan"), in: Wile 1996, S. 129f; englische Übersetzung von Douglas Wile als „Treatise on T'ai-chi Ch'üan" ebd., S. 47f

Wu Tunan 吳圖南: *Taijiquan zhi yanjiu* 太極拳之研究 („Recherchen zum Taijiquan"). Hongkong, Commercial Press 1984

Wu Yue Chun Qiu 吳越春秋 („Frühling und Herbst [Annalen der Königreiche] von Wu und Yue"); online verfügbar unter: https://ctext.org/wu-yue-chun-qiu

Wu Yuxiang 武禹襄: *Shenfa bayao* 身法八要 („Acht wichtige Leitlinien für den Körper"); s. Shen Shou 1996, S. 61; deutsche Übersetzung als „Methoden des Körpers" von Martin Bödicker 2013, S. 47

Xie He 謝赫: 古畫品錄 *Guhuapin lu* („Verzeichnis der alten Malerei"), online verfügbar unter: https://ctext.org/wiki.pl?if=en&chapter=439636&remap=gb

Xu Guoqi: Olympic Dreams: China and Sports, 1895-2008. Harvard University Press 2008

Xu Yusheng 許禹生: *Taijiquan shi tujie* 太極拳勢圖解 („Bebilderte Erklärungen der Stellungen des Taijiquan"), Erstveröffentlichung 1921, Nachdruck Taibei 2012; chinesischer Text mit Faksimile und englische Übersetzung s. Brennan (2012b); Ausschnitte in deutscher Übersetzung von Martin Bödicker 2016

Xu Zhen 徐震: *Taijiquan kao xin lu* 太極拳考信錄 („Bericht über die Glaubwürdigkeit der Untersuchungen zum Taijiquan"), Erstveröffentlichung 1936, Nachdruck Taibei 2012

– ders. (Hg.): *Changshi wuji shu* 萇氏武技書 („Buch der Kampfkunsttechniken der Chang-Familie"), Vorwort von 1932. Nachdruck Taibei 2012

Xunzi 荀子 („Meister Xun"), online verfügbar unter: https://ctext.org/xunzi

Yang Chengfu: *Taijiquan shiyong fa* 楊澄甫:太極拳使用法 („Methoden der Anwendung des Taijiquan"), Erstveröffentlichung 1931, Nachdruck Taibei 1983; chinesischer Text und englische Übersetzung s. Brennan (2011)

– ders.: *Taijiquan tiyong quanshu* 太極拳體用全書 („Vollständiges Buch vom Wesen und den Anwendungen des Taijiquan"), Erstveröffentlichung 1934. Nachdruck Taibei 2001

– ders.: The Essence and Applications of Taijiquan; englische Übersetzung von Louis Swaim. Berkeley 2005

Yang-Familien-Manuskripte, auch „40 Kapitel", s. *Taiji fa shuo*

Yijing 易經 („Buch der Wandlungen"), chinesischer Text und englische Übersetzung von James Legge online verfügbar unter: https://ctext.org/book-of-changes; deutsche Übersetzung s. I Ging

Zhang Yanyuan 張彥遠: *Lidai minghua ji* 歷代名畫記 („Geschichte berühmter Gemälde der verschiedenen Dynastien"), in: Acker 1954; online verfügbar unter: https://ctext.org/wiki.pl?if=en&res=214894

Zheng Manqing 鄭曼青: *Zhengzi taijiquan shisan pian* 鄭子太極拳十三篇 („Meister Zhengs Dreizehn Kapitel zu Taijiquan"), Vorwort des Autors von 1946, Erstveröffentlichung Taibei 1950, Nachdruck Taibei 1981

– ders.: Cheng Tzu's Thirteen Treatises on T'ai Chi Ch'uan, englische Übersetzung von Benjamin Pang Jeng Lo und Martin Inn, Berkeley 1985

– ders.: Dreizehn Kapitel zu T'ai Chi Ch'uan. Das Wissen des Meisters, Teilübersetzung aus dem Amerikanischen ins Deutsche von Jürgen Licht. Basel 1986

– ders.: *Zhengzi taijiquan zixiu xinfa* 鄭子太極拳自修新法. („Meister Zhengs Neue Methode der Selbstkultivierung im Taijiquan"). Taibei 1977

– ders.: Master Cheng's New Method of Taichi Ch'uan Self-Cultivation", englische Übersetzung von Mark Hennessy. Berkeley 1999

– ders.: T'ai Chi Ch'uan. A Simplified Method of Calisthenisc for Health & Self Defense. Vorwort des Autors von 1956; englische Übersetzung von Beason Tseng. Berkeley 1981

– ders.: Master of Five Excellences; kommentierte englische Übersetzung von Mark Hennessy. Berkeley 1995

– ders.: Ausgewählte Schriften zu T'ai Chi Ch'uan. Meditation, I Ging, Kalligraphie und Chinesische Medizin; Übersetzung aus dem Amerikanischen ins Deutsche von Jürgen Licht. Basel 1988

Zhengtong Daozang 正統道藏 („Daoistischer Kanon"), online verfügbar unter http://daozang.com/; https://ctext.org/library.pl?if=gb&collection=132&remap=gb

Zhongyong 中庸 („Mitte und Maß"), chinesischer Text mit deutscher Übersetzung von Richard Wilhelm als „Dschung Yung – Maß und Mitte", in: Ess 2008, S. 583-629; chinesischer Text mit englischer Übersetzung von James Legge online verfügbar unter: https://ctext.org/liji/zhong-yong?searchu=%E4%B8%AD%E5%BA%B8&searchmode=showall#result

Zhou Dunyi 周敦頤: *Taijitu shuo* 太極圖説 („Erläuterung des Taiji-Diagramms"), in: *Zhou Lianxi ji* 周濂溪集 (1709), Nachdruck Shanghai 1936; deutsche Übersetzung von Christian Unverzagt, in: Unverzagt 2016, S. 12f; wieder abgedruckt in Anhang 2 in diesem Band.

– ders.: *Tongshu* 通書 („Das Buch der Wandlungen verstehen"), in: *Zhou Lianxi ji* 周濂溪集 (1709), Nachdruck Shanghai 1936; englische Übersetzung als „Penetrating the Book of changes" in: Chan 1973, S. 465-480; deutsche Übersetzung von Martin Bödicker 2015

Zhou Lianxi ji 周濂溪集 (*Zhou Dunyi zhuan* 周敦頤撰). Shanghai: Shang wu yin shu guan 1936

Zhu Xi 朱熹 s. *Zhuzi yu lei*

Zhuangzi. Das Buch der daoistischen Weisheit. Vollständige Ausgabe. Aus dem Chinesischen übersetzt und herausgegeben von Viktor Kalinke. Stuttgart 2021

Zhuangzi 莊子 („Meister Zhuang"), online verfügbar unter: https://ctext.org/zhuangzi

Zhuangzi duben 莊子讀本, Studienausgabe, hrsg. v. Huang Jinhong 黃錦鋐. Taibei 1974

Zhuzi yulei 朱子語類 („Worte des Meisters Zhu"), 8 Bände, hg. von Li Jingde. Beijing 1986; auch: Bcijing: Zhonghua shuju 1988, online verfügbar unter: https://ctext.org/zhuzi-yulei

Zong Bing 宗炳: *Hua shanshui xu* 畫山水序 („Vorwort zur Landschaftsmalerei"), in: Zhang Yanyuan (*Lidai minghua ji*). Chinesischer Text online verfügbar unter: https://ctext.org/wiki.pl?if=en&chapter=722744; Englische Übersetzungen in: Acker 1974, S. 116f; Sirén 1936, S. 14-16; Lin Yutang 1967, S. 31-33; Bush & Shih 1985, S. 36-38

Zürcher, E.: The Buddhist Conquest of China. The Spread and Adaptation of Buddhism in Early Medieval China, Erstveröffentlichung 1959. Leiden 2007

Nachweise

„Taijiquan und Wuji" erschien zuerst in einer gekürzten Fassung im *Taijiquan & Qigong Journal* 67 (1/2017) und zugleich online in einer längeren Fassung in *TQJ-Scientific* unter dem Titel „Taijiquan – Der Name der Kampfkunst".

„Taijiquan zwischen altem und neuem China" ist eigens für diesen Band entstanden.

„Ist Taijiquan eine innere Kampfkunst" erschien in gekürzter Fassung zuerst in den Heften 94 und 95 des *Taijiquan & Qigong Journal* (4/2023, 1/2024).

„Der Andere im Taijiquan" erschien zuerst in *Taijiquan & Qigong Journal* 79 (1/2020).

„Der Geist der Kunst im Taijiquan" entstand 2020 auf Anfrage der „Europäischen Akademie für bio-psycho-soziale Gesundheit, Naturtherapien und Kreativitätsförderung" (EAG) für eine geplante Anthologie zum Thema „Kampfkunst und Therapie", die dann nicht zustande kam.

Von der Untersuchung zum „Ursprung des Taijiquan" erschien eine vorbereitende Kurzfassung zuerst in den Heften 86 und 87 des *Taijiquan & Qigong Journal* (4/2021, 1/2022).

„*Ziran* – Kunst und Natürlichkeit im Taijiquan" ist die etwas ausführlichere Fassung eines Artikels, der vom *Netzwerkmagazin* der Bundesvereinigung für Taijiquan und Qigong angefragt worden war und unter dem Titel „Kunst und Natur im Taijiquan" in dessen Heft von 2022 erschien.

Übersetzungen, sofern nicht anders ausgewiesen, sind ebenso wie die Covergestaltung (unter Verwendung von gemeinfreiem Material) von Christian Unverzagt.

PERSONENREGISTER

Abahai (1592-1643), Khan der Dschurdschen, die er in Mandschu umbenannte, Gründer der Qing-Dynastie, leitete die Eroberung Chinas ein, trug den chinesischen Namen Huang (auch: Hong) Taiji. S. 19, 199

Bodhidharma (ca. 440-528), indischer Mönch, gilt als erster Patriarch des Chan-Buddhismus, der Legende nach Begründer des Shaolin-Kungfu. S. 60, 70ff, 86

Buddha, „der Erwachte", ursprünglich Siddharta Gautama (563-483 v. Chr.?), der durch Meditation zur Erleuchtung gelangte und die Überwindung des Leidens lehrte; später vergöttlicht. S. 27

Cai Xiang (20. Jh.), Meister eines angeblich auf Zhang Sanfeng zurückgehenden Vorweltlichen Taijiquan. S. 159

Cai Yuanpei (1868-1949), Gelehrter, Studium in Deutschland, Pädagoge, Ethnologe, Erziehungsminister, Rektor der Beijing Universität. S. 53

Chang Naizhou (1724-1783), Gelehrter und Kampfkünstler, schrieb „Buch der Kampfkunsttechniken der Chang-Familie". S. 20, 71, 124, 132, 146, 161,164f, 180-187, 191f, 196, 200, 210, 216, 228

Chen Bu (14. Jh.), Stammvater des Chen-Klans, der diesen 1372 aus der Provinz Shanxi führte und in Chenjiagou (Provinz Henan) ansiedelte. S. 142ff, 146, 160

Chen Changxing (1771-1853), überragender Kampfkunstmeister des Chen-Klans, Begründer von Chen-Stil-Übungsroutinen und Lehrer von Yang Luchan. S. 82, 119ff, 123, 131, 140, 142, 147f, 150-153, 175, 187, 196ff, 200, 202f, 208f

Chen Dehu (19. Jh.), Apotheker in Yongnian, bei dem Yang Luchan als Kind diente. S. 119, 121

Chen Fake (1887-1957), bedeutender Vertreter des Chen-Stils, den er ab 1928 in Beijing verbreitete, Urenkel von Chen Changxing. S. 57f, 93, 142f, 150, 208

Chen Jingyuan (1024-1094), gelehrter daoistischer Meister, Enkelschüler von Chen Tuan, mit hohen Beamten befreundet und einflussreich am Kaiserhof. S. 38

Chen Jiru (1559-1639), Gelehrter, Maler, Kalligraph und Dichter, der 1610 das „Geheime Buch der Schatz- und Prestigehalle" mit den „Erklärungen zur Malerei" herausgab. S. 67

Chen Qingping (1795-1868), Neffe und Schüler von Chen Youben, lebte in Zhaobao, unterrichtete Wu Yuxiang. S. 119, 122f, 151-155, 202f

Chen Tuan (906?-989), Alchemist, dem die Übermittlung des Taiji- bzw. Wuji-Diagramms zugeschrieben wird, mitunter auch die Kampfkunst Liuhebafa. S. 30f, 34, 38, 136

Chen Wangting (1597-1664), Militärkommandeur, Transportbegleiter, meditierte nach dem „Klassiker des Gelben Hofes", gilt als Begründer des Chen-Stils und (in der VR China) des Taijiquan überhaupt. S. 144-150, 152, 155, 160, 162, 175, 177, 192, 196f, 209

Chen Weiming (1881-1958), Gelehrter, Schüler von Sun Lutang (Xingyiquan, Baguazhang) und Yang Chengfu, trug als Lehrer zur Verbreitung des Taijiquan bei, schrieb „Die Kunst des Taijiquan". S. 52, 79f, 82f, 118, 127ff, 140, 174, 176, 213,237f

Chen Xiaowang (geb. 1946), einer der Hauptvertreter der 19. Generation der Chen-Familie, Enkel von Chen Fake, Kalligraph, offiziell „national treasure" der VR China. S. 104

Chen Xin (1849-1929), Kampfkünstler und Gelehrter aus Chenjiagou, schrieb „Bebilderte Erklärungen des Taijiquan der Chen Familie". S. 37, 143f, 146, 148, 150f, 180, 196, 198

Chen Yanxi (1848-1929), Chen-Stil-Kampfkünstler, im Personen- und Geleitschutz tätig, Kampfkunstlehrer des Sohns von General Yuan Shikai, Vater von Chen Fake. S. 142

Chen Youben (1780-1858), Kampfkunstmeister, schuf den Kleinen Rahmen des Chen-Stils. S. 147, 152, 197

Chen Zhaopi (1893-1972), erster Chen-Stil-Kampfkünstler, der 1928 in Beijing unterrichtete. S. 142

Chen Zhixu (ca. 1290-1343), Daoist, beschäftigte sich mit innerer und sexueller Alchemie. S. 30

Chen Zhoutong (13. Jh.?), Kampfkünstler aus Wenzhou, der in Huang Zongxis Grabrschrift für Wang Zhengnan genannt wurde. S. 175, 224

Cheng Bi (12./13. Jh.), nach Song Shuming Vertreter eines der alten Taijiquan-Stile, von ihm in Kampfkunst des Kleinen höchsten Himmels umbenannt. S. 157

Cheng Lingxi (6. Jh.), nach Song Shuming Vertreter eines der alten Taijiquan-Stile (den Cheng Bi später umbenannte), Schüler eines Han Gongyue. S. 157

Cheng Tin Hung (Pinyin: Zheng Tianxiong, 1930-2005) aus Hongkong, begründete das Wudang-Taijiquan. S. 158

Cheng Tinghua (1848-1900), Baguazhang-Meister, gründete 1894 mit anderen Meistern die Innere Schule der Kampfkunst, starb im Boxeraufstand. S. 70

Cheng Zongyou (1561-1636), gelehrter Kampfkünstler, verbrachte Jahre im Shaolin-Kloster; schrieb über dessen Stockkampfkunst, ebenso über japanische Schwerttechniken. S. 194

Chiang Kai-shek (1887-1975), ab 1925 Führer der Kuomintang (KMT), Präsident und Oberbefehlshaber der Republik China, aber 1949 auf Taiwan. S. 49f, 52f

Dan Sinan (frühes 17. Jahrhundert), Kampfkunstmeister, Lehrer von Wang Zhengnan. S. 65, 170, 224

Dong Haiquan (1797?-1882), weithin als Begründer der Kampfkunst Baguazhang angesehen. S. 70

Dong Qichang (1555-1636), einflussreicher Gelehrter, Maler, Kalligraph und Kunsttheoretiker. S. 67f

Dong Zhongshu (179-104 v. Chr.), konfuzianischer Philosoph und Kosmologe, Vertreter der Neutextschule, verband die Yin-Yang-Philosophie mit der konfuzianischen Ethik. S. 23ff

Du Yuanhua (1869-1938), Enkelschüler von Chen Qingping, schrieb 1935, dass im Dorf Zhaobao ein eigenständiger Taijiquan-Stil praktiziert werde. S. 152

Fuxi, legendärer Kulturstifter und erster Urkaiser; auch Urahn der Menschen, die er die Jagd, den Fischfang und das Kochen lehrte; gilt als Erfinder der acht Trigramme. S. 75

Gaozong (auch Song Gaozong, 1107-1187, reg. 1127-1162), erster Kaiser der Südlichen Song-Dynastie nach der Eroberung des Nordens durch die Dschurdschen. S. 71

Ge Hong (Ge Zhichuan, ca. 283-343/363?), daoistischer Gelehrter, Arzt, Alchemist und Unsterblichkeitssucher; schrieb *Baopuzi* („Der Meister, der das Einfache umfasst"). S. 26, 133

Gong Baiyu (1899-1966), Schriftsteller, früher Vertreter der Kampfkunst- (Wuxia-) Romane, schrieb über das Leben von Yang Luchan. S. 119

Gu Kaizhi (ca. 344-406), Maler, Dichter, Kalligraph und Kunsttheoretiker; wollte in seiner Malerei nicht nur die äußere Form wiedergeben, sondern den Geist übermitteln. S. 110, 112

Guan Baiyi, Gelehrter, publizierte 1912 die Klassischen Schriften des Taijiquan in der Yang-Stil-Version. S. 77, 140, 164, 175f, 203

Guo Si (11./12. Jh.), Sohn von Guo Xi, dessen Gedanken zur Malerei er in der Schrift „Der hohe Stil der Wälder und Quellen" (*Linquan gaozhi ji*) kompilierte. S. 109

Guo Xi (1020-1090), Maler und Kunsttheoretiker, schuf phantastisch anmutende, symbolisch lesbare Welt-Landschaften, in die sich der Betrachter durch Qi-Resonanz versetzt fühlen sollte. S. 109, 113

Guo Xiang (gest. 312), Philosoph der Lehre vom Dunklen (*xuanxue*), schrieb einflussreichen Kommentar zu *Zhuangzi*, betonte Spontaneität (*ziran*). S. 26, 212

Haiyun (1201-1256), Chan-Meister, von Dschingis-Khan und anderen mongolischen Würdenträgern gefördert. S. 136

Han Fei (ca. 280-233 v. Chr.), Philosoph des Legalismus, dessen Lehre vom Gesetz, der Kunst des politischen Handelns und der Macht im Buch *Han Feizi* ausgeführt ist. S. 212

Hao Weizhen (auch: Hao He, 1842/49?-1920), Schüler von Li Yiyu, nach ihm wurde der ältere Wu 武-Stil des Taijiquan Wu-Hao genannt, Lehrer von Sun Lutang. S. 122f, 137, 229f

He Yingqin (1890-1987), General und Politiker, Befürworter von Sport und militärischem Geist in den 1930er Jahren. S. 52

Menzius (ca. 370-290 v. Chr.), auch Mengzi („Meister Meng"), bedeutendster Konfuzianer des Altertums, seine Lehre ist in dem nach ihm benannten Buch *Mengzi* dargelegt. S. 23, 147, 182f, 190, 214

Mi Fu (1051-1107), berühmter Gelehrter, Maler und Kalligraph, postulierte eine Jiangnan-Malerei. S. 67

Mo Shilong (ca. 1537/39?-1587), Maler, Dichter und Gelehrter, dem die 1610 veröffentlichten „Erklärungen zur Malerei" (*Huashuo*) zugeschrieben wurden. S. 67

Mozi („Meister Mo", 5. Jh. v. Chr.), begründete eine der sog. Hundert Schulen der Philosophie, orientiert an Volkswohl, Verteidigungsfähigkeit, gegen Korruption. S. 22, 25, 194

Nāgārjuna (ca. 2. Jh.), erster großer Denker des Mahayana-Buddhismus, Betonung des Mittleren Wegs (Madhyamaka) zwischen Bejahung und Verneinung, mit der Leere im Zentrum. S. 26

Nurhaci (1559-1626), Stammesführer oder Khan der Dschurdschen, der diese im Jahr 1616 vereinigte und die Späte Jin-Dynastie gründete; Vater von Abahai. S. 64

Qi Jiguang (1528-1588), General, bekämpfte Piraten, erneuerte die Große Mauer, schrieb „Neues Buch zur effektiven Disziplin", darin: *Klassiker des Faustkampfs*. S. 66, 132, 145f, 164, 187-192, 196

Qianlong (1711-1799, reg. 1735-1796), Kaiser des „Goldenen Zeitalters Chinas", größte Machtentfaltung, Dichter, Maler, Kalligraph, einer der größten Kunstsammler der Weltgeschichte. S. 43f, 69, 177, 180, 199

Senggerinchin, mongolischer General, der 1853 den Marsch der Taiping-Rebellen auf Beijing mit nur 4500 berittenen Kriegern stoppte. S. 45

Shitao (auch: Daoji, 1641-1707), kaiserlicher Abstammung, überlebte Ermordung seiner Familie, buddhistischer Mönch, später Daoist, als Maler „Individualist", Kunsttheoretiker. S. 113

Sima Chengzhen (647-735), Daoist, setzte Taiji oder Taiyi mit „undifferenzierter Einheit" (*hunyuan*) gleich. S. 38

Sima Qian (ca. 145-86 v. Chr.), Astrologe und Schreiber am kaiserlichen Hof, verfasste mit dem *Shiji* („Aufzeichnungen des Hofschreibers") das erste umfassende Geschichtswerk Chinas. S. 64, 194, 211

Song Shirong (1848-1927), aus Shanxi, Xingyiquan-Meister, Kritiker der Unterscheidung von Innerer und Äußerer Schule der Kampfkunst. S. 81, 93

Song Shuming (1840?-1925?), Taijiquan-Meister, gehörte in Beijing zum Umfeld von Yuan Shikai; behauptete, Linienerbe einer Tang-zeitlichen Überlieferung zu sein. S. 156ff, 160

Sun Lutang (1861-1933), Baguazhang- und Xingyiquan-Meister, Schüler Hao Weizhens, Begründer des Sun-Stil-Taijiquan, schrieb u. a. „Die Lehre des Taijiquan". S. 36, 38f, 52, 71-75, 77-82, 89, 91, 122, 140, 174, 176, 202, 213, 234f, 237ff

Sun Shisan, 15./16. Jh., laut Präfekturanzeiger von Ningbo Lehrer von Zhang Songxi und somit Kampfkünstler der Inneren Schule. S. 62

Sun Yat-sen (auch: Sun Zhongshan, 1866-1925), Arzt und Revolutionär, mehrfach im Exil, 1912 erster provisorischer Präsident der Republik China, wird in Taiwan und in der VR geehrt. S. 48f

Sunzi (ca. 544-496 v. Chr.), General und Militärstratege, gilt als Autor der bis heute einflussreichen Schrift „Kunst des Krieges". S. 62, 103, 132, 183f, 192

Taizu (auch Song Taizu, 927-976, reg. 960-976), erster Kaiser der Song-Dynastie, einigte als General mit dem Geburtsnamen Zhao Kuangyin das Reich, angeblich Begründer einer Kampfkunstform, die im Shaolin-Kloster tradiert wurde. S. 196f

Tang Hao (1887-1959), Kampfkünstler und erster moderner Kampfkunsthistoriker, untersuchte die Mythenbildung um Bodhidharma und Zhang Sanfeng, prüfte Quellenlage zum Taijiquan. S. 70, 118, , 120, 137, 139f, 144ff, 152, 158, 176ff, 183, 185, 196

Tang Shunzhi (1507-1560), Gelehrter, Kalligraph, Essayist und General, der die „Aufsätze zur Militärkunde" schrieb. S. 189, 191

Tang Taizong (reg. 626-649; Geburtsname Li Shimin), zunächst Rebell und Militärführer, später bedeutender Kaiser der Tang-Dynastie, Förderer der Künste. S. 193

Wu Daozi (ca. 690-760), einer der bedeutendsten Maler Chinas, zeitweise Hofmaler, berühmt für seine Landschaften, Figurenmalerei und Wandgemälde in Tempeln. S. 116

Wu Jianquan (1870-1942), Gründer des Wu 吳-Stils, hatte von seinem Vater Wu Quanyou (1834-1902) gelernt, schuf – wie Yang Chengfu – eine langsame Soloform. S. 51, 77, 122, 129, 202

Wu Laixu (20. Jh.), Enkel Wu Yuxiangs, publizierte 1935 eine Lebensbeschreibung seines Großvaters. S. 122f, 139

Wu Qi (440-381 v. Chr.), unbesiegter General, Politiker und Philosoph des Legalismus, Autor des Militärklassikers *Wuzi* („Meister Wu"). S. 190

Wu Quanyou (1834-1902), mandschurischer Offizier der Kaiserlichen Garde, lernte offiziell von Yang Banhou, evtl. auch von Yang Luchan, Vater des Wu-Stilgründers Wu Jianquan. S. 122, 129

Wu Ruqing (1802-1885), zweitältester Bruder von Wu Yuxiang, Beamter, Autor kleiner Schriften zum Taijiquan. S. 121, 125, 139, 178, 201

Wu Shu (1611-1695), Kampfkünstler aus der Gelehrtenschicht, Dichter, verbrachte Jahre im Shaolin-Kloster, schrieb Buch über Stockkampf-Stile und andere Waffen (*Shoubi lu*). S. 194

Wu Tunan (1884/5?-1989), aus Gelehrtenfamilie, als Kind schwächlich, mit 100 Jahren noch gesund, lernte bei Yang Shaohou und Wu Jianquan, forschte zum Taijiquan und schrieb Bücher. S. 118f, 123, 125, 150, 156, 176

Wu Yanxu (20. Jh.), Enkel von Wu Yuxiang, über den er schrieb. S. 139

Wu Yinghua (1907-1996), Wu-Stil-Meisterin, Tochter von Wu Jianquan, verheiratet mit Ma Yueliang. S. 211

Wu Yuxiang (ca. 1812-1880), Schüler von Yang Luchan, Begründer des Wu 武-Stils, Kompilator der Klassischen Schriften des Taijiquan und Autor von Schriften zum Taijiquan. S. 121-125, 137ff, 151-155, 158, 160, 175, 178f, 200-204, 213, 229f

Xiang Xiu (ca. 221-300), einer der „Sieben Edlen vom Bambushain", welche die Reine Rede (*qingtan*) pflegten, schrieb Kommentar zu *Zhuangzi*. S. 212

Xie He (aktiv 479-502), einflussreicher Ästhetiker, der Kunst als Qi-Resonanz verstand, schrieb „Verzeichnis der alten Malerei" (*Guhuapin lun*) und führte drei Klassifizierungsränge ein. S. 112f, 188

Xu Xuanping (8./9. Jh.?), Tang-zeitliche Daoist, exzentrischer Einsiedler und dichtender Asket, nach Song Shuming Begründer eines der alten Taijiquan-Stile. S. 156f

Xu Yusheng (1879-1945), Kampfkünstler und Funktionär, förderte Verbreitung des Taijiquan in der jungen Republik China, Autor von „Bebilderte Erklärungen der Stellungen des Taijiquan". S. 38f, 51ff, 77ff, 81, 83f, 118, 133, 136, 140, 150, 156, 175f, 235ff

Xu Zhen (1898-1967), Kampfkünstler und nach Tang Hao zweiter wichtiger moderner Kampfkunsthistoriker, forschte u.a. zu Chang Naizhou und Taijiquan. S. 117f, 120, 137, 139f, 142, 146, 149, 157, 177f, 180-182, 185, 196, 198, 228ff

Xuan Ji, Ming-zeitlichen Shaolin-Mönch, dem der „Klassiker der Kampfkunst: Wesentliche Punkte der Kampfkunst" (*Quanjing quanfa beiyao*) zugeschrieben wird. S. 191

Xuanwu („Dunkler Krieger"), auch „Wahrer Krieger" (Zhenwu), in den Wudang-Bergen verehrter Kriegsgott. S. 60, 132f

Xunzi (ca. 298-220 v. Chr.), konfuzianischer Philosoph, begründete Notwendigkeit des Lernens mit der angeborenen Schlechtigkeit des Menschen. S. 23

Yan Yuan (1635-1704), Gelehrter und Kampfkünstler, lernte bei Wang Yuyou, begründete das Praktische Wissen (*shixue*), Lehrer von Li Gong. S. 21

Yang Banhou (1837-1890), älterer Sohn von Yang Luchan, lehrte wie sein Vater Taijiquan am Kaiserhof, galt als großer Meister, aber mit unduldsamem Temperament. S. 74, 123, 128f, 142, 201

Yang Chengfu (1883-1936), Enkel von Yang Luchan, trug wesentlich zur Verbreitung des Taijiquan bei, großer Kämpfer, betonte Sanftheit, offiziell Autor zweier Bücher. S. 19f, 37f, 51, 53, 55, 70, 75, 77, 79f, 82ff, 118, 123f, 128ff, 133, 140, 142, 150, 176, 208, 238-242